大学生就业创业教育

主　编　王元福
副主编　和松灿　王涛涛
参　编　杨梦阳　李　晓　宋彦军
　　　　赵　军　梁世杰　李迎超

北京理工大学出版社
BEIJING INSTITUTE OF TECHNOLOGY PRESS

内 容 简 介

本书以大学生就业创业教育为重点，系统介绍了大学生职业规划、大学生创新发展、大学生求职就业与大学生创业发展四个部分的基本知识、基本理论与基本方法。内容充实，体系合理，深入浅出，实用性强。

全书共分十二章。第一部分为大学生职业规划，包括职业生涯规划与设计、职业选择与职业能力发展、职业发展过程与心理调适、大学生职业生涯规划的撰写和调整；第二部分为大学生创新发展，包括创新与创业概述、创新成果转化、保护和发展；第三部分为大学生求职就业，包括就业协议签订及档案管理、求职准备、就业规划指导；第四部分为大学生创业发展，包括创业精神与创业团队、创业机会与创业资源、创业计划与新企业开办。

本书可作为高等院校学生职业规划与创新创业教材使用，也可以作为创新创业相关指导参考用书。

版权专有　侵权必究

图书在版编目（CIP）数据

大学生就业创业教育／王元福主编．—北京：北京理工大学出版社，2020.10
（2024.2 重印）
ISBN 978-7-5682-9168-2

Ⅰ. ①大… Ⅱ. ①王… Ⅲ. ①大学生-职业选择-高等学校-教材 Ⅳ. ①G647.38

中国版本图书馆 CIP 数据核字（2020）第 202787 号

出版发行 /	北京理工大学出版社有限责任公司
社　　址 /	北京市海淀区中关村南大街 5 号
邮　　编 /	100081
电　　话 /	（010）68914775（总编室）
	（010）82562903（教材售后服务热线）
	（010）68948351（其他图书服务热线）
网　　址 /	http：//www.bitpress.com.cn
经　　销 /	全国各地新华书店
印　　刷 /	涿州市新华印刷有限公司
开　　本 /	787 毫米×1092 毫米　1/16
印　　张 /	19
字　　数 /	423 千字
版　　次 /	2020 年 10 月第 1 版　2024 年 2 月第 3 次印刷
定　　价 /	49.50 元

责任编辑／江　立
文案编辑／赵　轩
责任校对／刘亚男
责任印制／李志强

图书出现印装质量问题，请拨打售后服务热线，本社负责调换

前　言

党的十九大报告明确提出"加快建设创新型国家""激发和保护企业家精神，鼓励更多社会主体投身创新创业"。《国务院关于大力推进大众创业万众创新若干政策措施的意见》（国发〔2015〕32号），将"大众创业、万众创新"确定为打造发展新引擎、增强发展新动力、走创新驱动发展道路的新国策，要求"把创业精神培育和创业素质教育纳入国民教育体系"。《国务院办公厅关于深化高等学校创新创业教育改革的实施意见》（国办发〔2015〕36号）则把创新创业教育提到了前所未有的高度，"深化高等学校创新创业教育改革，是国家实施创新驱动发展战略、促进经济提质增效升级的迫切需要，是推进高等教育综合改革、促进高校毕业生高质量创业就业的重要举措"。可见，创新创业教育是我国建设创新型国家一系列战略举措的重要组成部分，新时期下，全面推进高校创新创业教育探索与实践，加强创新创业基础课程建设，大力培养大学生创新创业能力，是高校的历史责任所在，是时代的要求使然，具有重大的战略意义。

为了更好地推进创新创业教育，黄河交通学院创新创业学院教研室根据创新创业课程改革的需要，结合历年来教学的经验与反馈，整合创业课程教师与校内外教学资源，组建编写团队，编写了适应当前大学生创新创业教育发展需要的基础教程。本书将创新思维与创业理念相结合，介绍了较为系统、全面的创业活动知识，结合大量案例教学，使学生能够了解和掌握创新创业的基本思维方式和相关技能方法，熟悉我国创新创业的政策环境，促进学生的自主性学习和创新性思维，培养学生主动观察、分析归纳问题的能力，使学生学会分析和解决创新创业实践过程中实际问题的基本方法，提升科学思维水平和表达能力。

本书具有以下特色：

（1）创新思维与创业理念相结合。本书融创新、创业知识于一体，厘清创新创业教育发展的内在联系与规律，概括出具有普遍意义的创新创业成功的经验，总结出切实可行的创新创业的成功方法与步骤。

（2）学习与思考相结合。本书结合理论知识与案例提出了若干个便于学生思考和讨论的问题，以引导学生主动运用所学知识探讨和解决问题，从而进一步提升学生的学习效率。

本书由王元福担任主编，和松灿、王涛涛担任副主编，经全体编者反复讨论修改，最终由王涛涛统筹定稿。全书共分为十二个部分，具体分工如下：第一章、第十一章由王涛涛编写，第二章由李晓编写，第三章由王元福编写，第四章由和松灿编写，第五章、第六章由宋彦军编写，第七章、第八章由赵军编写，第九章由梁世杰编写，第十章由杨梦阳编写，第十二章由李迎超编写。

本书在编写过程中，借鉴和参考了大量国内外创业指导与创业教育研究方面的文献资料，以及一些专家学者的理论和同行的观点，同时书中引用的案例与材料部分来自期刊、网络，在此一并对相关作者和专家表示衷心感谢。由于编写人员水平有限，教材中难免存在疏漏之处，敬请广大读者批评指正，以便进一步修改完善。

编 者

2020 年 8 月

目 录

第一章 职业生涯规划与设计 ……………………………………………… (1)
  第一节 职业生涯规划概述 ………………………………………… (1)
    一、职业生涯规划的内涵 ………………………………………… (1)
    二、职业生涯规划的内容 ………………………………………… (3)
  第二节 职业生涯规划的方法和影响因素 ………………………… (5)
    一、职业生涯规划的步骤和方式 ………………………………… (5)
    二、职业生涯规划的调适和管理 ………………………………… (8)
    三、影响职业生涯规划的因素 …………………………………… (8)
  第三节 职业生涯管理 ……………………………………………… (10)
    一、个人职业生涯早期的管理 …………………………………… (10)
    二、个人职业生涯中期的管理 …………………………………… (12)
    三、个人职业生涯后期的管理 …………………………………… (13)

第二章 职业选择与职业能力发展 ……………………………………… (14)
  第一节 自我认识的方法及意义 …………………………………… (14)
    一、自我认识的方法 ……………………………………………… (14)
    二、自我认识的意义 ……………………………………………… (15)
  第二节 个性与职业选择 …………………………………………… (17)
    一、个性的含义与心理结构 ……………………………………… (17)
    二、兴趣与职业选择 ……………………………………………… (19)
    三、气质与职业选择 ……………………………………………… (20)
    四、性格与职业选择 ……………………………………………… (21)
    五、能力与职业选择 ……………………………………………… (24)
    六、价值观与职业选择 …………………………………………… (25)
  第三节 职业资格的获取 …………………………………………… (26)

一、获取职业资格的方式 …………………………………………………… (26)
　　二、服兵役 …………………………………………………………………… (28)
　　三、大学生村官 ……………………………………………………………… (29)
第四节　职业能力发展 …………………………………………………………… (31)
　　一、自我效能感 ……………………………………………………………… (31)
　　二、职业能力 ………………………………………………………………… (36)
　　三、大学生职业能力的培养 ………………………………………………… (40)

第三章　职业发展过程与心理调适 …………………………………………… (53)
第一节　压力与职业发展压力 …………………………………………………… (53)
　　一、职业发展压力的含义 …………………………………………………… (53)
　　二、职业发展压力的差异 …………………………………………………… (54)
　　三、职业发展压力的影响 …………………………………………………… (55)
第二节　大学生职业发展压力的来源 …………………………………………… (56)
　　一、学习压力 ………………………………………………………………… (56)
　　二、人际关系 ………………………………………………………………… (57)
　　三、就业形势 ………………………………………………………………… (57)
　　四、个人发展 ………………………………………………………………… (57)
第三节　职业发展压力的调节干预 ……………………………………………… (58)
　　一、职业发展压力的应对方式 ……………………………………………… (58)
　　二、职业发展压力的组织干预 ……………………………………………… (58)

第四章　大学生职业生涯规划的撰写和调整 ………………………………… (60)
第一节　职业生涯规划的步骤 …………………………………………………… (60)
　　一、自我分析 ………………………………………………………………… (60)
　　二、外因分析 ………………………………………………………………… (61)
　　三、明确目标 ………………………………………………………………… (62)
　　四、策略实施 ………………………………………………………………… (62)
　　五、反馈评估 ………………………………………………………………… (62)
第二节　职业生涯规划的方法 …………………………………………………… (63)
　　一、5W 法 …………………………………………………………………… (63)
　　二、SWOT 法 ………………………………………………………………… (65)
第三节　大学生职业生涯规划的误区 …………………………………………… (67)
　　一、忽视职业生涯规划 ……………………………………………………… (67)
　　二、职业生涯规划就是职业选择 …………………………………………… (68)
　　三、职业生涯规划急功近利 ………………………………………………… (68)
　　四、职业生涯规划缺乏自主性 ……………………………………………… (68)

第五章　创新与创业概述 ………………………………………………………… (69)
第一节　大学生创新精神培育 …………………………………………………… (69)

一、创新概述 ……………………………………………………… (69)
　　　二、创新精神的内涵 ……………………………………………… (72)
　　　三、创新精神的培育 ……………………………………………… (73)
　　第二节　大学生创新创业知识学习 ………………………………… (74)
　　　一、创业概述 ……………………………………………………… (74)
　　　二、创业精神的内涵 ……………………………………………… (76)
　　　三、创业精神的作用与培育 ……………………………………… (77)
　　第三节　创新与创业思维、方法与实践 …………………………… (78)
　　　一、创新思维的内涵与方法 ……………………………………… (78)
　　　二、创新思维的概念 ……………………………………………… (78)
　　　三、创新思维的作用 ……………………………………………… (79)
　　　四、创新思维的方法 ……………………………………………… (80)

第六章　创新成果、创业机会与创业风险 ……………………………… (84)
　　第一节　创新成果的内涵、转化和保护 …………………………… (84)
　　　一、创新成果的特性 ……………………………………………… (84)
　　　二、大学生创新成果 ……………………………………………… (86)
　　　三、创新成果的保护 ……………………………………………… (86)
　　　四、创新成果的转化 ……………………………………………… (90)
　　第二节　创业机会与创业风险 ……………………………………… (92)
　　　一、认识创业机会 ………………………………………………… (92)
　　　二、创业机会的识别 ……………………………………………… (94)
　　　三、创业机会评估 ………………………………………………… (101)
　　　四、创业风险规避 ………………………………………………… (104)

第七章　就业协议签订及档案管理 ……………………………………… (107)
　　第一节　高校毕业生就业面临的挑战 ……………………………… (107)
　　　一、高校毕业生的就业现状 ……………………………………… (107)
　　　二、高校毕业生就业的影响因素 ………………………………… (108)
　　第二节　高校毕业生就业指导概述 ………………………………… (109)
　　　一、高校毕业生就业指导的含义 ………………………………… (109)
　　　二、高校毕业生就业指导的任务 ………………………………… (109)
　　　三、高校毕业生就业指导的内容 ………………………………… (110)
　　　四、就业指导与职业生涯规划 …………………………………… (111)
　　第三节　应对就业压力的措施 ……………………………………… (112)
　　　一、制度建设保障就业渠道 ……………………………………… (112)
　　　二、政府支持统一就业管理 ……………………………………… (113)
　　　三、战略入手对抗就业压力 ……………………………………… (114)
　　　四、结构调整促进就业发展 ……………………………………… (114)

五、规范管理建立劳动力市场 ……………………………………… (115)
  第四节　就业协议的签订 ……………………………………………… (115)
　　一、就业协议的性质及使用对象 …………………………………… (115)
　　二、就业协议的作用 ………………………………………………… (115)
　　三、就业协议的内容 ………………………………………………… (116)
　　四、就业协议的订立原则 …………………………………………… (116)
　　五、就业协议签订的基本程序 ……………………………………… (117)
　　六、签订就业协议时的注意事项 …………………………………… (117)
　　七、就业协议的生效、无效和解除 ………………………………… (118)
  第五节　关于劳动关系的确立与劳动争议 …………………………… (120)
　　一、劳动合同 ………………………………………………………… (120)
　　二、劳动合同与就业协议的区别 …………………………………… (121)
　　三、劳动关系的处理 ………………………………………………… (122)
　　四、劳动争议的处理 ………………………………………………… (126)
  第六节　离校档案办理 ………………………………………………… (128)
　　一、毕业生离校报到的基本程序 …………………………………… (128)
　　二、报到证的运用及管理 …………………………………………… (129)
　　三、户籍迁移 ………………………………………………………… (131)
　　四、档案管理 ………………………………………………………… (131)
　　五、暂缓就业 ………………………………………………………… (132)

第八章　求职准备 ……………………………………………………… (134)
  第一节　求职测试准备 ………………………………………………… (134)
　　一、笔试 ……………………………………………………………… (134)
　　二、笔试的种类 ……………………………………………………… (134)
　　三、笔试的注意事项 ………………………………………………… (135)
　　四、注重细节，塑造良好形象 ……………………………………… (135)
　　五、能力测试 ………………………………………………………… (135)
　　六、心理测试 ………………………………………………………… (136)
  第二节　面试准备 ……………………………………………………… (136)
　　一、面试概述 ………………………………………………………… (136)
　　二、面试的对应策略 ………………………………………………… (138)
  第三节　了解求职礼仪 ………………………………………………… (143)
　　一、仪表礼仪 ………………………………………………………… (143)
　　二、行为礼仪 ………………………………………………………… (144)
　　三、面试礼仪 ………………………………………………………… (145)

第九章　就业规划指导 ………………………………………………… (147)
  第一节　考研准备 ……………………………………………………… (147)

一、本科生考研的特点及其途径 ………………………………… (147)
　　　二、专业定位 ……………………………………………………… (151)
　　　三、考研前的准备 ………………………………………………… (155)
　第二节　求职准备 ……………………………………………………… (159)
　　　一、就业的心理准备 ……………………………………………… (159)
　　　二、求职信息准备 ………………………………………………… (164)
　　　三、求职材料准备 ………………………………………………… (170)

第十章　创业精神与创业团队 …………………………………………… (173)

　第一节　创业与创业精神 ……………………………………………… (173)
　　　一、创业的定义与功能 …………………………………………… (173)
　　　二、创业的要素与类型 …………………………………………… (175)
　　　三、创业的过程与阶段 …………………………………………… (177)
　　　四、创业精神 ……………………………………………………… (179)
　第二节　知识经济发展与创业 ………………………………………… (180)
　　　一、知识经济时代创业活动的功能 ……………………………… (180)
　　　二、知识经济时代创业的重要意义 ……………………………… (181)
　第三节　创业者 ………………………………………………………… (182)
　　　一、创业者的概念 ………………………………………………… (182)
　　　二、创业者的类型 ………………………………………………… (183)
　　　三、创业者应具备的能力 ………………………………………… (184)
　　　四、创业者的产生与培养 ………………………………………… (185)
　　　五、如何获得创业的驱动力 ……………………………………… (185)
　第四节　创业团队 ……………………………………………………… (187)
　　　一、创业团队的含义 ……………………………………………… (187)
　　　二、创业团队的5P要素 …………………………………………… (187)
　　　三、创业团队的优势与作用 ……………………………………… (188)
　　　四、组建一支优秀的创业团队的策略分析 ……………………… (189)
　　　五、团队管理的策略 ……………………………………………… (190)

第十一章　创业机会与创业资源 ………………………………………… (192)

　第一节　创业机会概述 ………………………………………………… (192)
　　　一、创业机会的内涵与构成要素 ………………………………… (192)
　　　二、商机和市场回应的重要性 …………………………………… (193)
　　　三、创业机会的来源 ……………………………………………… (193)
　第二节　创业机会识别 ………………………………………………… (194)
　　　一、创业机会识别的一般过程 …………………………………… (194)
　　　二、相关因素对于创业机会识别的影响 ………………………… (196)
　　　三、创业机会识别的技巧——从寻找细分市场商机做起 ……… (197)

第三节　机会风险识别 ……………………………………………………（199）
　　一、机会风险的分类与构成 …………………………………………（199）
　　二、规避系统风险的可能途径 ………………………………………（200）
　　三、防范非系统风险的可能途径 ……………………………………（203）
　　四、创业者风险承担能力和机会风险收益的估算 …………………（206）
第四节　商业模式的设计（开发）………………………………………（207）
　　一、商业模式的内涵及其内在结构 …………………………………（207）
　　二、商业模式设计（开发）的特点 …………………………………（208）
　　三、商业模式设计的过程与评价 ……………………………………（209）
第五节　创业资源概述 …………………………………………………（211）
　　一、创业资源的内涵与种类 …………………………………………（211）
　　二、创业资源与一般商业资源的异同 ………………………………（215）
　　三、社会资本、资金、技术及专业人才在创业中的作用 …………（215）
　　四、影响创业资源获取的因素 ………………………………………（218）
　　五、创业资源获取的途径与技能 ……………………………………（220）
第六节　创业融资 ………………………………………………………（222）
　　一、创业融资分析 ……………………………………………………（222）
　　二、创业资金分析 ……………………………………………………（224）
　　三、创业融资渠道 ……………………………………………………（230）
　　四、创业融资的选择策略 ……………………………………………（240）

第十二章　创业计划与企业开办 ……………………………………（246）

第一节　创业计划的准备 ………………………………………………（246）
　　一、创业计划的作用 …………………………………………………（246）
　　二、创业计划的内容 …………………………………………………（247）
第二节　创业计划的实施 ………………………………………………（248）
　　一、研讨创业构想 ……………………………………………………（248）
　　二、分析创业可能遇到的问题和困难 ………………………………（249）
　　三、创业计划书的撰写和展示技巧 …………………………………（252）
　　四、创业计划书常见问题及对策 ……………………………………（255）
第三节　成立企业 ………………………………………………………（257）
　　一、企业法律形式选择 ………………………………………………（257）
　　二、企业注册流程及相关法律文件 …………………………………（260）
　　三、创办企业必须考虑的法律问题 …………………………………（261）
　　四、新创企业的社会认同 ……………………………………………（264）
第四节　新创企业生存管理 ……………………………………………（266）
　　一、新创企业管理的特殊性 …………………………………………（266）
　　二、企业生命周期及新创企业成长的驱动因素 ……………………（268）

三、新创企业容易遇到的管理问题 …………………………………… (273)
　　四、新创企业的风险控制与化解 ………………………………………… (275)
　第五节　企业退出 ………………………………………………………… (282)
　　一、创业退出的类型 …………………………………………………… (282)
　　二、选择合适的退出时机 ……………………………………………… (283)
　　三、企业退出的途径 …………………………………………………… (284)
　　四、企业退出纠纷解决机制 …………………………………………… (284)
参考文献 ………………………………………………………………… (286)

第一章

职业生涯规划与设计

第一节 职业生涯规划概述

古语说:"凡事预则立,不预则废。"大学生最终要步入社会、进入职场,因此,是否有自己清晰而明确的职业发展方向、发展目标和发展战略,是大学生能否立足于社会和人生事业成败的关键。大学生正处于职业生涯的探索阶段,应通过对自身和外界环境的了解,为自己确立职业方向、职业目标,选择职业道路,为实现职业生涯目标而确定行动时间和行动方案。认真、科学、合理地做好职业生涯规划是非常重要和必要的。

一、职业生涯规划的内涵

职业生涯规划是指个人根据自身的主观因素和对客观环境的分析,确立自己的职业生涯发展目标,选择实现这一目标的职业,以及制订相应的工作、培训和教育计划,并按照一定的时间安排,采取必要的行动,以实现职业生涯目标的过程。

大学生职业生涯规划对其职业的选择和发展都有着不可或缺的意义,有了职业生涯规划,准确地定位职业方向,也就有了评价个体职业行为的标准。只有这样,一个大学生才会有选择地学习与职业发展相关的课程和技能,获得更多选择职业和取得成就的机会,提高职业竞争力。

职业是自我展现的重要领域。大学生的职业生涯规划不仅影响个体的心理健康,而且影响个人一生的发展。进行职业生涯规划要先了解什么是职业生涯规划,工作、职业、生涯、职业生涯以及与职业生涯发展规划相关的概念。在日常生活中,人们常常把工作、职业与职业生涯混为一谈,以为工作就是职业,从事了某种职业就拥有了职业生涯。诚然,工作、职业与职业生涯是密切相关的概念,但它们并不完全是一回事。

(一) 工作

工作是指在某一行业中的具体职位,是有目的、有结果、需要投入时间和精力并持续一定时间的活动,如教师的教学工作。工作不仅是谋生的手段,而且可以满足人的多种需要,如表 1-1 所示。

表 1-1　工作所满足的不同需求

经济需要	社会需要	心理需要
物质需求的满足 对未来发展的安全感 可用于投资的流动资产 可以保证休闲和自由的时间资产 购买物品和服务 成功的证明	一个与人们会面的地方 潜在的友谊 人际关系 工作、家庭、社会地位 受人尊重的感觉 责任感 被人需要	自我肯定 角色认定 秩序感 可信赖感 胜任感 自我效能 投入感 个人评价

(二) 职业

职业是介于工作和生涯之间的概念,是由一系列相似的职位组成的一个特定的专业领域,即指一系列的工作,如教师、医生、律师就是职业。

什么是职业?职业在《现代汉语词典》中的解释是"个人在社会中所从事的作为主要生活来源的工作"。按照这种解释,职业就是"工作+收入",它强调的是职业作为一种谋生手段来满足人的基本需求。但这仅仅是职业的狭义概念。

国内外学者从不同的角度出发对职业的概念进行了论述。

美国教育家、哲学家杜威把职业概括为:职业不是别的,是可以从中得到利益的一种活动。

美国社会学家塞尔兹认为:职业是一个人为了不断地取得收入而连续从事的具有市场价值的特殊活动,这种活动决定着从事它的那个人的社会地位。

日本职业专家保谷六郎认为:职业是有劳动能力的人为了生活所得而发挥个人能力,向社会做贡献而连续从事的活动。

我国学者姚裕群认为:职业是一个中性的概念。从社会学的角度而言,职业是指人们为了谋生和发展而从事的相对稳定、有收入的、专门类别的社会劳动。就个人的角度而言,职业则是指个人扮演的一系列工作角色。

综上所述,职业是参与社会分工,利用专门的知识和技能,为社会创造物质财富和精神财富,获取合理报酬作为物质生活来源,并满足精神需求的工作。

通过职业,每个人得以发挥潜能、扮演社会角色、实现生活理想、享受工作的快乐,甚至实现自我。职业活动让人们拥有了远比经济价值更加丰富的内容,如才能的发挥、权力、地位、名誉的获得等。

(三) 职业生涯

1. 生涯

生涯不仅仅是工作和职业。"生涯"一词由来已久,在中文里,"生"原意为"活着",

"涯"原意为"边际","生涯"连起来是"一生"的意思。在英文中,"生涯"是career,是指古代的战车。在西方人的概念里,使用"生涯"一词就如同赛场竞技,含有未知、冒险、克服困难的精神,后来逐渐引申为道路,即人生的发展道路。

目前,大多数学者所接受的"生涯"定义来自美国心理学家唐纳德·E. 舒伯(Donald E. Super):生涯是生活中各种事件的演进方向和历程,它综合了个人一生中的各种职业与生活的角色,由此表现出个人独特的自我发展历程。

2. 职业生涯

职业生涯是指个体从正式进入职场开始直到退出职场这段时间内的与工作有关的经历、态度、需求、行为等过程,是一个人的终身职业经历,包括就业的形态、工作的经历及与职业相关的活动等。在职业心理学领域,职业生涯这一概念有两种经典性定义。一种是舒伯的观点,认为:人的一生所经历的职业及非职业活动都应视为职业生涯的内容,职业生涯除了职业角色外还包括各种生活角色。另一种是美国组织行为专家道格拉斯·I. 霍尔(Douglas I. Hall)的主张:职业生涯只包括一个人一生中与其职业相关的活动经验,职业生涯仅从任职前的职业学习和培训开始直至退休结束。但无论哪种定义,都淡化了职业作为谋生手段的作用,而指向个体的生命意义。在这里,职业成为个体实现个人价值、追求理想生活的重要途径。

二、职业生涯规划的内容

与职业不同,职业生涯是一个发展的概念,是一个动态的过程。它不仅包括一个人的过去、现在和未来那些可以实际观察到的、连续从事的职业发展过程,而且包括个人对职业生涯发展的见解和期望。具体地讲,职业生涯是以人的心理开发、生理开发、智力开发、技能开发、伦理开发等潜能开发为基础,以工作内容的确定和变化、工作业绩的评价、工资待遇、职称或职务的变动为标志,以满足需求为目标的工作经历和内心体验的经历。

1. 职业生涯的特点

职业生涯是多方面相互作用的结果,每个人的职业生涯发展轨迹不尽相同,但是就其内在特性而言,具有以下几个特点。

(1) 发展性。职业生涯是生活中各种事态发展演进的动态过程,具有一定的逻辑性。

(2) 阶段性。职业生涯有着不同的发展阶段,在不同的阶段有着不同的任务和目标,各个阶段之间具有递进性。

(3) 独特性。每个人都拥有自己的职业理想、职业抱负、职业选择和职业条件,因而有着区别于他人的、独特的生涯历程。

(4) 整合性。职业生涯除了职业角色外,还包括任何与工作有关的经验和活动,而不仅局限于工作或职位。

(5) 互动性。职业生涯是个人与他人、个人与环境、个人与社会互动的结果。个体自我认识的深化、个体的主观能动性、个体掌握的技能,都对生涯发展有着重要影响。

2. 职业生涯规划设定的原则

职业生涯规划的设定需要遵守一定的原则，通常包括如下几个。

（1）客观性原则。这是指根据自己的实际情况或个性设定职业规划。例如，一位个性活泼但有点粗枝大叶的大学生，如果非要选择财务管理作为自己的职业目标，就不太合适，因为财务管理岗位不仅需要从业者有相关的知识，而且需要从业者个性稳定、态度认真。如果这个大学生选择市场营销作为职业，将更合适。

（2）全程性原则。在制定职业生涯规划时必须考虑到生涯发展的整个历程，对其做通盘考虑。

（3）一致性原则。职业生涯规划的总目标与分目标要保持一致，目标与实施措施要一致。总目标是指职业生涯规划的总体目标，分目标是指实现总目标必须经历的阶段性具体目标。比如一个人将成为商业巨头作为他的总目标，其具体的目标可以是从什么行业开始，从什么时期开始，做些什么等；实施措施可以是通过融资进入市场，还是通过实业进入市场。

（4）清晰性原则。职业生涯规划要清晰、明确，以便能够将其转化为一个个可以实施的行动。

（5）具体性原则。职业生涯规划各个阶段的路线划分与安排必须具体可行，具体指的是时间具体、方法具体和目标具体。

（6）挑战性原则。在客观、具体的基础上，职业规划应具有一定的挑战性。没有挑战性的职业生涯规划，不能满足大学生的成就感，不能调动人的积极性。

（7）激励性原则。职业生涯规划制定的前提是满足大学生的某种需要，这样才能有激励的作用。

（8）可变性原则。职业生涯规划必须符合个体的职业兴趣与个性，与个体的能力相匹配，同时也要与社会环境协调一致。随着社会环境、个体的认知与能力的改变，职业生涯规划的内容也要随之调整和改变。

3. 外职业生涯和内职业生涯

美国著名职业指导专家施恩（Edgar H. Schein）教授最早把职业生涯分为外职业生涯和内职业生涯。他指出，外职业生涯是指经历一种职业（由教育开始，经工作期，直到退休）的道路，包括职业的各个阶段，如招聘、培训、提拔、奖惩、解雇、退休等。内职业生涯更多地注重于所取得的成功或满足的主观感情及工作事务与家庭义务、个人消遣等其他需要的平衡。

（1）外职业生涯。

外职业生涯是指从事职业时的工作单位、工作地点、工作内容、工作职务、工作环境和工资待遇等因素的组合及其变化过程。它的构成因素通常是由别人给予的，也容易被别人否认和收回。外职业生涯规划是以内职业生涯发展为前提条件的。

（2）内职业生涯。

内职业生涯是指从事一个职业时所需具备的知识、观念、心理素质、经验、能力、身体健康状况、内心感受等因素的组合及其变化过程。其中各项因素的取得，可以通过别人的帮助来实现，但是主要通过自身的努力追求得以实现。与外职业生涯的构成因素不同，内职业生涯的构成因素一旦取得，别人便不能收回或剥夺。内职业生涯是真正的人力资本所在，提高内职业生涯规划而取得的工作成绩会转化为外职业生涯。

4. 职业生涯规划

职业生涯规划源于20世纪60年代的西方发达国家，于20世纪90年代传入中国。在西方发达国家，职业生涯规划起步很早，人们从幼儿园开始就接受职业生涯规划教育。在我国，系统的职业生涯规划教育和辅导体系尚处于探索阶段。

美国著名管理学者哈罗德·孔茨等人对规划的定义是："规划是为实施既定方针所必带的目标、政策、程序、规则、任务委派、采取的步骤、使用的资源及其他要素的复合体，它们通常要有必要的安全和经营预算的支持。"由此可见，规划的本质在于选择目标及实现目标的最佳方案。

职业生涯规划，简称生涯规划，又叫职业生涯设计，是指个人与组织相结合，在对个人职业生涯的主客观条件进行测定、分析、总结研究的基础上，结合自身的条件和现实环境，确立自己的职业生涯目标，选择职业道路，制订相应的培训、教育和工作计划，并按照职业生涯发展的阶段实施具体行动以达到目标的过程。

职业生涯规划的目的绝不只是协助个人按照自己的资历条件找到一份工作，更重要的是帮助个人真正了解自己，并详细评估内外部环境的优劣、机会与限制，为自己定下事业大计，筹划未来，拟定一生的、合理可行的职业生涯发展方向。由于职业生涯贯穿人的一生，因此，对职业生涯的规划，就是为自己的未来人生绘制理想的蓝图。

第二节　职业生涯规划的方法和影响因素

每个人都生活在一定的社会环境中，个人的职业行为必然会受到社会宏观环境和微观环境的影响。合理设计自己的职业生涯规划，是大学生通向成功的第一步。它可以使大学生充分认识自己，客观分析环境，正确选择职业，采取有效的措施克服职业生涯发展中的各种困扰，从而实现自己的理想。

一、职业生涯规划的步骤和方式

职业生涯规划的基本步骤包括自我分析、职业机会评估、确定职业生涯目标、职业生涯路线选择等多个环节。

（一）自我分析

自我分析是制定职业生涯规划的第一步，即对自己的现状做全面的评价。自我分析的重点在于评价自己的个性、职业倾向、专业特长、人际交往能力和业务能力等。自我分析的方法通常有自我测评法和周哈里窗模型两种。

自我测评法是指通过专业的心理测验或量表判断自己的个性和职业倾向，常见的心理测验包括《霍兰德职业倾向测验》以及与职业倾向有关的量表。

周哈里窗模型是通过对公开的我、隐私的我、潜在的我和脊背的我做出客观的评价,判断出自己真正的优势和动机。表 1-2 所示是自我评估练习举例。

表 1-2　自我评估练习举例

活动	目标
第一步:我现在处于什么位置 思考一下你的过去、现在和未来。画一张时间表,列出重大事件	了解职业现状和环境状况
第二步:我是谁 在每张卡片上写下"我是谁"的答案	对自己进行角色分析
第三步:我喜欢去哪儿,我喜欢做什么 思考你目前和未来的生活。写一份自传来回答三个问题:你觉得已经获得了哪些成就,你未来想要做些什么,你希望给别人留下怎样的印象	预测未来的目标
第四步:未来一年的理想 考虑下一年的计划。如果你有无限的资源,你会做什么,理想的环境是什么样的,理想的环境是否与第三步吻合	实现目标的可行性分析
第五步:一份理想的工作 现在,思考一下通过可利用的资源来获得一份理想的工作。考虑你的角色、资源、所需要的培训或教育	明确所需要的资源
第六步:通过自我总结来规划职业发展 是什么让你每天干得心情愉悦 你擅长做什么,人们对你有什么样的印象 为了达到目标你还需要什么 在向目标进军的过程中你会遇到什么样的阻碍 目前你做什么才能迈向你的目标 你的长期职业生涯目标是什么	总结现状,明确初步目标

(二) 职业机会评估

职业机会评估是指评价客观环境因素,如社会环境、国家政策、行业的发展以及就业市场对自己职业生涯发展的影响过程。除此之外,还应该对职业所处的组织进行分析,包括组织文化、领导人的管理风格、组织实力等。

一个组织的文化通常有两种倾向,一种是竞争的,另一种是合作的。如果人们的价值和组织的文化不同,不仅个人感到痛苦,而且会影响团队。另外,领导人的风格和组织实力也对组织有较大的影响。

(三) 确定职业生涯目标

职业生涯目标的设定是职业生涯规划的核心。按照时间顺序,职业生涯目标可以分为短期目标、中期目标和长期目标。

1. 短期目标

通常，短期目标是指时间在 1~2 年内的目标。例如，在 1 年之内要完成英语四、六级考试。短期目标是中长期目标中的一个阶段，必须清楚、具体、现实、可行。短期目标不仅要落实到实践层面，而且必须可以评估。

2. 中期目标

中期目标一般为 3~5 年，它比长期目标相对具体，例如，在 4 年之内拿下学士学位。中期目标是结合自己的志愿和组织的环境及要求来制定的目标。中期目标应与长期目标保持一致。与短期目标一样，中期目标也必须是可以评估的。

3. 长期目标

长期目标的时间一般为 5 年以上，通常长期目标比较粗略，不具体，是一个总的方向。长期目标只有一个时间范围，可能会随着组织内外部形势的变化而变化。

（四）职业生涯路线选择

职业生涯路线是指一个人职业生涯发展的轨迹。由于个体的发展路线不同，对其要求也不尽相同。在现实生活中，即便是选择同一职业，也存在不同岗位，人们必须选择一个自己喜欢的、适合的、能行得通的、可以成功的职业生涯路线。

通常职业生涯路线的选择须考虑以下四个问题：你想往哪一路线发展？你适合往哪一路线发展？你可以往哪一路线发展？哪条路线可以取得发展？第一问是指个体的打算，第二问回答自己能力所适合的职业生涯路线，第三问是分析职业机会以后找到的可以发展的路线，而第四问是要回答走哪条路线能够成功。

（五）做好职业生涯规划的四个步骤

第一，自我认知——充分、客观的自我认知是选择职业的依据。对自己进行全面认识和剖析，主要包括对个人的需求、能力、兴趣、性格、气质等的分析，了解自己具备哪些能力，明晰自己有什么优势，又有哪些不足和局限之处，还要了解自己现在是怎样的人、希望未来成为怎样的人，以确定什么样的职业比较适合自己。自我分析要客观冷静，既要看到自己的优点，又要认识到自己的缺点，重要的是要结合自己的爱好和兴趣。只有这样，才能避免规划中的盲目性，有效地促进职业发展。

第二，职业认知和职业生涯机会的评估——主要是要对期望进入的行业和职业有清晰的认识，分析期望进入的行业发展趋势和变化、期望从事的职业对自己的要求、自己在这个环境中的地位，以及环境对自己的有利条件与不利条件等。只有对这些环境因素充分了解，才能做到在复杂的环境中趋利避害，从而使生涯规划具有实际意义。

第三，设定职业目标，明确差距——通过自我认知分析知道自己的优劣势，通过职业认知和职业生涯机会的评估，明确外部环境的机会和威胁，通过这样的 SWOT 分析，结合自我的需求和兴趣，确定一个长远目标及近期目标，并分析、对比目标，确定自己在知识、技能、经验方面的差距，为具体职业生涯规划的举措奠定基础。

第四，职业生涯策略，制订行动计划——在确定了生涯目标后，行动变成了关键的环节。没有达成目标的行动,就不能达成目标,也就谈不上事业的成功。这里所说的行动是指落实目标的具体措施,主要包括工作、训练、教育、轮岗等方面的措施。

二、职业生涯规划的调适和管理

随着个体人格的发展和对职业生涯的领悟与认知,以及外部环境条件的变化,职业生涯规划也需要做相应的修改与调整。这种修改与调整的过程,就是职业生涯规划日趋成熟的过程。在这个过程中,最初确定的职业生涯目标往往都是比较模糊或抽象的,有时甚至是错误的,经过一段时间以后,个体可以有意识地对已经走过的道路进行回顾与总结,检验自己的职业定位与职业方向是否合适。

通过反馈与修正,纠正最终职业目标与分阶段职业目标的偏差,保证职业生涯规划的行之有效。同时,通过评估与修正,还可以极大地增强个人实现职业目标的信心,修订职业生涯规划的内容,主要包括重新选择职业、重新选择生涯路线、修正生涯目标、变更实施策略计划等。

三、影响职业生涯规划的因素

选择职业是人生中的一件大事。古今中外的许多成功人士,无一不是扬长避短,选择了最适合其能力、兴趣爱好、个性特征,并与客观条件和环境相适应的工作;反之,如果选错了职业,可能会遭遇许多的挫折与坎坷。因此,要想在激烈的竞争中立于不败之地,选择职业万万不可马虎,必须具有提前进行职业生涯规划的意识。对当代大学生来说,职业生涯规划更要做到早着眼、善分析、勤反思、科学规划人生,顺应社会发展。

每个人都生活在一定的社会环境中,个人的职业行为必然会受到社会宏观和微观环境的影响。合理合适地设计自己的职业生涯规划,是大学生通向成功的第一步。它可以使大学生充分认识自己,客观分析环境,正确选择职业,采取有效的措施克服职业生涯发展中的各种困扰,从而实现自己的理想。

(一) 教育背景

教育是赋予个人才能、塑造个人个性、促进个人发展的社会活动。它对人的生涯有巨大影响,它奠定了一个人的基本素质。

首先,一个人所接受的教育水平越高,其劳动生产率越高,其职业生涯就越成功。有较高学历的人,在就业以后一般都有较大的发展,即使他们对工作不满意,但因为他们的调整能力比较强,能够根据个人及环境的变化适时调整,以求更好的发展。

其次,人们的专业、职业种类对于其职业生涯有决定性的影响。即使转换职业,也通常与专业相关;或者以所学专业理论、知识、技能等为基础,流动到相关岗位或行业内。例如,从事计算机专业的技术人员,晋升为公司技术主管,再成为该公司总经理。因此,以某一专业为基础,又具备其他能力(如外语、管理、人际交往等),往往能得到更多的发展机会。

最后,不同程度的教育、不同门类的学科、不同的学校环境,会让受教育者形成不同的思维模式与意识系统，从而使人们以不同的态度对待自己、社会和职业的选择与发展。

（二）家庭影响

"家长是孩子做人的第一任老师，家庭是孩子生活的第一所学校。"每个人的性格都源于遗传和生长环境。家庭是人生活的重要场所，更是一个人形成价值观和行为的重要环境。很多人是在家人的教诲和各种影响中，在自觉或者不自觉中习得某种职业知识和技能的。而价值观、行为模式、职业知识、职业技能，从根本上决定了一个人的职业理想和职业目标，影响着其职业选择的方向和种类、选择中的冒险与妥协程度、对岗位和职业的态度。

（三）人生阶段

人们在不同的年龄阶段，不同的生活环境下，对职业的看法也有所不同，随之而来的是不同的心理需求和动机。这种变化有些来自年龄的增长，有些来自发展的机会和状态。

第一阶段是个性形成阶段，一个人到达这一阶段的典型年龄是 10~20 岁。在该阶段，个人探索职业的选择并开始进入成人世界。第二阶段是成长和从事了某一职业的阶段，这一阶段往往是从 20 岁持续到 40 岁。在这一阶段，一个人选择了一种职业并建立起了一条职业道路。第三阶段是自我维持和自我调节阶段，一般能持续到 50 岁或更老。在这一阶段，一个人要么接受现实的生活，要么进行调整。

（四）兴趣与意志

兴趣是最好的老师，更是职业生涯选择的重要依据。当一个人对某种职业产生兴趣时，他就能发挥整个身心的积极性，就能积极地感知和关注该职业的动态。兴趣可以提高人们的工作效率，可以调动人的全部精力，使人以敏锐的观察力、高度的注意力、深刻的思维和丰富的想象力投入工作，进而大大提高工作效率。在其他条件相似的情况下，从事自己感兴趣的职业不但让自己感到满意，而且能够让工作单位感到满意，并由此导向工作的长期性和稳定性。此外，多方面的兴趣可以使人善于应付复杂多变的社会环境和就业形势，如果变换工作，只要自己感兴趣，就能够很快地学会这门工作技能，求职成功，并能够在新的岗位上很快地熟悉和适应新的工作。人们不仅需要有从事某种工作的能力，更重要的是需要知道自己对哪类工作感兴趣，只有将能力和兴趣结合起来考虑，才能规划好职业生涯并取得职业生涯的成功。

意志是一个人自觉地确定目标，支配与调节自己的行动，克服各种困难，从而达到预期目标的心理状态。一个人对自己行动的目的有着正确、充分的认识，善于明辨是非，能当机立断做出决定并予以执行，有坚韧的毅力、百折不挠的精神，在行动中善于控制自己的情绪，约束自己的言行，做事情有刻苦执着的精神等，有助于职业生涯获得成功。职业生涯规划的自觉性、进行职业抉择的果敢性、为实现长期职业目标而努力的坚韧性、职业规划和决策中的自制性、为完善职业生涯规划做出大量努力的勤奋性等都有利于达到职业生涯规划的科学性和合理性。没有坚定的意志，没有长远明确的目标，人就会在顺境中得意忘形、忘记初心，在逆境中消沉颓废、郁郁寡欢，最终难以实现自己的职业生涯规划。意志对于一个人的职业生涯规划有着重大的影响和意义。

（五）社会因素

社会是人得以活动及发挥才干的舞台，也是影响人们成长与成功的重要条件和因素。社会的政治经济形态，涉及人们职业权利方面的管理体制、社会文化与习俗、职业的社会体系等社会因素，决定着社会职业岗位的数量与结构，决定着社会职业岗位出现的随机性与波动性，从而决定了人们对不同职业的认定和步入职业生涯、调整职业生涯的决策。用人单位对员工的培养、自身的亲戚朋友交际网、在职业发展过程中所获得的帮助、提高素质所需的学习机会和图书资料、与职业生涯发展方面有关的制度与政策等也对社会职业结构的变迁、人的职业生涯变动的规律产生影响。

第三节 职业生涯管理

一、个人职业生涯早期的管理

职业生涯早期，即由学校进入组织，从学生角色转变为员工角色，并为组织所接纳的过程。在这一阶段，个人融入组织以及被组织接纳是个人和组织共同面临的重要的职业生涯管理任务。

（一）融入组织

融入组织就是指大学生求职应聘接受雇用并进入组织后，由一个大学生向员工角色转化的过程，这时候的员工称为新员工。在融入组织的过程中，组织对新员工进行培训，主要目的是使新员工了解并掌握部门所期望的主要态度、规范、价值观和行为模式。融入组织的途径就是组织创造条件和氛围，使员工学会在该组织中如何工作。而新员工则要学习如何与他人相处，如何扮演好个人在组织中的角色，接受组织文化并逐渐成为符合组织要求的一员，在这一过程中应注意解决好以下几个问题。

1. 理想与现实的落差

在职业生涯的最初时期新员工对组织抱有很高的期望，希望能发挥自己在学校所学到的新知识、新技术，证明自己的能力以及获得提升的机会。然而事实会是，在任职后必须面对具体的工作内容，如行政人员必须去处理文件、接传真，甚至是打电话这样的具体工作。具体的工作事务与新员工的期望可能形成落差。

2. 人际关系与人际冲突

除了理想与现实的落差，人际关系冲突也会使新员工倍加烦恼。一个新员工最关心的是如何做好工作，但不得不在一个复杂的人际关系中周旋。由于新老员工的经历与社会背景均不同，老员工可能对新员工产生偏见或者嫉妒，一些老员工甚至把新员工看成威胁。

这时新员工可能受到两种待遇：第一种是不被大家待见，如吃饭的时候没人招呼，下班的时候没有同伴；另一种是被拉扯进"帮派"，糊里糊涂地卷入"职场斗争"中。在这种冲突和"斗争"中，新员工的利益会受到极大的损害，如被委派到一个并不重要的高风险工作岗位上。这个时候，挫折与沮丧是不可避免的。

在这一时期想要解决这些令人烦恼的问题，必须建立一种自信，学会与上级以及同事们和谐相处，学会接受责任。最重要的是要对自己的才能、需要以及价值观是否与最初的职业目标相吻合进行审视和判断，以便使自己早日融入现实的工作环境中。

（二）等待机会

新员工工作之初可能难以得到上司的信任和重用，只能等待机会。新员工刚刚进入组织，对组织可能缺乏足够的了解，而组织也要观察新员工的工作能力、业务水平和团队精神，因此员工很难得到有挑战性的工作机会，而是从事较为容易或者很乏味的具体工作。如果一个新员工在数月、一年甚至更长时间内都得不到理想的工作，其工作积极性就会受到很大的影响，甚至直接影响到员工未来的职业生涯发展。

在这种情况下，个人应尽快去熟悉组织的企业文化以及工作的具体要求和流程，虚心向老员工学习，树立良好的形象，以踏实的工作作风和出色的工作成绩获得上司的认可。

（三）与组织配合做好职业生涯规划

新员工进入组织，组织会为员工制定个人职业生涯规划，对个人的职业生涯进行管理。这一阶段，新员工需要配合组织做好以下几项工作。

1. 提供资料

新员工应当及时地向组织提供关于自己的真实资料，使组织能全面真实地了解自己，这样在进行工作分配时就可以充分发挥个人特长，这样做也有利于组织资源的充分利用和目标的实现。

2. 充分沟通

工作之初，新员工应主动与上司和同事进行沟通，以获得有关自我优势与不足的信息反馈。职业生涯早期是个人和组织相互适应和接纳的一个阶段，新员工常常因为缺乏相应的工作经验和技能而不能立即胜任工作。这就需要新员工主动从上司和同事那儿了解关于自我的信息，充分利用自身的优势，及时改正不足和缺陷，提高自己的职业潜能。

3. 争取晋升

新员工在组织中争取各种晋升机会可以更好地锻炼自己，提高自己的管理能力，并有助于更好地实现个人职业目标。

4. 参与职业管理

新员工应该参与职业生涯发展管理与开发活动，在上级的帮助下根据个人的潜能和组织的内外环境制定可行的个人职业生涯发展方案。

5. 努力工作

努力做好第一份工作，不断地积累工作经验，提高自己的工作能力，以良好的工作业绩来实现自己的职业生涯规划和目标。

6. 拓宽业务面

加强与组织内外不同工作群体员工间的接触，如行业协会、项目小组等，拓宽自己的知识面和交际范围，让他人了解自己的才华，以促进个人职业潜能的提升。

二、个人职业生涯中期的管理

通常，人们将 30～50 岁划成职业生涯中期。职业生涯中期是职业生涯发展中的黄金时期。在这一时期，一方面，个体在职业生涯中处于快速发展和提升时期，专业技术更加成熟，不少人拥有有利于职业生涯发展的人际关系网，因而可以得到更多的就业与合作机会，逐步达到事业的顶峰。另一方面，个体的生理、心理和家庭特征都发生了很大的变化，处于职业生涯中期的个体面临着孩子独立、父母变老的状况，生物周期则由精力旺盛到逐渐衰弱。在事业上可能面临被新人取代的残酷事实。这一时期的关键是完成好角色的转变，从中心淡出。

在这一阶段，职业生涯中的危机主要表现为缺乏组织认同和个人职务认同。在职业生涯中期，职业发展机会逐渐减少，而个人的发展愿望却没有得到满足。中期危机往往使员工心灰意冷、情绪郁闷、丧失信心和工作热情。一些人感到无奈而决定平平庸庸走完自己的职业生命周期。因此其成功主要依赖于组织，取决于组织的奖酬及给予的机会，所以他们多数都已被锁住，即被锁进了一种不能放弃的成功模式。

创新型和自主型职业锚的人在遇到个人理想与现实的矛盾时，一般会重新定义自己的职业目标，并且很容易转移到其他新的职业追求上。一些人则会采取跳槽、辞职的方式，利用自己的专长与人脉独立开拓新的领域。技术型职业锚的员工面对职业中期发生的问题，适应性较强，能够进行多样性选择。他们既可以继续在组织中干下去，也可以从事咨询教育等其他工作。

职业发展中期不仅风雨飘摇，而且员工的工作效率也逐渐下降。在职业生涯中期，特别是人到中年之后，每个人都不可避免地要承担伴随着沉重的生命周期运行而来的繁重任务。

职业生涯中期管理的方法有以下几种。

1. 保持积极进取的精神和乐观的心态

人到中年，对于有望晋升和发展的人来讲，有充分的发展空间。而多数中年期的员工可能处于发展相对停滞的时期。应该正视客观现实，保持积极进取的精神和乐观的心态，顺利度过这一阶段。

2. 进行新的职业选择

在职业生涯中期，当个人陷入极大的矛盾或危机中时，往往也面临着新的职业角色选择。如继续留在原来的职业锚位上，使自己的知识和技术更加精深和熟练，成为骨干或专家；也可以通过一定的方式使自身的技能通用化，更多地充当项目带头人和良师的角色；还可以离开原来的工作，寻求新的适宜的职业角色。

3. 担负起言传身教的责任，为年轻人做铺路石子

随着个人职业生涯的发展，一个人的职业逐渐稳固下来，在工作和发展中获得的经验也会变得日益丰富，而这对于正处在成长中的年轻员工来说则是十分宝贵的。因此，处于职业生涯中期的员工，不论其是否有正式的主管角色，都应当主动、自觉地承担起言传身教的良师责任，给年轻人以监督、教诲和支持。

4. 维护职业工作、家庭生活和自我发展三者间的均衡

在职业生涯中期，每个人都会面临来自工作、家庭和个人发展这三方面的压力。因此，解决职业生涯中期的问题，正确处理三个生命空间的关系，求得三者间的适当均衡，是职业生涯中期的一项重要任务。

三、个人职业生涯后期的管理

从年龄上看，处于职业生涯后期阶段的员工一般都处在 50 岁至退休年龄之间。由于职业性质及个体特征的不同，个人职业生涯后期阶段开始与结束的时间也会有明显的差别，这一阶段职业生涯管理应该从以下几个方面展开。

1. 完成转换角色

处于职业生涯后期的个人最重要的事情就是正视自己竞争力下降的事实，完成从中心到辅助角色的转变，平衡失落的情绪。现在不少人退休以后利用返聘的机会，继续工作。当师傅，带徒弟，培育新雇员，充当参谋、顾问等角色就是一个很好的缓解不良情绪的方法。

2. 接受权力、责任和中心地位下降的事实

（1）要从思想上认识和接受"长江后浪推前浪"是必然的规律，坦然地接受个人手中权力、责任的减少以及中心地位下降的客观事实，求得心理上的平衡。

（2）将思想重心转移到个人活动和家庭生活方面，多参加社会活动，充实自己的生活，满足自己的需求。

3. 回顾自己的整个职业生涯，为退休做准备

（1）充分做好退休的思想准备，培养个人兴趣，策划退休后的生活。

（2）抓紧退休前的时间使自己对职业有一个圆满的交代，培养接班人；在即将退出职业生涯的时候，发挥自己的经验优势，帮助或培养年轻员工成才。

（3）为退休做好准备。

职业生涯管理是一个连续的过程，职业生涯早期、中期和后期的管理工作之间是相互衔接、承上启下的，各阶段的管理不可分割。

第二章

职业选择与职业能力发展

第一节　自我认识的方法及意义

很多大学生由于没有职业生涯规划的意识，也不懂得如何规划自己的职业，在毕业之际仓促做出了选择，也许他们的工作与他们的兴趣和能力等并不符合。毕业多年后，还在为寻找一份好工作而辗转奔波。由于早期缺乏有关方面的学习，有些大学生在毕业时无法确定自己在哪个领域可以获得最好的发展，稀里糊涂地就开始了自己的职业生涯。结果几年时间过去后，要么做着一份自己不喜欢的工作，没有工作激情，无法发挥自己的聪明才智；要么频繁换工作，表面上积累了多种多样的工作经验，其实带给自己的只是缺乏专长的失败经验，也使得自己在激烈的人才竞争中缺乏核心竞争力。与此相反的是，有些大学生因为明确了自己的职业发展方向，经过几年在一个领域里的积累，成了该领域的专、精、尖人才。形成这种情形的关键原因就在于是否对自己有正确的认识。

一、自我认识的方法

自我认识是一个古老的哲学命题，人们都会问：我是谁？我从何而来？我将向何处去？人的一生之中，最难认识和了解的人不是别人，而是自己。关于自我认识，古今中外皆有不朽名言流传于世。中国有"知人者智，自知者明。胜人者有力，自胜者强"（老子），"知己知彼，百战不殆"（孙子），"人贵有自知之明"；童话作家安徒生说"认识自己就是真正的进步"，法国诗人拉封丹说"有些人了解全世界，但不懂自己"。这些至理名言都在告诉人们一个非常简单也非常重要的道理，那就是：自我认识非常重要。因为，人生在世，无论是做件普通的生活小事，还是进行一项惊天动地的行动，要想如愿，要想成功，前提便是对自我有非常清晰而准确的认识。

（一）自我认识的概念

自我认识就是一个人对自己及自己和他人关系的认识，包括自我感觉、自我观察、自我分析和自我评价。只有客观地自我认识，才能客观地认识他人、认识社会。自我认识是对自己的特性进行客观的评价，是对自己准确的定位，是每个人提高生活质量、提升生命意义必修的课程。自我认识就是勇于正视自己的缺点，见贤思齐，努力上进；同时也要善于发掘自己的优点，把它发扬光大。如果一个人不能正确认识自己，就会放大缺点，对自我感到不满；或者是盲目夸大优点，自高自大。

（二）在择业中进行自我认识

今天做出的职业选择会影响今后几年的职业生涯。择业是如此重要，但现实生活中很多人在选择影响自己未来命运的工作时竟然十分草率。戴尔·卡耐基在其《人性的弱点》中讲了这样一段话："我近来曾和柯哥尼石油公司的人事经理保罗·波恩顿畅谈了一晚上。他在过去20年当中，至少接见了75 000名求职者，并出版过一本《获得工作的6个方法》。我问他'今日的年轻人求职时，所犯的最大错误是什么？''他们不了解他们想干什么，'他说，'这真是叫人万分惊骇，一个人花在选购一件穿几年就会破损的衣服上的心思，要远比选择一件关系将来命运的工作多得多——而他将来的全部幸福和安宁都建筑在这件工作上。'"有许多大学生对自己并不了解，不知道自己真正适合做什么样的工作，只好盲目做出选择。要把握好选择的机会，为自己的职业发展选择一个正确的方向。如果大学生不了解如何去规划自己的职业生涯，大学毕业之前没有为自己的职业做过详细周密的规划，就会在毕业时对自己的职业发展感到迷茫，遇到一份自己可以接受的工作就停步不前，结果是从工作开始就伴随着委曲求全的无奈心态。究其原因，主要是没有从自身出发来全面、理智地考虑自身的职业。本章通过对自身因素的分析，以期能够对大学生在这个问题上有所帮助。

二、自我认识的意义

虽然人们大都明白自我认识的重要性，但要做到客观、全面、深刻的自我认识，这种能力并非与生俱来的。个体是通过进行社会活动，分析外部活动、观察自我等途径来逐步加深对自我的认识的。下面阐述自我认识的方法可供大家参考。

（一）通过别人的态度进行自我认识

人的自我意识不是生来就有的，而是在社会交往过程中逐渐发展起来的。个体认识自己正如宋代诗人苏轼著名的诗句："不识庐山真面目，只缘身在此山中。"通过旁观者认识自己正如心理学家柯里所说："人与人之间可以相互为镜子，都能照出他面前人的形象。"周围的人对自己表现出的态度、做出的评价如同镜子一样，让人们看到了另一个自己，有助于人们认识自己、了解自己。所以，要学会从自己与外在环境的关系去认识自己的兴趣特点、个性特征、价值倾向、思维模式和行为方式。例如，可以通过了解自己的亲人、朋友、同事对自己的看法来了解自己。长期生活、学习在一起的人对自己的言行举止往往有着更为公正客观的评价。当然，对于他人的态度和评价，要理智对待，冷静分析，做到既不盲目相信，也不忽略轻视。同时，对于他人的肯定要愉快接受，但不沾沾自喜；对于他人的否定要中肯地分析，确有不当之处要改正，不可妄自菲薄。

（二）通过本人活动结果进行自我认识

人还可以通过对自己的活动结果进行分析，以此为依据来进行自我认识。综合自己以前和最近在学习、生活等各方面的基本情况，通过对自己历史和现实的状况进行客观、准确的分析，通过对生活、学习和活动中自己的表现来认识自己，比如：对生活是否乐观，持怎样的价值观；对学习是否感兴趣，成绩如何，有哪些强项和弱项，对团体活动持怎样的态度，表现出怎样的优势和缺点。这种方法是在生活的实践和历练中逐步深化自我认识，因而得出的认识是可靠的，但也需要不断地摸索、不懈地感悟和不停地积累。

通过对自己在所生活的集体中的位置和作用的分析，也有助于自我认识。比如分析自己在班级组织中的作用如何，在家庭中的情况如何，老师、同学、家人怎么看待自己。虽然自我认识需要个人的努力，但也不能完全靠个人闭门修炼来完成。个体是属于集体的，要结合集体或组织活动来进行自我认识，这样可以使自我认识收到更好的效果。

（三）通过自我观察来进行自我认识

以上两种方法都是以间接的方式来进行自我认识，当然也可采用直接的方式来进行自我认识，即自我观察。一方面是通过自己的感官来认识自己的表面特征，也就是外在形象，比如对自己高矮、胖瘦、美丑和健康状况等的认识。这种认识与他人的反馈进行比较之后才会更为客观。另一方面是进行内省。内省就是一个我对另一个我进行观察，也就是对自己内在素质的认识，如兴趣爱好、性格特征、道德倾向、能力特长等。在自我观察的基础上对自身状况进行自我分析，而后对自己的能力、品德、行为等方面进行自我评价，从而认识自己的职业禀赋。例如，通过反省自己在日常生活中的点滴表现，具体分析自己对什么事情感兴趣，讨厌的事情又有哪些；这种兴趣发展到了怎样的程度，这种讨厌到了什么地步。或者具体分析自己在哪些方面能力突出，在哪些方面感到吃力；自己是怎样的一个人，有哪些优点和缺点。

人是从少年时期开始对自我进行内省的。大学生的生理和心理渐趋成熟，生活经验不断增加，对外界的认识不断提高，同时他们的生活空间不断扩大，所参与的社会实践活动不断增多，这个时期个体的自我意识发展迅速，关注他人对自己的评价，关注自己的活动结果，关注自身的体貌特点，并且越来越关注自己的内心世界和个性品质。自我观察是自我教育、自我提高的重要途径，但是在现行的教育体制下，一些学校的教育缺乏对学生自我修养的教育，在家庭中存在父母教育方式不当的问题，再加上当前社会环境中多元化文化价值观的影响，有许多大学生不知如何与他人相处，不知如何发现自己的特长，不知如何确立自己发展的方向。总而言之，缺乏自我认识的能力。这就使他们在应对这些问题时遇到困难和挫折，产生烦恼和困惑。这就需要大学生通过寻求专业的帮助，主动阅读有关方面的书籍，有意识地自我剖析，对自己的特性进行分析，明确自己的优势和劣势所在，寻找自己的与众不同和发展潜力，做到既不高估自己，也不贬低自己，从而做出有利于自身发展的职业选择。

（四）借助心理测验进行自我认识

随着社会的发展，心理学家逐渐摸索出一些心理测验方法来帮助人们进行自我认识。心理测验是一种标准化的测量手段，通过它，个人能够在较短时间内获得自己某方面特点的描述，这对了解自己的职业兴趣、职业能力及职业性格有一定的参考作用。但需要注意的是，无论采用哪一种方法对自我进行分析，都要注意进行客观理性的判断，最好综合各种方法的分析结果，做全面的分析和切实的对比，从而形成对自我的正确认识，避免因为个人动机倾向或情感影响出现偏差。当然，自我认识并不是一成不变的，它是一个不断发展变化的过程。个体本身在不断地成长、不断地变化，因而自我认识也在不断地发展、不断地完善。古语有云："士别三日，当刮目相看。"因此，要不断更新自我认识，时刻自省自查，及时发现自己的新变化，不断完善自己，不因过往对自己的认识限制了自己未来的发展。一个人只有做到真正地认识自我，才能超越自我、创造自我，最终肯定自我、实现自我。

第二节　个性与职业选择

一、个性的含义与心理结构

在古希腊帕尔纳索斯山麓阿波罗神庙的巨大柱廊造型的石柱上，刻着苏格拉底的一句箴言："人啊，你要认识你自己。"无论是以认识人类自身为目标的心理学，还是中国传统文化中的"知己知彼，百战不殆"的大智慧，都在反复强调一个观点：了解自我。如果不了解自己，又如何选择适合自己发展的人生道路呢？

大量事实证明个性对职业选择起着很重要的作用。一个人的性格会影响职业的适宜度，进而影响能力的发挥，并最终影响其成就。

（一）个性的含义

个性也称为人格，是一个人的全部内在与外在独特品质的总和，是个人对别人施加影响与认识自己的独特方式。个性反映了一个人的整体精神面貌，是个人较稳定的心理特征（如态度、兴趣、个人行为倾向等），但不是完全不可改变的；只是个性特征，尤其是其中较深层、较基本的成分，改变起来很缓慢、很困难。

个性特征主要指个体典型的心理特征，表现为一个人区别其他人的独特性，如情绪体验的速度、强度、深度及动作的灵敏度、精确度等。个性具有以下基本特征。

1. 整体性与统一性

构成个性的各因素往往是相互联系、相互影响、相互制约的，它们有机地结合在一起，共同构成个人完整的个性心理结构系统。如果其中任何一部分发生变化，其他部分也将随之发生变化。在一个活生生的人身上，孤立的个性因素是不存在的。

2. 稳定性与可变性

一般来说，个性是稳定的、难以改变的。一个人在出生后，经过社会生活实践，逐渐形成一定的动机、理想、信念和世界观，从而使自己的活动带有一定的倾向性，在不同生活环境下，心理面貌总显示出同一品质。比如一个好激动的人，在工作岗位上处理问题时总是匆匆忙忙，与人有约时坐卧不宁，遇见突发事件则惊慌失措。

个性的稳定性又是相对的。随着年龄的增长，以及环境和在人际交往中受到的影响等多种因素的作用，人的个性表现会随之变化。因此，个性也具有一定的可变性。

3. 共同性与个别性

人的个性是千差万别的，即便是同卵双生子，不管他们模样怎么相似，个性也不可能完全相同，因为一个人的个性是在遗传、环境和学习等许多因素影响下发展起来的，是心理倾向、心理过程、心理特征以及心理状态等综合的心理结构。

每个人的个性都反映了自身独特的、与他人有所区别的心理状态和表现。比如人们的兴趣、爱好多种多样，能力也各不相同，气质和性格的表现上更是"千人千面"。

共同性是指具有相同个性的人，其行为具有相似的规律。如内向的人多数表现出少言寡语的特点，多血质的人具有活泼好动的特征等。共同性不仅基于人的生物共同性，而且受周围环境的作用影响。例如，中国人和西方人就有完全不同的个性特点。由此可见，个性中的共同性和个别性是统一的。

4. 生物性与社会性

人既有生物属性，又有社会属性，同样个性也具有生物性和社会性。人自然的生物特性是个性形成的基础，个性发展的道路和方式影响着个性的形成，但是不能把个性归结为先天的、固有的，也不能把它的发展看作由遗传所决定的。每个人作为社会的一员，所处的各种社会关系是个性形成和发展的决定性因素，这些社会关系和所从事的实践活动，使人由单纯的生物实体逐渐成长为有意识的具有社会本质的社会实体。

（二）个性的心理结构

个性的心理结构十分复杂，是一个多层次、多侧面、复杂的有机统一体，主要包括个性倾向性和个性心理特征。

1. 个性倾向性

个性倾向性指人对社会环境的态度和行为的积极特征。它是决定一个人态度、行为的积极的选择性动力系统，是个性结构中最活跃的因素。它决定着人对现实的态度，以及人的认识和活动对象的趋势和选择。

个性倾向性主要包括需要、动机、兴趣、理想、信念和世界观等，是在后天培养和社会化过程中形成的，较少受到生理、遗传等先天因素的影响。其中，需要是基础，是个性倾向性乃至整个个性积极性的源泉，只有在需要的推动下，个性才能形成和发展，就像饿了需要食物，累了需要休息，为了繁殖后代需要恋爱和婚姻，为了生存和发展需要工作等。动机、兴趣、理想等是需要的各种表现形式，居于最高层次的世界观处于主导地位，制约着人的思想倾向和整个心理面貌，是人们言论和行动的总动力和动机系统的最高调节者。

2. 个性心理特征

个性心理特征是人的多种心理特点的独特结合，是个性结构中最稳定、经常表现出来的特征因素，是具有决定意义的成分。其中包括完成某种活动的潜在可能性特征，即能力；心理活动的动力特征，即气质；对现实环境和完成活动的态度上的特征，即性格。

二、兴趣与职业选择

（一）职业兴趣对职业选择的影响

兴趣与职业目标、社会责任感融合起来逐渐转化形成职业兴趣。职业兴趣在职业活动中起着重要作用，主要表现在三个方面。

1. 职业兴趣是职业生涯选择的重要依据

兴趣是最好的老师，是一种强大的精神力量，可以使人集中精力去获得自己所喜欢的职业知识，启迪智慧并创造性地开展工作。正如人们在日常生活中喜欢从事自己感兴趣的活动一样，具有某种职业兴趣类型的人更倾向于寻找与此有关的职业，特别是在外界环境限制较小时，人们更倾向于选择自己感兴趣的职业。

2. 职业兴趣是发挥职业潜能的动力源泉

职业兴趣可以充分调动人的全部精力，使人以敏锐的观察力、高度的注意力、缜密的思维和丰富的想象力投入工作，使工作不再是一种负担，而是一种享受，从而大大提高工作效率。有研究显示：如果从事感兴趣的职业，则能发挥全部才能的80%～90%，且长时间保持高效率而不感到疲劳；反之，对不感兴趣的工作，只能发挥全部才能的20%～30%。

3. 职业兴趣是保障职业稳定的重要因素

职业兴趣是智力开发的"孵化器"。对某一职业有浓厚兴趣，就愿意钻研，就会出成就。一般来说，职业兴趣是职业生涯适应的一个基本方面，为职业生涯选择提供有效信息，主要用于预测工作满意感及稳定性。工作满意是职业生涯适应的一个重要标志，在其他条件相似的情况下，从事自己感兴趣的职业不仅让人感到满意，而且能够让人对工作单位感到满意，并由此保障职业的长期性和稳定性。

（二）职业兴趣的类型与匹配的职业

根据职业兴趣不同，可将人划分为九大类。

1. 愿与人接触

喜欢与人交往，对销售、采访、传递信息等一类活动感兴趣。匹配的职业有推销员、记者、教师、行政管理人员等。

2. 愿与事物打交道

不喜欢与人打交道，而喜欢同事物打交道。相应的职业有工程技术、建筑、机器制造、会计等。

3. 愿干有规律的活

喜欢常规的、有规则的活动，习惯在预先安排好的程序下工作。相应的职业有办公室工作、打字、统计员、档案管理等。

4. 喜欢具体的工作

希望很快看到自己的劳动成果，愿意从事制作等看得见、摸得着的工作，可以从中得到满足。相应的职业如室内装饰、园艺、美容、理发等。

5. 喜欢操作机械的技术工作

对运用一定技术、操作各种机械、制造新产品或者完成其他任务感兴趣。喜欢使用工具，尤其大型、马力足的先进机器。相应的职业如飞行员、驾驶员、煤炭开采等。

6. 喜欢从事社会福利和助人工作

乐于助人，并试图改善他人状况，为他人排忧解难。相应的职业有律师、咨询人员、科技推广人员、医生等。

7. 愿做领导和组织工作

喜欢掌控事情，希望受到众人的尊敬和获得声望。相应的职业有各级行政人员、企业管理干部、学校领导和各种管理层人员等。

8. 喜欢研究人的行为

对人的行为举止和心理状态极其感兴趣，喜欢讨论人的问题和相关的事情。相应的职业有心理学、政治学、人类学、教育管理等。

9. 愿从事科学技术事业

擅长理论分析，对分析的、推理的、测试的活动感兴趣，喜欢独立解决问题。相应的职业如各类科学研究、社会调查、经济分析等。

当然，兴趣广泛的大学生在选择职业时，要考虑社会需求和外界的客观现实条件，遵循人格适宜性、职业兴趣性和能力胜任性原则，寻找切实的职业兴趣。注意不能盲目攀比，应扬长避短。

三、气质与职业选择

气质指心理活动在强度、速度、持久性、灵活性及指向性方面的典型而稳定的个性心理特征，具有明显的天赋性，是个性结构中最稳定的成分。俗话说"江山易改，禀性难移"，"禀性"就是气质。它虽不能决定一个人活动的社会价值和成就的高低，却是影响人行为活动的重要因素。

不同的职业对人的气质有不同的要求，而不同的气质则适合从事不同类型的职业。依据气质在人身上的表现，心理学家把人的气质划分为以下四种类型。

1. 多血质

这类人热情、开朗、充满自信、喜闻乐道、善于交际、活动能力强，属于敏捷好动的类型，对职业有较强的适应性，对外界事物反应迅速、强烈但不深入、不持久，注意力容易转移，尤其对单调、机械和琐碎的工作及缺乏竞争和刺激、循规蹈矩的工作一般不感兴趣，也不能持久。这类人通常适合从事多变和多样化的、出头露面、交际方面的职业及管理、服务工作，如政治家、外交人员、记者、公关人员、律师、秘书、艺术工作者等。

2. 胆汁质

这类人热情、直率、精力旺盛、勇敢积极，但心境变化剧烈，易冲动，属于兴奋热烈的类型,表现为有理想和抱负,有独立见解,反应迅速,行为果断。他们能以极大的热情去工作,并克服工作中的困难;但若对工作失去信心,情绪即会低沉下来甚至转为沮丧而心灰意冷。这类人不适宜从事细致性的工作,而通常适宜从事竞争激烈、开拓性、风险性强或要求反应果断而迅速的职业,如体育运动员、改革者、实业家、探险家、地质勘探者、登山员等。

3. 黏液质

这类人安静、稳定、沉着、含蓄,心理平衡性好、自制力强,属于缄默、安静的类型,能够高质量地完成那些需要具备坚忍不拔、埋头苦干及长时间集中注意力、有条不紊的工作。其不足之处是过于拘谨,不善于随机应变,有墨守成规的表现,固定性有余,灵敏性不足。因此,这类人不适宜反应迅速、具有冒险性的工作,而适合从事细致、严谨、有条理、持久性的工作,如教育、医务、会计、法官、图书管理员、营业员等。

4. 抑郁质

这类人内向、敏感、观察力敏锐、情绪体验深刻,处事谨慎、反应慢、缺乏自信,属于呆板、羞涩的类型。在精神上难以承受或大或小的神经紧张,常因微不足道的小事引起情绪波动,多愁善感;兴趣爱好少,与人交往拘束,喜欢独处。对于力所能及的工作,不论什么岗位,只要肩负责任,都能认真完成,毫不懈怠。但耐受性差,在困难面前易产生惊慌失措的情绪。

这类人一般不适宜做灵活性要求高的工作,而适合从事理论研究及要求认真沉稳、敏锐精细的工作,如哲学研究、基础理论研究、检验员、刺绣工作、雕刻工作等。

人的气质本身无好坏之分,每种气质都有积极和消极的方面,且具有相对稳定性。多数人都是几种气质类型兼具的混合体,可以后天锻炼改造。气质特征是影响一个人职业的关键因素,也影响着一个人在职业活动中的职业成就。在职业选择中,大学生都应从自身实际气质特征出发,认真考察职业气质要求与自身特征的对应关系,找到适合自己气质类型的工作。

四、性格与职业选择

性格是职业选择的前提。心理学界一般把性格定义为:表现在人对现实的态度以及与之相适应的、习惯化的行为方式方面的个性心理特征,是个性特征中最具核心意义的心理特征。与气质有明显区别的是,性格是在后天实践中形成的,具有相对的可变性和可塑性,受社会行为准则和价值标准的评判,有好坏之分。同时,性格对其他个性心理特征具有重要影响,性格的发展规定了能力和气质的发展,影响着能力和气质的表现。

人的性格与职业的适应性有密切联系,各种职业都需要有相应性格的人来从事,而某种性格的人又比较适宜从事某些职业。从事与自己的性格相符的职业,通常能让人发挥自长,且较乐意投入工作,对工作有高度承诺,从而更能胜任工作。

当人的性格与职业需要的性格相反时,工作效果往往事与愿违。例如,让一个比较缄默的人从事产品销售工作,因缄默的人往往乐群性较低,喜欢对事不对人,而产品销售需要应付大量人与人之间复杂的情绪交流，那么在工作过程中，缄默的人不可避免地会有很多心理冲突，影响工作业绩。性格具有不同类型，且不同性格适应不同的工作要求。

（一）按心理活动的指向性区分性格

按心理活动的指向性，性格可分为内向和外向两种。

内向性格的人耐心谨慎，适合做研究性质的工作，如医生、科学家、编辑、工程师、技术人员、会计师、程序设计员等；而外向性格的人热衷交际，擅长活跃气氛，更适合从事与人交往的工作，如人事顾问、管理人员、律师、记者、政治家、警察、演员、推销员、广告人员等。当然，生活中屡见不鲜的是一个人身上往往兼有内向与外向两种性格，如一个腼腆内向的人成为一名优秀的企业家，而一个开朗好动的人最后却在实验室安静地度过了一生。

（二）依据性格与职业选择的关系划分性格

美国职业指导专家霍兰德依据性格与职业选择的关系，将性格划分为现实型、研究型、艺术型、社会型、企业型和常规型，又称霍兰德六边形人格。

其中每种特定类型性格的人，会对相应职业类型中的工作或学习感兴趣。

1. 现实型（R）性格

此类性格具有内向、顺应等倾向。这种性格的人喜欢有规则的具体劳动和需要基本操作技能的工作。对于机械和物体显示出强烈关注，但缺乏社交能力，不适应社会性质的工作。其典型职业包括技术型（如制图员、机械装配工等）和技能型（如一般劳工、技工、修理工、农民等）。

2. 研究型（I）性格

此类性格具有深思熟虑、分析、内省等倾向。这种性格的人对于理论思维和数理统计有浓厚兴趣，喜欢智力的、抽象的、分析的、独立的定向任务这类研究性质的职业，但缺乏领导才能，独立倾向明显。其典型职业包括科学研究人员、教师、医师、工程师等。

3. 艺术型（A）性格

此类性格有冲动、情绪化、理想化、不重实际等倾向。这种性格的人有艺术、直觉和创造力，对机械性及程式化的工作缺乏兴趣，而对创造性的、想象性的、具有自我表现空间的工作显示出明显偏好。其典型职业包括音乐家、画家、作家、室内装饰家等。

4. 社会型（S）性格

此类性格有合作、友善、助人、负责、亲切等倾向。这种性格的人喜欢社会交往、关心社会问题、有教导他人的能力，适合从事咨询、培训、辅导、劝说类工作。其典型职业是社会工作者和教育工作者等。

5. 企业型（E）性格

此类性格有进取、独断、自信、善社交等倾向。这种性格的人富有表现力与指导力，喜欢影响、管理和领导他人，期望权力和地位，追求政治、经济上的成功。其典型职业是政府官员、企业领导、销售人员等。

6. 常规型（C）性格

此类性格有顺从、谨慎、保守、有效率等倾向。这种性格的人有写作或数理分析的能力，能够听从指示，完成琐碎的工作，重视形式与规则，喜欢组织与秩序。其典型职业是秘书、办公室人员等。

（三）职业性格

不同职业有不同的性格要求。虽然性格不能百分百适合某项职业，但可以根据自己的职业倾向来培养、发展相应的职业性格。近年来，我国一些教育心理学研究人员结合我国实际情况，将职业性格分为八种基本类型。

1. 变化型

喜欢有变化的和多样化的工作，在新鲜的、意外的活动或工作情境中感到愉快，经常转移注意力，如记者、推销员、演员等。

2. 重复型

适合连续从事同样的工作，按既定的计划或进度办事，喜欢重复的、有规律的、有标准的工种，如纺织工、机床工、印刷工等。

3. 服从型

愿意配合别人或按别人的指示办事，不愿意独立决策和承担责任，如办公室职员、秘书、翻译等。

4. 独立型

喜欢安排计划自己的活动，指导别人的活动或对未来的事情做出决策，在独立、负责的工作情境中感到愉快，如管理人员、律师、警察等。

5. 协作型

善于协调、引导他人，与人协同工作时感到愉快，并希望得到同事们的喜欢和认可，如社会工作者、咨询人员等。

6. 机智型

在紧张、危险的情况下能控制自如、沉着应付，发生意外差错时能镇静自若，并出色地完成任务，如驾驶员、飞行员、消防员等。

7. 表现型

喜欢表现自己的爱好和个性，根据自己的感情做出选择，能通过自己的工作来表现自己的思想。典型职业是演员、诗人、画家。

8. 严谨型

注重工作过程中各个环节和细节的精确性，愿意按规划或步骤严格、努力地工作，并倾向于看到自己出色的工作效果，如会计、统计员、图书档案管理员等。

"性格决定命运"，大学生在选择职业前有必要借助科学手段了解自身的性格类型，以及适合自己的职业领域，找准自己的职业倾向，这样在职业生涯中就会少走弯路。

五、能力与职业选择

能力是一个人顺利完成某种活动所需要的并直接影响活动效率的个性心理特征,是能否进入职场的先决条件,也是能否胜任工作的主观条件。无论从事什么职业,总要有一定的能力做保障。没有能力,就谈不上进入职场工作,也就无所谓职业选择。

能力总是和人完成一定活动联系在一起的,即做任何事情都需要与之相应的素质和能力。如一些人语言能力较强,善于表达自己的思想观点,适合从事与文字有关的,如教师、记者等工作;而另外有些人数理能力很强,擅长快速运算、推理、解决应用问题,则适合从事会计师、精算师、工程师、研究员等工作。职业能力包括一般学习能力和专业能力。

(一) 一般学习能力

一般学习能力包括注意力、观察力、记忆力、思维能力和想象力等。一般学习能力是人们顺利完成各项任务必须具备的一些基本能力。职业或专业水平越高,对人的一般学习能力的要求亦越高。

(二) 专业能力

专业能力即特殊能力,指从事各项专业活动的能力,也称为特长。要顺利完成某项工作,除需具有一般能力外,也要具有该项工作所要求的特殊能力,一般包括如下几个方面。

1. 察觉细节能力

对物体和图形的有关细节具有正确的知觉能力,相关职业有绘图员、工程师、艺术家、医生、护士等。

2. 动作协调能力

身体能够迅速、准确地做出动作反应。相关职业有舞蹈演员、健身教练、司机等。

3. 动手能力

手、手腕、手指能够迅速、准确地操作小的物体。如技术工人、检修人员、模型制造人员、手工艺者等都要具有这项能力。

4. 文秘能力

对言语或表格式材料的细节的知觉能力,如发现错字或校对数字的能力等。记账、出纳、打字等工作必须具有该能力。

5. 社会交往能力

擅长人与人之间的联系沟通,能够协同工作并建立良好的人际关系。相关职业有公共关系人员、外事员、物业管理员等。

6. 组织管理能力

擅长组织安排各项活动及协调参加活动的人的关系。相关职业有企业经理、基金管理人员等。

作为一名大学生,职业能力的培养和提高是就业前需要做的准备。这仅靠课堂学习是远远不够的,那么,如何开发自己的职业能力以适应日益激烈的竞争呢?

第一,树立终身学习的思想,加强学习,增强实力。第二,尽可能提高自己的学历层次,扩大知识面、增加新知识。第三,采取多种形式,不断加强专业知识和职业技能的学习,如积极参加社会实践活动,认真完成生产实践、学习环节,多参加学术活动及课外科技活动;自觉主动地参加各种形式的职业教育、职业技能培训等。第四,适应职业需要发展个人能力,做表现杰出的优秀人物。

六、价值观与职业选择

一个人的价值观相对稳定,而且持续终生,所以价值观的澄清与确认是生涯决策过程中非常重要的步骤。

1. 价值观的概念

价值观是指个人对客观事物(包括人、物、事)及对自己的行为结果的意义、作用、效果和重要性的总体评价,是推动并指引一个人采取决定和行动的原则、标准,是个性心理结构的核心因素之一。它使人的行为带有稳定的倾向性。对诸事物的看法和评价在心目中的主次、轻重的排列次序,就是价值观体系。价值观和价值观体系是决定人行为的心理基础。任何人在选择职业时都会受到一定动机的支配,而择业的动机一般都是由价值观决定的。在选择职业的过程中,人们总是盼望所选择的职业能够满足自己的某种物质和精神需要。价值观是一种基本信念,它带有判断的色彩,代表了一个人对什么是好、什么是对的是非好恶标准。每一个求职者由于所受教育的不同和所处环境的差异,在职业取向上的目标和要求也是不同的。在许多场合,需要人们在一些选项中做出选择,决定人们选择的,往往是人们的职业价值观。例如,是要工作舒适轻松,还是要高标准的工资待遇;是要成就一番事业,还是要安稳太平。最终影响人们决策的是存在于内心的职业价值观,而人们有时对自己的价值观并不是很清楚。

2. 价值观的分类

德国心理学家斯普兰格将人的社会生活分为六个方面,与之相应地将价值分为社会型、经济型、宗教型、政治型、艺术型和理论型六类。

(1)社会型:以爱护他人、关心他人为高尚职责,热心社会活动,喜欢与人交往,能容忍他人,肯牺牲自己。

(2)经济型:重实务,讲享受,追求实用价值。

(3)宗教型:相信命运,注重超自然的力量和感觉的东西。

(4)政治型:喜欢支配和控制他人,具有反抗精神,爱表现自己,依从权威。

(5)艺术型:也称审美型,注重外在形象美和心灵的感受,用美来衡量客观事物,自己也注重给人以美感。

(6)理论型:求知欲强,富于幻想,喜欢空谈,爱做理论分析,不愿与人交往。

3. 价值观与职业

"人各有志"这个"志"表现在职业选择上就是职业价值观,它是一种具有明确目的性、自觉性和坚定性的职业选择的态度和行为，对一个人的职业目标和择业动机起着决定性作用。价值观在人们的职业生涯发展中起着极其重要的、决定方向性的作用，甚至超过了兴趣和性格对人的影响。

在为自己做职业生涯规划之前，一定要清楚和明确自己的价值及职业价值观。价值观和职业价值观决定了哪些因素对你是重要的，哪些是不重要的；哪些是你优先考虑和选择的，哪些不是。

价值观是可以发生变化的，因为人们的需求随时可能发生变化。在这个多元价值体系的时代，个人的价值观常常是混乱的，所以个人需要对自己的价值观进行探索。一个人越清楚自己的价值观，越了解自己在工作和生活中想要寻求的是什么，什么对自己来说是最重要的，生涯发展目标也就越清晰。即使是在鱼与熊掌不能兼得的情况下，也能做出比较理智的决策。

心理学家马丁·凯茨找出了十种与工作有关的价值观。
（1）高收入：指足够生活的费用之外还有可以随意支配的经费。
（2）社会声望：指是否受到人们的尊重。
（3）独立性：指可以在职业中有更多的自己做决定的自由。
（4）帮助别人：愿意把助人作为职业的重要部分，帮助他人改善其健康、教育与福利。
（5）稳定性：在一定时间内始终有工作，不会被轻易解雇，收入稳定。
（6）多样性：所从事的职业要参与不同的活动，解决不同的问题，不断变化工作场所，结识新人。
（7）领导力：在工作中可以控制事情的发展，愿意影响别人，承担责任。
（8）在自己感兴趣的领域中工作：坚持所从事的职业必须是自己感兴趣的领域。
（9）休闲：把休闲看得很重要，不愿意让工作影响休闲。
（10）尽早进入工作领域：希望节省时间和不支付高等教育的费用而尽早进入工作。

第三节　职业资格的获取

一、获取职业资格的方式

职业资格是指从业者从事某种职业所需的技能要求。用人部门对就业资格的审查形式往往是要求就业者提供与该行业相关的职业资格证书。职业资格证书是指通过政府认定的考核鉴定机构，对劳动者的技能水平或职业资格进行客观公正、科学规范的评价和鉴定之后，对合格者授予的证书。

通常，与职业资格相关的考试包括公务员考试、英语等级考试、注册会计师考试、律师资格考试、医师资格考试、计算机等级考试等。

1. 公务员考试

公务员是指依法履行公职、纳入国家行政编制、由国家财政负担工资福利的工作人员。

公务员考试是指对公务员任职资格的考试,公务员考试的基本程序包括职位查询、网上报名、笔试、面试、体检、公示等步骤。

(1) 职位查询。

职位查询是指应聘者获取公务员岗位招聘信息的过程。公务员招聘的信息通常刊登在国家公务员考试网上,其他网站也有转载,如中国政府网、人民网、新华网、人力资源和社会保障部网、新浪网、搜狐网、中国教育在线网等。

(2) 网上报名。

公务员考试报名可以登录国家公务员网或者由该网站"报名入口"与全国各地区的考试中心的链接。以下为网上报名的步骤。

①提交报考申请。报考人员只能选择一个部门(单位)中的一个职位进行报名。要求提供相应的证明和资料。

②查询资格审查结果。通过资格审查的,不能再报考其他职位。

③查询报名序号。通过资格审查的人员,就可以获取报名序号。报名序号是报考人员报名确认和下载、打印准考证等事项的重要依据。

④缴费、确认。通过资格审查的报考人员需要进行报名确认。不按期确认,按自动放弃处理。确认时,报考人员需上传本人近期免冠2寸正面证件电子照片,并按规定在网上缴纳有关考试费用。

⑤网上打印准考证。报名确认成功后,在规定时间登录所选考区考试机构网站,下载、打印准考证。

⑥成绩查询。公共科目笔试成绩及最低合格分数线可在考试后规定时间登录考录专题网站查询。

(3) 笔试和面试。

国家公务员考试分为笔试和面试。一般根据拟录用职位人数与参加面试人数1∶3的比例,按照笔试成绩从高分到低分的顺序,确定参加面试的人员。

(4) 体检和考查。

面试和专业科目考试结束后,将按照综合成绩从高到低的顺序确定进入体检和考查的人选。

(5) 公示。

拟录用人员由招录机关按规定的程序和标准从考试成绩、考查情况和体检结果合格的人员中综合考虑,择优确定,并在考录专题网站上公示。公示内容包括拟录用人员姓名、性别、准考证号、所在工作单位或毕业院校,同时公布举报电话,接受社会监督,公示期一般为7~15天。

2. 司法考试

司法考试又称律师资格考试,是国家统一组织的从事特定法律职业资格的考试。初任法官、初任检察官和想取得律师资格的必须通过司法考试。司法考试每年举行一次,一般在9月进行,考试时间为2天。凡是遵纪守法,符合《中华人民共和国法官法》《中华人民共和国检察官法》和《中华人民共和国律师法》规定的学历、专业条件的公民都可以报考。

司法考试的内容包括理论法学、应用法学、现行法律规定和法律实务，以及法律职业道德。每份试卷分值为150分，试卷的具体科目如下：

（1）试卷一：综合知识。

试卷一包括社会主义法治理念、法理学、法制史、宪法、经济法、国际法、国际私法、国际经济法、法律职业道德与职业责任。考试时间：第一天8：30—11：30。

（2）试卷二：刑事与行政法律制度。

试卷二包括刑法、刑事诉讼法、行政法与行政诉讼法。考试时间：第一天14：00—17：00。

（3）试卷三：民商事法律制度。

试卷三包括民法、商法、民事诉讼法（含仲裁制度）。考试时间：第二天8：30—11：00。

（4）试卷四：实例（案例）分析、司法文书、论述。

试卷四包括试卷一、二、三所列科目相关内容。考试时间：第二天14：00—17：30。

试卷一、试卷二、试卷三为机读式选择题，其中每卷有单选题50道，每题1分，多选题40道，每题2分，不定项选择题10道，每题2分，共计150分。试卷四为主观题，包括1道简答题，5~6道案例分析题和论述题。

3. 注册会计师考试

注册会计师是指通过注册会计师考试的从事社会审计、中介审计、独立审计的专业人士，通过注册会计师考试，并在会计师事务所工作一定时间后，在注册会计师协会注册后方可成为执业注册会计师。

在我国，注册会计师考试每年举行一次，不限专业，报名时间一般在每年的3月中旬至4月中旬，具体时间由各地方考试委员会确定，一般应不少于20个工作日。考试时间安排在每年9月中下旬，成绩公布是12月。报名人员在一次考试中可同时报考6个科目，也可以选择报考部分科目。单科成绩合格者，其合格成绩在取得单科合格成绩后的连续4次考试中有效。

二、服兵役

大学生择业，可以选择公务员、财务管理人员等，另外，服兵役也是一种选择。

中华人民共和国公民，不分民族、种族、职业、家庭出身、宗教信仰和教育程度，都有依法服兵役的义务。

1. 士兵服役制度

根据《中国人民解放军现役士兵服役条例》，现役士兵按兵役性质分为义务兵役制士兵和志愿兵役制士兵。义务兵役制士兵称义务兵，义务兵服现役的期限为2年。志愿兵役制士兵称士官，士官从服现役期满的义务兵中选取，根据军队需要，可以从非军事部门具有专业技能的公民中招收，士官实行分期服现役制度，士官服役的年限为：第一、二期各3年，第三、四期各4年，第五期5年，第六期9年以上。士官服现役的期限，从改为士官之日算起，至少3年，一般不超过30年，年龄不超过55岁。

2. 军官服役制度

中国人民解放军现役军官是被任命为排级以上职务或者初级以上专业技术职务，被授予相应军衔的现役军人。军官按职务性质分为军事军官、政治军官、后勤军官、装备军官和专业技术军官，军官的选拔和使用坚持任人唯贤、德才兼备、注重实绩、适时交流的原则，实行民主监督，坚持院校培训提拔军官的制度。优秀士兵经过院校培训也可以提拔为军官，经军队院校培训提拔军官不能满足需要时，平时可以挑选优秀士兵经过总部指定的训练机构培训合格后提拔为军官，也可以接收普通高等学校毕业生和专业技术人员入伍，任命为军官；战时可以从士兵、征召的预备校军官和非军事部门的人员中直接任命军官。

军官服役最高年龄为：排级 30 岁、连级 35 岁、营级 40 岁、团级 45 岁、师级 50 岁、军级 55 岁、大军区副职 63 岁、大军区正职 65 岁，作战部队的少数师、军职军官因工作需要可以适当延长，但师、正军职最多不得超过正常退役年限的 5 年，副军职最多不得超过正常退役年限的 3 年；在舰艇上服役的营、团级军官，任职最高年龄分别为 45 岁和 50 岁；总部机关，大军区机关，省军区（卫戍区、警备区）系统，后勤基地和分部、院校、科研单位的师职军官任职最高年龄为 55 岁，副军职军官任职最高年龄为 58 岁，正军职军官最高任职年龄为 60 岁。

专业技术军官平时任职最高年龄：初级专业技术职务 43 岁、中级专业技术职务 50 岁，高级专业技术职务 60 岁，少数中、高级专业技术职务的军官，因工作需要按任免权限批准可放宽 5 岁。军官达到服现役的最高年龄，因伤病残不能坚持正常工作或因受军队编制名额限制不能调整使用的，应当退出现役作转业、退休、离休安置。军官服现役（或参加工作）满 30 年以上或者年龄满 50 周岁以上，本人提出申请，组织批准，可作退休安置。

三、大学生村官

到村任职的大学生又称村官，是带有志愿者性质的工作者。

（一）大学生村官的相关政策

1. 相关的福利政策

为引导和鼓励高校毕业生积极应聘到村任职，中共中央组织部会同有关部门，研究制定了相应的激励和保障政策。

（1）社会保险。

参照本地乡镇新录用公务员试用期满后工资收入水平确定工作、生活补贴标准，在艰苦边远地区工作的，按规定发放艰苦边远地区津贴、补贴，津贴按月发放；参加养老社会保险，在村任职期间，办理医疗、人身意外伤害保险。

（2）偿还助学贷款。

凡是符合国家助学贷款代偿政策规定、聘期考核合格的，其在校期间的国家助学贷款利息由财政全额补贴。

（3）推荐公务员。

选调生是指大学毕业被组织安排进入基层机关的公务员。在村任职 2 年以上，具备"选调生"条件和资格的，经组织推荐，可参加选调生统一招考。

在村任职2年后报考党政机关公务员的，享受放宽报名条件、增加分数等优惠政策，同等条件下优先录用。县乡机关公务员应重点从选聘到村任职的高校毕业生中招录。

（4）研究生优先录取。

选聘工作表现良好、考核合格的报考研究生享受增加分数等优惠政策，在同等条件下优先录取。

（5）计算工龄。

被党政机关或企事业单位正式录用（聘用）后，在村任职工作时间可计算工龄、社会保险缴费年限。

（6）户籍不下农村。

到西部和艰苦地区农村任职的，户籍可留在现户籍所在地。

（7）安置费。

对选聘到村任职的高校毕业生，中央财政还将按人均2 000元的标准发放一次性安置费。

（8）津贴。

选聘到村任职的高校毕业生的补贴资金由中央财政和地方财政共同承担。中央财政按照东、中、西部地区人均每年0.5万元、1万元、1.5万元的标准给予补贴，不足部分由地方财政承担。

2. 大学生村官贷款政策

大学生村官创业贷款财政贴息资金由市财政预算安排，财政专户管理，用于大学生村官创办、领办致富项目的贷款贴息。

（1）贴息资金的申请方法。

大学生村官创办企业和农民专业经济合作组织，贷款时先向所在县区财政部门提出贴息资金申请，经审核、汇总后，向市财政局申请办理创业贷款财政贴息资金。大学生村官在申请创业贷款财政贴息资金时，须提供申请人签名的身份证复印件、营业执照副本原件及复印件、创业贷款合同原件及复印件、偿还创业贷款利息清单原件及复印件、组织部门审核出具的自主创业审核意见等相关证明。

（2）贴息标准。

贴息标准按中国人民银行规定的人民币同期基准贷款利率予以确定：贷款贴息最高不超过1万元，贴息期限原则上为一年；已取得财政资金支持的项目不再作为贴息对象。

（3）贴息资金的审核和拨付。

市财政局对贴息项目、贷款合同、贷款金额、利息偿还等进行核对汇总，由大学生村官管理办公室审核提出意见，并在媒体上公示后，报大学生村官创业贷款财政贴息管理领导小组研究批准，原则上每半年研究一次，经批准后，贴息资金直接拨入创业贷款申请人银行账户。

(二) 大学生村官考试准备

1. 报名条件

30岁以下应届和往届毕业的全日制普通高校专科以上学历的毕业生可报名应聘，应届毕业和毕业1~2年的本科生、研究生，原则上为中共党员（含预备党员），非中共党员的优秀团干部、优秀学生干部也可报名应聘。

2. 选聘工作

选聘高校毕业生到村任职工作的宏观指导由中共中央组织部牵头，会同中农办、教育部、公安部、民政部、财政部、人力资源和社会保障部、农业农村部、国家林业和草原局、国务院扶贫办、团中央共同组织开展。各地的选聘工作由省（区、市）党委、政府组织人事部门负责组织。

第四节 职业能力发展

近年来，大学毕业生的就业问题已经成为备受关注的社会问题。一方面，大学生就业压力日益增大，他们苦于找寻不到中意的落脚点；另一方面，很多企业等用人单位却频繁奔波于各类招聘市场，苦于找不到中意的人才。诸多事实表明，这种现象的存在与学生的职业素养难以满足企业的要求有关。所以，在就业压力巨大的今天，作为大学生，所要做的不仅是牢固掌握知识，而且应加强对职业能力的认识。

一、自我效能感

（一）自我效能感概述

1. 什么是自我效能感

自我效能感是班杜拉提出的一个概念，是指一个人对能成功地执行任何特定行动任务的期待，也叫功效期待，换句话说，自我效能感指个体能成功地执行特定情境要求的行为的信念。自我效能感影响着个体的行为，如果评定了一个人的自我效能感，即让人们明确地预测、成功地进行某一行动的能力，就能够预测他相关的行为。这表明一个人关于胜任的自我知觉和他实际上胜任的能力之间存在着密切的联系。

自我效能感影响着人们为自己设立的目标和愿意冒的风险，人们感知的自我效能感越强，选择的目标越高，毅力也越强。相反，那些认为自己缺乏应付生活能力的人容易焦虑，可能形成回避倾向，面对逆境时也容易抑郁，在应付不能控制的压力时免疫系统容易受到损害。相比之下，高自我效能感的个体能够坚持，不会轻易放弃。

2. 三元交互决定论

自我效能感是班杜拉社会学习理论的重要组成部分，也是其三元交互决定论的逻辑产物。班杜拉提出了环境（E）、人（P）和行为（B）的三元交互决定论，如图2-1所示。他认为，人的社会行为是人的内部因素（主要是认知）与环境（主要是社会因素）相互作用

（选择与影响）的结果，人的认知不仅会影响行为的组织，而且行为的反馈又会使人对结果的认知与调节能力提高；人的行为改变着环境，环境也制约着人的行为。

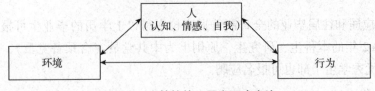

图2-1 班杜拉的三元交互决定论

该理论主要涉及个人的认知因素在三元相互作用模型中的作用——认知对感情和行为的影响及行为、感情和环境对认知的影响。班杜拉认为，所有的心理和行为变化过程通过改变个体的自我效能感起作用。自我效能感的最初定义是相当具体的期待类型，即关于个人对自己执行产生某一结果所要求的特定行为的能力信念。然而，自我效能感的定义已经扩展，指"人们对自己控制生活事件的能力的信念"，"动员任务所需要的动机、认知资源或行动过程的能力信念"。因而，自我效能感"不是关于个人拥有的技能，而是关于个人对自己使用已有技能所能做的判断"。根据班杜拉的观点，自我效能感是指人们加工、权衡和整合关于自己能力的不同信息来源，调节自己的行为和努力的程度。因而，自我效能感决定目标的选择和指向目标的行动、为实现目标付出的努力、面对逆境的坚持及情绪体验。

（二）自我效能感的测量

以往绝大多数关于自我评价的概念是综合性的，如自我概念是关于自我的全部信念，自尊是对这些信念的全部评价，即一个人对自己作为个人价值的评定。然而，一般的自我概念和自尊测量对特定行为或情境中的心理社会功能的了解没有太大的帮助。大量关于态度与行为关系的研究证明，特定的认知测量比综合性的特质或动机测量能更准确地预测特定的行为。由于这一原因，自我效能感并不作为个性特质，而是在特定的情境中针对特定行为的测量。测量自我效能感的准确水平由任务性质和情境决定。

虽然自我效能感有时指个人的一般胜任和效能感，但是在特定背景中定义、操作和测量特定的行为或行为系列时，自我效能感术语最有用。研究者已经编制出一般自我效能感的量表。研究表明，预测抽烟者成功放弃香烟的最好方法是测量他停止抽烟的自我效能感，不是他的自尊。如果能够测量吸烟者在特定情境下能够抑制吸烟的期待（在聚会上、吃饭后、和吸烟者在一起），更有利于测量停止吸烟的自我效能感。

一般来说，可以通过让人表明能做某特定任务的自信程度来评定自我效能感。例如，班杜拉和同事评定心脏病发作病人的恢复。给病人描述许多任务，如在附近开车行驶几站、在高速公路上开车、在狭窄山路上开车等。可以从诱发紧张情绪的情境提出相应的问题，对于每个条目，回答表明自己能做相应任务的自信水平。

自我效能感对预测相关行为的准确性很高，如评定自我效能感和人们接受治疗之后对以前恐惧的物体的接近程度之间有显著相关。

下面所列的是能激起焦虑、烦恼和愤怒的情境，想象在每种情境中，你可能有的感觉，如果你的心脏跳动更快，你的肌肉紧张，指出你现在是否能容忍每种情境引起的紧张情绪。

对选择的任务在标记自信栏中指出对能做的任务有多自信。使用下面量表（如表2-1所示）上10～100的一个数字评定自信度。

● 参加你一个人也不认识的社交聚会。
● 在社交聚会上，接近一群陌生人，介绍你自己，加入谈话。
● 在社交聚会上，和观点与你不相同的人们讨论有争议的主题（金融、宗教、生活哲学等）。
● 由一个让人不愉快的售货员、收银员或者侍者为你提供服务。
● 向没有同情心的商人或修理工抱怨差的服务。
● 抱怨差的服务时，如果不满意，就坚持见经理。
● 在公众场所，要求陌生人停止打扰你，如插队。在看电影时说话或者在无烟区吸烟。
● 要求邻居改正错误行为，如在晚上制造噪声。
● 在工作时，斥责一个不合作的下级。

表2-1 自信度

10	20	30	40	50	60	70	80	90	100
相当不自信		不太确信		中等确信		确信		自信	

（三）自我效能感的功能

自我效能感影响人们活动的选择、努力程度、坚持性、归因方式和情绪反应等，从而影响任务的完成。与怀疑自己学习能力的学生相比，对完成一项任务有强自我效能感的那些学生更愿意参与学习，更努力，遇到困难时坚持更久。

1. 自我效能感影响个体的行为取向与行为任务的选择

在社会生活中，人们做什么或不做什么，往往受制于个体的效能判断。人们往往选择自己觉得能够胜任和有信心完成的行为任务，而避开那些他们认为超出自己能力的任务。某方面的自我效能感越强，行为成功的可能性越大，人们越容易选择这方面的行为任务；反之，人们会避开这些行为任务。与此同时，自我效能感也制约着任务难度的自我选择，自我效能感强的个体有较强的自信，倾向于选择适合自己能力水平又具有挑战性和难度大的行为任务，而自我效能感弱的个体，倾向于选择容易完成的行为任务。

2. 自我效能感影响个体行为的努力程度与坚持性

自我效能感强的个体，会在任务中更加投入，花费更多的时间，付出更大的努力，而且面对挑战与挫折，具有坚强的意志力，坚持不懈地努力完成任务。自我效能感弱的个体，面对任务怀疑自己的能力，缺乏必要的自信，常受紧张、焦虑等消极情绪的困扰，在困难面前会退缩，没有经过努力就自我放弃。

3. 自我效能感影响个体思维方式和情绪反应

自我效能感弱的个体，在任务中过多地考虑个人的缺陷与能力不足，把困难想象得比实际更大，这种信念会使个体产生压抑、抑郁的情绪反应，过多地考虑失败的消极影响，解决问题的思路变得狭窄，这就削弱了他们对自己所拥有能力的有效发挥，从而影响行为任务的完成。相反，自我效能感强的人，在任务中精力充沛、思维活跃，能够充分认识和估计任务的性质和所遇到的困难等，对信息进行深层加工，积极寻求解决问题的办法，很少受紧张、焦虑等消极情绪的困扰。

4. 自我效能感影响个体的归因方式

自我效能感也影响个体的归因方式。自我效能感强的个体，倾向于将行为的失败归因于努力不够；而自我效能感弱的个体，倾向于将行为的失败归因于能力的缺乏。总之，自我效能感会以不同的方式影响个体的动机与行为，支配个体对行为的控制与调节，自我效能感强能够提高个体对行为任务的完成率与工作质量。自我效能感强的个体，会选择一个具有挑战性的行为任务，对行为任务的完成有浓厚的兴趣，能够确立一个挑战性的目标，付出充分的努力，运用更多的认知策略，在失败后容易恢复自信，在困难和挫折面前心情平静，能够冷静地思考和处理问题。自我效能感弱的个体，容易把困难估计得比实际更大，在问题与困难面前紧张、抑郁、思路狭窄。

（四）自我效能感的维度

班杜拉认为，自我效能感有三个维度：数量、强度和普遍性。

自我效能感的数量指在行为等级中，提高难度或认为自己能够做的数量。例如，一个想戒烟的人可能认为，在没有其他人吸烟的条件下，自己能坚持不吸烟。然而，他怀疑在其他人吸烟的情况下自己坚持不吸烟的能力。

自我效能感的强度指个人确信自己能够执行一种行为的绝对值。例如，两个吸烟者可能都认为自己在晚会上能放弃吸烟，但是一个人比另一个人更自信。自我效能感的强度与面对挫折、痛苦时的坚持性有关。

自我效能感的普遍性指成功或失败影响自我效能感的程度，或者自我效能感的变化是否可扩展到类似的行为和背景中去。例如，戒烟者在高风险情境中（如在有人吸烟的酒吧中）戒烟成功了，可能把他的自我效能感扩展到其他背景中，如戒酒或减肥等。

虽然分析自我效能感需要评定它的数量、强度和普遍性，然而在实际研究中，绝大多数研究者仅测量自我效能感的强度及对个人在某些条件下执行一种行为的能力的自信。

（五）影响自我效能感的因素

班杜拉提出影响自我效能感的因素，主要有六个方面：成绩经验、替代经验、想象经验、口头说服、生理状态、情绪状态。

1. 成绩经验（performance experience）

成绩经验，尤其是明显的成功或者失败，是最强大的自我效能感信息来源。成功经验可以提高个体自我效能感，失败经验会降低个体自我效能感。但是一旦强大的自我效能感形成，失败就不可能有更大的影响。例如，试图一整天不吸烟而失败的人，很可能怀疑自己未来一整天不吸烟的能力。而能够一整天不吸烟的人，可能对另一天不吸烟有强烈的自我效能感。

自我效能感随着个人成就的提高而提高，一个人的成功经验越多，其知觉到的自我效能感越强，这意味着自我效能感是可以训练的。如果让儿童获得成功，儿童就可能形成较高的自我效能感。

2. 替代经验（vicarious experience）

当人们观察他人的行为时，替代经验（观察学习、示范、模仿）会影响自我效能感。当看见一个与自己类似的人在一项任务上成功或失败，自我效能感也能够随之提高或降低。观察到那些与自己的能力相似的人的成功操作能够提高观察者的自我效能感，而看到与自己能力相似的示范者的失败会降低观察者的自我效能感。替代经验的影响取决于这样的一些因素，如观察者对自己和榜样之间类似性的知觉、榜样的数量和种类、榜样的力量、观察者和榜样面对问题的类似性。替代经验一般比直接经验对自我效能感的影响要小。

观察到同伴成功完成一项学习任务的学生，认为自己也能够成功地完成同类任务，这一原理是重要的。示范是一种好的教学方法，如让一个儿童给另一个儿童示范。

3. 想象经验（imaginative experience）

人们能够通过想象自己或他人在未来情境中有效或无效的行动，而产生关于个人功效或无效的信念。这样的想象可能产生于对类似情境的期待或替代经验，或者被口头说服诱发，如系统脱敏和示范。然而，想象自己成功或不成功的行动，不可能像实际的成功或失败经验那样对自我效能感有强烈的影响。

4. 口头说服（verbal persuasion）

口头说服是一种比成绩经验和替代经验的强度要弱一些的自我效能感信息来源。口头说服作为自我效能感的一个来源，它的力量受一些因素的影响，如说服者的技能、可信度和吸引力。实验研究表明，口头说服是改变自我效能感的中等有效方法。

学生常常从教师和父母那里接受说服信息，如"你能做"。积极的反馈能够提高自我效能感，但如果以后的努力证明是无效的，它的作用就是暂时的。像示范一样，说服只可能让一个人尝试某一活动，但是必须带来实际的成功，才能真正提高自我效能感。

5. 生理状态（physiological states）

当人们把厌恶的生理唤起和差的行为表现、不胜任或失败联系起来时，生理状态将影响自我效能感。当人们产生不愉快的生理唤起时，比生理状态愉快或中性时更可能怀疑自己的胜任力。同样，舒适的生理感觉可使一个人对自己的能力感到自信，学生从生理反应获得功效信息（如心率、出汗），焦虑症状可能意味着一个人缺乏技能。

6. 情绪状态（emotional states）

生理线索是情绪的重要成分，但情绪体验并不仅是生理唤起的结果。因而，情绪和心境可能是自我效能感的信息来源。当人们体验到积极的感情时，更可能对成绩产生较高的自我效能感；而焦虑和抑郁对自我效能感可能产生有害的影响。

情绪唤起能够影响人们的自我效能感。人们在悲哀、抑郁或者对某活动过度焦虑时，自我效能感不如在心境好时那样高。人们学习把情绪作为自我效能感的线索，如"我今天不能应付"，是某一情绪体验的结果。

从以上六个来源获得的信息并不直接影响自我效能感，而主要通过认知评价影响人们的自我效能感。在评价自我效能感时，个体会权衡各种因素，如能力知觉、任务难度、花费的努力、接受的外界帮助数量、成功和失败的数量、与榜样的相似性及说服者的可信性，并把它们结合起来，形成自我效能感。

二、职业能力

职业能力是大学生从事职业活动和推进职业发展的核心要素之一，也是大学生职业素质关键的因素，职业能力对个人的未来职业有着至关重要的作用，是胜任某种职业岗位的必要条件，也是个人发展和创造的基础。没有能力或能力低下，就难以达到工作岗位的要求，不能胜任工作岗位。个体的职业能力越强，各种能力越是综合发展，越能促进在职业活动中的创造和发展，就越能取得较好的工作绩效和业绩，越能给个人带来职业成就感。

（一）职业能力的概念

职业能力是直接影响人们活动效率，保证人们顺利完成某种活动所必需的个性心理特征，它主要是一个人完成某项工作任务，从事某种活动所必备的本领。

职业能力是在学习活动和职业活动中发展起来的，直接影响职业活动效率，是职业活动得以顺利完成的个性心理特征，是人们从事某种职业的多种能力的综合。例如，一位教师只具有语言表达能力是不够的，还必须具有对教学的组织和管理能力，对教材的理解和使用能力，对教学问题和教学效果的分析判断能力等职业能力。职业能力既能说明一个人在既定的职业方面是否能够胜任，也能说明一个人在该职业中取得成功的可能性。

1. 一般职业能力

一般职业能力主要是指一般的学习能力、文字和语言运用能力、数学运用能力、空间判断能力、形体知觉能力、颜色分辨能力、手的灵巧度、手眼协调能力等。此外，任何职业岗位的工作都需要与人打交道，因此，人际交往能力、团队协作能力、对环境的适应能力及遇到挫折时良好的心理承受能力，都是我们在职业活动中不可缺少的能力。

2. 专业能力

专业能力主要是指从事某一职业的专业能力。在求职过程中，招聘方最关注的就是求职者是否具备胜任岗位工作的专业能力，例如，去应聘教学工作岗位，对方最看重是否具备最基本的教学能力。

3. 职业综合能力

这里主要介绍国际上普遍注重培养的"关键能力"，主要包括四个方面。

（1）跨职业的专业能力。

从三个方面可以体现出一个人跨职业的专业能力：一是运用数学和测量方法的能力；二是计算机应用能力；三是运用外语解决技术问题和进行交流的能力。

（2）方法能力。

方法能力包括三个方面：一是信息收集和筛选能力；二是制订工作计划、独立决策和实施的能力；三是具备准确的自我评价能力和接受他人评价的承受力，并能够从失败经历中有效地吸取经验教训。

(3) 社会能力。

社会能力主要是指一个人的团队协作能力、人际交往和沟通的能力，在工作中能够协同他人共同完成工作，对他人公正宽容，具有准确裁定事物的判断等，这是胜任岗位和在工作中开拓进取的重要条件。

(4) 个人能力。

随着我国经济体制改革的深入、法制的不断健全完善，人的社会责任心和诚信将越来越被重视，一个人的职业道德会越来越受到全社会的尊重和赞赏，爱岗敬业、工作负责、注重细节的职业人会得到全社会的肯定和推崇。

案例分享

女大学生的"悔过书"

在还有3个月就要毕业时，面对就业压力，一名自称"宁同学"的大四女生却写下了一封"悔过书"。

一、"宁同学"的自述

1. 报考公务员，苦于英语没过六级

我有很多话，想转告给那些正在上大学的学弟学妹们。

作为一名新闻专业的大四学生，找工作必然是当前最重要的事情。我在大四上学期还没有感受到找工作的压力，依旧是每天悠闲度日，旷课睡觉，期末时临阵磨枪，争取及格。而此时，身边很多同学已经开始早出晚归，或实习或考证或考研，白天在学校能看到的熟悉的身影越来越少，我这才有一点真要毕业的感觉，可是一时也不知道应该从哪里着手迎接毕业。

看到大家都考研，我就跟风去报了名，结果自己真的不是可以坐下来学习的人，赖在宿舍看电视剧，结果考研自然是做了"酱油党"。后来想去参加公务员考试，给自己找点事做，结果打开国考职位表，心仪的职位不是要求党员，就是要求英语六级。就这么一条看似简单的条件，却让自己连报考的资格都没有。国考没希望，那就开始找工作吧！先做个简历，下载了模板，却不知自己有什么成绩可以写在简历上。想想自己快毕业了，既没入党，也没培养一技之长，英语四级还是靠高中的底子考过的。一次奖学金也没拿过，不是班委，也没参加什么社团，实在是普普通通，这可怎么找工作？

2. 应聘企业，苦于没有一技之长

2013年年底，同学给我推荐搜狐网石家庄站招聘的信息，我赶忙投了简历，很快便有了回复，接到第一份面试通知心里还是很激动的，于是腊月二十六我就从家里急匆匆赶到了石家庄。

记得面试时，面试官问我："在你接触的新闻采访中，你最擅长的采访模式是什么？"我有些不知怎么回答，采访模式？什么是采访模式？我都不知道都有什么，又怎么知道自己擅长什么呢？人家又问："记者应该具备哪些能力？"这些都是在"记者采访学"这门课上老师讲过的啊！可是我并不知道，因为我从未注意听讲，更没看过课本。我只好灰头土脸地回来了。

等了半个月都没有接到复试的通知，我鼓足勇气再次拨打了企业招聘电话。对方给了我第二次机会，我去复试了。可当面试人员问我都会哪些处理新闻稿件和图片的相关软件时，我又被问住了。记得大三时学校开设了软件这方面的课程，可我觉得学起来很难，我怕早起听课辛苦，一次次错过了学习的机会，而这样的结果也让自己在求职过程中付出了惨痛的代价。于是我千百次地问自己，当初为什么不好好上专业课？为什么不好好学英语？为什么不多学点东西？

因此，我想提醒学弟学妹们，大学要多学点东西，不仅要学好专业，而且要一专多能，技多不压身，不要像我一样，书到用时方恨少。

二、案例分析

1. 感觉自己不是一名合格的大学生

小宁是河北一所高校的大四学生，来自河北邯郸农村。这个身高1.65米、喜欢微笑的女孩，给人留下了深刻印象。

她说，还有3个月就毕业了，因为找工作，家人非常着急，哥哥给她发来很多份媒体的招聘信息，新浪网、凤凰网、网易网、人民网、新华网等，可每次都是满怀兴奋地打开，然后无奈地关上，"英语六级"的招聘要求，让她望而却步。看看身边的小伙伴们，很多人找到了工作，她更加恐慌，身体消瘦了很多。

"大学生活确实很舒适，没有考试的压力，也没有老师的管束，每天睡到自然醒！"她的微笑中含着泪花，"每次考试过了70分便觉得已经不错了，可是……"

记得很多学长曾告诉她，一些企业不在意大学生的成绩单，很多大学生不会找对口的工作。可求职经历告诉她，那些学长说得不对。总结自己的大学生活时，她觉得自己不是一名合格的大学生。好在她现在醒悟了，一面继续求职，一面报了英语六级考试，抓紧复习，希望还有机会追赶。

小宁说，像她这样的学习状态，在大学校园有一定的代表性，这也是她给报社写信，呼吁大学生珍惜大学时光的初衷。

2. 有些大学生满足"60分万岁"

来自河北医科大学临床专业应届毕业生沈某的一番话，印证了小宁的忧虑。

沈某说，每年3月份，是工作单位开始招聘的时间，她身边有很多专业知识优秀的同学，有的考上了研究生，有的在招聘中脱颖而出，让自己在大学的辛苦付出有了收获。而有的同学恰恰相反，从过去老师、家长严格要求的高中走向自由的大学，不是每天碌碌无为，就是整日忙碌于各种社团活动和其他活动。"60分万岁"似乎成了很多当代大学生的学习状态，他们忽视了学习的重要性。也许有的同学会说，大学学的专业不是个人喜欢的，没有兴趣。可是既然进入了大学的校门，学了这个专业，就应该尝试去了解、学习、热爱。也可以在大学时为自己重新规划，选择第二专业，让自己的大学生活不荒废。

还好，由于沈某平时对自己要求严格，学习成绩一直处于上游。就是在这种情况下，她还是觉得现在进入临床实习后，很多专业知识不熟练，在面对患者时会尴尬和手足无措。

3. 八成受访者后悔没学好专业课

一份问卷调查在河北师范大学、河北经贸大学、石家庄学院随机调查了31名新闻学、编辑出版、数学、思想政治教育、文秘、汽车工程技术、财务管理等8个专业的大四在校生、毕业生和研究生，就求职跟所学专业是否相关、是否后悔没学好专业课、导致没学好专业课的原因等问题进行调查，结果7人（23%）选择非常后悔，18人（58%）选择有点后悔，只有6人（19%）选择不后悔。

而导致没学好专业课的主要原因，13人（42%）认为学校的学习氛围不好，安逸的学习生活环境让他们失去了斗志；11人（35%）认为自己不想去上课；7人（23%）认为学专业课没用。事实上，多数人认为，专业课程的学习能更好地锻炼思维能力和处理各种问题的能力，正如石家庄学院广播电视新闻专业路同学说的那样，如果以后想找跟专业相关的工作的话，就必须学好、学精专业，否则在工作中就会遇到这样那样的困难。

然而，也有些学生认为，专业不是最重要的，学校名气和学历才是最重要的，尤其对于大企业更是如此。专业技能固然越精越好，但是企业更看重的是学历和学校的名气，因为这个一定程度上能衡量人才的综合能力素养；他们并不是很看重专业知识，因为很多技能还是要在入职培训时学会。

4. 珍惜大学时光　围绕职业规划读书

那么，在校大学生们怎么做才会受企业青睐？省人才市场交流部秦先生表示，市场经济环境下，用人单位主要从成本和效益出发，更多地考虑招聘大学生能否带来更大的效益，从过去看重学历转到学历、素质能力并重，甚至以素质能力为重。因此，高等教育要在培养大学生专业技能的同时，也要注重培养行业职业发展所需要的通用技能和素质。

现实中像小宁同学那样浪费时光的大学生不在少数，他们虚度光阴，没有危机感，缺少斗志，到毕业找工作时才感到后悔。而解决这个问题的关键，是大学生能吸取他们的教训，不管是理科还是文科，从入学时就要做好职业规划，在学好专业的基础上，还要学好相关方面的知识，提高综合素质，力求一专多能。总之一句话，机遇永远是为那些准备着的人准备的。

（案例来源：《大学生职业生涯规划与就业指导》，王佳、张健、姚圆鑫主编）

（二）职业能力的基本框架

职业能力是能够为企业创造财富的能力。不同职业类型的人才所要求的能力体系不同，从而形成了职业能力的基本框架。由于能力体系不同，职业对录用人员的素质要求不一样，现分别就科研型、管理型、事务型、工程型、文化型和社会型职业人员的素质要求做出解释。

1. 科研型职业应具备的素质

科研型职业是一种创造性劳动，科研型人员具备以创造力为核心的知识结构，在这些方面具备深厚扎实的基础知识和外语交流能力，既要有专长，又要有较渊博的知识，达到专与博的有效结合；具备创造性、熟练的基本技能和理论理解及应用的能力，且能把这三者融会贯通，结合起来；具备独立思考、勤于实践、不怕挫折的良好心理素质。

2. 管理型职业应具备的素质

管理型职业应具备的素质，主要包括以下几点：忠于贯彻国家的方针政策并能灵活运用，有高度的公众意识；具备坚实的管理专业理论和实际知识，同时具有较广博的自然知识和社会知识；具备一定的领导、组织协调和社会才能及中外语言文字表达能力；具有健康的身体和充沛的精力以应付千头万绪和千变万化的工作。

3. 事务型职业应具备的素质

事务型职业是指组织机构内部日常的制度性、规范性、信息传播等有关的事务处理的职业活动，如打字员、档案管理员、办事员等。事务型职业对从业者的素质要求，在知识方面侧重于基础义化知识，对于职业技术专门的知识有较具体的了解，懂得统计、档案管理知识，熟悉专门的法规和规章条例，一些外国企业对外语也有较高的要求。事务型职业不少岗位需要员工严守纪律、保守秘密，有的在礼仪方面有特殊的要求。在能力方面要求具有较高的社交能力、语言表达能力和干练的办事能力等。

4. 工程型职业应具备的素质

工程型职业主要是指工业、建筑业等行业的工程技术人员应具备的素质。工程型职业人员要有不辞辛苦、艰苦奋斗的创业精神和严肃认真、一丝不苟的求实工作态度；要谦虚谨慎、深入工作第一线，能和同事密切合作；在牢固掌握专业知识的基础上，对相近专业的知识要比较了解，并有较好的外语水平、计算机应用能力、语言表达能力和将理论应用到实际的能力。

5. 文化型职业应具备的素质

文化型职业，如作家、服装设计师、音乐家、舞蹈家、摄影家、书画雕刻家、广告设计师等。文化型职业在知识和能力方面对从业者素质的要求是能博采众长和广泛涉猎；具有敏锐的观察力、丰富的想象力、坚强的毅力、得天独厚的艺术天赋和不断创新的精神。

6. 社会型职业应具备的素质

社会型职业包括教育、救死扶伤、提供公共服务、协调人际关系、为人民提供生活便利的工作，如教师、医生、律师、法官、广播电视工作者等社会公共服务人员。社会型职业要求从事其职业的人员在知识素质方面，应具有基础的科学文化知识，尤其是应该具备广泛的知识面和职业要求的专业知识；在能力素质方面，要有一定的理解能力、社会活动能力、组织协调能力、自身形象设计能力和文字表达能力等。随着经济的全球化，人才竞争的国际化，中外语言的表达能力和计算机操作使用技能成为各种职业类型所要求的基本技能。

三、大学生职业能力的培养

随着科技的迅猛发展和经济全球化的到来，人类已进入知识经济、网络信息化的社会，职场对用人的标准提出了更高的职业综合素质要求——职业核心能力。职业核心能力是人们职业生涯中除岗位专业能力之外的基本能力,它适用于各种职业,能适应岗位不断变换,是伴随人终身的可持续发展能力。当前,大学生应重点培育职业核心能力,主要包括沟通能力、团队合作能力、创新能力、解决问题的能力。

(一) 沟通能力

首先看看有关沟通的四个"70%"的说法。

第一个70%是:据一项权威的统计表明,除去睡眠时间,人们70%以上的时间都用在传递或接受信息上。第二个70%是:企业70%的问题是由于沟通障碍引起的。第三个70%是:在企业里管理人员每天将70%~80%的时间花费到"听、说、读、写"的沟通上。第四个70%是:美国哈佛大学研究发现,人们工作中70%的错误是因不善于沟通,或者不善于谈话引起的。

可见,沟通在人们生活中不仅是无处不在的,而且是非常重要的。社会是一个大舞台,错综复杂。国与国之间需要沟通,于是有了外交;单位与单位之间需要沟通,于是有了联系;人与人之间需要沟通,于是有了交流。沟通是一盏指明灯,可以随时矫正人们航行的方向。那么,大学生又该如何进行沟通呢?

1. 同理心

人与人之间的同理心,一向是沟通当中最重要,但也是最容易被忽略的。同理心是指在人际交往过程中能够体会他人的情绪和想法,理解他人的立场和感受,并站在他人的角度思考和处理问题的能力。简单地说,同理心是站在对方立场思考的一种方式,通俗的说法就是换位思考沟通的首要技巧在于拥有同理心及学会从对方的角度思考问题,这不仅包括理解对方的处境、思维水平、知识素养,同时也包括维护对方的自尊,加强对方的自信,请对方说出自己的真实感受。每个人都有自己既定的立场,也习惯执着于本身的领域,而忘记了别人也有自己的立场、自己的处境。

沟通是两个人的事情,这就需要照顾到对方的情况。以下是关于同理心的六条原则,把握住这六条原则,就能够真正拥有同理心。

(1) 我怎么对待别人,别人就会怎么对待我。

(2) 想他人理解我,就要先理解他人。将心比心,才会被人理解。

(3) 学会以别人的角度看问题,并据此改进自己在他们眼中的形象。

(4) 想成功地与人相处,唯有先改变自己。

(5) 真诚坦白的人,才是值得信任的人。

(6) 真情流露的人,才能得到真情回报。

所以,在做任何事情之前都要仔细考虑。试着先将自己的想法放下来,真正设身处地站在对方的立场,仔细地为别人想一想,就会发现许多事情的沟通会变得出乎想象的容易。假如有什么成功秘诀的话,就是设身处地替别人着想,了解别人的态度和观点。而一味地为自己的观点和主张做争辩,往往只会陷于顶牛抬杠的境地。所以要多站在对方的角度上来考虑问题,而不仅是从自己的角度出发。

2. 善于聆听

真正的沟通高手首先是一个热衷于聆听的人。善于倾听，才是成熟的人最基本的素质。如果你在听别人说话时，可以听懂对方话里的意思，并且能够心领神会，同时可以感受到对方的心思而予以回应，表示你掌握了倾听的要领。在聆听的过程中还应该注意以下几个事项。

（1）和说话者的眼神保持接触。
（2）不可凭自己的喜好选择收听，必须接收全部信息。
（3）提醒自己不可分心，必须专心一致。
（4）以谦虚、宽容、好奇的心态来听。
（5）在心里描绘出对方正在说的内容。
（6）多问问题，以澄清疑问。
（7）知道对方的主要观点是如何论证的。
（8）等完全了解了对方的重点后，再提出反驳。
（9）把对方的意思归纳总结起来，让对方检测正确与否。

3. 学会控制情绪

沟通最大的忌讳就是感情用事，而最容易导致感情用事的就是生气。生气就意味着拿别人的错误来惩罚自己。

沟通时，要尽可能地避免使用太激烈的词汇。不要在生气时沟通，因为那个时候容易语无伦次。如果经常说"你让我很难过""你伤了我的心""你把我逼疯了"，这容易让人产生被指责的感觉，很容易使人反感，并且会反唇相讥说"是你自己要生气的"或"你难过可不关我的事"。对自己的反应负责任，避免指责别人，才有可能掌握问题的重点。

拓展阅读

职场沟通的7个好习惯

人在社会中生存，就不免要经常与人打交道，通常的说法叫"沟通"。职场沟通不像生活中的沟通有天然的信任和默契，哪怕不那么注意方式也不容易产生误解。职场上经常需要面对相对陌生的人，需要更多技巧和规则。

采用公认的概念和表达方式

每个人的成长和教育背景不同，说话的习惯也有所不同，也许同样一个词和句式对不同的人来说表达的是不同的意思，同一个意思不同的人会用不同的词语或句式来表达。通常，如果从事的是高度专业化的工作，这种情况较为少见——因为大家都会采用同样一套话语体系；如果沟通双方长期在一起工作，即便采用不同的用语和沟通方式，往往也能理解对方的意思。

但如果是经常和不同背景的而且是陌生的人打交道，就要注意自己想要表达的信息和对方接收到的信息是否一致。解决这个问题的要点之一就是采用公认无歧义的概念和表达方式，尽量不用带有明显个人色彩、时代色彩、地域色彩的词语和句子；此外，不对专业外的人用专业性强的术语，不对年纪大的人用网络语言或者词义发生改变的词汇等。

采用直接而正面的句式

避免歧义的另外一个要点是采用直接而正面的句式，如陈述句、祈使句等。职业沟通中有几种句式的使用要非常谨慎，因为不仅容易产生歧义，而且可能伤害对方的情绪而诱发矛盾。其中最典型的就是反问句。人们用反问句往往是为了强调自己的原意，但在面对理解力不够强的沟通对象时，反问句经常会让对方相反地理解自己想要表达的意图；而且无论是谁被反问，都难免产生被冒犯的情绪。

当意识到这一点以后，就应当避免用反问句来表达与工作有关的内容，哪怕是面对下属。同样容易引起误会的还有隐晦的比喻、双关、谐音、反义等句式或修辞手法——这些语言技巧经常在表达幽默感的同时也带来了对沟通内容的误解。采用直接正面句式的另一层含义是不要因为自己的情绪而有意无意地过于强调或压抑自己想要表达的意思，不管哪种都不利于理性有效的沟通。

不过度揣摩对方的立场和意图

除了表达错误，沟通中还容易出现理解错误，原因之一是思考对方的话外之音，当对方表达某个意思时，下意识地去想他是站在什么立场说这件事的，想要达到什么目的等。

在人际关系复杂的职场，这不失为一种自我保护的有效方式，同时应该意识到，职场上的沟通，大部分时候没有这么复杂，对方想要表达的仅是表达意思本身，过于频繁地揣摩对方的立场和意图，容易让自己陷入一种不信任和孤立的心理氛围，从而引起大量的误解。而就事实本身进行沟通，往往会让自己更轻松地获得更多人的信任。退一步说，即便对方和自己之间缺乏信任，那么也只是在心中揣摩对方的立场和意图，而沟通过程中还是应该就对方沟通的事实本身给予回应——否则自己就成了那个心机深沉的人了。

规避通知和任务下达过程中的错误

理解错误经常出现在接收上司信息的过程中。很多时候上司的想法比较跳跃，表达时未必清晰有条理，可能还夹杂一些无用信息，这就会让接受指令的下属一头雾水，或者自以为理解了上司的意图而实际上偏差很大。

如果事后执行错误，上司不会承认自己没说清楚，只会责怪下属理解错误或执行不力。因此，在给下属传达通知或布置工作任务时力求做到：一次只沟通一个主题；用明显的数字体现条理；采用文字或书面形式。而接收上司通知或任务时，最好能够在沟通完毕后确认一下对方的意思，如："X总，我没理解错的话，您的意思是要求我/通知我：第一，……；第二，……；第三，……。是这样吗？没问题的话我就按这个去执行了/通知下去了。"

谨慎处理越级和跨部门沟通

无论是对上还是对下的越级，都是职场中的忌讳。对上越级沟通，会让自己的顶头上司暗生不满，尽管顶头上司对他的上司的意思不敢违抗，但可以对越级沟通的下属暗中设置阻碍；此外，也许上司的上司会出于某种原因暂时利用一下越级沟通的员工，但内心会对这一类员工产生严重的不信任。

而对下的越级沟通，会损害直接下属的权威，打乱其部门内部的权力结构和工作部署，影响整个组织的管理架构，从长远来看，弊大于利。因此，即使要对下越级沟通，也最多限于必要时单向了解一线情况（只倾听不表态），除紧急情况外不可越级发布消息或任务。

而跨部门的沟通需要注意的是方式、方法，除非长期合作已经形成习惯，那么需要外部门协调工作时，最好通过对方部门的负责人传达工作内容而非直接安排等。

有效过滤负面信息

任何公司内部都无时不在流传着一些负面或无用的信息，如公司投资项目失败、不利的市场变化、高层的政治斗争、各种绯闻、八卦谣言等。大家都不想被同事当作"大嘴巴"，或被领导视为整天抱怨传谣的刺头，但也不愿意被人视为永远政治正确的公司活动"布告栏"。因此，处理这些负面信息的技巧非常微妙，有几条原则可供参考。

对下属，听而不说：听是为了了解下属的真实想法——他们往往以抱怨和谣言的方式表达；不说是避免扰乱军心，或在下属潜意识中形成对公司不满的暗示或鼓励。

对平级，不听不说：在领导看来，平级之间传递的负面信息，只要听就是一种态度，更何况很多时候听了就不能不参与讨论和评价，所以不如干脆不听不问。

对上级，过滤后说：对上级反映情况和问题是工作职责之一，有助于上司更好地把控全局，同时也有很多值得信任的上级愿意了解下属中的负面信息，因为有助于及早发现和解决问题，轻装上阵。但有时负面信息涉及上司本人或其较近的人，或者上司自己不愿意听坏消息，这个时候上传就要谨慎了。

及早说"不要"

不善于拒绝的人最后总是会成为团队中的"老黄牛"：工作量最大却往往做的是简单无意义的工作，加班最多，最辛苦却没有什么功劳。工作任务中有一类"垃圾"工作，指不得不做但是又不产生绩效、无助于成长而且耗费大量时间的工作。

"垃圾"工作的来源主要有两类：一是领导看某人任劳任怨，而且发挥稳定、靠得住，于是总是把大量日常工作交代给他，而且总是忘记他的工作量已经有多大；二是同事偶尔会找某人帮忙做一些简单工作，一来二去发现此人非常乐于助人，于是帮忙帮成本分。等到想拒绝时往往已经难以抽身。因此，拒绝一定要趁早。

偶尔一次两次分外的"垃圾"工作不妨担下，但如果超过三次就要坚决拒绝。有效的办法是接到这类安排或请求时明确告知对方自己的时间安排及其中每一项的重要性，让对方知难而退。当然，这样做的前提是自己本身就有自己的计划——如果本来就无事可做，或者自己的时间安排一塌糊涂，那就怪不得别人把自己当工具使了。

总之，职场沟通以简单、明确、高效、无误为目标，以谨慎和客观为原则，至于具体技巧，还需要视具体情境而定。

（案例来源：《大学生职业生涯规划与就业指导》，王佳、张健、姚圆鑫主编）

（二）团队合作的能力

团队合作的力量是强大的，如今优秀的企业都很注重团队协作精神，将之视为公司文化价值之一，希望员工能将个人努力与实现团队目标结合起来，成为可信任的团队成员。

团队精神的核心就是协同合作，协同合作是任何一个团队不可或缺的精髓，是建立在相互信任基础上的无私奉献，团队成员因此而互相补助。那么如何提升团队协作能力呢？

1. 了解团队成员的性格品质

团队强调的是协同工作，所以团队的工作气氛很重要，它直接影响团队的合作能力。没有完美的个人，只有无敌的团队，团队中的个人取长补短、相互协作，就能造就出一个好的团队，所以才有"三个臭皮匠顶个诸葛亮"之说。在一个团队中，每个成员都有自己的优缺点，作为团队的成员应该主动去寻找团队其他成员的优点和优秀品质，学习它，并克服自己的缺点，让它在团队合作中被弱化甚至被消灭。如果团队的每位成员都主动去寻找其他成员的优秀品质，那么团队的协作就会变得很顺畅，工作效率就会提高。

2. 包容团队成员

团队工作需要成员在一起不断地讨论，如果一个人固执己见，无法听取他人的意见，或无法和他人意见达成一致，团队的工作就无法进行下去。团队的效率在于配合的默契，如果达不成这种默契，团队合作就不可能成功。为此，一定要抱着包容的心态对待团队中其他成员，讨论问题时对事不对人，即使他人犯了错误，也要本着大家共同进步的目的去帮对方改正，而不是一味斥责。同时，也要经常检查自己的缺点，如果意识到自己的不足，不妨将它坦诚地讲出来，让大家共同帮助自己改进，承认自己的缺点，这是最有效的方法。

3. 获得支持与认可

要使自己的工作得到大家的支持和认可，而不是反对，必须让大家喜欢自己。但一个人又如何让别人喜欢自己呢？除了在工作中互相支援、互相鼓励外，还应该尽量和大家一起去参加各种活动，或者礼貌地关心大家的生活。要使大家觉得，你不仅是他们的好同事，还是他们的好朋友。

4. 保持谦虚精神

任何人都不喜欢骄傲自大的人，这种人在团队合作中也不会被大家认可。可能你在某个方面比其他人强，但你更应该将自己的注意力放在他人的强项上，只有这样，才能看到自己的肤浅和无知。因为团队中的任何一位成员都有自己的专长，所以必须保持足够的谦虚。

5. 资源共享

团队作为一个整体，需要的是整体的综合能力。不管一个人的能力有多强，如果个人能力没有充分融入团队，到了一定阶段必定会给整个团队带来致命打击。资源共享作为团队工作中不可缺少的一部分，可以很好地评估团队的凝聚力和团队的协作能力，也是一个团队能力的客观体现。提高团队的资源共享度是团队健康发展、稳定发展的基础。

案例分析

在南美洲的草原上，有一种动物演绎出令人惊叹的故事：酷热的天气，山坡上的草丛突然起火，无数蚂蚁被熊熊大火逼得节节后退，火的包围圈越来越小，渐渐地，蚂蚁似乎无路可走。然而，就在这时，出人意料的事发生了，蚂蚁们迅速聚拢起来，紧紧地抱成一团，很快就滚成一个黑乎乎的大蚁球，蚁球滚动着冲进火海。尽管蚁球很快就被烧成了火球，在噼噼啪啪的响声中，一些居于火球外围的蚂蚁被烧死了，但更多的蚂蚁却绝处逢生。

（案例来源：人人文库网，www.renrendoc.com/p-78718438.html）

（三）创新能力

企业需要具有创新能力的人。创新是赢得成功的一个重要保证，创新能力是每一个求职者都应该努力培养的素质。反映在面试中，企业招聘人员一般会问："在以前的工作中，你有没有成功做过一件其他同事从来没做过或者根本没想过的事情？或者你是否对一些新鲜的事物感兴趣？"创新是一切事物发展的本质，学习需要创新，科研更需要创新。那么创新的源泉在哪里？作为当代大学生，如何培养自己的创新能力？

1. 要有好奇心

牛顿少年时期就有很强的好奇心，他常常在夜晚仰望天上的星星和月亮，思考：星星和月亮为什么挂在天上？星星和月亮都在天空运转着，它们为什么不相撞呢？这些疑问激发着他的探索欲望。后来，经过专心研究，他终于发现了万有引力定律。能提出问题，说明在思考问题。在学习过程中，自己如果提不出问题，那才是最大的问题。好奇心包含着强烈的求知欲和追根究底的探索精神，想获取成功，就必须有强烈的好奇心。正像爱因斯坦说的那样，"我没有特别的天赋，只有强烈的好奇心"。

2. 要有怀疑态度

对所学习或研究的事物，要有怀疑态度，不要认为被人验证过的都是真理。许多科学家对旧知识的扬弃，对谬误的否定，无不自怀疑开始。伽利略始于对亚里士多德"物体以本身的轻重而下落有快有慢"的结论的怀疑，发现了自由落体规律。怀疑是发自内在的创造潜能，它激发人们去钻研，去探索。对待所学习或研究的事物，应做到：不要迷信任何权威，要大胆地怀疑，这是创新的出发点。

3. 要有创新的欲望

如果没有强烈的追求创新的欲望，那么无论怎样谦虚和好学，最终都是模仿或抄袭，只能在前人归正的圈子里周旋。要创新就要坚持不懈地努力，勇敢面对困难，要有克服困难的决心，不要怕失败，相信失败乃成功之母。

4. 要有求异的观念

对所学习或研究的事物要有求异的观念，不要人云亦云。创新不是简单的模仿，要有创新精神和创新成果，必须要有求异的观念。求异实质上就是换个角度思考，从多个角度思考，并把结果进行比较。求异者看问题往往要比常人更深刻、更全面。

5. 要有冒险精神

创造实质上是一种冒险，因为否定人们习惯了的旧思想可能会遭到公众的反对。冒险不是那些危及生命和身体安全的冒险，而是一种合理性冒险。大学生要最大限度地挖掘自己的创造潜能。

6. 要做到永不自满

一个有很多创造性思想的人如果就此停止，害怕去想另一种可能比这种思想更好的思想，或已习惯了一种成功的思想而不能产生新思想，他就会变得自满，停止创造。

拓展阅读

李开复给中国高校的一封信（节选）

仅仅勤奋好学，在今天已经远远不够了。因为最好的企业需要的人才都是那些既掌握了丰富的知识，又具备独立思考和解决问题的能力，善于自学和自修，并可以将学到的知识灵活运用于生活和工作实践，懂得做事与做人的道理的人才。……应当时时不忘创新，以创新推动实践，以创新引导实践。只有这样，我们才能不断研发出卓越的产品。

（四）解决问题的能力

在现实社会生活中，人们几乎每天都要面对诸多问题。有些问题可能属于公事，有些问题则属于私事，还有些问题是属于在社会上遇到的"闲事"或麻烦事。

其中有些问题可能很棘手，或许夹杂着诸多矛盾，处理不好，问题就可能会复杂化，小事也可能会变成大事；也有些问题是突然发生的，急需加以处理，容不得太多的考虑时间和周旋余地。这时，最考验人的便是处理问题的能力。

案例分享

有一年，美国果农布朗所种植的苹果由于受到冰雹的袭击，苹果个个出现斑痕，有碍美观，而且销量大减，就算是削低价钱求售恐怕也卖不出去。眼看整堆的苹果就要成为废物，辛苦耕耘似乎就要付之一炬。烦恼的布朗苦思数日，终于想出了一个绝佳点子。他在店门口竖起一个大招牌，上面写着："请注意我们这些苹果上的斑痕，是受冰雹袭击所留下的痕迹，它证明这些苹果生长在非常寒冷的高山上。唯有寒冷的高山才能生长出香脆、爽口的苹果，这些冰雹所造成的斑痕非但不影响其质量，反而造成了高山苹果独特的风味。请快来品尝这些别具风味的高山斑痕苹果！"因为布朗的说明合情合理且颇具说服力，不出数日，斑痕苹果就销售一空,甚至有些人希望明年还要这种有斑痕的苹果。布朗运用"创造力",把苹果的斑痕由缺点变成了优点,成功解决了苹果卖不出去的问题。

点评

谁是组织最需要的人才?做大家都能做的事,还是解决最困难的事?真正的人才不论工作多难、多苦、多复杂、多危险,都能勇敢地挺身而出,而且有能力去解决。人才的价值很大部分体现在解决问题的能力上。人才的竞争力必须表现为卓越的解决问题的能力,否则就是一文不值的。

(案例来源:《大学生职业生涯规划与就业指导》,王佳、张健、姚圆鑫主编)

1. 影响个体解决问题的能力的因素

(1)智力、教育和经验。

一个人智力水平越高(传统的智力主要关注个体的认知能力,即解决问题的能力)、受过的教育越好,具有的工作经验越与问题相关,就越有可能具有解决问题的技能。

(2)情绪智力调节。

如果一个人能够很好地理解自己和他人的情绪,并妥善表达、处理,那么他就具有良好的解决问题的能力。例如,一个情绪智力较高的人,他很清楚处在情绪危机中时要避免做出重大决策,并能意识到自己何时处于情绪危机之中,从而很好地控制自己。

(3)灵活与僵化。

具有灵活性的人善于从不同的角度去看问题,产生一些具有创造性的想法,从而表现出较好的问题解决的能力。例如,人们通常认为两点之间直线最短,但是在工作中要从A状态到B结果,往往要经历中间的C或D状态才能到达,这个时候A—C—D—B的曲线往往才是最快捷的方法,这种曲线救国的方法就体现出了一种较好的解决问题的能力。

(4)直觉。

尽管研究者对于直觉没有统一的定义,但是大家普遍认为,直觉是不经过逻辑的、有意识的推理而识别或了解事物的能力,是与逻辑分析、有意识的思维相对立的一种思维方式或能力。通俗地讲,就是人们在解决问题时要依靠自身的经验来进行判断,其中对于各种证据的权衡和抉择是自动完成的。良好的直觉需要大量的经验和相关知识作为储备,其形成可能需要很长时间。

(5)专注。

专注是影响解决问题能力的重要因素,有时人们解决问题的能力不强,往往是注意力不够集中所致。要提高解决问题的能力,最重要的一点就是提高自己的专注程度,时刻让自己沉浸于畅流之中,这时很多有创造性的想法就可能会自然而然地出现。

(6)决断性与完美主义。

有时候人们解决问题的能力欠佳,可能是因为自己不敢做决策,或太过追求完美而错过最佳的机会。在错综复杂的环境中,寻求一种适当的妥协,往往能提高解决问题的能力。实际上,不管是生活还是工作,人们往往是在寻求一种相对"满意"的解决问题的方法,而很难说什么样的解决方法是"最完美"的。

(7) 承担风险与寻求刺激。

风险与刺激往往是一对孪生子，它们也是影响人们解决问题能力的重要因素之一。在一些类型问题的解决上，偏好风险与刺激的个体比较具有优势；而在另一些类型问题的解决上，他们则具有致命的弱点。知道何时应该在什么样的问题中承担风险与寻求刺激，何时应该倾向于保守稳健，是解决问题所必需的。

(8) 价值观。

价值观对人的思想与行为有着重要的导向作用。人们在解决问题的行为中表现出来的根本性差异往往是价值观层面上的差异，尤其是当存在多个决策目标时，决策者在是非、得失的观念上的认识差异，在价值观判断上的差异，会影响不同目标之间的权重，从而对决策选择产生影响。

2. 提高自己解决问题的能力的途径

学会处理问题是一个人立世和成事的根本。善于处理问题是一个人综合素质的集中体现，学会处理问题可以改善个体的社会环境、生存环境，甚至心理环境。一切成功者都是处理问题的高手。既然解决问题的能力如此重要，那么大学生应该怎样提高自己解决问题的能力呢？

(1) 积极面对问题，主动承担责任。

不要害怕问题，不要有如果问题解决不了会很丢脸的心态，提高自己解决问题的能力的秘诀是尽量多地承担工作，并真正投入其中，坚持不懈，迫使自己的能力得以提高。问题接触得越多，解决问题的能力就越强。

(2) 认真做好一件事。

知道如何做好一件事，比对很多事情都懂一点皮毛要强得多。一位企业家在一所高校演讲时，对同学们说："比其他事情更重要的是，你们需要知道怎样将一件事情做好。与其他有能力做这件事的人相比，如果你能做得更好，那么，你就永远不会失业。"每一件事情的完成，哪怕是极小的事情，都有助于提高解决问题的能力。

(3) 用目标来激励自己。

如果有目标，比如想要做什么，就一定要朝着这个方向努力，即使遇到的问题很多，也不会放弃。反之，如果没有目标，一遇到困难就会退缩下来。每一个人在潜意识里都会有自我实现的愿望，为自己树立一个工作目标是发挥自己潜能、提升自己工作能力的重要途径。设立目标时，可以把大目标分成若干个小目标，并启发自己为了这个目标而努力。

(4) 培养正确的思维方式。

每个人都有自己固有的思维方式，这种思维方式在工作中的应用直接影响解决问题的效果。建立合理的思维方式是提高解决问题的能力所必需的。不要拘泥于以往的思维，要有创造性思维，这样你才会比别人看得更清楚。

(5) 要经常思考，脑子不能够懒惰。

解决问题能力比较强的人都特别善于思考。思考是成长的重要方法，思考是人类作为高级动物的特征。面对问题，优秀的人经常去思考，在思考中得到成长，在思考中找到工作的方法，在思考中领悟工作的快乐，解决问题的能力也在思考中得到进一步的提升。

当然，提高自己解决问题的能力的方法还有很多，可以在实践中摸索。重要的是要着重培养这个意识，要多动脑、多动手，把事情办得漂漂亮亮。

拓展阅读

掌握职场生存法则，培养大学生职业素养

一位从事人力资源工作多年的专业人士提出，刚入社会的大学生应该学习12种动物的精神，掌握职场生存法则，树立正确的工作观，培养良好的职业素养。

尽职尽责的牧羊犬

"90后"大学生普遍喜欢彰显个性，容易产生自我中心思想，最为人诟病的就是缺乏责任感。当然，近年来的几件大事也从正面证明了"90后"是经得起时代考验的，如2009年青年大学生志愿者的表现，2010年上海世博会"小白菜"的表现……国家在通过大型活动来锻炼和引导新一代大学生更加富有责任感、使命感，因为他们身上寄托着一个民族的希望。作为一名新职员，应树立起负责任的观念，能够成长为一个敢于担当的人。

有这样一个案例：第二次世界大战期间美军需要大量的降落伞，但供货商提供的降落伞合格率一直固定在99.9%，无法达到100%。要知道，0.1%的不合格降落伞都意味着相当数量的士兵有可能白白丧生。但是，供货商以绝对的100%合格不可能达到为由，拒绝了军方提出的改进要求。后来，美军改变了策略，邀请供货商亲自参与验货。验货的方式是，由供货商使用随机抽取的降落伞从飞机上跳下。此法一出，降落伞的合格率立即达到100%。

在需要共担生命风险时，任何"不可能完成"的困难都将不复存在，利己的本性在客观上会达到利他的效果。供货商将降落伞的合格率由99.9%提高到100%的"奇迹"证明了这一点：责任就是一个人分内的事情，责任是一个人的立身之本。只有那些勇于承担责任的人才能够得到老板的赏识，才能够被赋予更多的使命。良好的责任心是每个人必须具备的品质。世界500强企业中，责任心成为最为关键的理念和价值观，同时也是员工的第一行为准则。如果把企业比作一座大厦，那么每个员工的责任感就是这座大厦的基石。

唤醒自己内心的责任意识，要做到以下方面。

（1）敢于承担责任。优秀的人都是敢于负责任的，勇敢承担责任的人才能最终赢得别人的尊敬和信任。

（2）拒绝抱怨，拒绝依赖。应该首先从自身查找问题，逐步培养责任感。

（3）从小事做起。缺乏责任意识导致重大事故屡屡发生，年轻人不缺乏满腔抱负，但是成功总是从点滴开始，甚至是细枝末节的地方。只有从一件小事中积累起经验，才能够干成大事。

团结合作的蜜蜂

新人刚进公司，对公司环境的不适应和对职场法则的不清楚使他们往往不知道

如何利用团队力量去完成工作。现在的企业很重视团队工作，这不但包括依靠团队去寻求资源，同时也包含主动帮助别人，以团队为荣。

坚忍执着的鲑鱼

当新人对自己的人生还不确定时，常常三心二意，凡事都是三分钟热度，不知自己未来要做什么。所以在这个情况下，设定目标是首先要做的功课，然后就是坚忍执着地前行。同时，在途中不时地停下来检查一下自己的实践成果，并且向着目标不断前行。那些变来变去的人多半是一事无成的人。

目标远大的鸿雁

不少年轻人因为贪图一时的轻松快乐，而放弃未来可能创造前景的挑战。要时时鼓励自己将目标放远，这里的目标放远是对自己的一个鼓励，目标放远不等于好高骛远。有了远大的目标，需要的就是不断前进的执行力。不想当元帅的士兵不是好士兵，但首先必须是非常好的士兵才能实现自己的理想。

目光锐利的老鹰

要学会分辨是非，懂得细心观察时势。一味接受指示、不分对错，将会事倍功半，得不到赞赏和鼓励。有思想的人才是真正的人才，那些只会听从指示的人，最终只能做一只默默付出的老黄牛。

脚踏实地的大象

大象最突出的特点就是走得慢，但却是一步一个脚印，累积雄厚的实力。新人切忌说得天花乱坠，却无法一一落实。脚踏实地的实际意义就是执行力，有执行力的人会让人觉得踏实，所以也愿意将更多的责任赋予这样的人身上。

忍辱负重的骆驼

步入社会之后，工作压力、人际关系往往是新人无法承受之重。人生的路很漫长，学习骆驼负重的精神，才能一点点化解掉各种困惑和压力，控制好自己的情绪，安全地抵达终点。

严格守时的公鸡

职场中很多人没有时间观念，上班迟到、无法如期完成工作等，都是没有时间观念导致的后果。时间就是成本，新人养成时间成本的观念，有助于日后晋升时提升工作效率。

知恩图报的山羊

你可以像海绵一样吸取别人的经验，但是职场不是补习班，没有人有义务教导你如何完成工作。学习山羊反哺的精神，有感恩图报的心，工作会更愉快。过河要修桥，回报要尽早，对曾经帮助你的贵人或领导最好的礼物是出色的工作，这是对他人帮助关心最丰厚的回报。尤其是对那些自己刚到新岗位时，曾经热心帮助过自己的老员工，更要尊敬和回报。

勇于挑战的狮子

对于重大责任、新任务要敢于承接，这对于新职员是最好的磨炼，既是机遇又是挑战。若有机会,应该勇于挑战不可能的任务,借此累积别人得不到的经验。人的潜力有时候是被逼出来的,骨干是折腾出来的,骨干是"平时工作看出来,关键时刻站出来,危难时刻豁出来,名利面前让出来"的那部分人。

机智应变的猴子

工作的流程有时是一成不变的,新人的优势在于不了解既有的做法,而能琢磨出新的创意与点子。一味地接受工作的交付,只能学到工作方法的皮毛;能思考应变的人,才会学到方法的精髓。

善解人意的海豚

常常这样问自己:如果我是主管,我该怎么做才能找到更好的有助于处理事情的方法?在工作上善解人意,会减轻主管、共事者的负担,会让你更有人缘。

大学生应牢记,不管是做什么工作,什么时候都不能忘记了自己的目标和使命,要不断地从中吸取经验和教训。只有不断地从中学到知识,前途才会更加光明,才能在职场上将路越走越宽。

(案例来源:人人文库网,www.renrendoc.com/p-80805356.html)

第三章

职业发展过程与心理调适

职业发展是指职业生涯规划的实施过程。大学生职业发展的过程是一个不断修正、完善，以实现职业生涯发展规划目标的过程。在这个过程中大学生会遇到各种各样的困难与挫折，从而带来心理压力。心理调适是指在冲突中减轻压力、保持正常反应状态的心理过程，是推动大学生职业发展的一种重要手段。

第一节 压力与职业发展压力

一、职业发展压力的含义

职业发展压力是指个体在职业发展的道路上遇到难以克服的困难的主观感受。这里特别要强调的是：压力不是一个客观的事件，而是一种主观感受。对于职业发展中的同一事件，不同的个体，感受是不同的。

例如，有人觉得到一家著名公司去面试是一件令人紧张的事情，这就是压力的来源；而另一个人可能觉得这是一个可以就业的大好机会。前者觉得去大公司面试对自己来说是困难的，不容易克服；而对后者来说这就不是压力，可能还会成为一种动力。处于压力中的个体会出现生理、心理和行为方面的反应。

（一）生理特征的反应

生理特征是指处于压力中的个体在生理方面的特点。感受到压力的初期，机体试图通过积极的反应消除压力带来的不良反应，使机体内激素分泌旺盛、血糖升高，个体呼吸加快、血压增高，有些人的食欲会有所改变，或减少进食量，或增加进食量，还有不少个体会有睡眠障碍，这一时期的个体处于亢奋状态。随着时间的延长，压力得不到解决就会导致内分泌功能失调，个体处于"抑制"状态，出现体力下降、注意力下降、抑郁情绪等现象，再也无力应对压力情境。长期的心理压力可能导致身心疾病的发生甚至致命。

（二）心理特征的反应

心理特征是指压力中的个体在心理方面的反应特点。在生理发生变化的同时，个体会出现紧张、恐惧、愤怒等心理反应。有些个体总是处于一种对未来莫名其妙的担忧之中；也有些个体的表现是易激惹，即所谓的"点火就着"；还有一些人表现刚好相反，他们反应冷淡，对任何事情都漠不关心。研究表明，组织中新员工的这种体验通常多于老员工。

（三）行为特征的反应

在压力之中的个体，往往会在行为上有所改变，可称之为行为特征。如攻击行为，外向的人会表现出对他人的攻击，包括口头的；又如出言不逊，这些人可能会和同事争吵，对客户失去耐心，打人以及做出其他破坏性行为等。内向的人多表现为自我攻击，如自责、自残，甚至是自杀。

个体的生理与心理是相互影响、相互作用的，处于压力中的个体会产生生理上的变化并影响到心理和行为的变化。如激素水平的改变会影响个体的情绪，情绪又直接影响人的行为。

二、职业发展压力的差异

职业发展压力的感受性指的是个体对于压力的感受程度，包括压力的大小，压力对于生理、心理、行为的影响程度。面对同样一件事情，有的人感觉不是压力，而有的人感觉是压力，甚至有的人可能感觉是灭顶之灾。

例如，实习医生面对第一个病人时，有些人觉得这是一个很好的实践机会，坦然面对；而一些人会感到紧张，担心病人提出的问题自己解决不了；个别实习生甚至不敢与病人独处。为什么个体对职业发展压力的感受不同？主要有四个方面的原因。

（一）认知差异

认知是指个体对于客观事物的认识。认知过程中，知觉是关键。知觉是选择、组织、理解信息的重要心理过程，不同的个体对同一事物的感知存在差异。

例如，护士长告诉护士甲和护士乙下班留下。护士甲面对这样的问题可能会感到担心，认为是自己哪里做得不好，可能会受到批评而感到沮丧。显然，护士甲经历了职业发展压力过程。护士乙则可能认为这是因为自己做得好，护士长可能要嘉奖自己，她就会非常愉快，毫无压力之感。在这里护士甲和护士乙对护士长找自己谈话这一事件的知觉不同，直接导致了对压力的感受差异。

（二）过去的经历

过去的经历是指个体以往相关的经历。个体过去的经历会对压力产生强化作用。如果一名员工曾有过被解雇的经历，就会非常小心地对待现有的工作。相反，个体成功的经历能使其面对职业发展压力时充满信心。

（三）社会支持

社会支持是指一个人通过社会联系所获得的能减轻心理应激反应、缓解精神紧张状态、提高社会适应能力的影响。是否能够得到他人的支持直接影响个体对职业发展压力的体验。

例如，一个医生若面对一个通情达理的患者，则有助于减少他的压力，也能发挥其潜能；相反，若面对一个挑剔的患者，可能会使他感到焦虑，加大其压力。

（四）个性差异

由于个性不同，个体对压力的感受也不尽相同。性格对于职业发展压力有着重要的影响。如员工的动机、态度、能力等，也会对职业发展压力产生一定的影响。

职业发展压力感受的差异性表明：不同个体对于同一个事件的感受是不同的。这间接地证明了不是事件本身导致压力，压力只是个体知觉的结果，而知觉又受个性、过去的经历、社会支持的影响，在它们的共同作用下，个体才表现出不同的压力感受。其中认知差异是核心，也是直接引发压力的关键因素。

三、职业发展压力的影响

过高的职业发展压力会引起个体的烦躁、焦虑、抑郁等负面情绪，严重的甚至会导致身心疾病。过高的职业发展压力还会导致职业满意感下降、人际关系紧张、职业发展停滞等负面结果，不利于个体的职业发展。概括起来，职业发展压力对个体的影响主要表现在个体对职业发展满意度以及个体的身心健康等方面。

（一）职业发展满意度

职业发展满意度是指个人在职业发展的过程中，对其所从事的职业或是工作本身及工作环境或工作经历的满意程度，它是个体职业生活质量的一项重要指标。职业发展满意度是指工作中的态度。态度是指对事物的评价，直接影响人的行为动机。动机是推动个体前进以实现目标的根本动力。可以想象，一个人没有动力怎么能积极工作呢？如果个人对自己的职业不满意，很可能主动离职。

《2016年就业蓝皮书》公布的调查结果显示，有38%的2015届大学毕业生在工作半年内离职。其中来自"211"院校的离职率为22%，非"211"本科院校33%，高职高专院校45%。这表明大学毕业生就业后的职业发展满意度较低。

（二）身心健康

职业发展压力对员工的身体健康和心理健康均有较大的损害。职业发展压力过大往往是危害健康的根源。面对压力，个体可能会产生抑郁情绪、缺乏社会认同感、精疲力竭、愤世嫉俗等。大学生正值青春期，其特点是情绪不稳定，在经历压力时比其他年龄段的人更容易表现出较大的情绪波动。

大学期间，大学生比其他人担负了更多的任务，包括学习、就业，在这个阶段还要完成"建立亲密关系"的心理成长。由于生理的成熟先于心理的成熟，他们抵御压力的能力也比其他年龄段的成年人稍差。因此压力常常使他们感到这样或那样的不舒服，如持续不断地长青春痘、肠胃的不适、头疼等，是大学生容易出现的问题。

对于个体来说，适当的压力可以提高工作效率，但压力过大也会降低工作效率。压力对大学生行为的影响也是多方面的，主要有以下几种。

1. 逃避

压力之下的大学生处于焦虑或抑郁状态，常常伴有躯体症状，一些人会采取消极的方式来躲避工作或学习，以缓解自身承受的压力。压力可能会影响他们的睡眠，从而影响他们的上课状态。

2. 易激惹

当大学生处于压力之下时，会产生焦虑情绪。易激惹是焦虑的一大特点。焦虑中的个体较之一般情况更容易与他人发生争吵或有攻击倾向。不良的人际关系又加重了他们心理的压力，形成恶性循环。其后果是给组织中的人际关系带来了负面影响，带来不和谐的人际氛围。

3. 学习成绩下降

无论是身心疲惫，还是人际关系紧张，都会反过来影响大学生的学习效率，使不少人无心学习，上课走神。学习成绩下降常常是大学生经历压力的结果。无论是迟到、翘课还是不良的人际关系，最终都会影响大学生的学习成绩，而导致职业竞争力的下降。

第二节 大学生职业发展压力的来源

大学生职业发展压力的来源，是指与职业发展有关的导致大学生心理压力的因素或事件。造成大学生职业发展压力的因素通常包括以下几个方面。

一、学习压力

虽然教育界一直提倡素质教育，但是作为一个大学生学习经历的证明，成绩单在应聘或者是考研方面，还是起着举足轻重的作用。大学生们自觉或不自觉地、有目标或盲目地在为优异的学习成绩而努力。对大学生而言，这是职业发展的一个部分，也是职业发展压力的来源之一。这种压力在大学一年级尤为明显。

大学新生必须面对繁重的学习任务，但不少同学却找不到良好的学习方法，他们发现除了上课，很少见到老师，在学习过程中少了很多沟通，几乎不少课程都等着"秋后算账"，即期末考试。有些问题在课堂上没有消化，课后没有得到解决，到了期末问题积攒起来，直接影响考试成绩。有些大学生习惯了被老师赶着或者追着，在失去束缚的情况下，特别是在"考上大学可以松一口气"的思想支配下，变得散漫或懒惰，学习成绩明显下降，甚至开始挂科。在看到成绩单之后，才感觉到学习的压力。

大学二、三年级开始，大学生就或多或少地开始接触专业课程，有不少同学对专业课程的设置不理解或者不喜欢，因而开始迟到或者翘课。其后果可想而知。

大学第四年，多数大学生开始实习、找工作，这些活动很耗费脑力、体力。实习阶段的学生进一步社会化，大学生的角色开始转变，没有人像老师那样对他们循循善诱地教导和包容，而是要求他们真正承担起一部分工作。这时的大学生才感到，其实自己才疏学浅，需要学习的新东西很多，这种学习有别于课本知识的学习，无形之中压力增加。

二、人际关系

作为大学生,其社会化程度要远远高于中学时期。在中学,学校中的主要任务是学习,而大学生活的内容更为丰富,人际关系也更为复杂了。大家除了学习,还要参加社会活动,如参加社团活动、做义工、做研究等,在这些活动中,同学之间难免产生矛盾。加上大家不但要在课堂上相互接触,回到宿舍也要待在一起,久而久之,矛盾的产生似乎不可避免。特别是新生,对学习生活还没有充分适应,生活与学习环境的改变本来就可能引发焦虑情绪。焦虑中的个体较之一般情况更容易与他人发生争吵或有攻击倾向。不良的人际关系又加重了大学生心理的压力,从而形成恶性循环。

习惯于校园生活模式的大学生,进入实习阶段,必须进一步认识社会,因为学校教的都是最理想的生产运作或者管理模式;同时人与人之间的关系也更为复杂,为了未来的工作,同学之间的关系由简单的学习伙伴可能转变为严酷的竞争对手,与实习单位的工作人员的关系也不像同学之间那么简单。

三、就业形势

就业是大学生职业发展的重要阶段,几乎每个大学生都要经历就业过程所带来的压力。除了供求关系的倒挂、大学扩招等客观原因以外,来自大学生的主观原因有以下几种。

1. 大学生对就业的期望值过高

刚毕业的大学生大多都乐观自信,对未来充满期望。而社会对大学毕业生的低接纳度使他们倍感挫折。不少大学毕业生把考上公务员、当"高级白领"作为就业目标,呈现千军万马过独木桥的情景。

2. 毕业生就业观念过于狭隘,追求的就业目标也过于集中

目前很多大学生的就业观念没有与时俱进,片面追求优厚的物质待遇和城市环境,较看好大城市、事业单位等,不愿到急需人才的西部地区和广大农村去。这就导致在大城市、大企业的人才过剩,而中小城市和农村基层却人才不足,毕业生的实际就业竞争加强。

3. 大学生的综合素质不高,就业能力不足

现在一些单位对毕业生的综合素质不满意,反映大学生不知道自己能做什么、能做好什么,有的大学生对工作缺少热情和责任心。刚毕业的大学生还没有强烈的忧患意识,他们的精力没有完全放在未来职业规划上。

四、个人发展

如前所述,有38%的2015届大学毕业生在工作半年内离职,而近九成离职者是主动辞职,排在前三位的离职原因是"个人发展空间不够""薪资福利偏低"和"想改变职业和行业"。从这个调查结果可以看出,对职业发展的不满意——"个人发展空间不够"是导致大学毕业生在工作半年内离职的主要原因之一。

第三节 职业发展压力的调节干预

面对大学生在职业发展中的压力,组织应该从大学生个人的压力自我调节和组织的心理干预两个方面入手解决问题。

一、职业发展压力的应对方式

应对方式,又称心理调节方式,它是指个体对抗压力的一种手段,包括"任何一种健康的或不健康的、有意识的或无意识的努力来预防、消除或减弱压力源或用最小的痛苦来耐受压力带来的效应"。压力的应对方式包括问题指向性应对和情绪调节性应对两种形式。

1. 问题指向性应对

问题指向性应对是通过改变个体支持性的行为或改变环境条件来对抗应激源,即压力源。例如,一个大学生在面试中因为语言表达不佳失去了应聘机会,压力源就是不良的语言表达,这个大学生采取问题指向性应对方式就是直接解决表达不佳问题,如通过练习提高自己的语言表达能力。

2. 情绪调节性应对

情绪调节性应对是通过应对来降低烦恼,维持一个适当的内部状态,以便较好地处理各种信息。例如,碰到一个坏脾气的客户,他刚和别人吵过架,你没有招惹他,他却和你嚷嚷。你不能和客户随便吵架,也不可能改变这个客户的性格,那只能调节自己的情绪了。

无论是问题指向性应对还是情绪调节性应对方式,其目的都是减少压力。

二、职业发展压力的组织干预

第一节提到过,一个职业发展事件到底是不是压力与大学生的认知相关,因此组织对压力的干预方法,应该从大学生的认知入手。主要从以下几个方面进行。

1. 改变大学生对就业形势的认知

管理者应该帮助大学生认清就业形势,抓住机遇。市场经济就是竞争经济。毕业生的就业实质上就是一个工作岗位的激烈竞争过程。抓住机遇需要大学生客观地评价自己的能力,不要过高或者过低地估计自己,以免错失良机。大学生应该实事求是地评价现实环境,寻找适合自己的岗位。学校应教育大学毕业生要有远见,避免只看眼前利益产生盲目恐慌心理,应调整好就业心态,积极主动争取各种机会,找到适合自己的工作。

2. 引导大学生转变就业观念,不断提升自我

第一,帮助大学生树立正确的价值观,鼓励大学生努力奋斗实现人生价值,同时也要鼓励他们勇于担当一定的社会责任,把祖国的需要和个人的追求统一起来,树立正确的价值观。

第二,培养恰当合理的就业期望值,适当降低自己的就业期望。要将大学生本身的主观

需要与客观的社会现实需要结合起来，引导毕业生冷静分析就业形势及个人的优势和劣势，转变传统的就业地域化和部门化限制，调整好就业心态，到中小城市、农村寻找广阔的发展空间。鼓励大学生到祖国最需要人才的地方去实现人生价值。

第三，要树立科学的就业观，先就业后择业。毕业生要以普通劳动者的身份定位就业，从最基本的自己能干什么来确定自己的选择。将个人就业目标和市场的需求结合起来，确保提高就业成功概率。

3. 切实加强大学生的综合素质，引导其做好职业生涯规划，提高就业竞争力

职业生涯规划是一个人一生职业发展道路的设想和规划。客观地规划自己的职业生涯，可以帮助大学生更好地了解自己，客观清楚地分析环境，正确选择未来职业，积极采取措施克服职业生涯发展中的困难与障碍，最终实现美好的理想。

大学四年是学生不断地探索做好职业生涯规划的最佳时机，大一时要让学生意识到个人职业生涯规划的意义，积极鼓励学生参加各种社团活动，培养自己的兴趣和爱好，寻找自身的优势与不足，也可以邀请知名专家做关于做好职业生涯规划必要性的讲座。在大二、大三阶段，学生应关注与就业相关的信息，可以借助开设职业生涯规划课程、聆听各个行业成功人士的创业历程等，帮助学生了解社会需要，锁定自己感兴趣的职业，对未来的职业有初步的了解。大四时，要完善就业服务体系，加强对学生的信息引导和心理疏导，帮助学生充分做好各种就业准备，积累实习实践的经验，学习和掌握各种求职技巧。

大学生要创造和利用一切机会全面了解社会和未来要从事的职业的特点，做好职业生涯规划，积极参加各种实践活动，认识自我，明确目标，刻苦努力，提高自身的就业竞争力。

第四章

大学生职业生涯规划的撰写和调整

当大学生对未来满怀期待和憧憬时,首先要思考自己适合做什么,自己的职业发展领域在哪里。当打开门走出去时,如果不知道自己要去哪里、要干什么、可能得到什么结果,就会走许多弯路,碰不少钉子。在人生道路这个宏大的问题上,应该深思熟虑、精心筹划自己的目标之后再出发。一个人将成为什么样的人在很大程度上取决于他选择了什么样的路。

第一节 职业生涯规划的步骤

大学生进行职业生涯规划的关键步骤是自我评估和外部环境分析。学生通过自我评估和外部环境分析,才能明白奋斗的方向和正确的职业目标选择,才能制定出一个适合自己的职业设想和发展计划的目标。

一个完整有效的职业生涯规划应包括自我分析、外因分析、明确目标、策略实施、反馈评估五个环节。

一、自我分析

自我分析实际上是"知己"和认识自我的过程,它是职业生涯规划的基础,也就是在制定职业生涯规划之初就要做的工作。成功的职业生涯规划必须是在充分正确认识自身条件与相关环境的基础上进行的。只有对自己有了充分、全面的了解,才能在职业生涯规划中找准自己的"定位""定向"和"定点"。当然,认识自我并不是一件容易的事,需要用科学的认知手法和手段对自己的性格、气质、兴趣、特长、能力、智力、意志、思维方式、价值判断和生理情况等进行分析和评估,清楚自己的优势与特长、劣势与不足。弄清自己追求的是什么,自己的优势适合做什么,自己的劣势不适合做什么,从而决定自己应该做什么。只有这样,才能避免自己设计中的盲目性,达到设计高度适宜。

1. 比较法——从我与人的关系认识自我

他人是反映自我的镜子,与他人交往,是个人认识自我的重要来源。人们先从家庭中的感情扩展到外面的友爱关系，进入社会又体验到人与人之间的利害关系。有自知之明的人能在这些关系中用心向别人学习，获得足够的经验，然后按照自己的需要去规划自己的前途。但是通过和人比较认识自己应该注意采用合适的参照系。

跟别人比较的是行动前的条件，还是行为后的结果？大学生来大学学习，如果认为自己的家庭条件不如别人，就把自己放在次等地位，自然会影响心态和情绪。事实上，看行动后的成绩才有意义。

经常有大学生认为自己不如他人。其实他们关注的可能是身材、家庭出身等不能改变的条件，没有实际比较的意义。

比较的对象是与自己条件相类似的人，还是个人心目中的偶像或不如自己的人？确立合适的参照系和立足点对认识自我尤为重要。

2. 经验法——从我与事的关系中认识自我

从我与事的关系中认识自我，即从自己做事的经验中了解自己，不经一事，不长一智。

成败得失，其经验的价值也因人而异。对聪明又善用智慧的人来说，成功、失败的经验都可以促使他成功，因为他们了解自己，有坚强的人格特征，善于学习，因而可以避免再蹈失败的覆辙。

而对某些自我比较脆弱的大学生来说，失败的经验更使其失败，这也是最常见的现象。因为他们不能从失败中学到教训，改变策略追求成功，而且挫败后形成怕败心理，不敢面对现实去应付困境或挑战。

而对一些狂妄自大的人而言，成功经历有可能成为失败之源。他们会因获得成功而骄傲自大，以后做事也自不量力，结果就导致失败；或成长过于顺利，又有家庭保护的关系，而一旦失去"保护源"，便一蹶不振，不能支撑起独立的自我。因此，大学生对成败经验中获得的自我意识也要细加分析和甄别。

3. 反省法——从我与己的关系认识自我

古人曰："吾日三省吾身。"从我与己的关系中认识自我，看似容易，实则困难。大概可以从以下几个"我"中去认识自己。

（1）自己眼中的我。个人实际观察到的客观的我，包括身体、容貌、性别、年龄、职业、性格、气质、能力等。

（2）别人眼中的我。与别人交往时，由别人对你的态度、情感反映而觉知的我。不同关系的人对自己的反映和评价不同，它是个人从多数人对自己的反映中归纳出的感觉。

（3）自己心中的我，也指自己对自己的期许，即理想我。

因此，大学生可以从自己眼中的我、自己眼中的我、别人心中的我等多个"我"来全面认识自己。但是，对现代大学生而言，虽然有多个"我"可供认识自己，但形成统合的自我观念比较困难。因为现代社会急剧变迁，且受改革开放后多元价值的影响，使现在的大学生自我认识难以客观、全面。

二、外因分析

人是社会的人，人必须生活在一定的环境之中，特别是要生活在一个特定的组织环境之中，离开了这个环境，便无法生存与成长。环境为每个大学生提供了活动的空间、发展的条件、成功的机遇。所以在进行职业生涯规划时仅仅了解自己是不够的，还要充分认识和了解自己生存的环境，评估环境因素对自己职业生涯发展的影响，才能顺应外部环境的要求，趋利避害，立足现实，最大可能地发挥优势，利用一切机会实现个人目标。大学生如果能很好地利用外部环境，就有助于事业的成功。如俗话所言："知己知彼，百战不殆。"

外因分析包括对社会环境、组织（企业）环境和经济环境的分析，即评估和分析环境条件的特点、发展与需求变化趋势、自己与环境的关系及环境对自己的有利与不利条件等。及时调整自己，以适应环境的要求，这样制定出的职业生涯规划才会切实可行。

三、明确目标

人们常把目标比成"灯塔"，这再恰当不过。大海里如果没有灯塔，航船会驶离正的航道，迷失前进的方向，就有被暗礁吞噬的危险；人生中如果没有目标，就犹如茫茫的大海里没有了灯塔，会迷失了自我，失去奋斗的方向。18世纪的发明家、政治家富兰克林在自传中说："我总认为一个能力很一般的人，如果有个好计划，是会有大作为的。"综观古今中外，各行各业的佼佼者，都有一个共同的特点，就是具有远大的志向。立志是人生的起跑点，反映着一个人的理想、胸怀、情趣和价值观，影响着一个人的奋斗目标及成就。所以，这是进行职业生涯规划的关键，也是最重要的一点。

一个好的职业生涯目标，是要根据个体的条件和外部环境综合考虑才能确立。目标设立的高度要适合自己，既不能过高，过高会导致失败；也不能太低，太低不能激发人的斗志和潜能，反而停滞不前。目标确立的时间应该长短结合，长期目标为人生指明了方向，短期目标的实现能使人体会到成就感和乐趣，进而鼓舞自己朝着更高的目标迈进。

四、策略实施

职业规划仅仅是一个深入的计划而已。职业规划是否有用，就在于制定者是否将规划中的方案用于行动。如果不用，那么自然也就没有用，或者意义不大。行动是获得成功的秘诀。这里所指的行动是指落实目标的具体措施，主要包括训练、教育、工作等方面的问题，例如，如何提高综合能力、如何改变不良习惯、如何培养特长、如何完善人脉、如何改正缺点、如何提高成绩、如何弥补差距、如何开发潜能等。这些实施策略都要有具体的计划与明确的措施，并且要特别具体，以便定时检查。

五、反馈评估

梁启超说："变者，天下之公理也。"事物永远处于不断的运动变化之中。影响职业生涯规划的因素很多，有的变化因素是可以预测的，而有的变化因素难以预测。在此状况下，制定职业生涯规划时，由于对自身及外界的环境都不十分了解，最初确定的职业生涯目标往往都是模糊或抽象的，有时甚至是错误的。经过一段时间的学习，有意识地回顾自己的行为，检验自己的目标，在实施过程中自觉地总结经验教训，评估自己的职业生涯规划，及时诊断出职业生涯规划各环节出现的问题，找出相应对策。通过对职业生涯规划进行评估与调整，纠正最终职业目标与分阶段目标的偏差，使职业生涯规划行之有效。其修订的内容包括职业的重新选择、生涯路线的选择、人生目标的修正、实施措施与计划的变更等。具体原则是：长期的尽量不改，中期的可以小改，短期的允许大改。

大学生在职业生涯过程中必须阶段性地将预期目标与现实状况进行比较，筛选出有效、可行的执行措施和合理适度的目标，对自己的职业生涯规划进行调整。

大学生职业生涯规划是一个动态发展的过程，不断地进行评估与调整是大学生职业生涯规划的一个重要环节。应根据实际情况，适当地调整自己的规划，有时甚至需要对自己进行重新审视和剖析。

第二节 职业生涯规划的方法

作为当代大学生，若是带着一脸茫然进入这个拥挤的社会，恐怕很难成功。所以，先要对自己有一个基本认识，再掌握一定的方法，就能为自己的未来描绘一幅美好的蓝图。大学生职业生涯规划的方法较多，这里介绍两种：5W 法和 SWOT 法。

一、5W 法

5W 法是许多职业咨询机构和心理学专家进行职业咨询和职业规划时常常采用的一种方法，也是一种被许多人成功应用的方法。5W 法就是有关 5 个 W 的归零思考模式，从自己是谁开始，然后顺着一路问下去，如果能够成功回答完 5 个问题，就有最后的答案了。

5 个 W 是：

Who am I?（我是谁？）

What will I do?（我想做什么？）

What can I do?（我能做什么？）

What does the situation allow me to do?（环境支持或允许我做什么？）

What is the plan of my career and life?（我的职业与生活规划是什么？）

回答了这 5 个问题，找到它们的最高共同点，就有了自己的职业生涯规划。可以试试：先取出 5 张白纸、1 支铅笔、1 块橡皮，在每张纸的最上边分别写上上述 5 个问题。然后，静下心来，排除干扰，按照顺序，独立地仔细思考每一个问题。

第一个问题"我是谁？"。应该对自己进行一次深刻的反思，有一个比较清醒的认识，优点和缺点都应该一一列出来。写完了再想想有没有遗漏，认为确实没有了，按重要性进行排序。

第二个问题"我想做什么？"是对自己职业发展的一个心理趋向的检查。每个人在不同阶段的兴趣和目标并不完全一致，有时甚至是完全对立的。可将思绪回溯到孩童时代，从人生初次萌发想干什么的念头开始，然后随年龄的增长，回溯自己真心向往过、想干的事。一一记录下来，写完后再想想有无漏洞，确实没有了，就认真地进行排序。

第三个问题"我能做什么？"则是对自己能力与潜力的全面总结，一个人职业的定位根本归结于他的能力，而他职业发展空间的大小则取决于自己的潜力。要把确实已证明的能力和自认为还可以开发出来的潜能——列出来，认为没有遗漏了，就认真地进行排序。

第四个问题"环境支持或允许我做什么？"中的环境支持在客观方面包括本地的各种状态，比如经济发展、人事政策、企业制度、职业空间等；主观方面包括同事关系、领导态度、亲戚关系等，两方面的因素应该综合起来看。有时人们在做职业选择时常常忽视主观方面的东西，没有将一切有利于自己发展的因素调动起来，从而影响了自己的职业切入点。而在国外，通过同事、熟人的引荐找到工作是最正常也是最容易的，这和"走后门"等有着本质的区别，这是因为其环境支持是建立在自己的能力之上的。在这些环境中，认真想想自己可能获得什么支持和允许，想明白后一一写下来，再按重要性排列。

明晰了前面4个问题，就会从各个问题中找到对实现职业目标有利和不利的条件，列出不利条件最少的、自己想做而且又能够做的职业目标。

如果能够成功回答第五个问题"我的职业与生活规划是什么？"，就可以得到最后的答案。

做法是：把前4张纸和第五张纸一字排开，然后认真比较第一至第四张纸上的答案，将内容相同或相近的答案用一条横线连起来，就会得到几条连线，而不与连线相交的，又处于最上面的线，就是最应该去做的事情，职业生涯就应该以此为方向。大学生要在此方向上以3年为周期，提出近期、中期与远期的目标，然后在近期的目标中提出今年的目标，将今年的目标分解为每季度目标、每月目标、每周目标、每天目标。这样，每天睡前就可以对照自己的目标进行反省，总结当日成就与失误、经验与教训，修正第二天的目标与方法，第二天温习后就可以投入行动了。这样日积月累，没有不能实现的规划。

下面对某高校计算机专业女生的职业选择和职业目标确定做一次分析，或许能够启发许多和她一样的同学。

某高校女生，计算机专业，在临近毕业时常常难以选择自己的职业动向。

就现在来说，计算机专业属于热门专业，找一份差不多的工作并不难，但由于自己是女生，在就业时肯定又不如同班的男生，同时自己对教师这一职业比较喜欢。在这种存在多种矛盾的情况下，不妨和她一起进行一次有关职业规划方面的认真思考，并通过对其职业前途的规划确定其就业方向：

Who am I?

某重点高校计算机系专业毕业生；优秀学生干部，学业成绩优秀，英语通过国家六级；辅修过心理学、管理学；家庭状况一般，父母工作稳定，身体健康，暂时还不需要人特别照顾；自己身体健康，性格不属于内向，但也不是特别活跃，喜欢安静。

What will I do?

很想成为一名老师，这不仅是儿时的梦想，而且比较喜欢这种职业；其次可以成为公司的一名技术人员；如果出国读管理方面的硕士，回国成为一名企业管理人员也是可以接受的。

What can I do?

做过家教，虽然不是自己的专业，但与孩子交流有天生的优势，当家教时看到学生成绩进步时很有成就感；当过学生干部，与团内人相处比较好，组织过几次有影响的大型活动；

实习时在公司做过一些开发,虽然没有大的成就,但感觉还行。

What does the situation allow me to do?

家里亲戚推荐去一家公司做技术开发;GRE(美国研究生入学考试)考得还可以,已经申请了国外几所高校,但能不能有奖学金还很难说,况且现在签证比较困难;

去年曾有几家学校来系里招聘教师,但不是当老师,而是去学校做技术维护,今年不知会不会有学校再来招聘教师;有同学开了一家公司,希望自己能够加盟,但自己不了解这个公司的具体业务,也不知道它有多大的发展前途。

What is the plan of my career and life?

最后的选择可能有四种,分别如下。

(1)到一所学校当老师,自己有这方面的兴趣和理想,在知识和能力方面并不欠缺。在素质教育大趋势下,与师范类专业相比,自己有专业方面的优势,讲授知识时可以让学生了解更多的前沿知识,特别是现在计算机在中学生中有了相当的普及和基础,并且自己有信心成为学生心目中理想的好老师。不足的就是缺乏作为一名教师的基本训练及一些技巧,但这可以逐步提高。

(2)到公司做技术人员,收入上会好一些,但通过这几年的发展看,这种行业起伏较大,同时由于技术发展较快,得随时对自己进行知识更新,压力较大,信息不足,兴趣也不是很大。

(3)去同学的公司,丢掉专业,从最底层做起,风险较大,这与自己求稳的心理性格不符,同时也会有来自家庭的阻力。

(4)如愿获得奖学金,能够出国读书,回国后还是去做一名企业管理人员。不确定因素较多,且自己的把握较小,自己始终处于被动状态。

单从职业发展上看,这四种选择都有其合理性;但如果对个体而言,第一种选择显然更符合她本人的职业取向。从心理学上看,选择第一种能使她得到最大的满足,在工作中也最容易投入,做出一定的成绩后会有很大的成就感。从职业前途看,教师这个职业也日益受到社会的尊重,社会地位呈上升趋势。从性格上看,这种职业也比较符合她的职业取向。主要困难是非师范生进入这个职业的门槛比较高,如果她能够确定自己的最终目标后努力去弥补与师范生在职业技巧方面的差距,那么她实现自己的职业理想将为时不远。

二、SWOT法

SWOT法是市场营销管理中经常使用的功能强大的分析工具,也被广泛应用到个人职业规划上。它是检查自己的技能、能力及职业喜好、职业机会的有效工具,也会很明显地呈现出个人的优点和弱点及在职业道路上的机会和威胁。求职者可以运用SWOT法对自己的优势和弱势、一生中可能会遇到的机遇、面临的威胁进行全面分析,并将自身条件和外部环境结合起来,制定出科学合理的职业生涯规划。SWOT分别是4个英文单词的第一个字母,即优势(Strengths)、劣势(Weaknesses)、机会(Opportunities)、威胁(Threats)。其中,S、W是内部因素,O、T是外部因素。SWOT法指的是在四个维度上进行分析,然后通过矩阵式交叉分析,找出适合自己的基本策略。

（一）优势

对于大学生而言，"优势"主要分为个人优势和资源优势。

个人优势指的是纯粹属于个人因素、不随外界因素变化的优势，如聪明、漂亮等，但真正严谨地分析下来，包含的领域应该更宽些。比如有些人口才很好，有些人交际能力出众，有些人具备某些文体类的特长，有些人很容易给人留下值得信赖的第一印象，而有些人大学时系统地读过一些书，形成了某一领域较系统的知识，这些都是优势，也比较显性。口才好的可以从事需要与人打交道、需要说服别人的工作；有文体类特长的，进入公司后可以借此很快和同事打成一片，增进人际关系；在某一领域有系统知识的，很容易在别人面前形成"渊博"的形象。

资源优势包括的因素也很多，包括人力资源、财力资源、品牌资源、知识资源等，比如你无意中认识一些有能力的朋友；家里可以直接给你一大笔钱用于投资创业；你所在学校是名牌，口碑很不错；你所学的专业刚好市场稀缺。有些比较独立的同学不想借助家族的资源，而想真正凭个人努力去获取成功，无意中他又拥有了一项很重要的个人优势资源——独立意识和挑战欲望。

可以从以下几个方面进行分析。

（1）热情乐观、积极进取，具有良好的职业道德、较强的执行能力、较高的服务意识，能够适应经常性的出差及承担较大来自业绩方面的压力。

（2）项目经验丰富，受过相关课程的专业培训，并可以很好地将理论运用于实际工作中，具有较好的市场开发能力、产品销售能力、商务支持能力。

（3）具有良好的人际关系，具有较好的交际能力、沟通协调能力，能够有针对性地根据对方的兴趣、需要、利益确定并调整沟通方式与策略，并能够巧妙地采用多种方式影响他人。

（4）喜欢思考，逻辑性和条理性好，书面表达能力强，具有良好的项目分析能力，可在跟踪竞争品牌的同时，结合市场的实际情况，提出针对市场的可行性分析报告。

（5）生活态度积极，作息时间规律，业余爱好广泛，并善于发现生活中各项事物的两面性，可以有效调节高压力的工作和生活，使工作和生活达到平衡。

（二）劣势

劣势，即相对优势的各个角度而言，就是人很欠缺的地方。找出劣势，对于战略规划的意义也非常重大。在了解自己会遇到什么麻烦，懂得做加法之前，应学会做减法，这样可以帮助减少挫败的概率。

过度自信和过度自卑都可能影响人的判断力。首先，不要把"没有优势"就直接看作"劣势"，在某方面没有优势仅仅说明还不够出众，如果妄自菲薄为"劣势"，它就可能真的成为劣势。可以针对前面所提的一些角度，进一步分析自己的劣势，多严格、客观地剖析一下自己，如不善言语、害羞、粗枝大叶、知识贫瘠、学校非名牌重点、专业冷门或太过热门等。分析劣势的目的不是使自己变得更沮丧，而是使自己了解该如何避开这些劣势，使自己在职业之路上变得更聪明。当然，如果一定要挑战这些劣势，坚信"一切皆有可能"，倒也不是不行，只是困难会多出许多。

大学生也有些共有的劣势，需提醒自己注意。比如，缺乏经验，自我期望较高，学校的知识比较陈旧而不适用于企业，在大学生活中养成的许多不良习气（如懒散、易抱怨、不关心他人及其他基本素质方面的问题）等。

可以从以下几个方面进行分析。

（1）英语的综合能力欠佳，单词掌握得太少，口语运用得不熟。

（2）技术经验薄弱，缺乏系统的技术知识做基础，导致在谈具体工作时不够专业化。

（3）竞争意识不强，对周围的环境资源、人脉资源的利用不够主动，不够有效。

（4）口头交流工作时，不能抓住要点，不够言简意赅，口头表达有时过于细节化。

（5）处理事情不够果断，尤其是事前需要做决定时。

（三）机会

机会主要指外界，当然也包括学校可能提供的如"出国""进修""考研""对口实习"等机会。机会的分析其实需要很广的视角，宏观上包括国家的经济形势、产业政策、法律法规、各区域的产业发展态势、行业趋势等，微观上包括收集到的来自各企业、政府部门、人才市场、学校或学长们提供的各类有利的信息。尤其要关注新生或高增长预期的职业领域，和自己专业或自身优势有关的边缘性、复合型职业领地，以及职业竞争者薄弱、国家强烈倾向的人才政策等利好信息。

（四）威胁

威胁包括人才市场竞争激烈、人才需求饱和、所学专业领域过缓的增长甚至衰退，新的低成本竞争者（甚至是技术上的替代者）、人才需求方过强的谈判优势、不利的政策信息、新提高的职业门槛等；也包括来自自身的因素，如身体健康隐患、家庭不稳定等。威胁这个词听着总让人有些不舒服，但如果能对此有所预防，就先确立了一定程度的优势。所以，普遍存在的各类威胁也可能成为参与社会竞争的有力工具。

第三节　大学生职业生涯规划的误区

由于大学生经验、阅历、知识、思维、能力的限制，他们在制定职业生涯规划时容易走误区，主要有以下几个方面。

一、忽视职业生涯规划

大学生缺乏职业生涯规划意识的现象比较普遍，真正了解职业生涯规划的大学生更是为数不多。网上问卷调查"你是否对自己的职业生涯有过规划"中，回答"有规划"的只占被调查者的20%。这说明相当大一部分学生虽然认为职业生涯规划重要，但对职业生涯规划具体内容知之甚少，甚至其中仅有四分之一的学生树立了明确的职业生涯目标。这也进一步说明了大学生在职业生涯规划问题上存在着感觉和认知之间的偏差，同时大学生由于缺乏实际经验，对职业环境了解不多，职业价值观尚未定型，这在很大程度上影响了大学生的职业生涯规划。

二、职业生涯规划就是职业选择

职业生涯规划是一个周而复始的连续过程，其过程包括自我评估、环境评价、确定目标、职业定位、制订行动计划、评估与反馈等步骤。而职业选择，简单地讲就是找一份工作，实际上职业选择本身也是根据自身兴趣、爱好、能力等因素选择适合自己的工作的一个过程。显然职业选择是职业生涯规划中的重要一环。

三、职业生涯规划急功近利

由于近年来就业压力越来越大，很多大学生进大学就准备考研，所以在校与假期大部分时间都在学习，很少考虑工作的事情，社会活动也不想参加，怕影响学习。部分学生不根据自己的实际情况盲目地考证或参加培训；更有将自己的职业取向与职业收入挂钩，频繁地转换于各种高收入的职业中，而把自己的职业生涯规划抛到了脑后。例如，小王因为父母希望自己以后可以读研，上大学后，他就利用空闲时间学习英语和数学，几乎不参加社会活动和实践活动，工作的事情更不考虑。小王的做法忽视了学习的最终目的是走入社会从事工作，忽视了增强自己其他方面的能力，如社交能力、实践能力、社会适应能力等。所以大学生的职业生涯规划应以提高自己的综合素质为目的，而不仅是学习。因为如果不能学以致用，书读得再好，也只能是纸上谈兵。

四、职业生涯规划缺乏自主性

不同的先天遗传素质和不同的后天成长环境造就了不同的个体。因此，职业生涯规划的核心要素就是个性化，个人的职业生涯规划必须由自己主导，才能付诸实施，不能因为阅历少、经验不足、涉世不深而过分依赖他人替自己做主。无论是父母、老师或朋友，他们的意见和建议永远只能作为参考，而不能代替个人做决定。

第五章

创新与创业概述

第一节 大学生创新精神培育

一、创新概述

(一)创新的内涵

以下从经济学和管理学两个角度解释创新的含义。

1. 创新概念的经济学解释

创新这一概念是美籍奥地利经济学家约瑟夫·熊彼特定义的,他在著作《经济发展理论》一书中提出,创新是指企业家对生产要素"进行新的组合",从中获得超额利润的过程。熊彼特将所指的创新组合概括为以下五种形式:一是引入新的产品或提供产品的新质量;二是采用新的生产方法、新的工艺过程;三是开辟新的市场;四是开拓并利用新的原材料或半制成品新的供给来源;五是采用新的组织方法。熊彼特创立创新理论的主要目的在于为经济增长和经济周期的内在机理提供一种全新的解释,利用创新理论分析资本主义经济运行呈现"繁荣—衰退—萧条—复苏"四个阶段循环的原因,说明了不同程度的创新会导致长短不等的三种经济周期,并确认创新能够引发经济增长。熊彼特等人对创新的定义强调了经济要素的有效组合,即创新应是信息、人才、物质材料与企业家才能等经济要素的有机配合,形成独特的协同效用。

熊彼特所描绘的五种创新组合,大致可归纳为三大类:一是技术创新,包括新产品的开发,老产品的改造,新生产方式的采用,新供给来源的获得,以及新原材料的利用;二是市场创新,包括扩大原有市场的份额及开拓新的市场;三是组织创新,包括变革原有组织形式及建立新的经营组织。熊彼特谢世之后,他的主要追随者从不同的角度与层次,对创新理论进行了分解研究,并发展出两个独立的分支:一是技术创新理论,主要以技术创新和市场创新为研究对象；二是组织创新理论，主要以组织变革和组织形成为研究对象。本书所介绍的创新思想是基于技术创新理论的分析和综合。

2. 创新概念的管理学解释

从企业管理的角度，组织创新作为技术创新的平台，推动技术创新成为企业永续发展的根基，因此技术创新能力的提升是企业核心竞争力提升的关键。技术创新的管理学解释强调了"过程"与"产出"（将设想做到市场），是指从新思想产生，到研究、发展、试制、生产制造直至首次商业化的全过程，是发明、发展和商业化的聚合。在这一复杂过程中，任何一个环节的短缺，都不能形成最终的市场价值；任何一个环节的低效连接，都会导致创新的滞后。

（二）创新的类型

从本质上说，创新是一种变革，在创新过程中聚焦于技术方面的变革是永恒的主题，因此有必要了解创新的多种类型和相关特点。

1. 产品创新

产品创新就是指提出一种能够满足顾客需要或解决顾客问题的新产品。例如，苹果公司推出的 iPhone 手机、海尔推出的"环保双动力"洗衣机（"不用洗衣粉的洗衣机"）、华为推出的带指纹识别功能的智能手机等，都是产品创新的例子。

2. 工艺创新

工艺创新则是指企业采取某种方式对新产品及新服务进行生产、传输，是对产品的加工过程、工艺路线以及设备所进行的创新。例如，新型洗衣机和抗癌新药的生产过程中生产工艺及生产设备的调整，银行数据信息处理系统的相关使用程序及处理程序等。工艺创新的目的是提高产品质量、降低生产成本、降低消耗与改善工作环境。当然，上述两种区分并不是绝对的，有时两者之间的边界不甚清晰。例如，一台新型的太阳能动力轿车既是产品创新，也是工艺创新。尤其值得注意的是，在服务领域产品创新和工艺创新通常交织在一起。

在新的市场竞争中，企业面临着不断提高效率、质量和灵活性的要求。企业如果能够生产出别的企业生产不出的产品，或者企业能够以一种更为经济有效的方式组织生产，那么企业同样能够建立竞争优势。研究表明，企业利用外部技术和快速进入新产品市场的巨大优势来源于企业注重对新产品和新服务进行生产和传输的能力，即企业进行工艺创新的能力。创新型企业就是在其所涉及的领域内持续不断地寻求新的突破，从而降低成本、提高质量、增强灵活性，最终将价格、质量和性能各方面都很突出的产品提供给市场。例如，日本汽车、摩托车、造船和家用电器等领域的成功很大程度上应归功于其先进的制造能力，而先进的制造能力的来源是持续不断的工艺创新。

3. 服务创新

服务创新是企业为了提高服务质量和创造新的市场价值而发生的服务要素变化，是服务系统有目的、有组织的、可改变的动态过程。服务创新的理论研究来源于技术创新，两者之间有着紧密的联系。但是服务业的独特性，使服务业的服务创新与制造业的技术创新有所区别，并有它独特的创新战略。

服务创新可以分为五种类型：服务产品创新、服务流程创新、服务管理创新、服务技术创新、服务模式创新。

（1）服务产品创新。服务产品创新是指服务内容或者服务产品的变革。创新重点是产品的设计和生产能力。例如，一项自行车车座技术的元件可以添加灌有凝胶的材料从而增强减震效果，而并不需要对自行车的其余结构做任何改变。

（2）服务流程创新。服务流程创新是指服务产品生产和交付流程的更新。服务流程创新可以划分为两类：一是生产过程创新，即后台创新；二是交付过程创新，即前台创新。服务流程创新和服务产品创新的区分有时是困难的。在供应商和顾客的关系比较密切的服务企业，顾客需要参与到服务流程中，服务产品由供应商和顾客共同完成，那么产品与流程就很难区分，所以在这些企业中，服务产品创新和服务流程创新的区别是困难的。

（3）服务管理创新。服务管理创新是指服务组织形式或服务管理的新模式，例如，服务企业导入全面质量管理（TQM）、海底捞火锅对员工独特的管理创新等。

（4）服务技术创新。服务技术创新是指支撑所提供服务的技术手段方面的创新，如支付宝推出的"刷脸支付"、电影院推出的网上自助订票选座服务等。

（5）服务模式创新。服务模式创新是指服务企业所提供服务的商业模式方面的创新。例如，有初创公司针对传统的洗车店洗车、去推拿店推拿而推出O2O上门洗车服务、O2O上门推拿服务等。

案例分享

支付宝的商业模式创新

支付宝最初是淘宝网为了解决网络交易安全问题而设立的以提供支付功能为主的公司，在国内首先采用"第三方担保交易模式"而提供"安全、简单、快速"的在线支付解决方案。支付宝用买家先打款到支付宝账户，由支付宝向卖家通知发货，买家收到商品并确认后，支付宝将货款转付给卖家，至此完成网络交易。支付宝用创新的第三方担保支付模式，有效解决了网上购物的信用问题，大大降低了网购交易风险，抓准了买家的痛点，是淘宝在早期能够迅速制胜的一大武器。

而从淘宝网分拆之后，支付宝作为独立支付平台，在电子商务支付领域展现出更广阔的图景。在先后与各大国有银行、VISA等达成战略合作协议之后，支付宝在整个互联网电子商务大发展的背景下，先后切入网游、机票等市场，用全额赔付制度树立起支付宝"安全、可靠"的形象。随后，通过进入水、电、煤、气、通信费等公共事业性缴费市场，支付宝将自己的商业模式从电子商务的付款平台拓展为涉及生活各方面的缴费支付平台。

（案例来源：电商资讯网，info.hhczy.com）

4. 渐进性创新

渐进性创新是指在原有的技术轨迹下，对产品或工艺流程等进行的程度较小的改进和提升。

案例分享

腾讯的渐进性创新

在腾讯,渐进性创新的案例数不胜数,维持快速迭代的渐进性创新,是腾讯产品持续成功的重要因素之一。从QQ第一个版本到现在,腾讯发布了数百个版本的QQ,其中当然有大的重构和功能的革新,但更多的是遍布在小版本中的渐进性创新。

从2011年1月推出到2011年年底,微信在1年的时间里更新了11个版本,平均每个月迭代一个版本。1.0版本仅有聊天功能,1.1版本增加对手机通信录的读取,1.2版本打通腾讯微博,1.3版本加入多人会话,2.0版本加入语音对讲功能。直到这个时候,腾讯才完成了对竞争对手的模仿和追赶,开始创新之路。2016年9月开启微信小程序内测,并于2017年1月正式上线。2017年12月28日,微信更新的6.6.1版本开放了小游戏功能,微信启动页面还重点推荐小游戏"跳一跳",吸引了大量用户参与。截至2018年2月,微信全球月活跃用户数首次突破10亿大关。

讨论:

微信保持用户黏性的关键因素是什么?

许多实证的研究显示,渐进性创新只能维持企业现有产品的竞争能力,当市场出现携突破性创新成果进行竞争的企业对手时,现有的成熟大型公司就可能丧失其市场领先地位。历史上,晶体管的出现几乎击溃了所有的电子管生产企业,而当时电子管生产企业正孜孜不倦地致力于渐进性创新。日本石英钟技术的发展给瑞士的钟表业以致命的打击,而这种技术恰是当年从瑞士流出的,优秀的瑞士科技人员和企业家正精益求精地进行着自己的渐进性创新以提高机械表的性能。这些经验教训说明,渐进性创新可以保持优势,但是它很容易被突破性创新的旋涡所吞噬。

(案例来源:豆丁网,www.docin.com/p-1851960893.html)

5. 突破性创新

突破性创新是导致产品性能主要指标发生巨大跃迁,对市场规则、竞争态势、产业版图具有决定性影响,甚至导致产业重新洗牌的一类创新。

这类创新需要全新的概念与重大的技术突破,往往需要优秀的科学家或工程师花费大量的资金和时间来实现。这些创新常伴有一系列的产品创新与工艺创新以及组织创新,甚至导致产业结构的变革。很难用增加多少收入衡量什么是突破性创新,因为这还取决于公司的规模和耗费的成本。因此,突破性创新只能是所谓的"突破",但如果给突破性创新下个定义,也只能用它自身来界定其含义。通过流程改进显著降低成本或显著提高产量,而这样的流程改进也可以说是一种突破。

二、创新精神的内涵

创新精神是指要具有能够综合运用已有的知识、信息、技能和方法,提出新方法、新观点的思维能力,以及进行发明创造、改革、革新的意志、信心、勇气和智慧。创新精神是一个国家和民族发展的不竭动力,也是一个现代人应该具备的素质。创新精神属于科学精神和科学思想范畴,是进行创新活动必须具备的心理特征,包括创新意识、创新兴趣、创新胆量、创新决心,以及相关的思维活动。

创新精神是一种勇于抛弃旧思想、旧事物,创立新思想、新事物的精神。例如,不满足已有的知识(掌握的事实、建立的理论、总结的方法),不断追求新知识;不满足现有的生活生产方式(方法、工具、材料、物品),根据实际需要或新的情况,不断进行改革和革新;不墨守成规(规则、方法、理论、说法、习惯),敢于打破原有的条条框框,探索新的规律、新的方法;不迷信书本、权威,敢于根据事实和自己的思考,向书本和权威质疑;不盲目仿效别人的想法、说法、做法,不人云亦云、唯书唯上,坚持独立思考,说自己的话,走自己的路;不喜欢一般化,追求新颖、独特、异想天开、与众不同;不僵化、呆板,灵活地应用已有知识和能力解决问题等,都是创新精神的具体表现。

创新精神是科学精神的一个方面,与其他方面的科学精神不是矛盾的,而是统一的。例如,创新精神以敢于摒弃旧事物、旧思想,创立新事物、新思想为特征,同时创新精神又要以遵循客观规律为前提,只有当创新精神符合客观需要和客观规律时,才能顺利地转化为创新成果,成为促进自然和社会发展的动力。创新精神提倡新颖、独特,同时又要受到一定的道德观、价值观、审美观的制约。

创新精神提倡独立思考、不人云亦云,并不是不倾听别人的意见、孤芳自赏、固执己见、狂妄自大,而是要团结合作、相互交流,这是当代创新活动必不可少的方式;创新精神提倡胆大,不怕犯错误,并不是鼓励犯错误,因为出现错误认知是科学探究过程中不可避免的;创新精神提倡不迷信书本、权威,并不反对学习前人经验,任何创新都是在前人成就的基础上进行的;创新精神提倡大胆质疑,而质疑要有事实和思考的根据,并不是虚无主义地怀疑一切……总之,要用全面、辩证的观点看待创新精神。

创新精神是一个国家和民族发展的不竭动力,也是一个现代人应该具备的素质。只有具有创新精神,才能在未来发展中不断开辟新天地。

三、创新精神的培育

创新是人类特有的认识能力和实践能力,其以现有的思维模式提出有别于常规或常人思路的见解为导向,利用现有的知识和物质在特定的环境中改进或创造新事物。

无论是国家、企业还是个人都需要有创新思维。早在两千多年前,老子就在《道德经》中提出"天下万物生于有,有生于无"的创新思想。1919年,我国著名教育学家陶行知先生第一次将"创造"引入教育领域,致力于培养出具有"创新精神"和"开辟精神"的人才。天下兴亡,匹夫有责,个人创新能力对国家富强和民族兴旺有着重要意义。作为大学生,要培养自己的创新精神,可以从以下几个方面入手。

1. 要有强烈的创新欲望

如果没有强烈的创新欲望,那么无论怎样谦虚和好学,最终都是模仿或抄袭,只能在前人划定的圈子里周旋。要创新，就要坚持不懈地努力，勇敢面对困难，要有克服困难的决心，不要怕失败，相信失败乃成功之母。例如，著名学者周海中教授在探究梅森素数分布时就遇到不少困难，有过多次失败，但他并不气馁。由于追求创新的欲望和坚持不懈的努力，他终于找到了这一难题的突破口，1992年他给出了梅森素数分布的精确表达式。这项重要成果被国际上命名为"周氏猜测"。

2. 始终保持一颗好奇的心

牛顿少年时期就有很强的好奇心，他常常在夜晚仰望天上的星星和月亮。星星和月亮为什么挂在天上？星星和月亮都在天空运转着，它们为什么不相撞呢？这些疑问激发着他的探索欲望。后来，经过专心研究，他终于发现了万有引力定律。能提出问题，说明在思考问题。在学习过程中，自己如果提不出问题，那才是最大的问题。好奇心包含着强烈的求知欲和追根究底的探索精神，谁想在茫茫学海获取成功，就必须有强烈的好奇心。正像爱因斯坦说的那样："我没有特别的天赋，只有强烈的好奇心。"

3. 不断进行自我提问

如果不问"为什么"，人类会减少很多创新性的见解。

一个具有创新思维的人总是能透过表面现象去寻找问题的本质，他们从来不把任何事情看作水到渠成的过程，也不会把事情当作理所当然的结果。那些看似一时冲动提出的问题往往包含着更多创新思维的火花。

4. 表达自己的想法

人一生会有太多的想法，其中大部分的想法都被自我审查意识否定了，这种自我审查机制将一切看似离经叛道的想法都当作"杂草"一样铲除，留下循规蹈矩的想法。但这些循规蹈矩的想法是没有创造力的，想要创新便不能放弃每一根"杂草"。当有了"稀奇古怪"的想法时应该表达出来，每次表达都可能擦出一个创新的小火花。只有这样才能更仔细地去审视，去探索，去验证，去发现它们真正的价值。

5. 拥有坚定的信念和意志

创新的道路上不会一帆风顺，想要实现创意、尝试新方法会遇到各种矛盾，创新的过程从来不是一蹴而就的，在创新的过程中应坚定信心、不断进取，当创新活动误入歧途时，应适当做出调整，迫使自己"转向"或"紧急刹车"。

一个人是否具有创新能力是"一流人才和三流人才之间的分水岭"，个人不创新，会被公司淘汰；公司不创新，会被行业淘汰；行业不创新，会被社会淘汰；社会不创新，会停滞不前。

第二节　大学生创新创业知识学习

一、创业概述

创业，在《新华字典》里的定义是"开创事业"。创业学者们也从不同的方面对创业下了定义。其中最确切的定义应该是：创业是不拘泥于当前资源约束，寻求机会进行价值创造的行为过程。

人生充满了挑战和机遇，时常需要面对进与退、得与失、强与弱、胜与败、兴与衰、取与舍等之间的抉择。在这些矛盾的交织中，是选择直面而上，还是选择退而远之？面对人生所做出的不同选择，就决定了每个人未来的不同结果。

案例分享

"饿了么"创始人张旭豪

2009年，上海交通大学研一学生张旭豪来到了上海市党群创业基金的评审会上，给创业导师李老师等三位评委递交了他的创业计划书。李老师接过张旭豪的创业计划书，看后笑了笑说："饿了么？怎么叫这个名字？"张旭豪说，他和几个同学一起打游戏，到了半夜突然感觉肚子饿了。于是他就问大家："你饿了吗？"大家你看看我，我看看你，都说"是啊！确实肚子饿了"。

于是大家开始翻出口袋里那些餐馆的名片，开始打电话，想看看哪家餐馆还在营业。奇怪的是一个电话也打不通。这时张旭豪头脑里开始萌生了一个创业想法：我们能不能做个送外卖的工具？这个想法一说出口，大家顿时不感觉饿了，一起讨论到了凌晨五点。经过一段时间的市场调研，他发现"送餐软件"还是个空白市场，他们很快写出了创业计划书，并且得到了上海市学生事务中心主管的"上海党群创业基金"的资助，终于如愿以偿开办了自己的公司。

接下来的创业并没有他想象中那么容易，为了让创业计划尽快变成现实，团队中一位学习计算机专业的大四学生不得不休学一年，来完成这个点餐平台的产品设计。2018年4月2日，阿里巴巴集团、蚂蚁金服集团与"饿了么"联合宣布，阿里巴巴已经签订收购协议，将联合蚂蚁金服以95亿美元对饿了么完成全资收购，张旭豪出任饿了么董事长，他也成为名副其实的创业成功的企业家。

讨论：
分析张旭豪创业成功的原因。

（案例来源：淘豆网，www.taodocs.com/p-200686550.html）

其实，创业的本质是一种生活方式。创业就是某一个人或团队通过寻求机会，整合资源、创造价值、体现价值的过程。因此创业可以挖掘个人潜力，把自身优势发挥得淋漓尽致，从而体现自身价值。

美国人本主义心理学家马斯洛在1945年提出了人类"需求层次理论"，在这个理论中，他把人的需求分成了五个从低到高的层次。其中，他把"自我实现"看作区别于其他四种需求的最高级别。"自我实现"也可以叫作"实现自身价值"，是人类充分利用外在和内在条件，发挥自身潜力的心理需求，是一种要把人的潜力发挥到极致的根本欲望。而人们追求成功的动机，正是来源于"自我实现"的需求。追求把出类拔萃、自我实现的心理需求变成一种内在的动力，不断激励创业者战胜困难、超越自我、冲破逆境，进而体现自身的价值。

二、创业精神的内涵

(一) 创业精神的概念与本质

从概念上讲,创业精神是指在创业者的主观世界中,那些具有开创性的思想、观念、个性、意志、作风和品质等。

创业精神是创业者在创业过程中的重要行为特征的高度凝练,主要表现为勇于创新、敢当风险、团结合作、坚持不懈等。创业精神的本质是创新意识和主动精神。

从理论上讲,创业精神有三个层面的内涵:一是哲学层次的创业思想和创业观念,是人们对于创业的理性认识;二是心理学层次的创业个性和创业意志,是人们创业的心理基础;三是行为学层次的创业作风和创业品质,是人们创业的行为模式。

(二) 创业精神的相关因素

1. 创业精神与学历无关

创业精神与一个人的学历高低无关,不管是小学生、中学生、本科生还是博士生,只要具有创业精神,这种精神就不会因为学历的偏差而有丝毫的不同。

2. 创业精神与企业大小无关

创业精神与企业大小无关,不论是上市公司的老板还是理发店的老板,在开创事业和开办企业时,所需要拥有的创业精神都是一样的,不会因为其所创企业的大小不同,而使创业精神的本质有任何的区别。

(三) 创业精神的来源

创业精神,就是在创业过程中激发出来的各种潜能。创业的动机来自要达到某个目标的强烈愿望。这种强烈的愿望是所有成就的起点。在每个人身上都具备一种成功的潜在品质,只是有些人没有发现和激发这种潜能,因此只能使人生停留在平庸和失败之中。但凡创业成功的人,都是先有创业的动机,而后才慢慢具备了创业的技能。而创业精神将在新时期发挥更大的作用,有利于加快转变经济发展方式,促进经济社会又好又快地发展。

> **案例分享**
>
> **小伙初中开始创业,4年时间坐拥千万**
>
> 19岁的小罗是湖北某大学艺术学院视觉传达专业的大一学生。除此之外,他还有另一个身份,是4家公司的主要股东,目前已经是千万富翁。
>
> 小罗出生在一个普通家庭,父亲做小本生意,母亲在一所小学工作。他从小受到要独立、靠自己的教育,所以他从小就有创业的梦想,立志成为马云、俞敏洪那样的人。
>
> 初三时看见有人在广场放孔明灯,他就有了卖孔明灯的想法。于是他开始摆地摊,2元进货,8元出售,一晚上卖十几个。后来从网上进货,进价5角,售价5元,发动同学一起卖,卖出一个提成2元,就这样,两天赚了5 000元。

收获了人生第一桶金,体会到赚钱的乐趣,上高中的小罗又筹借12万元租门面开服装店。不过因为服装定位太前卫,门店没有生意,半年就倒闭了。很快,小罗要高考了,因为是美术班的学生,他决定卖画材。小罗便说服一位熟人投资100万元,在十堰开办了一家文化用品商行,主营画材,开始了他的二次创业。不到1年时间,店里的销售额达到600万元。在高考的备战期间,他也没将创业搁置,反而进一步扩大业务,在武汉开办画材店和服装店。

上了大学时,小罗已经与合伙人入股创办了4家公司,还开了8家实体店、3家网店。他经营的一家文化用品店里,画材与乐器有1 600种,一年赚了几百万元。

讨论:

从小罗的创业经历来看,如何理解实践与创业精神的关系?

(案例来源:人人文库网,www.renrendoc.com/p-84623365.html)

三、创业精神的作用与培育

创业既是一种能力,也是一种精神。如果说资金和项目对创业者非常重要的话,那是否具有一种创业精神,才是更重要的大问题。创业者的自身素质是创业成败的关键,而创业精神需要在创业过程中慢慢培养。创业者的素质和能力,包括创业者的创业精神,都是可以培养和提高的。

(一)成功企业家对创业精神有示范作用

1. 创业者是可以培养的

每一个创业者在创业初期,都应该对已经创业成功或没有创业成功的人做尽可能多地了解,当然,这种学习不应对自己的创业形成束缚。因为人们所学会的每件事都是实践的结果,而每一个创业者在创业历程中,都不可避免地犯过错误。任何一位企业家都会牢记自己和其他创业者经历了怎样的磨难才取得了今天的成功,其中最典型的就是汽车大王亨利·福特曾经破产过4次!

但是,创业实践证明,学习别人成功的经验,可以使人更容易成功;吸取别人失败的教训,可以使人不复制失败。就像家长从小就告诫孩子不要用手去摸太热的东西一样,实际上如果没有家长的教诲,这个世界上不知要多出多少孩子被烫伤的故事。

2. 向成功者学习成功的经验

学习是获得经验的捷径。没有谁天生就有丰富的经验,所有的经验都是人们经历之后才获得的。"实践出真知",挫折使人们积累丰富的经验。假如想拥有经验,梦想创业成功,最好的办法就是向创业经验丰富的人请教,分析成功企业家的案例,然后借鉴他们的经验,并行动起来。

请记住不要在山底下跟没有登过山的人请教攀登到山顶的经验,而是要跟那些已经成功攀登到顶峰的人请教。一个没有登过山的人,怎么可能教会别人登山的技巧呢?

3. 学会独立观察和讨论问题

学习那些成功的案例，就会发现在那些成功人士的眼里到处都是机会。他们很少抱怨，而总是用一双善于发现的眼睛去看到别人看不到的商机。他们总是具有独特的思路和见解，而且行为也通常异于常人，有时甚至不为大多数人所接受。他们不人云亦云，所以才成为人群中的佼佼者。具有不同于常人的思维方式和不盲目追随"羊群效应"的行为方式，是成功企业家的普遍特点。

4. 创业者都是英雄

敢于冒风险是成功人士的另一特点。风险和机遇是一对孪生兄弟，如果只选那些别人尝试过的、四平八稳而又无风险的事去做，那必将与很多机会擦肩而过。都说机会只光顾那些有准备的人，事实上，机遇在很多时候都给了那些敢于承担风险的人。

成功者虽然是少数，但是那些失败的创业者虽败犹荣。与创业成功的人交往，不知不觉就会被他们的勇气所感染，从而学到他们身上那些闪光的优点。学习创业者成功的故事，确实会让人热血沸腾、充满激情。但是聆听创业者失败的教训，则是在提示人们如何规避风险，使人在创业中更具理性。

（二）在实践中进行创业精神的培育

在大学和社区的创业培训实践中发现，真正去创建公司毫无疑问是学习创业、培养学生创业精神无可替代的、最好的学习方法。但是，在学校里如果让学生真的去开公司，则需要具备一定的客观条件。因此，不妨把创业者身上最重要的创业精神、创新意识等品质提炼出来，通过案例教学法、模拟情境教学法、项目教学法的方式给学生创造学习的环境，同时创造机会让他们去实践。

第三节 创新与创业思维、方法与实践

一、创新思维的内涵与方法

创新思维是进行全新的构思、联想和创新设计的一种思维方式。创新是一个民族进步的灵魂，是一个国家兴旺发达的不竭动力。最重要的是坚持创新，勇于创新，包括理论创新、制度创新、技术创新、管理创新。人的创造力的核心是创新思维能力。

二、创新思维的概念

关于创新思维的定义和本质，众说纷纭。概括来说，创新思维是指对事物间的联系进行前所未有的思考，从而创造出新事物的思维方法，是一切具有崭新内容的思维形式的总和。

科学家们的新发现，科技人员的技术革新和发明，社会改革家的新设想、新计划，普通劳动者的创造性活动，艺术家的创作，甚至小学生通过独立思考解决从未遇到过的难题的活动，都是创新思维的具体体现。总之，凡是能想出新点子、创造出新事物、发现新路子的思维都属于创新思维。

案例分享

古时候有一位画师为了考察几个学生的天分，便发给每个学生一张相同大小的白纸，要求按题作画，题目是用最少的笔墨在纸上表现出最多的骆驼。第一位学生想，把骆驼画得越小，数目就越多，于是便用很细的笔在纸上密密麻麻地画满了一只只骆驼；第二个学生想，每只骆驼只需画一个脑袋便可表示，于是他在同样大小的纸上画满了骆驼的脑袋；第三个学生则又把骆驼的脑袋缩小为一个外形相似的小点，这样画出的骆驼自然比前面两位多出不少；第四位学生则与前三者完全不同，他先画了一只骆驼在山谷口往外走，然后又画了一只从山谷口只露出一个脑袋和半截脖子的骆驼。结果第四位学生的画获得了好评。

在这个例子中，前三位学生尽管动了不少脑子，但由于他们运用的思路都是传统的，因此只画出了有限的骆驼；而第四位学生运用了丰富的想象力，在一张纸上画出了无数的骆驼，他所运用的这种思维就是创新思维。

讨论：

从思维的角度来说，第四位学生是如何运用创新思维的？

（案例来源：金锄头文库，www.jinchutou.com/p-69866862.html）

三、创新思维的作用

首先，创新思维可以不断地增加人类知识的总量，不断推进人类认识世界的水平。创新思维因其对象的潜在特征，表明它是向着未知或不完全未知的领域进军，不断扩大着人们的认识范围，不断地把未被认识的东西变为可以认识和已经认识的东西。科学上每一次的发现和创造，都为人类由"必然王国"进入"自由王国"不断地创造着条件。

其次，创新思维可以不断地提高人类的认识能力。创新思维的特征已表明，创新思维是一种高超的艺术，创新思维活动及过程中的内在的东西是无法模仿的。这内在的东西即创造性思维能力。这种能力的获得依赖于人们对历史和现状的深刻了解，依赖于敏锐的观察能力和分析问题的能力，依赖于平时知识的积累和知识面的拓展。而每一次创新思维过程就是一次锻炼思维能力的过程，因为要想获得对未知世界的认识，人们就要不断地探索前人没有采用过的思维方法、思考角度去进行思维，就要独创性地寻求没有先例的办法和途径去正确、有效地观察问题、分析问题和解决问题，从而极大地提高人类认识未知事物的能力。因此，认识能力的提高离不开创新思维。

最后，创新思维可以为实践开辟新的局面。创新思维的独创性与风险性特征赋予了它敢于探索和创新的精神，在这种精神的支配下，人们不满于现状、不满于已有的知识和经验，总是力图探索客观世界中还未被认识的本质和规律，并以此为指导，进行开拓性的实践，开辟出人类实践活动的新领域。在中国，正是邓小平同志创造性的思维，提出了有中国特色的社会主义理论，才有了中国翻天覆地的变化。若没有创新思维，人类在已有的知识和经验上坐享其成，那么人类的实践活动只能停留在原有的水平上，实践活动的领域也非常狭小。

创新思维是将来人类的主要活动方式和活动内容,历史上曾经发生过的工业革命没有完全把人从体力劳动中解放出来,而目前世界范围内的新技术革命带来生产的变革、全面的自动化把人从机械劳动和机器中解放出来,并从事着控制信息、编制程序的脑力劳动。而人工智能技术的推广和应用,使人可以把一些简单的、具有一定逻辑规则的思维活动交给"人工智能"去完成,从而又部分地把人从简单脑力劳动中解放出来。这样,人将有充分的精力把自己的知识、智力用于创新思维活动,使人类文明推向一个新的高度。

四、创新思维的方法

(一) 相关法

相关法是指人们在进行创新思维、寻找最佳思维结论时,由于思路受到其他事物已知特性的启发,便联想到自己正在寻求的思维结论的相似和相关的东西,从而把两者结合起来,达到和实现由此及彼的目的的方法。相关法的运用要依赖于较强的联想力。

世界万物之间存在普遍联系,是唯物辩证法的基本观点和总特征。唯物辩证法认为,联系是指事物内部诸要素之间以及事物与事物之间的相互影响、相互作用和相互制约。联系是客观的,凡真实的联系都是事物本身所固有的联系,而不是人们强加给事物的主观臆想的联系。

由于事物之间普遍联系,因而彼此相互作用、相互影响。某一事物的解决,往往影响到周围的众多事物。例如,环境问题,它不单单是某个人、某个单位的事情,而是大家共同面对的生存空间的境况问题,因而,一定空间范围内某个人、某个单位对环境的破坏,必殃及其他人、其他单位;同样,某个人、某个单位对环境的重视,必将使大家共同受益。如果一个化工厂每天排放大量废气,不仅影响该厂职工的身心健康,而且危及邻近居民的身心健康;不仅破坏人们的生存空间,还破坏了空气中各元素之间的平衡,影响气候、农业生产等。反之,如果该厂在废气进入空气中之前就进行处理,那么各方面都会获益。

要把相关方法灵活运用于自己的创新思维活动中,也并非易事。它要求人们大力培养洞察事物间相关性的能力,善于抓住事物的本质和问题的关键,善于把自己所思考的内容进行要素分类和分解,提高见此思彼、由此及彼的能力,获得创新思维方法。

(二) 正向思维法

正向思维法是人们在创新思维活动中,沿袭某些常规去分析问题,按事物发展的进程进行思考、推测,这是一种从已知到未知,通过已知来揭示事物本质的思维方法。这种方法一般限于对一种事物的思考。

正向思维法是依据"事物都是一个过程"这一客观事实而建立的。任何事物都有产生、发展和灭亡的过程,都从过去走到现在、由现在走向未来。只要能够把握事物的特性,了解其过去和现在,就可以在已掌握的材料的基础上,预测其未来。例如,硝烟弥漫的阿富汗、伊拉克,涉及领土和民族独立等诸多问题,其中关系非常复杂。但尽管如此,它必有产生的缘由,必有双方共同感兴趣也是共同争执的地方,各方之间的军事力量也是可以估算的。正是在分析了上述战争的原因和现实状况之后,联合国的调解员及西方一些国家的首脑人物分析、预测其发展趋势，提出了解决争斗的和平方案。这种思考问题的方法就是一种以正向思维法为主的方法。说"以正向思维法为主"，是因为任何一个方法，尤其是解决复杂问题的方法都不是某一种单一的方法，而是多种方法的综合运用，只不过某一种方法占主导地位。

正向思维法虽然一次只限于对某一种事物的思考，但它都是在对事物的过去、现在做了充分分析，对事物的发展规律做了充分了解的基础上，推知事物的未知部分，提出解决方案，因而它又是一种较深刻的方法，是一种不可忽视的工作与研究的方法。例如，大量的汽车阻塞、交通事故、环境污染等问题日益困扰着各个国家。要解决此问题，可以增加警力，进行疏通；也可以增修高速公路和立交桥，以保畅通；还可以限制车辆上路时间等。但这终究是治标不治本，要想真正解决，就得思考汽车从引入至今，它给人民生活、环境、社会发展、安全等带来了哪些方便与不便，还将继续向何方向发展等，即从家庭拥有汽车这件事情本身的产生、发展过程入手，寻求解决方法。目前，在发达国家已基本达成共识，发展公交事业，提倡公民出入乘坐公共交通工具是根本的解决方法。

（三）反向思维法

反向思维法是在思维路线上，与正向思维法相反的一种创新思维方法，是指人们在思考问题时，跳出常规，改变思考对象的空间排列顺序，从反方向寻找解决方法。如从 A 事物与 B 事物的联系中，反向推出 B 事物与 A 事物的另一种联系。

反向思维法利用了事物可逆性的思维方法。人们从事物反方向进行推断，寻找常规的岔道，并沿着岔道继续思考，运用逻辑推理去寻找新的方法和方案。这种方法在科学思维中运用得较为普遍。

反向思维法是从反向看问题，寻找常规的岔道，但它的运用是有条件的。这种"寻找"不是主观地搭配，任意地推理。日本科学家江崎玲于奈在研制索尼二极管的过程中遇到了杂质问题。对于杂质过多，他不是设法"去掉"杂质，相反地，他采用增加杂质的方法解决了杂质问题。日本发明家中田腾三郎解决圆珠笔笔头漏油问题也是反向思维法的一个典型例子。对于笔头漏油问题，他不是想尽办法从笔珠、油性上进行考虑，而是干脆将笔芯做得短一些，以致笔珠磨损到漏油时油已用完，从而解决了问题。

传统的破冰船，都是依靠自身的重量来压碎冰块的，因此它的头部都采用高硬度材料制成，而且设计得十分笨重，转向非常不便，所以这种破冰船非常害怕侧向漂来的水流。苏联的科学家运用反向思维法，变向下压冰为向上推冰，即让破冰船潜入水下，依靠浮力从冰下向上破冰。新的破冰船设计得非常灵巧，不仅节约了许多原材料，而且不需要很大的动力，自身的安全性也大为提高。遇到较坚厚的冰层，破冰船就像海豚那样上下起伏前进，破冰效果非常好。这种破冰船被誉为"21 世纪最有前途的破冰船"。

20 世纪 60 年代中期，当时在福特一个分公司任副总经理的艾柯卡正在寻求方法，改善公司业绩。他认定，达到该目的的"灵丹妙药"在于推出一款设计大胆、能引起大众广泛兴趣的新型小汽车。在确定了最终决定成败的人就是顾客之后，他便开始绘制战略蓝图。以下是艾柯卡如何从顾客着手，反向推回到设计一种新车的步骤：顾客买车的唯一途径是试车。要让潜在顾客试车，就必须把车放进汽车交易商的展室中。吸引交易商的方法是对新车进行大规模、富有吸引力的商业推广，使交易商本人对新车型热情高涨。说得实际点，他必须在营销活动开始前做好小汽车，送进交易商的展车室。为达到这一目的，他需要得到公司市场营销和生产部门百分之百的支持。同时，他也意识到生产汽车模型所需的厂商、人力、设备及原材料都得由公司的高级行政人员来决定。艾柯卡一个不漏地确定了为达到目标必须征求同意的人员名单后，就将整个过程倒过来，从头向前推进。几个月后，艾柯卡的新型车——野马从流水线上生产出来了，并在20世纪60年代风行一时。它的成功也使艾柯卡成为福特公司的副总裁。运用反向思维法，必须掌握事物内部各要素之间的因果关系。没有这种因果关系，反向思维法就难以成立。

（四）转向法

转向法是创新思维的又一方法。转向法是指人们在思考问题时，其思路在一个方向上受阻时，便马上转向另一个方向，经过多次转向，直到获得创新思维成果和创新行动的方法。

事物都是由多方面、多层次构成的复合体，事物的发展也都会受到各种各样因素的影响，具有多种发展可能性。因此，当人们思考事物和改造事物在一个方向受到阻力时，便可从事物自身另寻他径。例如，18世纪，一位奥地利医生在给一个患者看病时，尚未确诊，患者就突然死去。经过解剖发现，其胸腔已化脓并积满了脓水。能否在解剖前诊断出胸腔是否积有脓水，积了多少，一直困扰着他。一天，在一个酒店里，他看到伙计们正在搬运酒桶，只见他们敲敲这只桶，敲敲那只桶，边敲边用耳朵听。他忽然领悟到，伙计们是根据叩击酒桶发出的声音来判断桶内还有多少酒的，那么人体胸腔脓水的多少是否也可利用叩击的方法来判断呢？他大胆地做了试验，结果获得了成功。这样，一种新的诊断法——"叩诊法"从此诞生了。

转向法在社会生活中运用得非常广泛，如各国政府都很重视教育，都希望自己的国民尽可能多地接受高等教育。然而，由于各种原因，能够进入高等学府并接受正规高等教育的，必是公民中的一小部分，即使像美国、日本等发达国家也是如此。随着世界各国的成人高等教育相继兴起，一些由于各种原因不能进入高等学府的人都有了接受高等教育的机会。成人高等教育的兴起，不仅提高了公民的文化素质、文化技术等，而且减轻了政府在教育投资方面的负担，并保证了社会各方面工作的正常开展。

但是，转向法不是随意发生的，如果一个人没有进取的精神，对事物反应迟钝，观察力差，发现不了问题，那么，即使他想转向，也不知转向何方。因此，转向法要求运用者必须有较敏锐的观察问题的能力，善于发现问题苗头，能为思维转向提供思维入口；必须具有不厌倦于再做转向思考的毅力和追求完善、尽职尽责、积极进取的精神，使思维转向成为创新思维链条的一个又一个环节，最终使人们的思维和工作获得一个又一个的突破性成果。

（五）放松法

放松法是指人们在思考问题时，经过长期的冥思苦想，却找不到创新的答案，此时，思维主体已因注意力高度集中、眼睛过分紧张而处于身体非常劳累、大脑非常疲乏的状态。思维主体应放下手边的工作，并暂时忘掉它，去散步、闲聊、观赏自然风光、参加某项体育活动，使身体状况得到恢复，大脑神经得到调节，并让大脑松弛一下。这样，当思维主体体力充沛、心情愉快、大脑放松时，在不经意间就会发现创新答案的方法。

阿基米德是古希腊著名的科学家，一天，国王想考他，就故意给他出了一道难题：计算皇冠的体积。皇冠枝枝杈杈凹凸不平，毫无规则可言，阿基米德整天冥思苦想，但这哪是"长×宽×高"能够算出来的。无可奈何之下，阿基米德暂时把它抛到九霄云外，去浴池洗澡，先放松一下。而正是在这放松之中，阿基米德忽然找到了答案，这就是著名的阿基米德定律。阿基米德定律是流体静力学的一个重要原理：浸入静止流体中的物体受到一个浮力，其大小等于该物体所排开的流体重量，方向垂直向上并通过所排开流体的形心。由此可见，创新思维需要思维主体具备目标专一、精神集中的品格。尽管放松法是一种不称其为方法的方法，但如果陷入思维僵局后，再一味地苦苦思索，不仅白白耗费精力，有时还会产生负面影响，即因屡战屡败而产生畏难情绪，从而影响今后的思维活动和工作。此时，不妨利用放松法，让放松法帮助人们走出思维低谷，找到创新的答案。

总之，创新思维的方法很多，不限于以上论述的五种。在实际的创新思维活动中，可以随时总结，发现其他的方法。但不管是已有的，还是将要总结出的，每种方法只能具体地加以运用，即只能根据实际情况选择某一种方法，而不能事前主观地规定解决某一问题必须用某一种方法，这样是与创新思维的特性相悖的，也有悖于上述几种方法的共性——灵活性。因此，对于创新思维的方法，也需客观、创新地加以运用。

创新成果、创业机会与创业风险

第一节 创新成果的内涵、转化和保护

一、创新成果的特性

无论从一般意义还是从经济学的角度看,创新成果与一般劳动相比,具有以下几个方面的特性。

1. 新颖性

创新是对现有的不合理事物的扬弃,是解决前人所没有解决的问题。它不是模仿和重复,而是在继承中有了新的突破;不是量的变化,而是质的变化。因而,创新的成果必然是新颖的,其中必须有过去所没有的新因素或成分。这正是创新成果不同于一般劳动成果的根本所在。因此,新颖性是创新成果最鲜明、最根本的特征。

2. 超前性

超前性是创新的一个必然的特征。创新以求新为灵魂,具有超前性,所要解决的问题都是前人没有解决的。创新成果是从实际出发,实事求是地超前所取得的成果。一个真正的创新者总是面向未来、研究未来、追求未来、创造未来。

3. 价值性

从社会效果来看,创新成果都具有普遍的社会价值,其中很多还有着重大的历史意义。它们或为经济价值,或为学术价值,或为艺术价值,或为实用价值。如蒸汽机、杂交水稻都是创新成果具有巨大社会价值的体现。

4. 风险性

任何形式的创新都具有一定的风险,而且风险的形式和大小也各不相同。从创新的经济学角度来看，创新离不开市场，市场又是千变万化的，因而创新会有各种各样的风险甚至危险。在创新过程中，尽管人们总是认真地分析已知和未知条件，但人们不可能准确无误地预测未来，也不能完全准确地左右未来客观环境的变化和发展趋势，这就必然使创新具有一定的风险性。创新一旦成功，其成果将为企业带来可观的经济效益，大大提高企业的市场竞争力；而一旦失败，不仅创新过程的所有投入无法挽回，还可能会降低企业的市场竞争能力。因此，创新是一种高收入和高风险并存的经济活动。

创新风险可以分为技术风险和市场风险两类。技术风险是指一项创新在技术上存在成功与否的不确定性；市场风险是指一项创新在技术上成功之后，还存在其成果是否受市场欢迎这种不确定性。因此，在进行创新活动前，要仔细地进行技术论证和全面的市场调研，尽最大可能降低这两方面的风险。同时，还要做好承担技术失败和市场风险的准备。这样，一旦有风险发生的迹象，就能尽早、尽快减小风险发生的可能。

5. 复杂性

现在，绝大多数重要的创新都不是完全由个人或在单一领域里完成的。多数创新都需要由多个有经验的人共同完成。在每个领域里，如果从事创新的个人或者团队具有接近世界最佳水平的实力，成功的可能性和增加附加值的潜力就会提高，这就是风险投资者非常看重技术型企业家的技术、目标和综合素质的原因。现在要想说服十分专业的客户去冒风险使用，或者改变他们现在已经使用的方法或产品，就需要有极其明显的优势，而这需要团队中拥有不同背景的人员掌握具体的专业知识并加以综合利用才能达到。

当然，在创新的全过程中很少同时需要所有人的专长。创新人员必须极其专业化，能够按照世界最佳水平的标准来衡量他们所处的技术（或专业）领域。同时，他们还必须将其技能完全集中用于解决全新的问题，当然解决这些问题也还需要其他专家的知识。因此，最富有创新性的组织一般都以专题形式开展工作，也就是将一些不同领域的专家召集在一起进行短期、密集的交流（而不是把他们放在按领域划分的产品或功能中增长专业知识），而这正是大多数创新所需要的。

6. 耗时性

部件、子系统、系统和各自然学科按照看似无法预测的方法沿时间轴异步地相互作用，以至于每一个潜在的相互作用都应被仔细、反复地通过实验核查。预定的时间表一般都无法正确地执行。如果非要正确执行，就可能影响到所做实验是否进行得彻底或最终结果的质量。

墨菲定理的一个推论是："如果你有预期，那就会有意设计它。所以，经常发生的往往是那些没有预期的事情。"既然认识到了存在的不可预见性和可能延迟，那么衡量一项创新的速度最好是用一个人在单位时间里所能完成的有效的实验数量来计算。为此，有必要缩短周期时间，并增加与客户和其他技术专家的沟通深度。这样就需要一个结合方式，即多个具有不同专长的专家所组成的小组在能促进交流的环境中探索多种实施方案，彼此之间切磋交流或与用户切磋交流。

二、大学生创新成果

1. 大学生创新成果的分类

我国大学专业可分为文科和理科。其中，文科又可分为经济类、管理类、文学类、历史类、教育类、哲学类、艺术类、法学类等；理科又可分为数学、物理、化学、生物等基础科学，以及土建类、水利类、电工类、电子信息类、化工制药类等在内的工科科目。

根据文科、理科的专业特点，文科专业大学生的创新成果较多体现在营销创新和组织创新方面，包括外观或包装设计的改进、促销方式的改良、新兴市场的发现等；理科专业大学生的创新成果主要集中在工艺创新（应用新技术，采用信息化手段，运用先进设备等）和产品创新（产品改良和新产品的创造）。

2. 大学生创新成果的特点

有研究表明，当前大学生有创新的兴趣，但不持久；有灵感，但缺少技能；思维敏捷，但缺少系统的创新思维方式；有创新思维潜质，但缺少激活与开发……囿于这些特点，当前我国大学生的创新成果主要体现在小范围内、小弧度上，改进产品、应用信息化手段优化工艺、变化产品包装形式等技术难度不大，不需要研究太深入的创新，也就是人们常说的微创新。微创新具有以下几个特点。

（1）给客户提供不同的体验。例如 360 公司，它的微创新使不少计算机用户有了与众不同的体验。企业微创新的效果，往往使每个人的日常生活也在微创新。

（2）技术难度不大，但跟新的商业模式相结合，市场效果则会无穷大。360 杀毒软件就是典型的代表之一，病毒库可以随时更新，再加上它非常方便，使 360 的客户不断增长。

（3）人人都可以参与。微创新的众多案例告诉人们，用户参与的、草根参与的创新，遍地都是。作为微创新，每个人的创新程度都很小，但是集成之后创新的程度就非常大了。

（4）初创时不被注意，竞争压力小。多数情况下，刚开始时，特定的微创新不会被市场关注，创新者起步时也就不会被围追堵截。但到被关注的时候，微创新的企业已经把客户和市场做起来了。

（5）创新者的想象力很重要。要进行微创新，创新者的想象力是非常重要的。有人提出，六种思维方式在微创新里得到了较多的体现。一是上帝思维：关爱别人，受益自己。二是司马光思维：打破，才能得到生机。三是孙子思维：知己知彼，百战不殆。四是拿破仑思维：敢想敢干，不被外界扰动，用自己的目光去审视客户，用自己的办法去解决问题。五是哥伦布思维：想了，就要干。六是洛克菲勒思维：时时求主动，处处占先机，以最小的代价，求得利益最大化。

（6）创新、创业不可分。创新、创业本是一回事，二者都是如熊彼特所说的"创建新的生产函数"。微创新的实施者很好地把握了这一点，多数是在创新中创业、在创业中创新。事实上，不少微创新只有通过创业才能实现其商业价值。

三、创新成果的保护

我国已建立了与创新相关的、较为完整的法律制度，能为创新成果的保护、转化等提供合理的法律框架。在制度构建方面，从基本法律到相关法律再到行政法规、部门规章、相关政策等，已经构成了一个相对完整的法律体系。《中华人民共和国宪法》中多处涉及创新发展的规定，《中华人民共和国著作权法》（以下简称《著作权法》）明确了作品的保护手段，《中华人民共和国专利法》（以下简称《专利法》）为保护发明创造提供了最主要的法律手段，它们与《中华人民共和国商标法》（以下简称《商标法》）等一道构筑了我国的知识产权保护制度，明确了知识产权的归属，为创新成果保护、转化等奠定了良好的产权基础。本节主要介绍与大学生创新成果保护息息相关的《专利法》和《商标法》。

（一）《专利法》

《专利法》是确认发明人或设计人对其发明创造享有的专利权，是规定专利权人的权利和义务的法律规范的总称。

1. 专利权的主体

专利权的主体，即专利权人，是指依法享有专利权并承担与此相应的义务的人。当有多个人就相同的发明创造申请专利时，专利权应该授予谁，通常有两种解决的原则：先发明原则和先申请原则。先发明原则是指当有多个人就相同的发明创造申请专利时，专利权授予先完成发明的人。先申请原则是以提出申请的时间先后为准，即谁先提出申请，专利权就授予谁。包括我国在内的绝大多数国家都实行先申请原则。

2. 专利权的客体

专利权的客体也称专利法保护的对象，是指能取得专利权，可以受专利法保护的发明创造。《专利法》第二条规定："本法所称的发明创造是指发明、实用新型和外观设计。"因此，专利权的客体应该是发明、实用新型、外观设计。

《专利法》所称发明是指对产品、方法或者其改进所提出的新技术方案。发明分为产品发明和方法发明两大类型。产品发明包括所有由人创造出来的物品；方法发明包括所有利用自然规律通过发明创造产生的方法，方法发明又可以分成制造方法发明和操作使用方法发明两种类型。

授予专利权的发明和实用新型，应当具备新颖性、创造性和实用性。新颖性是指在申请日以前没有同样的发明或者实用新型在国内外出版物上公开发表过、在国内公开使用或者以其他方式为公众所知，也没有同样的发明或者实用新型由他人向国务院专利行政部门提出申请，并记载在申请日以后公布的专利申请文件中。创造性是指同申请日以前已有的技术相比，该发明具有突出的实质性特点和显著的进步，该实用新型具有实质性特点和进步。实用性是指该发明能够制造或者使用，并且能够产生积极效果。外观设计专利只涉及产品的形状、图案或者其结合，以及色彩与形状、图案的结合，富有美感并适于工业应用的新设计，就可以申请外观设计专利。授予专利权的发明和实用新型应当具备新颖性、创造性和实用性的特征。

3. 专利权的取得

专利权并不是伴随发明创造的完成而自动产生的，需要申请人按照《专利法》规定的程序和手续向国家知识产权局专利局提出申请，经国家知识产权局专利局审查，认为符合《专利法》规定的才能授予专利权。如果申请人不向国家知识产权局专利局提出申请，无论发明的创造如何重要，如何有经济效益，都不能授予专利权。

因此，取得专利权的第一个条件是申请人就其发明创造向国家知识产权局专利局提起专利申请，即如果发明创造的企业或个人没有进行申请，则其发明创造将不受《专利法》的保护，也就不能取得专利权；取得专利权的第二个条件是国家知识产权局专利局在收到申请人的专利申请后，对其申请的发明创造依据相关法律进行审查，若符合相关法律的规定则授予申请人专利权，即只有经过审查，符合法律规定的专利申请才可以取得专利权。

4. 专利权的内容

（1）独占实施权。《专利法》第十一条规定："发明和实用新型专利权被授予后，除本法另有规定的以外，任何单位或者个人未经专利权人许可，都不得实施其专利，即不得为生产经营目的制造、使用、许诺销售、销售、进口其专利产品，或者使用其专利方法以及使用、许诺销售、销售、进口依照该专利方法直接获得的产品。"

（2）许可实施权。许可实施权是指专利权人通过实施许可合同的方式，许可他人实施其专利并收取专利使用费的权利。

①转让权。转让权是指专利权人将其获得的专利所有权转让给他人的权利。转让专利权的当事人应当订立书面合同，并向国务院专利行政部门登记，由国务院专利行政部门予以公告。专利权的转让自登记之日起生效。中国单位或者个人向外国人转让专利权的，必须经国务院有关主管部门批准。

②请求保护权。请求保护权是专利权人认为其专利权受到侵犯时，有权向人民法院起诉或请求专利管理部门处理以保护其专利权的权利。保护专利权是专利制度的核心，他人未经专利权人许可而实施其专利、侵犯专利权并引起纠纷的，专利权人可以直接向人民法院起诉，也可以请求管理专利工作的部门处理。

③标记权。标记权即专利权人有权自行决定是否在其专利产品或者该产品的包装上标明专利标记和专利号。

④放弃权。专利权人可以在专利权保护期限届满前的任何时候，以书面形式声明或以不缴纳年费的方式自动放弃其专利权。《专利法》规定，"专利权人以书面声明放弃其专利权的"，专利权在期限届满前终止。专利权人提出放弃专利权声明后，一经国务院专利行政部门登记和公告，其专利权即可终止。

5. 专利权的期限

发明专利权的期限是 20 年。实用新型专利权和外观设计专利权的保护期限是 10 年。保护期限均自申请日起计算。

6. 专利权的保护

专利权的保护是指在专利权被授予后，未经专利权人的同意，不得对发明进行商业性制造、使用、许诺销售、销售或者进口。在专利权受到侵害后，专利权人可以通过协商、请求专利行政部门干预或诉讼的方法保护专利权的行为。侵害专利权应承担的法律责任如下。

(1) 民事责任。

①停止侵权。停止侵权是指专利侵权行为人应当根据管理专利工作部门的处理决定或者人民法院的裁判，立即停止正在实施的专利侵权行为。

②赔偿损失。侵犯专利权的赔偿数额，按照专利权人因被侵权所受到的损失或者侵权人获得的利益确定；被侵权人所受到的损失或侵权人获得的利益难以确定的，可以参照该专利许可使用费的倍数合理确定。

③消除影响。在专利侵权行为人实施侵权行为并给专利产品在市场上的商誉造成损害时，专利侵权行为人就应当采用适当的方式承担消除影响的法律责任，承认自己的侵权行为，以达到消除对专利产品造成的不良影响。

(2) 行政责任。对专利侵权行为，管理专利工作的部门有权责令侵权行为人停止侵权行为、责令改正、罚款等，管理专利工作的部门应当事人的请求，还可以就侵犯专利权的数额进行调节。

(3) 刑事责任。依照《专利法》和《中华人民共和国刑法》（以下简称《刑法》）的规定，假冒他人专利，应对直接责任人员追究刑事责任。

(二) 《商标法》

1. 商标权的主体

商标权的主体又称商标权人，是指依法享有商标权的自然人、法人或者其他组织，包括商标权的原始主体和继受主体。商标权的原始主体是指商标注册人，继受主体是指依法通过注册商标的转让或者移转取得商标权的自然人、法人或者其他组织。

2. 商标权的客体

商标权的客体是商标。商标是商品的生产者、经营者在商品或者服务上采用的，用于区别商品或服务来源的，由文字、图形、字母、数字、三维标志、声音、颜色或上述要素的组合构成的，具有显著特征的标志。经国家核准注册的商标为注册商标，受法律保护。

3. 商标权的取得

在国际上，商标权的原始取得大体上采用以下三种方法：商标注册在先取得原则；商标使用在先取得原则；混合原则，兼顾注册在先取得原则和使用在先取得原则。我国采取的是商标注册在先取得原则。

4. 商标权的内容

(1) 专用权。专用权是指商标权人对其注册商标依法享有的在核定商品或服务上独占使用的权利。商标注册人使用注册商标，有权标明"注册商标"字样或者注册标记。

(2) 禁止权。禁止权是指商标权人依法享有的禁止他人不经过自己的许可而使用注册商标和与之近似的商标的权利。

(3) 许可权。许可权是指商标权人可以通过签订商标使用许可合同许可他人使用其注册商标的权利。

(4) 转让权。转让权是指商标权人依法享有的将其注册商标依法定程序和条件，转让给他人的权利。

(5) 续展权。续展权是指商标权人在其注册商标有效期届满前,依法享有申请续展注册,从而延长其注册商标保护期的权利。注册商标的有效期为10年,自核准注册之日起计算。注册商标有效期满需要继续使用的,应当在期满前6个月内申请续展注册;在此期间未能提出申请的,可以给予6个月的宽展期。每次续展注册的有效期为10年,宽展期满仍未提出申请的,注销其注册商标。

5. 商标权的保护

按照商标侵权行为表现的不同,侵权行为可分为:假冒注册商标行为,销售侵犯商标权的商品;伪造、擅自制造他人注册商标标识,或者销售伪造、擅自制造的注册商标标识的行为;反向假冒行为,给他人的注册商标专用权造成其他损害的几种不同类型。

(1) 商标侵权的民事责任。根据《商标法》第五十三条规定,被侵权人可以要求侵权人立即停止侵权行为,赔偿损失。其中,侵权赔偿额为侵权人在侵权期间所获得的利益,或者被侵权人在被侵权期间因被侵权所受到的损失,包括被侵权人为制止侵权行为所支付的合理开支。如果二者都难以确定,由人民法院根据侵权行为的情节判决给予50万元以下的赔偿。《商标法》第六十五条规定,商标注册人或利害关系人有证据证明他人正在实施或者即将实施侵犯其注册商标专用权的行为,如不及时制止将会使其合法权益受到难以弥补的损害的,可以在起诉前向人民法院申请采取责令停止有关行为和财产保全的措施。

(2) 商标侵权的行政责任。工商行政管理部门根据注册人的请求处理商标侵权纠纷,或者依职权主动查处商标侵权行为时,认定侵权行为成立的,责令立即停止侵权行为,没收、销毁侵权商品和专门用于制造侵权商品、伪造注册商标标识的工具,并可处以罚款。

(3) 商标侵权的刑事责任。《商标法》第六十七条规定,假冒他人注册商标,构成犯罪的,除赔偿被侵权人的损失外,依法追究刑事责任;伪造、擅自制造他人注册商标标识或者销售伪造、擅自制造的注册商标标识,构成犯罪的,除赔偿被侵权人的损失外,依法追究刑事责任;销售明知是假冒注册商标的商品,构成犯罪的,除赔偿被侵权人的损失外,依法追究刑事责任。

四、创新成果的转化

(一) 创新成果转化的概念

创新成果转化是指创新成果知识产权人,通过自己使用、许可使用、转让、特许经营等方式行使创新成果知识产权的财产权利,实现创新成果知识产权的经济价值。创新成果知识产权的转化,既为权利人实现其财产权利提供了渠道,又让社会大众分享创新成果的效用,从而实现了激励创造、鼓励传播、促进社会进步的目的。就创新成果而言,单纯的创新不是目的,单纯的保护也不是目的,在当今世界发展浪潮中,经济竞争正在从有形的竞争转化为无形的竞争,其中的知识含量已经愈发成为决胜的关键。创新成果的取得和保护的最终目的就是让所创造出的智力成果转化为经济价值和市场效益。

（二）创新成果转化模式

1. 自主创业

自主创业即自己使用、自主研发，是指个人、科研院所、大专院校、企业等创新者的创新成果在内部进行的一种成果转化模式。其特点是创新成果的成果源与吸收体融为一体，将市场交易内部化，消除了中间环节，转化交易成本较低，转化效率较高。例如1984年，原中科院计算所（现为中科院数学与系统研究院）投资20万元成立了中科院联想控股有限公司。当时的联想由11名科技人员组成，主要对原中科院计算所的科研成果和技术进行转化。到2005年，联想集团已拥有资产622亿元，累计向国家纳税755亿元，成为国内IT行业排名居首的高新技术企业。

对于朝气蓬勃的大学生而言，通过自身的创业，把青年人奇思妙想的创新思维转化为商品和利润，显得更为重要和紧迫。据统计，2018年全国高校毕业生规模达到820多万人，再创历史新高。毕业人数破800万人，对于我国这样的一个人口大国来说，造成了严峻的就业压力。创业，不再是少数人的专利，而是多数人的选择。

2. 许可使用

创新成果的许可使用是指产权人授权他人在一定时期和范围内，以一定的方式行使创新成果的使用权并获得相应报酬的行为。"许可是在不转让财产所有权的条件下让渡财产中的权利"，这包含了以下几点含义：创新成果产权中的人身权利不得许可使用；许可使用不得导致产权所有权的主体发生变化；许可使用不得超出许可人自身所拥有的权限；被许可人不得超出合同约定范围行使权利。著作权、专利实施和商标都可以进行许可使用。

（1）著作权许可使用。

著作权许可使用是指著作权人授权他人在一定的地域、期限内，以一定方式使用其作品并获得报酬的行为。著作权许可使用是最常见的著作权贸易方式，是著作权人实现其著作财产权的主要方式。

（2）专利实施许可使用。

专利实施许可使用是指专利权人授权他人在一定地域、期限内，以一定方式，包括使用、制造、销售等方式，实施其专利并获得报酬的行为。专利实施许可使用是最常见的专利贸易形式，是专利权人获得经济价值的主要途径之一。

（3）商标许可使用。

商标许可使用是指注册商标所有人授权他人在一定地域、期限内，以一定方式使用其注册商标并获得报酬的行为。商标许可使用是现代商标法的主要内容，是商标注册人实现其商标经济价值的主要形式。

3. 产权转让

创新成果的转让是指创新成果产权所有人依法将其享有的创新成果的产权中的财产权利全部或部分转让给他人的行为，包括著作权转让、专利权转让、商标转让等。当前，许多创新成果正是以转让获取利益为主要目的。有偿转让创新成果，是实现其经济价值的主要途径之一。

（1）著作权转让。

著作权转让是指著作权人依法将其享有的著作财产权的全部或者部分转移给他人的行为。通过著作权转让，受让人成为该作品全部或者部分财产权的权利人，转让人丧失相应权利。

（2）专利权转让。

专利权转让是指专利权人依法将其专利权转移给他人的法律行为。转让人有权依照合同收取转让金；受让人有权受让该项专利权，成为新的权利主体。

第二节　创业机会与创业风险

一、认识创业机会

据中国创业招商网统计，90%的人曾经有过创业冲动，其中60%的会付诸实施，但是其中仅有10%的人会成功。在成功的创业项目中，选择良好的、具有发展潜力的项目是关键。一个好的创业项目，能让创业者少走很多弯路，从而大大增加创业者成功的概率。可见，一个好的创业项目的选择就能成就一个美好的未来。

选择好的创业项目是一个获取创业信息并且加工的过程，能有效地减少投资的不确定因素，能很好地增加成功的筹码。选择创业项目需要把握住以下几个关键：一是创业机会来源，创业者要科学地把握创业机会的产生，评估具体信息。二是创业信息的收集，创业者在选择创业项目时往往面对着海量信息，一个好的创业项目需要寻求那些可信度高和可行性高的创业项目，这个过程就是信息收集的过程。三是创业信息的分析，创业信息的真实反馈需要科学分析并做出决策。四是创业信息的评估，这是创业者在创业前的决策行为，创业者需要综合自身实力、执行力、市场环境和政策因素等情况，做出可行性评估，并开展创业行为。

（一）如何界定创业机会

创业机会有几种常见定义：创业机会是可以为购买者或使用者创造或增加价值的产品或服务，它具有吸引力、持久性和适时性的特征；创业机会是一种新的"目的—手段"关系，它能为经济活动引入新产品、新服务、新原材料、新市场或新组织方式。

广为学术界接受的定义是：创业机会是未明确的市场需求或未充分使用的资源或能力，它不同于有利可图的商业机会，其特点是发现甚至创造新的"目的—手段"关系来实现创业，对于产品、服务、原材料或组织方式，极大地提高了革新效率。

大多数创业者都是把握了商业机会从而成功创业。例如，蒙牛的牛根生看到了乳业市场的商机，好利来的罗红看到了蛋糕市场的商机。在现实生活中，这样的例子不胜枚举。但是，仅有少数创业者能够把握创业机会创业成功。一旦创业成功，不仅会改变人们的生活和休闲方式，甚至能创造出新的产业。随着人们对创业机会价值潜力的探索，会逐渐衍生出一系列的商业机会,从而滋生出更多的创业活动,如互联网创业。

(二) 创业机会的类型

1. 按创业机会的来源划分

按创业机会的来源不同,可将创业机会分为问题型机会、趋势型机会和组合型机会;问题型机会指的是由现实中存在的未被解决的问题所产生的一类机会;趋势型机会就是在变化中看到未来的发展方向,预测到将来的潜力和机会;组合型机会就是将现有的两项以上的技术、产品、服务等因素组合起来,以实现新的用途和价值而获得的创业机会。

2. 按"目的—手段"关系的明确程度划分

按"目的—手段"关系的明确程度不同,可将创业机会分为识别型机会、发现型机会和创造型机会。

识别型机会是指市场中的"目的—手段"关系十分明显时,创业者可通过"目的—手段"关系的连接来辨识机会;发现型机会则指目的或手段中的任意一方的状况未知,待创业者去进行机会发掘;创造型机会指的是目的和手段皆不明朗,因此创业者要比其他人更具先见之明,才能创造出有价值的市场机会。

(三) 创业机会的基本特征

1. 普遍性

凡是有市场、有经营的地方,客观上就存在创业机会。创业机会普遍存在于各种经营活动过程之中。

2. 偶然性

对于一个企业来说,创业机会的发现和捕捉带有很大的不确定性,任何创业机会的产生都有"意外"因素。

3. 消逝性

创业机会存在于一定的时空范围之内,随着产生创业机会的客观条件的变化,创业机会就会相应地消逝和流失。

"创业教育之父"杰弗里·蒂蒙斯教授在《21世纪创业》一书中提出,好的创业机会有以下四个特征。

(1) 它很能吸引顾客。

(2) 它能在你的商业环境中行得通。

(3) 它必须在机会之窗(机会之窗是指商业想法推广到市场上去所花的时间)存在的期间被实施,若竞争者已经有了同样的思想,并已把产品推向市场,那么机会之窗也就关闭了。

(4) 创业者必须有资源(人、财、物、信息、时间)和技能才能创立业务。

(四) 创业机会的来源

变化是创业机会的重要来源,没有变化,就没有创业机会。创业机会的来源主要有以下三种。

1. 技术变革

技术变革是机会的重要来源，能使人们以新的更有效的方式做事。它主要来源于新的科技突破和社会的科技进步。技术上的任何变化或多种技术的组合都可能给创业者带来某种商业机会，具体表现为以下几种形式：新技术替代旧技术；实现新功能，创造新产品的新技术的出现；新技术带来的新问题。

2. 政治与管制变革

这种变革使人们能够开发出商业创意，从而运用新的方法使用资源，这些方法或者更有效率，或者将财富重新分配。这种变革带来的创业机会是指由于政府制定的法律、法规有所变动而带来的新的行业、新的市场、新的创业机会；或是由于国家发展计划重点的转移，原来没有受到重视的区域市场重新受到人们的重视。创业者也可跟随政府开发没有开发的市场，从中获取新的创业机会。主要表现为以下几点：法律法规更新带来的创业机会；因政府在地区政策上的差异而带来的创业机会；新政策的实施所带来的创业机会。

3. 社会与人口的变化

社会与人口的变化是创业机会的重要来源，主要表现为以下两点：社会和人口的变化改变了人们对产品和服务的需求；社会和人口的变化使人们针对顾客需求所提出的解决方案相比目前能够获得的方案更有效率。

二、创业机会的识别

（一）创业机会识别的关键因素

作为创业者，难能可贵的地方就在于他能发现其他人所看不到的机会，并迅速采取行动来把握创业机会和实现创业机会的价值。在很长一段时间里，人们认为一般人群不可能发现创业机会，而成为创业者的个体具有别人所没有的特殊禀赋。识别创业机会难以模仿，更不可学习。但是，随着学术研究的深入，人们逐渐总结出了一些识别创业机会的规律和技巧。正如物理学教授不可能指望每个人都像爱因斯坦一样，掌握有关识别创业机会的知识，虽然不能保证每个人都能够发现创业机会，但确实能给人们的行动提供思路和指导。

1. 影响创业机会识别的因素

对于什么因素导致一些人更善于识别出有价值的创业机会，不少学者进行过研究，以下是取得共识的四类主要因素。

（1）先前经验。

在特定产业中的先前经验有助于创业者识别商业机会，这被称为"走廊原理"。它是指创业者一旦创建企业，他就开始了一段旅程，在这段旅程中，通向创业机会的"走廊"将变得清晰可见。这个原理提供的见解是：某个人一旦投身于某产业创业，这个人将比那些从产业外观察的人更容易看到产业内的新机会。

（2）机会识别。

机会识别可能是一种先天技能或一种认知过程。有些人认为，创业者有"第六感"，使他们能看到别人错过的机会。多数创业者以这种观点看待自己，认为他们比别人更"警觉"。警觉在很大程度上是一种习得性的技能，而拥有某个领域更多知识的人，相比其他人对该领域内的机会更警觉。

（3）社会关系网络。

社会关系网络能带来承载创业机会的有价值的信息，社会关系网络的深度和广度影响机会识别。研究发现，社会关系网络是个体识别创业机会的主要来源，与强关系相比，弱关系更有助于个体识别创业机会。

（4）创造性。

创造性是产生新奇或有用创意的过程。从某种程度上讲，机会识别既是一个创造过程，又是不断反复的创造性思维过程。在听到更多趣闻轶事的基础上，你会很容易看到创造性包含在许多产品、服务和业务的形成过程中。对个人来说，创造过程可分为五个阶段，分别是准备、孵化、洞察、评价和阐述，如图6-1所示。

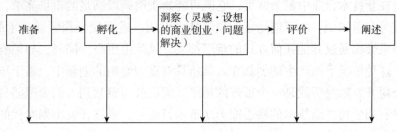

图 6-1　创造过程的五个阶段

2. 识别创业机会的规律

获取别人难以接触到的有价值的信息和具备优越的信息处理能力，共同构成创业者发现创业机会的前提条件。要获取别人难以接触到的有价值的信息，要求创业者在社会网络中处于更佳的位置，拥有有助于获取信息的工作或生活圈子及创业警觉。创业警觉本质上是一种个体的禀赋，是对信息的敏锐把握和解读能力，它受个体创造力、先前知识与经验、社会关系网络等因素影响。

获取别人难以接触或忽视的信息是发现创业机会的必要条件。在此基础上，创业者还必须具备相应的信息处理能力，能够看到信息背后的商业价值和含义，从而发现创业机会。优秀的信息处理能力依赖于良好的智力结构、乐观的心态和敏锐的洞察力。

3. 识别创业机会的常见方法

（1）新眼光调查。

①注重二级调查。阅读某人的发现和出版的作品、利用互联网搜索数据、浏览寻找包含创业者所需要信息的报纸文章等都是二级调查的形式。

②开展初级调查。通过与顾客、供应商、销售商交谈和采访他们，直接与这个世界互动，了解正在发生什么及将要发生什么。

③记录创业者的想法。瑞士最大的音像书籍公司的创始人说他就有一本这样的笔记本，当记录到第200个想法时，他坐下来回顾了所有的想法，然后开办了自己的公司。

(2) 通过系统分析发现机会。

实际上，绝大多数的机会都可以通过系统分析得到。人们可以从企业的宏观环境（政治、法律、技术、人口等）和微观环境（顾客、竞争对手、供应商等）的变化中发现机会。借助市场调研，从环境变化中发现机会，是发现机会的一般规律。

(3) 通过问题分析和顾客建议发现机会。

问题分析从一开始就要找出个人或组织的需求和他们面临的问题，这些需求和问题可能很明确，也可能很含蓄。一个有效并有回报的解决方法对创业者来说是识别机会的基础。这个分析需要全面了解顾客的需求以及可能用来满足这些需求的手段。

一个新的机会可能由顾客识别出来，因为他们知道自己究竟要什么。然后，顾客就会为创业者提供机会。顾客的建议多种多样，如他们会提出一些诸如"如果那样的话不是会很棒吗？"这样的非正式建议，留意这些，有助于发现创业机会。

(4) 通过创造获得机会。

这种方法在新技术行业中最为常见，它既可能始于明确以满足的市场需求，从而积极探索相应的新技术和新知识；也可能始于一项新技术发明，进而积极探索新技术的商业价值。通过创造获得机会比通过其他任何方式的难度都大，风险也更高。同时，如果能够成功，其回报也更大。这种情况下所产生的创新在人类所具有重大影响的创新中，居于压倒性的主导地位。索尼公司开发随身听就是一个很好的例子。索尼公司察觉到人们希望随身携带个听音乐的设备，并利用公司微缩技术的核心能力从事项目研究，最终开发出划时代的产品——随身听，取得了巨大的成功。

（二）创业机会识别的一般过程和行为技巧

创业机会识别的过程主要包括创业信息的收集和创业机会的评估。

1. 创业信息的收集

(1) 创业信息概述。

创业信息是指通过各种方式获取的创业所需要的信息。信息收集是信息得以利用的第一步，也是关键的一步。信息收集工作的好坏，直接关系到整个创业活动工作的质量。

信息可以分为原始信息和加工信息两大类。原始信息是指在经济活动中直接产生或获取的数据、概念、知识、经验及总结，是未经加工的信息。加工信息则是对原始信息经过加工、分析、改编和重组而形成的具有新形式、新内容的信息。两类信息都对创业活动发挥着不可替代的作用。

(2) 创业信息的类型。

创业信息的主要类型有：政治政策状况，经济发展状况，人口统计、社会文化与风土人情，技术发展趋势。

(3) 创业信息的收集渠道。

联合国教科文组织（UNESCO）在其出版的《文献术语》一书中，将信息源定义为："组织或个人为满足其信息需要而获得信息的来源。"信息源一般分为实物型信息源、文献型信息源、电子型信息源和网络信息源。

①实物型信息源。实物型信息源又称现场信息源，是指具体的观察对象在运动过程中直

接产生的有关信息,包括事物运动现场、学术讨论会、展览会等。

②文献型信息源。文献型信息源主要是指承载着系统的知识信息的各种载体信息源,包括图书、报纸、期刊、专利文献、学位论文、公文等。

③电子型信息源。电子型信息源是指通过使用电子技术实现信息传播的信息源,包括广播、电视、电子刊物等。

④网络信息源。网络信息源是一种比较特殊的信息源,是指蕴藏在计算机网络中特别是因特网中的有关信息而形成的信息源。

(4) 收集信息的方法。

①间接法收集市场信息:互联网;统计部门与各级各类政府主管部门公布的有关资料;各种经济信息中心、专业信息咨询机构、各行业协会和联合会提供的市场信息和有关行业情报;国内外有关的书籍、报纸、杂志所提供的文献资料,包括各种统计资料、广告资料、市场行情和各种预测资料等;有关生产和经营机构提供的商品目录、广告说明书、专利资料及商品价目表等;各地电台、电视台提供的有关市场信息;各种国际组织、外国使馆、商会所提供的国际市场信息;国内外各种博览会、展销会、交易会、订货会等促销会议,以及专业性、学术性经验交流会议上所发放的文件和材料。

②直接法收集市场信息,常见的有问卷调查法、面谈访问法、观察法和实验法,这里重点介绍后三种方法。

面谈访问法。面谈访问法是通过访问信息收集对象,与之直接交谈而获得有关信息的方法。它又分为座谈采访、会议采访、电话采访和信函采访等方式。

观察法。观察法是通过开会、深入现场、参加生产和经营、实地采样、进行现场观察并准确记录(包括测绘、录音、录像、拍照、笔录等)调研情况。它主要包括两个方面:一是对人的行为的观察;二是对客观事物的观察。观察法应用很广泛,常和询问他人、收集实物结合使用,以提高所收集信息的可靠性。

实验法。实验法能通过实验过程获取其他手段难以获得的信息或结论。实验者通过主动控制实验条件,包括对参与者类型的恰当限定、对信息产生条件的恰当限定和对信息产生过程的合理设计,可以获得在真实状况下用问卷调查法或观察法无法获得的某些重要的、能客观反映事物运动特征的有效信息,还可以在一定程度上直接观察和研究某些参量之间的相互关系,有利于对事物本质的研究。

③新兴的网络调研信息方法:基于微信、QQ群、E-mail的问卷调研法,网上焦点座谈法,使用BBS电子公告板进行的网络市场调研,委托市场调查机构调查,合作方式的网络市场调研。

2. 创业机会的评估

尽管发现了创业机会,但这并不意味着要创业,更不意味着成功就在眼前。创业活动是创业者与创业机会的结合,并非所有的创业机会都有足够大的价值潜力来填补把握机会所付出的成本,并非所有机会都适合每个人。尽管在整个创业过程中,评价创业机会非常短暂,但它非常重要,是创业者发现创业机会之后做出是否进行创业的重要依据。

（1）有价值的创业机会的特征如下：

①有吸引力；

②持久性；

③及时性；

④依附于为买者或终端用户创造或增加价值的产品、服务或业务。

时间对创业者来说，既可以是朋友，也可以是敌人。如果想要通过深刻细致的方法来评价创业机会，一个季度可能不够，一年也不一定够，甚至十年都不一定够，这就是残酷的事实。而在这个现实中最困难的一点就是：创业者必须找到能把好的思路付诸实施的最佳时机，并准确把握住这个时机。

（2）创业机会评价框架。

对创业者来说，关键在于如何能够从众多机会中寻找出有价值的创业机会，并采取快速行动来把握机会。

有"创业教育之父"之称的杰弗里·蒂蒙斯提出了备受推崇的创业机会评价框架。其评价框架涉及行业和市场、经济因素、收获条件、竞争优势、个人标准、理想与现实的战略差异等六个方面的45项指标，如表6-1所示。

表6-1 创业机会评价框架

方面	指标
行业和市场	市场容易识别，可以带来持续收入 顾客可以接受产品或服务，愿意为此付费 产品的附加价值高 产品对市场的影响力大 将要开发的产品生命长久 项目所在的行业是新兴行业，竞争不完善 市场规模大，销售潜力达到1 000万元到10亿元 市场成长率在30%~50%，甚至更高 现有厂商的生产能力几乎完全饱和 在5年内能占据市场的领导地位，达到20%以上
经济因素	达到盈亏平衡点所需要的时间在1.5~2年或更短 盈亏平衡点不会逐渐提高 投资回报率在25% 以上项目对资金的要求不是很大，能够获得融资 销售额的年增长率高于15% 有良好的现金流，能占到销售额的20%~30%或更多 能获得持久的毛利，毛利率要达到40%以上 能获得持久的税后利润，税后利润率要超过10% 资产集中程度低 运营资金不多，需求量是逐渐增加的 研究开发工作对资金的要求不高

续表

方面	指标
收获条件	项目带来的附加价值具有较高的战略意义 存在现有的或可预料的退出方式 资本市场环境有利，可以实现资本的流动
竞争优势	固定成本和可变成本低 对成本、价格和销售的控制较高 竞争优势已经获得或可以获得对专利所有权的保护 竞争对手尚未觉醒，竞争较弱 拥有专利或具有某种独占性 拥有发展良好的网络关系，容易获得合同 拥有杰出的关键人员和管理团队
个人标准	个人目标与创业活动相符合 创业者渴望进行创业这种生活方式，而不只是为了赚钱 创业者可以承受适当的风险 创业者在压力下状态依然良好
现想与现实的战略差异	理想与现实情况相吻合 管理团队已经是最好的 在客户服务管理方面有很好的服务理念 所创办的事业顺应时代潮流 所采取的技术具有突破性，不存在许多替代品或竞争对手 具备灵活的适应能力，能快速地进行取舍 始终在寻找新的机会 定价与市场领先者几乎持平 能够获得销售渠道，或已经拥有现成的网络 能够允许失败

3. 评价创业机会价值的方法

大卫·贝奇教授在《创业学》一书中提到四种方法：标准打分矩阵法、文斯汀豪斯（Westinghouse）法、泊泰申米特（Potentionmeter）法、Baty 的选择因素法。

（1）标准打分矩阵法。通过选择对创业机会成功有重要影响的因素，并由专家小组对每一个因素进行极好、好、一般三个等级的打分，最后求出每个因素在各个创业机会下的加权平均分，从而可以对不同的创业机会进行比较。

（2）文斯汀豪斯法。实际上是计算和比较各个机会的优先级的方法。公式如下：

技术优先级 = ［技术成功概率×商业成功概率×平均年销售数×（价格-成本）×投资生命周期］/总成本。

（3）泊泰申米特法。这种方法可以通过让创业者填写针对不同因素的不同情况，预先设定好权值的选项式问卷的方式，快捷地得到特定创业机会的成功潜力指标。对于每个因素来说，不同选项的得分可以为-2 至+2 分，通过对所有因素得分的加总得到最后的得分。总分越高说明特定创业机会成功的潜力越高。只有那些最后得分高于 15 分的创业机会才值得创业者进行下一步的策划,低于 15 分的都应被淘汰,见表 6-2。

表 6-2 泊泰申米特法

因素	分值(-2 ~ +2)
对税前投资水平的贡献	
预期的年销售额	
生命周期中预期的成长阶段	
从创业到销售额高速增长的预计时间	
投资回报期	
占有领先地位的潜力	
商业周期的影响	
为产品制定高价的潜力	
进入市场的容易程度	
市场实验的时间范围	
对销售人员的要求	

(4)Baty 的选择因素法。通过对 11 个选择因素的设定来对创业机会进行判断。如果某个创业机会只符合其中 6 个或更少的因素,那么该创业机会就很可能不可取;相反地,机会就很大。Baty 的选择因素法的 11 个因素见表 6-3。

表 6-3 Baty 的选择因素法

因素	是否符合
1. 这个创业机会在现阶段是否只有你一个人发现	
2. 初始的产品生产成本是否可以承受	
3. 初始的市场开发成本是否可以接受	
4. 产品是否具有高利润回报的潜力	
5. 是否可以预期产品投放市场和达到盈亏平衡点的时间	
6. 潜在的市场是否巨大	
7. 产品是否属于一个高速成长的产品家族中的第一个成员	
8. 是否拥有一些现成的初始客户	
9. 是否可以预期产品的开发成本和开发周期	
10. 是否处于一个成长中的行业	
11. 金融界是否能够理解你的产品和顾客对它的需求	

4. 对创业机会的自我评价

对创业机会的自我评价,可以从以下三个方面进行。

(1)在个人经验层面,要考虑以前的工作和生活经验是否能够支撑后续开发创业机会所必需的知识和技能。

（2）在社会网络层面，要考虑自己身边认识、熟悉的人能否支撑后续开发机会所必需的资源和其他因素。

（3）在经济状况层面，要重点考虑的是能否承受从事创业活动所带来的机会和成本。

三、创业机会评估

寻找、发现和利用机会是任何一个成功创业者的重要特征之一。发现了创业机会，并不意味着马上就能将创业机会付诸实践。由于每个市场创业机会都存在一定的风险因素，需要创业者对创业机会进行认真、全面和科学的分析与评估，从而把握和利用最有价值的创业机会。

（一）创业机会的评估标准

1. 创业机会的评估标准概述

（1）实现盈利的时间。

真正有价值的创业机会可能使项目在两年内盈亏平衡或者取得正现金流，如果项目取得盈亏平衡和正现金流的时间超过3年，那么对创业者的资金运行能力要求就很高，因为大多数创业者支撑的时间不会这么长，给予创业者的心理压力也非常大。其项目投资者也没有这么长时间的耐心，这种创业机会的吸引力就大大降低了。除非有其他方面的重点利益，一般要求创业机会具有较短的获得盈利时间。

（2）市场规模和结构。

如果创业机会的市场规模和价值小，往往是不足以支撑企业长期发展的。而创业者若进入一个市场规模巨大而且在不断发展的市场，即使只占很小的份额，也能够生存下来，渡过发展期。即使存在竞争对手也不用担心，因为市场足够大，构不成威胁。一般来说，市场规模和价值越大，创业机会就越有价值。

（3）资金需求量。

大多数有较大潜力的创业机会需要相当大数量的资金来启动，只需少量或不需要资金的创业机会是极其罕见的。如果需要过多的资金，这样的创业机会就缺乏真正的吸引力。有着较少或者中等程度的资金需要量的创业机会是比较有价值的，创业者需要根据自身的资金实力和可以动用的资源来评价创业机会，超出能力范围的不应考虑。

（4）机会投资收益。

创业的目标就是要获得收益，这要求创业机会能够有合理的盈利能力，包括较高的毛利率和市场增长率。毛利率高说明创业项目的获利能力强；市场增长率则表明市场的发展潜力，使投资的回报增加。如果每年的投资收益率能够维持在30%以上，这样的创业机会是很有价值的；而每年的投资收益低于15%，是不能对创业者和投资产生大的吸引力的。

（5）项目成本结构。

竞争优势的来源之一就是成本，低成本的创业机会可以给予企业较大的竞争优势，使该创业机会的价值较高。新创企业靠规模来达到低成本是比较可行的，低成本的优势大多数来自技术和工艺的改进，以及管理的优化。创业机会如果有这方面的特质，对创业者来说是非常有利的。

（6）项目退出机制。

有吸引力的创业机会应该有比较理想的获利空间和退出机制，便于创业者和投资者获取资金和实现利益后能够根据市场变化及时退出创业项目。没有任何退出机制的创业机会是没有太大吸引力的，也不能抵御市场风险。

（7）项目控制程度。

如果能够对渠道、成本或者价格有较强的控制，这样的创业机会比较有价值。如果市场上不存在强有力的竞争对手，控制的程度就比较大。如果竞争对手已有较强的控制能力，例如把握原材料来源、独占了销售渠道、取得了较大的市场份额或对价格有较大的决定权，在这种情况下，新创企业的发展空间就很小。

2. 有价值的创业机会的基本特征

（1）吸引力。

蒂蒙斯等人认为，好的机会需要有需求旺盛的市场和丰厚的利润，而且要容易赚钱。创业机会所带来的产品或服务能够吸引众多的消费者，可以为创办企业带来实质性的利润空间。

（2）持久性。

有价值的创业机会一般具有可持续开发的潜力，并且能够为企业带来持续的竞争优势。产品或服务可以不断适应市场经济的需要，衍生出不同类型的产品或服务，从而保持企业的可持续发展。

（3）及时性。

有价值的创业机会需要很快满足人们的某项需要或愿望，或者尽早帮助人们解决一些重大或细小问题。正因为如此，创业机会的出现会带来需求的出现和满足，并随着时间不断变化，必须及时把握住机会创造的需求空间。

（4）实质性。

有价值的创业机会依附于为购买者或终端用户创造或增加价值的产品、服务或业务。因为好的创意必须能为顾客带来价值，所以无论创业的形式表现为产品还是服务，抑或业务，都必须能为顾客带来实实在在的价值。

3. 个人与创业机会的匹配

创业活动是创业者与创业机会的高度结合。一方面，创业者识别并开发创业机会；另一方面，创业机会也在选择创业者。只有当创业者和创业机会之间存在着恰当的匹配关系时，创业活动才最有可能发生，也更可能取得成功。对任何人而言，有些机会只能看见，却不能为自己所把握。即使创业机会的价值潜力再大，缺乏相应的必备条件和因素，盲目行动带来的后果往往可能是血本无归。

从个人经验层面来看，要考虑以前的工作和生活经验是否能够支持后续开发创业机会所必需的知识和技能。此时，经验的广度和深度扮演着重要角色。个人的工作经验越广，既从事过营销工作，也从事过财务工作，既在房地产行业内工作过，也有餐饮业的从业经验，既做过公司的部门经理，也当过另一家公司的首席执行官，那么，这些丰富的经验就越可能有助于把握创业机会。

从经济状况层面来看，要重点考虑的是能否承受从事创业活动带来的机会成本。大量研究表明，在创业之初，大部分的成功创业者并没有充足的自有资金用于创业，但都有着丰厚的工作机会。也就是说，需要考虑创业机会的价值潜力能否在长期内弥补因放弃工作而承担的损失。大规模问卷调查也发现，创业前的收入水平越高，个体越不倾向于放弃当前工作机会去创业；相应地，一旦个体做出了创业选择，创业活动的价值和利润创造潜力就比那些创业前机会成本较低的创业者更高。

从专业知识层面来看，拥有某个领域更多专业知识的人，会比其他人对该领域内的机会更具警觉性与敏感性。如一位计算机工程师，就比一位律师对计算机产业内的机会和需求更为了解和熟悉。

从社会关系层面来看，创业者个人社会关系的深度和广度影响着机会识别。通常情况下，建立了大量社会关系与专家联系网络的人，相比那些拥有少量网络的人会容易得到更多机会。

从创造性思维层面来看，在一定程度上，机会识别实际上是不断反复的创造性思维过程。在许多产品、服务和业务的形成过程中，甚至在许多有趣的商业传奇故事中，不难看到创造性思维发现创业机会的案例。

（二）创业机会的评估方法

1. 创业机会的主要评估方法

（1）定性方法。

评估内容：通过前期调研分析，确定该创业机会所必须具备的成功条件，分析本企业在该市场机会上所拥有的优势；分析公司创立之后所拥有的竞争优势；分析与本公司的发展方向和目标是否一致。

（2）定量方法。

评估内容：在初步拟订营销规划的基础上，从财务上进一步判断选定机会是否符合创业目标，一般通过需求量成本、利润进行分析。

①市场需求量预测。通过市场需求量的预测，可以了解该机会所面临的市场状况及市场潜量，也是进行经济效益分析的基础。市场需求量的预测可以运用一定的数学方法来进行，主要方法有趋势预测法、因果预测分析法、市场调查分析法和判断分析法等。

②运行成本分析：主要研究利用该机会所需要付出的资金、人力和成本。应从投资成本、生产成本和营销成本三方面进行分析，可采用专门的成本预测方法，如直线回归法和趋势预测法等。

③项目利润分析。在市场需求量和成本预测的基础上进行利润核算，一般可采用损益平衡模型、简单市场营销组合和投资收益率等分析方法。

（3）阶段性决策方法。

阶段性决策方法要求创业者在创业机会开发的每个阶段都要进行机会评价。一个创业机会是否能够通过每个阶段预先设置的障碍，在很大程度上取决于创业者经常面对的约束或限制，如创业者的目标回报率、风险偏好、金融资源、个人责任心和个人目标等。

2. 创业机会评价的技巧和策略

评价创业机会需要采取科学的方法。一方面，可以从收益成本框架出发评价创业机会的价值创造潜力，判断值不值得追求所发现的创业机会；另一方面，可以从个体创业机会框架出发评价创业机会价值实现的可能性，判断个体能否真正把握并实现创业机会的价值。为此，首先介绍评价创业机会的一般原则，介绍值得追求的创业机会所必须具备的一般特征；其次集中介绍在分析把握并实现创业机会价值的可能性中所必需的一些标准、原则和方法。

四、创业风险规避

风险是与不确定性紧密联系在一起的。对于创业风险的理解，一般有两个角度：一个角度强调结果的不确定性；另一个角度则强调损失的可能性。前者属于广义上的风险，说明未来利润多寡的不确定性，可能是获利、损失或无损失也无获利。创业风险是指企业在创业过程中存在的各种风险。创业环境的不确定性，创业机会与新创企业的复杂性，创业者、创业团队与创业投资者的能力和实力的有限性，导致创业活动结果的不确定性，从而导致创业活动偏离预期目标。

蕴藏着大量机会的创业领域普遍充满风险，创业者应该把注意力、技能和资源都集中在这些领域。创业者在面对创业机会的同时，也要正确面对创业风险，敢于成功挑战风险，才能赢得一片市场。这不仅需要合适的过程和高度的思考能力，还需要行为准则，能够让创业者在蕴藏着风险与契机的环境中找到风险与其中的机遇，这就是风险识别的根本目的。

（一）创业风险的构成与分类

创业风险识别是指企业依据创业活动的迹象，在各类风险事件发生前运用各种方法对风险进行的辨认和鉴别，是系统地、连续地发现风险和不确定性的过程。

1. 按创业风险产生的内容划分

按创业风险产生的内容不同，创业风险可以划分为市场风险、技术风险、管理风险、财务风险和环境风险。

（1）市场风险。市场风险主要是指在创业的市场实现环节，由于市场的不确定性而导致创业失败的可能性。其主要表现为市场需求量的不确定性、市场接受时间的不确定性、市场竞争能力的不确定性和竞争战略的不确定性。

（2）技术风险。技术风险是指由于技术方面的因素及其变化的不确定性而导致创业失败的可能性。其主要表现为技术成功的不确定性、技术寿命的不确定性、技术前景的不确定性和技术效果的不确定性。

（3）管理风险。管理风险是指创业过程中由于管理不善而导致创业失败所带来的风险。其主要表现在创业者的素质、决策风险、管理制度风险、机会风险和营销管理风险。

（4）财务风险。财务风险是指因资金不能适时供应而给企业带来的风险。在新创企业中，有80%的企业生命周期不超过3年，最主要就是受财务风险的影响。

(5) 环境风险。环境风险是指外部环境的变化给企业带来的风险。其主要表现为经济环境风险、政治法律风险、社会文化环境风险、自然环境风险和人口环境风险。

2. 按创业风险产生的原因划分

按创业风险产生的原因不同，创业风险可以划分为主观创业风险和客观创业风险。

(1) 主观创业风险。主观创业风险是指在创业阶段，由于创业者的身体与心理素质等主观方面的因素导致创业失败的可能性。

(2) 客观创业风险。客观创业风险是指在创业阶段，由于客观因素导致创业失败的可能性，如市场的变动、政策的变化、竞争对手的出现及创业资金的缺乏等。

(二) 创业风险识别过程

创业风险识别过程是指创业者依据企业活动，对新创企业面对的现实及潜在风险，运用各种方法加以判断、归类鉴定风险性质的过程。

识别创业风险是一项复杂而细致的工作，要按特定的程序和步骤，采取适当的方法逐层次地分析各现象，并实事求是地做出评估。创业风险可以分为三种形式：必然风险、潜伏风险和想象风险。必然风险，即无论如何都不可避免的风险。潜伏风险，这种风险的发生取决于一定的诱发因素，也就是说这种风险有可能发生，也有可能不发生。想象风险，即人们的猜想和想象，是心理反应的产物，其实不会发生，这种风险就是假风险。

1. 确定导致创业目标不确定性的客观存在

这里强调的是导致创业风险的不确定性的客观存在。因此，必须要发现或推测的因素是否存在不确定性，如果所有要素是确定的，不能称之为风险。在此基础上，要确定要素的不确定性本身必须是客观存在的，是事实上存在的，不以人的意志为转移的，不是凭空想象和捏造的。

2. 建立创业风险因素清单

建立创业风险因素清单是识别创业风险的基础工作和前提条件。创业风险因素清单可以在创业风险机理研究的基础上构建起来。清单中应明确列出客观存在和潜在的各种风险，应该包括各种影响创业研究、制订、实施、控制及影响企业的生产、经营和经济效益的各种因素，可以通过理论研究成果和实际的经验进行判断。建立清单可以通过商业清单或一系列的调查表进行深入研究、分析而制订。

3. 确定重要的风险事件并对其可能的结果进行测算

根据清单中的各种重要风险来源，分析和推测各种可能性，结合创业管理的手段和方法测算对创业影响的程度、创业成本耗费和最终企业的各种绩效指标的变化。

4. 进行创业风险因素分类

对创业风险进行分类的目的是更加深入地理解创业风险的性质、特征和构成，并在此基础上制订更好的管理对策。对创业风险进行分类，必须结合创业风险要素的性质和可能性结果及彼此之间的关联程度，这样有利于更加确切地理解风险、预测结果。

5. 进行风险排序

风险识别的结论是对其进行归类，即根据风险分类和各种可能的影响结果按照一定的方法进行排序，分别列入不同的风险级别。每个风险级别都有自己的风险特征，包括不同的发生频率和严重性。

三、新创企业风险管理的基本方法

有效防范风险的主要方法有四种：减少可避免的风险、实行损失管理计划、分散风险和非保险转移风险的方式。

1. 减少可避免的风险

当新创企业发现从事某一项活动会涉及过高的风险时，可决定减少或放弃这项活动，以便减少甚至完全避免风险。避免风险有两种方式：一种是完全拒绝承担风险；另一种是放弃原先承担的风险，但是这种方法的适用性很有限。

2. 实行损失管理计划

损失管理计划分为防损计划和减损计划。防损计划旨在减少损失的发生频率或消除损失发生的可能性。建造防火建筑物、质量管理、驾驶技术考核、颁布安全条例、提供劳动保护用品、检查通风设备及产品改进等均是减少损失频率的措施。

3. 分散风险

人们日常所说的"不要把鸡蛋都放在同一个篮子里"，讲的就是分散风险的道理。分散风险是指通过增加风险单位的个数来减少风险损失的波动。这样，企业一方面可以比较准确地预测风险损失，另一方面可以减少预防风险所需预备的资金。

4. 非保险转移风险的方式

在风险管理中，较为普遍使用的非保险转移风险的方式是合同、租赁和转移责任条款。例如，一家公司在与某建筑承包商签订新建厂房的合同中规定，建筑承包商对完工前厂房的任何损失负赔偿责任。又如，计算机租赁合同中规定租赁公司对计算机的维修、保养及损坏负责。再如，出版商在出版合同中加入转移责任条款，规定作者对剽窃行为负法律责任。

第七章

就业协议签订及档案管理

第一节 高校毕业生就业面临的挑战

一、高校毕业生的就业现状

像其他劳动者一样,高校毕业生就业群体也面临着就业的挑战,该挑战大概来自两个方面:一是来自我国劳动力市场的劳动力供给与需求的失调;二是来自大学扩招与就业机会的失调。

1. 源于劳动力市场的压力

从我国劳动力市场来看,劳动者就业的需求与劳动力总量过盛,与就业岗位比例失调。当前和今后一个时期,我国就业领域固有矛盾依然存在,新的影响因素还在增多,工作推进中仍有不少短板弱项,我国的就业形势将更加复杂严峻,就业任务将更加艰巨繁重。

从总量看,就业压力依然存在。我国16~59岁劳动年龄人口从2012年开始有所减少,这一趋势还将持续,到2020年后减幅将加快。但必须看到,这种减少是供给高位上的放缓,而且由于受教育等因素影响,劳动年龄人口进入劳动力市场的时间相对滞后。2018年末我国劳动年龄人口仍接近9亿人,预计到2035年劳动年龄人口仍将保持在8亿人左右。近几年每年需要在城镇就业的新成长劳动力约有1 500多万人,加上近千万的城镇登记失业人员,需在城镇就业的劳动力年均约2 500万人。

2. 高校毕业生数量持续增长的压力

在我国,随着工业型组织的减少,服务型组织的增加,要求高学历的岗位需求量在下降,就业人员的知识结构与就业岗位存在着匹配失调问题。高校的扩招,导致高学历人数的比例加大,使高校毕业生就业雪上加霜。

我国历年高校毕业生人数逐年增加。1949年的高等学校毕业生为2.1万,到恢复高考的第二年毕业生为 16.5 万，如今的高校毕业生已经达到 834 万，毕业生人数是中华人民共和国成立时的 397 倍，是恢复高考起始时的 50 倍。从 1998 年开始，中国每年的高校毕业生逐年增长，从 1998 年的 82.98 万直线上涨到 2019 年的 834 万，在这短短的 21 年里涨了 10 倍，并且还在保持增长的趋势。在线高等教育的录取率已经达到了 75%，比 1998 年翻了一倍多，比刚恢复高考时录取率翻了 15 倍。毕业生人数的增长，使毕业生就业压力增大，这也是考研人数逐年递增的一个重要原因。1978 年到 1998 年的这 20 个年头里，中国的高等教育毕业生在曲折中增长，特别是 1984 年到 1998 年这十几年，除了某些年份较之前小幅度的降低之外，其余都呈现增长现象。录取人数从 1977 年的 27 万增长到 1998 年的 108 万，录取率从 1977 年的 5% 增长到 1998 年的 34%，有些年份录取率还高于 34%。

根据公开数据显示，2019 年高校毕业生人数达到创纪录的 834 万人。至于毕业后的去向，据调查显示，55.91% 的大学生选择考研，28.87% 选择直接就业，4.46% 选择考公务员，3.94% 选择创业，3.15% 表示没有想过。预计 2020 届全国普通高校毕业生将达 874 万。2012 年至 2019 年大学毕业生的增长情况如表 7-1 所示。

表 7-1　2012—2019 年我国高校毕业人数统计表

年份	2012	2013	2014	2015	2016	2017	2018	2019
毕业生人数/万人	680	699	727	749	765	795	820	834
年增长率/%	3.0	2.7	4.0	3.0	2.1	3.9	3.1	1.7

二、高校毕业生就业的影响因素

由于高校毕业生的知识结构、素质与所在的高校教育有一定的关联性，因此高校的环境对高校毕业生的成长会产生一定的影响。这些影响来自专业设置、培养模式等。

1. 用人单位与人才输送的高校之间缺乏畅通的渠道

毕业生就业市场不够完善，用人单位寻人才，毕业生找工作，都缺乏针对性。供需见面会往往拥挤不堪，成功率低。在就业的理念上也存在一定的问题，对于高校毕业生就业，社会认为是学校的事，学校则认为是个人的事，各自的责任不明确，合理使用人才对高校毕业生、用人方和社会的意义还没有被客观认识到。

2. 专业设置与培养模式和人才市场的需求不匹配

在我国，就业过程已经进入市场化，学校的招生计划、专业结构、教学内容基本上还按计划体制的形式运作，教学从学校的能力出发，而非从就业市场的需要出发。

3. 人才需求的实时性与人才培养的长期性之间的矛盾

人才培养是一个长期的过程，需要时间。一个专业从招生到就业至少需要 4~5 年时间。另一方面，有些学校或地区盲目招生、盲目设置专业，使专业设置雷同，低水平重复。因此，培养出来的学生很难适应就业市场的需求。

4. 就业高校毕业生的期望与就业岗位之间存在差异

很多高校毕业生不是根据市场需求择业，而是片面追求高工资、大单位、大城市、大企业，20世纪50年代流行的"到农村去、到边疆去、到祖国最需要的地方去"的响亮口号，在当今一些高校毕业生中演变成了"到大城市去、到大机关去、到大公司去、到国外去、到挣钱最多的地方去"，这是违背市场规律的，必然会使就业失败。

5. 毕业生就业的政策性、体制的局限性

随着国家经济社会的发展以及高等教育事业的发展，就业环境与就业需求也在发展和变化，一些用人政策和制度与新形势不相适应，有的甚至严重限制或阻碍了毕业生就业。

例如，我国人事制度改革相对滞后，户籍、编制各种指标和档案管理等，都没有进行根本性的改变，人事部门对毕业生就业的申请报批手续过于繁杂，单位并没有多少真正的用人自主权，仍然需要按照接收毕业生一人一报批的程序办理手续，非公有制单位甚至没有审批进入指标的渠道；同时还存在毕业生就业工作部门职责不清，政出多门、政策交叉矛盾等现象，致使许多就业改革措施难以兑现。

第二节 高校毕业生就业指导概述

一、高校毕业生就业指导的含义

高校毕业生就业指导可分为狭义和广义两大类。狭义的就业指导，是为高校毕业生传递就业信息，并给予指导的过程。广义的就业指导则包括：预测有就业要求的劳动力资源、社会需求量；收集、传递就业信息，培养劳动技能，组织劳动力市场以及推荐、介绍、组织招聘等与就业有关的综合性社会咨询、服务活动。

同时，就业指导还应包括就业政策导向和与之相应的思想教育工作。简言之，就业指导就是指帮助高校毕业生根据自身特点和社会职业需求，选择最能发挥自己才能的职业，迅速、高质量地胜任工作，实现自己的人生价值和社会价值的活动。

二、高校毕业生就业指导的任务

就业指导的主要任务分为三个方面：政策指导、思想指导和求职技巧指导。

1. 政策指导

如果高校毕业生对国家的就业政策缺乏了解，那么，在择业时就可能具有很大的随意性和盲目性。国家的就业政策涵盖了与高校毕业生就业相关的法律和法规，以及就业岗位的描述、在就业岗位所享受的待遇和如何获得这些岗位。

例如，什么是基层就业？国家鼓励毕业生到基层就业的主要优惠政策包括哪些？到基层就业如何办理户籍档案、党团关系等手续？目前社会或者高校编制的《××年毕业生就业指导手册》，就涵盖了大部分相关的政策指导内容。

2. 思想指导

高校毕业生就业的思想指导是指对高校毕业生关于世界观、人生观、成才观、择业观的教育，就业指导中的思想指导主要包括择业定位、职业生涯规划、择业心理调适、诚信就业教育、创业教育等内容。

(1) 适应社会与自身发展的指导思想。

帮助高校毕业生树立正确的成才观和择业观是思想指导的一项重要内容。高校毕业生主要应从自身实际、主动适应社会发展需要两个维度，认真做好职业生涯规划和择业定位。

在当今社会，高校毕业生的择业标准呈现出多样化、多元化的特点，指导高校毕业生择业的基本原则是把个人理想与国家需要结合起来，避免和纠正在择业上的短视行为，抵制眼前功利的诱惑，做到以事业为重，以国家需要为重，勇于到基层去，到祖国最需要的地方去，为全面建设小康社会、构建和谐社会建功立业，实现人生的价值。

(2) 培养高校毕业生诚实、守信的就业态度。

开展诚信就业教育，帮助毕业生确立高尚的求职道德是就业思想指导的另一项重要内容。鼓励高校毕业生养成诚实正直、实事求是、与人为善的态度，反对在求职择业时吹嘘自己、贬低别人、弄虚作假的行为，认识到拉关系、走后门等是不正当竞争行为。通过就业指导，应该使毕业生懂得，缺乏良好道德修养的人是难以顺利成才的，特别是在当今市场经济日益发达的环境中，个人的信誉和职业道德尤为重要。

思想指导的内容还包括帮助毕业生调适就业心理，选择正确的成才道路。要使高校毕业生认识到个人是否能够成功，是个人主观努力和抓住适当机遇的结果。通过思想指导，学校可以帮助毕业生正确地处理社会需要与个人成才、事业与生活、个人与集体、自己与他人的关系，以积极进取的健康心态过好"就业关"。

3. 求职技巧指导

求职技巧指导是就业指导的主要内容之一。不少高校毕业生在就业过程中不仅思想准备不足，对就业政策掌握较少，而且对就业程序、应聘技巧、个人自荐材料的准备以及应有的礼仪和言谈举止等方面缺乏相应的了解。求职技巧指导在高校毕业生职业发展中显得非常必要。

三、高校毕业生就业指导的内容

就业指导的主要内容通常包括提供信息、评价指导、择业咨询、就业教育四个方面，如图7-1所示。

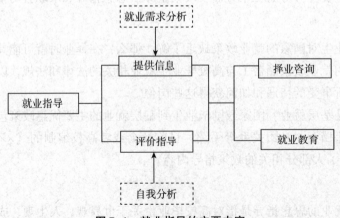

图7-1 就业指导的主要内容

1. 提供信息

提供信息又称提供就业信息，是指以高校毕业生求职择业意向为前提，为高校毕业生提供准确的职业需求信息，包括哪里有就业需求、需求量、需求岗位的具体要求等。职业需求信息可由学校就业机构集中统一发布，也可建立信息库供高校毕业生查询，还可由用人单位通过广告形式直接向求职的高校毕业生公布。这项工作的重点是对信息进行分类整理和统计，并对就业形势进行预测分析。

2. 评价指导

评价指导又称自我评价指导，是指导者通过谈话观察、问卷调查、心理测验等方式，对毕业生的个性、能力、职业倾向、知识结构与专业特长等方面进行客观评估，并把这种评价反馈给毕业生的过程。评价指导的作用是帮助毕业生客观认识自己，做好就业定位，选择最适合自己、最能发挥自己潜能的职业。

3. 择业咨询

择业咨询也称就业咨询，是指以问答的形式，回答高校毕业生与就业有关的各种问题，为高校毕业生选择职业提供必要的意见和建议，包括对一些问题的共同探讨和平等协商。择业咨询可以是面对面的，也可以是书面的，还可以通过电子邮件或者网络平台实施。咨询的内容通常包括职业信息、自我评价、就业政策、择业心理、求职技巧等各个方面。

提供咨询者既可是教师或就业指导者，也可是家长、亲友、同学、校友。择业咨询具有针对性强、不受时间和地点的限制、气氛宽松、灵活多样的特点，在就业指导工作中具有十分重要的意义。

4. 就业教育

就业教育主要是指采用面授、讨论、案例或情景模拟的形式针对高校毕业生就业过程中面临的各种问题进行辅导和讨论，最常用的就业教育形式包括：为高校毕业生开设就业指导课程，不定期举办就业指导讲座，个别谈话式的就业教育等。

就业教育主讲人多是具体从事就业指导工作、经验丰富的教师或就业指导服务部门的领导。此种就业指导方式的主要特点是内容正规、系统、全面，所提供的就业信息和就业政策具有权威性。

四、就业指导与职业生涯规划

就业指导是在高校毕业生职业生涯规划的基础上展开的。职业生涯规划又称职业生涯设计，是指在对一个人职业生涯的主客观条件进行测定、分析、总结的基础上，对自己的兴趣、爱好、能力、特点等进行综合分析与权衡，结合时代特点，根据自己的职业倾向，确定最佳的职业奋斗目标，并为实现这一目标做出行之有效的安排的过程。

就业指导应该体现全程指导与个性化咨询相结合。全程指导是指对高校毕业生职业生涯的规划和就业的指导工作，贯穿于整个大学阶段。个性化咨询是根据每个具体高校毕业生的特点，有针对性地进行就业指导，使每一个学生的职业生涯规划指导都不同于他人。

职业生涯规划是一个持续发展的过程，以此为线索的高校毕业生就业指导在各阶段具有不同的内容和特点。

1. 围绕职业教育开展就业指导

大学新生的就业指导应该围绕着职业教育开展，"主要任务"是让高校毕业生客观地认识自我，能够回答"我是谁"，即我的个性是什么；"我想要什么"，也就是我的职业目标是什么；"我会什么"，即我现在的知识与能力有哪些；"我该做什么"，也就是围绕着自己的职业目标该做些什么，除了完成自己的学习目标，还应该做哪些事情，也就是确定自己在大学期间的职业发展规划与计划。

2. 针对规划与计划进行检验

大学二年级与三年级应针对大学一年级所做的规划与计划进行检验，回答这样的问题："我做了些什么"，检查是不是完成了计划；"我做得如何"，完成计划，做事情做得怎么样；"我还应该做什么"，也就是说除了以前做的，新的任务是什么。这一阶段也是高校毕业生职业目标调整的阶段，如果没有实现以前的目标，就应该考虑自己的能力与目标的匹配性、时间与目标的匹配性，修正自己的目标，制订新的计划。

3. 结合具体就业意向展开就业指导

大学四年级的就业指导就要结合具体的就业意向展开，主要是提供就业信息政策与法规，以及就业的具体技术等。例如，如何应聘，如何签订三方协议书，如何维护自己的权利等；又如，考研应该做哪些准备，考公务员有哪些政策等。

第三节　应对就业压力的措施

面对严峻的就业形势，高校毕业生、学校必须与政府共同努力，从战略和战术方面共同携手战胜压力。

一、制度建设保障就业渠道

目前的形势对中国法律体系提出了新的要求，特别是有关劳动就业和劳工标准方面，需要结合国际通行要求加快法制建设，以适应变化了的国内外经济环境。下面两个相关问题的法制建设就甚为迫切。

1. 平等就业的权利

平等就业权是一项基本的人权（劳动权），它的实质是反对就业和职业中的各种歧视。国际劳工组织就曾为此通过多个国际公约，反对在就业过程中的"任何区别、排斥和偏私"的行为，我国劳动法也有过相关规定。

但是，目前我国还普遍存在就业歧视，一是国民就业的社会出身歧视，二是境外人员来我国就业的"准入"限制。针对前者，可以在健全劳动力市场的基础上，逐步分阶段在法律上对所有劳动者实行"国民待遇"，并且强化执法力度；针对后者，则应根据有利于我国劳动力市场发展实际,结合国际通用规则,尽快地制定出相关法规,以便吸引优秀人才,排斥简单劳力的涌入。

2. 强化政策服务

面对就业领域所出现的各种新问题,政府应该综合运用各种政策,积极地发挥政策调控作用,以创造更多的就业机会。当前以下几项政策更应列入强化前列。

(1) 积极的产业政策。

其一是大力发展第三产业,重点发展生活服务业和生产服务业;其二是积极发展非公经济和中小企业,加强政策力度,为其创造更加有利的宽松环境。

(2) 推动劳动力流动。

首先要尽快出台加快劳动力流动的政策,建立全国统一的社会保障制度。其次,要出台促进劳动力流动有序发展方面的政策,鼓励推进城镇化进程,淡化城乡就业者在福利待遇方面的差异。

(3) 扩大劳务输出。

鼓励劳务输出,应体现在既鼓励有计划、有组织地开辟国际劳务市场,拓宽劳务输出渠道,同时又要为劳务输出开辟绿色通道,减少人为阻力,做好劳务输出的信息发布、推荐面试、社会保障、记载工作经历等相关服务工作。

(4) 公共就业服务社会化。

应该逐步推行公共就业服务的社会化和市场化政策,其中包括允许社会就业服务机构营利的政策,从而提高职业培训等就业服务效率,同时使政府从具体繁杂的就业服务事务中解脱出来,致力于市场的监管。

二、政府支持统一就业管理

政府部门应该加强就业和失业的统一管理。面对就业和再就业形势,需要分清政府和市场各自的责任。在就业和失业两个环节上,政府和市场所担负的责任是不同的。

1. 政府在就业环节担负的责任

在就业问题上,政府虽对国民就业的解决负有重要责任,但在市场经济条件下,政府在就业环节担负的责任方式已经发生根本转变,不再是直接干预劳动力市场,而主要是为国民的就业创造良好的环境和提供完善的服务。就业问题的解决主要是依靠自身的努力,去市场寻找或创造就业机会,而不是一味地依赖政府。

2. 政府在失业环节担负的责任

在失业问题上,鉴于开放的社会环境,市场失灵的可能性会增大,劳动者的生存风险也会增加,所以亟须政府采取行动,来弥补市场缺陷给劳动者所带来的损害。由于失业会造成劳动者及其家庭的生活危机,以及社会的不稳定,因此政府必须建立和完善"失业保障"及"促进就业"这两个体系,使失业者不仅有基本生活保证,而且要促进再就业的步伐和力度。

当然,失业者的个人努力也是不可缺少的,但在失业问题上政府所负有的责任显然更加重要,特别是在维持较低失业率和缩短失业周期上应有新的举措。

三、战略入手对抗就业压力

对抗就业压力,政府、学校与个人都应该战略、战术齐下,近、中、远期兼顾,全面考虑。具体的方法包括如下几个。

1. 利用新兴产业的发展促进就业

随着社会的发展,人们的社会需求在不断发展和变化。为了满足社会的需求,必然会涌现一些新兴行业。新兴行业也称新兴产业,是指具备和掌握核心技术,具有市场需求前景,具备资源能耗低、带动系数大、就业机会多、综合效益好等特征的行业。

2. 培育和发展就业中介机构

目前,高校毕业生就业服务多数是靠高校的学生管理部门提供的,由于高校的学生管理部门负担的任务重,不仅负责学生的思想教育,还负责学生的奖励与惩罚、奖学金、三好生、学生干部的管理以及相关的社团工作,高校毕业生就业教育与管理只是其中的一项任务,其对于社会劳动力市场需求的调研服务能力也是有限的。因此,需要动用社会的力量。我国需要一批值得信任的、负责的就业中介机构。这就需要政府加强对就业中介机构的严格管理和扶持。

3. 多方位开展社会培训

目前高校毕业生的就业教育工作由学校承担,这种教育多数集中于如何找工作、如何应聘等方面,而对于融入社会、适应岗位的技能教育则略显薄弱。目前大学的学工部门需要思考的问题之一就是如何使培训内容与高校毕业生的社会生活和工作接轨。

我国就业领域的总量矛盾和结构矛盾仍长期存在,因此仍需要有战略性安排,包括将就业优先作为社会经济发展的战略目标,确保适当的经济增长速度以带动就业持续增长,进一步优化经济结构和就业结构以扩大就业规模,等等。

四、结构调整促进就业发展

必须重视产业结构与就业结构的一致性。产业是指国民经济中的各行各业。产业结构是指国民经济中各产业部门的相互关系和数量比例。产业结构理论指出,当产业结构与就业结构近乎相同时,结构转换所产生的摩擦以及由摩擦所产生的损失最小,完成结构转换所需的时间也最短。如果两者不同步或不协调,特别是就业结构变动滞后时,不但会扭曲资源的配置,而且会使就业中结构性矛盾加剧。

在调整产业结构的过程中,必须考虑就业结构的变动影响,尽可能做到劳动密集、资金密集、技术密集的产业和企业发展,能够同步协调和布局合理,使国民经济发展在全局上既能保证科技进步和效率提高,又能兼顾扩大就业。

从目前的形势来看,继续大力发展第三产业,提高服务产业在内的第三产业在国民经济增长和新增就业总量中的份额,是目前两种结构同步调整的重要选择。实践证明,继续大力发展以服务业为先导的第三产业,既是产业结构优化升级的重要内容,又是扩大就业、完善就业结构的有效途径。

五、规范管理建立劳动力市场

劳动力市场是指劳动力进行流动和交流的场所，劳动力市场的完善，特别是一个统一的、开放的全国性劳动力市场的建立，是进步提高我国劳动力资源配置效率、彻底清除劳动力合理流动障碍的重要前提。

目前影响劳动力的障碍主要体现在户籍制度和社会保障制度上，社会保障制度已在全国范围内实现了省级统筹，这样就会消除那些从本地利益出发，对外地劳动力采取歧视的现象，从而推动劳动力市场的健康发展。

第四节 就业协议的签订

大学生毕业离开学校，需要办理很多手续，程序十分复杂。因此，做好毕业过程管理，使其掌握正确的就业流程，顺利走向工作岗位，建立健康的劳动关系，涉及毕业生顺利毕业和未来职业生涯的健康发展。

一、就业协议的性质及使用对象

就业协议是为了明确学校、毕业生、用人单位三方在毕业生就业工作中的权利和义务，在学校见证下经毕业生和用人单位平等协商一致后签订的关于毕业生毕业后去用人单位工作的书面协议。

就业协议是高校毕业生与用人单位确立劳动关系的法律依据，是明确毕业生、用人单位、学校在毕业生就业工作中权利和义务的书面表现形式，是毕业生就业过程中十分重要的文件。毕业生在择业过程中应该慎重对待就业协议的签署和管理。就业协议由教育部或省级高校毕业生就业工作主管部门统一印制，使用对象为普通高等学校大专层次及以上的国家计划内的统招毕业生。定向或委培毕业学生没有就业协议。

就业协议实行严格的编号管理，每套就业协议均由省级毕业生就业工作主管部门统一编号，一套一号，一式三份（个别区为四份），任何单位或个人不得复制、翻印。就业协议由学校在规定的时间统一发给毕业生，每位毕业生只领一套就业协议。在签订协议过程中，因损坏、填错等原因造成协议不能使用，毕业生须持原件到所在学校毕业生主管部门申请更换。就业协议不得挪用、转借、复印、涂改，否则视为无效。

二、就业协议的作用

就业协议在毕业生就业工作中十分重要，学校对其管理也十分规范严格，毕业生须认真对其进行管理。就业协议的作用表现在以下几个方面。

（1）维护毕业生合法权益。

就业协议作为国家统一编制、印发的高等学校毕业生就业意向协议，是毕业生权益的有力保障，用人单位和毕业生双方盖章、签名确认并经学校鉴证后，就业协议即成为具有法律效力的合同文件,任何一方未征得对方同意不得中途废止,否则将承担赔偿责任。

毕业生和用人单位签约后,发生工伤事故,单位应负担赔偿责任;签约后,毕业生发生疾病等影响工作的意外事故,单位不得因毕业生丧失工作能力而中途解除工作协议。毕业生毕业报到后,用人单位应根据协议的约定提供相应的工作岗位、工作条件、工资待遇等。

(2)就业协议是签署劳动合同的基本依据。

就业协议不等同于劳动合同,毕业生在正式毕业前到用人单位工作须签订就业协议,毕业生正式毕业到单位工作后需要签署劳动合同,在签署劳动合同时用人单位必须把就业协议中的约定条款考虑到劳动合同中,否则视为违约。

(3)就业协议是高校和毕业生就业主管部门进行就业统计、编制就业计划、对毕业生进行就业监督以及帮助毕业生维权的重要凭据。

(4)就业协议也是学校和上级主管部门为毕业生开派遣证、移送档案、组织关系和转迁户籍关系的凭证。

毕业生毕业时,其派遣证、档案、党团组织关系、户籍关系转到何处,都要根据就业协议中就业单位的性质、地址等内容来确定。如果就业协议签署不全面,或者就业协议丢失,就会影响到就业生毕业报到。

三、就业协议的内容

就业协议主要由封面和四个栏目构成。第一栏是毕业生情况,第二栏是用人单位意见,第三栏是学校意见,第四栏是备注。当毕业生与用人单位平等协商达成一致后,即可填写就业协议书。毕业生必须按要求填写就业协议。

(1)封面及编号由所在学校毕业生主管部门统一填写,其他由毕业生和用人单位填写。毕业生应用宋体或楷书填写本人姓名,切勿用草体或签名体书写;用人单位要填写用人单位全称;学校名称必须填写所在学校全称。

(2)正表第一栏"毕业生情况及意见"由毕业生本人如实填写。在"培养方式"栏内一般填写"国家任务",在"应聘意见"栏内一般填写"我自愿到某单位工作"。

(3)正表第二栏"用人单位情况及意见",由用人单位填写并加盖公章。

(4)正表第三栏"学校意见",在毕业生与用人单位签字、盖章后,先到所在院系签署意见,然后再到学校毕业生就业工作部门签署意见并加盖公章。

(5)"备注栏"内所填写的内容主要是毕业生与用人单位在双向选择的过程中,就有关就业中的权利与义务经协商达成的共识,双方认为需要在协议上明确的相关内容。如毕业生到用人单位后,其试用期及转正后的工资福利待遇、就业后的培训以及违约责任等。

四、就业协议的订立原则

就业协议的签订必须遵循主体合法与平等协商两个基本原则。

(1)主体合法。

主体合法是指签署就业协议的当事人必须具备合法的主体资格。对毕业生而言,必须取得毕业资格。如果学生在派遣时未取得毕业资格,那么用人单位可以不予接收,并且无须承担法律责任。对用人单位而言,用人单位必须具有从事各项经营管理活动的能力,具有法人资格,或要有录用大学生计划和录用自主权。

(2) 平等协商。

平等协商是指当事人在签订就业协议时的法律地位是平等的,任何一方都不得将自己的意志强加给另一方。学校不得采用行政手段要求毕业生到指定单位就业(不包括有特殊情况的毕业生),用人单位不应在签订就业协议时要求毕业生缴纳过高数额的风险金、保证金等,毕业生不得要求用人单位非经正常程序招聘自己。

五、就业协议签订的基本程序

就业协议的签订没有固定的程序,通常按以下步骤进行。

(1) 毕业生到学校就业指导部门领取就业协议。各高校一般在每年的9月至10月向毕业生发放空白就业协议。

(2) 毕业生和用人单位平等协商达成协议后,双方在就业协议上签字盖章。协议上应注明是否可以接受毕业生的档案和户籍,并写清楚通信地址。

(3) 无独立人事权的用人单位报请上级主管部门批准,上级主管部门在协议上签署"同意接收",并签字盖章。

(4) 用人单位或毕业生将签字的就业协议送至学校毕业生就业指导部门进行鉴证、登记并加盖公章。

(5) 学校对就业协议进行鉴证、登记、盖章后,将就业协议列入就业方案并将信息反馈给用人单位。

(6) 就业协议生效。就业协议在学生签字、用人单位签字盖章,经学校盖章登记后生效。

六、签订就业协议时的注意事项

毕业生经过双向选择找到意向单位后,在签订就业协议前应注意以下问题。

1. 认真了解和掌握国家的就业政策和规定

毕业生在择业签约前要认真全面地掌握国家关于高等学校毕业生就业的政策和规定,这些政策和规定是指导和规范毕业生求职活动的行为准则,是保障毕业生顺利就业的政策依据。

2. 了解用人单位的相关政策

要了解用人单位的劳动用工政策、吸引人才的政策,以及发达地区和中心城市录用非本地生源高校毕业生的政策。这些政策都将对毕业生的择业签约产生导向、调控和制约作用。

3. 认真研究就业协议中的条款内容

毕业生在与用人单位签约前,要认真阅读就业协议中的全部条款,力求了解条款的内容和含义,如有不清楚的,应向用人单位询问,切忌草率签约。重点要弄明白以下内容。

(1) 要明确就业的具体工作部门或岗位,工作条件和生活条件,薪酬、福利等内容,以文字形式在附件中体现,而非口头上达成一致。

(2) 要了解用人单位有无人事权以及用人单位的隶属关系。无人事权的用人单位除在协议书上签字盖章,必须加盖上级主管部门的公章方可同意录用,否则学校将无法将该生列入就业派遣方案。

(3) 要明确工作以后是否可以深造、考研及调离的条件等;明确考取研究生或公务员的处理办法,并在协议上予以明确。

(4) 注意协议中的补充条款和以后的劳动合同相衔接,要有利于以后劳动合同的签订。

(5) 明确违约责任,注意违约赔款的合理性及本人的承受能力。

4. 认真填写就业协议

就业协议的填写和签署要全面、工整、规范和正确。单位和学校名称必须是全称,并与公章一致。接收毕业生档案和户籍的单位名称、地址和邮政编码必须填写正确、清楚,最好由用人单位填写。特别要注意填写清楚用人单位的单位机构代码及信息登记号,否则将无法在就业指导部门登记。

5. 按规定的程序签订就业协议

毕业生与用人单位达成就业协议后,应在用人单位填写完毕、盖章后,再到学校就业指导中心签字盖章。此程序由学校最后把关,更有利于维护学生的合法权益。有的学生自己填写完毕后就直接到学校毕业生就业指导中心要求盖章,结果单位在填写时,工资待遇等与过去承诺的大相径庭。

6. 注意把握好签订就业协议的时机

毕业生通过双向选择,确定了目标单位,对方如果也明确表示出录用意愿,就要抓紧与用人单位签订就业协议;要避免在自荐求职时积极主动,在签约时左顾右盼、犹豫不决而使用人单位心怀疑虑,丧失签约机会。

7. 注意就业协议的管理

每位毕业生仅有一套就业协议,不能涂改和伪造,且必须经毕业生、用人单位、学校三方签字并加盖公章后方能生效,毕业生应该妥善保管,防止丢失。

七、就业协议的生效、无效和解除

1. 就业协议的生效

就业协议不同于一般协议,只需要双方签字即可生效。就业协议有三方主体——毕业生、用人单位和学校,就业协议必须通过三方主体共同签字后才可以生效,缺少任何一方的签字都是无效协议。

毕业生在和用人单位签订协议后,应在15日内将就业协议送就业指导部门审核,学校就业指导部门审核签章后就业协议生效。签章后毕业生应该把就业协议反馈给用人单位。就业协议生效后即具有法律效力,任何人不得更改,否则需承担违约责任。

2. 就业协议的无效

就业协议的无效是指在欠缺就业协议有效的条件或者违反就业协议订立的原则等情况下签订的不发生法律效力的协议。无效的就业协议自订立之日起就没有法律约束力。就业协议的无效通常有以下三种情况。

（1）采取欺骗等违法手段签订的就业协议无效，如用人单位未如实介绍本单位情况，根本无录用计划而与毕业生签订的就业协议，毕业生通过简历注水骗取用人单位信任而签订的就业协议。

（2）采用恐吓、胁迫等违背当事人意愿手段签订的就业协议无效。

（3）就业协议未通过学校见证，学校拒绝登记、盖章的就业协议无效。对此学校将不列入就业方案，不予派遣。例如，有的协议经学校审查认为对毕业生有失公平，或违反公平竞争、公平录用的原则，或违反法律政策规定等，学校可以不盖章登记，协议不具法律效力。

无效协议产生的法律责任应由责任方承担。

3. 就业协议的解除

就业协议签订后，由于情况有变，协议中的权利与义务无法得到履行，导致协议终止，称为就业协议解除。就业协议解除分为协商解除和单方解除两种。

（1）协商解除。

协商解除是指毕业生、用人单位经协商一致解除原订立的协议，原协议失去法律效力。此类解除是双方当事人真实意思的表示，且协商一致，双方均不须承担额外法律责任。

（2）单方解除。

单方解除包括单方擅自解除和单方依法或依协议解除。

单方擅自解除是指一方未征得对方的同意，而单方面终止协议的行为。单方擅自解除协议属违约行为，解除方应对另一方承担违约责任。

单方依法或依协议解除，是指一方解除就业协议有法律上或协议上的依据。如学生未取得毕业资格，用人单位有权单方解除就业协议。毕业生考上研究生后，如果协商条款中有这方面的约定，可以根据约定解除就业协议。

双方解除协议，应签署解除协议文件；若单方擅自解除，由责任方按就业协议规定承担违约责任。有关解约或违约手续完备后，学生可重新择业。

（3）违约及其处理。

就业协议经各主体签字盖章后即具有法律效力，任何一方都不得擅自解除，否则属于违约，应向另一方支付协议条款所约定的违约金。从实际情况来看，毕业生违约状况时有发生，很多毕业生基于求稳的原则，先签下一家单位然后再寻找更高目标，结果在签约后，仍频频出入于招聘洽谈会，继续与多家单位洽谈、面试，当遇到新单位优于原签约单位时，便义无反顾地抛弃前者，违约就此发生。

毕业生违约不仅会影响学校的声誉、损害签约单位的利益，而且会妨碍其他毕业生顺利就业，同时也会给自己带来很多不必要的损失。因此，毕业生在签约时一定要慎重，签约后尽量不要违约。

毕业生违约时要注意与用人单位协商,争取协商解除就业协议。协商时态度要诚恳、真挚,委婉地说出理由,以获得用人单位的理解和支持。如果协商未果,提出单方面解除时,一定要有礼貌,及时支付违约金并诚恳道歉,以获得签约单位的谅解,消除负面影响,及时办理解约手续。

解约的毕业生在与新的用人单位达成就业意向后,凭用人单位的接受函以及原用人单位的解除协议的文件或办理违约手续相关材料,到学校就业指导部门重新领取就业协议,再按程序签订就业协议。为了维护学校声誉和良好的就业择业秩序,原则上要求毕业生只可以违约一次或尽量不违约。

第五节 关于劳动关系的确立与劳动争议

劳动关系是指用人单位和劳动者在雇佣过程中所形成的社会关系。从法律意义讲,是指用人单位招用劳动者为其成员,劳动者在用人单位的管理下提供有报酬的劳动而产生的权利义务关系。

大学生毕业后必须与就业单位建立具有法律保护的正式劳动关系,以保护自身合法权益,劳动争议是劳动者和用人单位在劳动关系实施过程中发生的争议。在市场经济条件下,劳动争议是一种客观存在,毕业生走上工作岗位后要善于利用法律的武器保护自己的合法权益,合理处置劳动争议。劳动关系和劳动争议处理的主要依据是各种劳动法规,基础是劳动合同。

一、劳动合同

劳动合同又称劳动契约或劳动协议,是指劳动者与其所在的用人单位之间,为明确劳动过程中相互的权利义务关系,通过平等协商而签订的协议。我国《中华人民共和国劳动法》(以下简称《劳动法》)第十六条规定:"劳动合同是劳动者与用人单位确立劳动关系、明确双方权利和义务的协议。建立劳动关系应当订立劳动合同。"

《劳动法》的这一规定表明劳动合同是确立劳动关系的法律依据,是劳动者与用人单位劳动关系的基本表现形式。只有订立了劳动合同的劳动关系,才能得到法律的保护;没有订立劳动合同,私下建立的劳动关系是较难受到法律保护的。因此,大学生在毕业走上工作岗位时必须重视签订劳动合同这一环节。

劳动合同的内容包括法定条款和约定条款两部分。法定条款又称必备条款,是指法律明确规定的,所有劳动合同中都必须具备的条款;约定条款又称补充条款或可备条款,是指法律没有明确规定劳动合同中必须具备,但是可以由用人单位与劳动者协商补充的内容条款。根据《中华人民共和国劳动合同法》(以下简称《劳动合同法》)第十七条第二款规定:"劳动合同除前款规定的必备条款外,用人单位与劳动者可以约定试用期、培训、保守秘密、补充保险和福利待遇等其他事项。"

1. 必备条款

必备条款是依据法律规定，劳动合同双方当事人必须遵守的条款，不具备这些条款的劳动合同不能成立。根据《劳动法》的规定，劳动合同的必备内容或条款有以下几个方面。

（1）劳动合同期限。

（2）工作内容。

（3）劳动报酬。

（4）社会保险。

（5）劳动保护和劳动条件。

（6）劳动纪律。

（7）劳动合同终止条件。

（8）违反劳动合同的责任。

2. 约定条款

除上述几项必备条款以外，双方当事人可以根据实际需要在协商一致的基础上，约定其他补充条款，法律对约定条款不做强行规定，由当事人协商在合同中确定，劳动合同缺少约定条款不影响其效力。但是，约定条款写入合同后，只要其内容合法，就和法定条款一样对双方当事人具有法律约束力。常见的约定条款有以下内容。

（1）试用期条款。

（2）第二职业条款。用人单位与劳动者就从事本职工作外的第二职业的相关约定。

（3）保密条款。劳动过程涉及用人单位商业机密的，用人单位会对有关保密事项加以明确规定，这些规定可以在约定条款中显示出来。

（4）培训条款。约定培训条件、培训时间、培训期工资待遇、培训费用支付方法、培训后的服务期限等的条款。

（5）补充保险和福利待遇条款。

（6）双方当事人协商约定的其他条款。

二、劳动合同与就业协议的区别

就业协议和劳动合同是毕业生就本人就业意愿和用人单位的工作需要，经双方协商一致后所订立的书面协议，是毕业生择业、就业过程中两份具有法律效力的重要文书。就业协议与劳动合同虽然都与毕业生就业紧密相关，但是两者并不能相互替代，它们在作用和性质方面各不相同。

1. 适用的法律、法规不同

劳动合同适用《劳动法》《劳动合同法》及劳动人事部门颁发的有关劳动人事方面的规章；而就业协议目前只能适用教育部的相关规定和各省、市、自治区的有关政策。

2. 适用的主体不同

劳动合同只要双方当事人协商一致，符合国家法律、行政法规，无欺诈、胁迫内容，经双方签字盖章后，即生效；而就业协议除需毕业生与用人单位双方签字盖章外，还需学校鉴证并列入就业方案，学校是主体之一。学校不参与就业协商，但要监督和鉴证，缺少学校这一主体，就业协议就不成立。

3. 签订的内容不同

就业协议的内容主要是毕业生如实介绍自己的情况，并表示愿意到用人单位就业，用人单位表示愿意接收毕业生，学校同意推荐毕业生并列入就业方案，其内容并不涉及毕业生到用人单位报到后所享有的权利和义务等；劳动合同的内容涉及劳动报酬、劳动保护工作内容、劳动纪律等方面的具体内容，劳动权利和义务更为明确。

4. 具体的作用不同

就业协议是毕业生和用人单位双方就毕业生的就业意向和用人单位的录用意向的约定，是编制毕业生就业方案和对将可能发生的关于就业违约情况追究责任时的判断依据。劳动合同则是毕业生作为劳动者与用人单位确立劳动关系、明确双方劳动权利和义务的协议，是毕业生作为劳动者上岗后从事何种工作、享受何种待遇等权利和义务的依据，是劳动者和用人单位双方权益的基本保障。

5. 适用的对象不同

就业协议是毕业生、学校、用人单位三方参加的协议，毕业生和用人单位是双方当事人，学校是鉴证方；而劳动合同则是劳动者和用工单位双方之间签订的协议。

6. 签订的时间不同

一般来说，就业协议签订在前，即在毕业生就业之前签订，而劳动合同则多在毕业生到用人单位报到后签订。

就业协议不能等同或替代劳动合同，它们分别处于毕业生就业过程中两个相互联系的不同阶段，具有各自不同的作用。毕业生步入岗位后如果发生劳动争议，争议的处理一般都以劳动合同为依据。因此，毕业生就业时应注意及早签订劳动合同，不要把就业协议作为劳动合同对待，以此作为维权的依据。

三、劳动关系的处理

劳动关系本质上是劳动者与用人单位之间的一种契约关系，这种关系的处理以契约（劳动合同）为基础，并围绕其内容来展开。

（一）劳动合同的订立

1. 订立劳动合同的原则

（1）平等自愿原则。双方当事人必须以平等的身份订立劳动合同，所订立劳动合同的内容必须是双方当事人真实的意思表示，反映当事人双方的意志。

（2）协商一致原则。当事人双方在充分表达自己意志的基础上，经过平等协商取得一致意见后才能签订劳动合同。凡通过胁迫、欺诈等手段签订的劳动合同，或利用他人（通常是劳动者一方）急迫、轻率和缺乏必要的知识及经验等而签订的劳动合同均可认定为无效劳动合同。

（3）合法原则。订立劳动合同必须依法进行，符合法律法规和政策的规定，否则无效。合法原则包括主体合法、目的合法、内容合法及程序合法。

2. 订立劳动合同的程序

（1）要约。劳动者或用人单位向对方提出订立劳动合同的建议称为要约。提出建议一方称为要约方，与之对应一方称为被要约方。要约一方通常是用人单位，用人单位公布招聘信息、进行招聘登记等形式都可视为要约。

（2）相互协商。被要约方与要约方就订立合同的建议和要求进行平等磋商，各自向对方如实介绍自身真实情况和各自要求，在双方意思表示达成一致后，协商即告结束。

（3）承诺。双方对协商后的合同内容表示完全同意即为承诺。承诺一旦做出，劳动合同即告成立。承诺时双方当事人应在合同上签名、盖章，劳动合同即时生效。

3. 毕业生签订劳动合同须注意的事项

（1）明确主体。签约前首先要明确对方是否具有法人的主体资格，如果用人方没有主体资格，所签订的劳动合同将是一份无效合同。

（2）以书面形式签订劳动合同。《劳动法》明确规定，劳动合同应该以书面形式订立。而且由于劳动关系非常复杂，涉及诸多内容，采取书面形式使权利义务明确具体，有利于合同的履行；一旦发生争议，也有据可查，便于争议的解决。

（3）合同的条款内容全面。在草拟合同文本时，要注意内容全面，除了必备条款外，还应根据自身和工作状况列出相应的补充条款，以便全面明确责任，充分保护双方合法权益。

（4）认真研究合同文本。合同草拟以后，毕业生应对文本仔细阅读、认真研究，了解所要签订的劳动合同中的内容是否合法，条款规定的权利和义务是否对等，是否明确具体，是否存在争议等。如果条件允许的话，最好能将合同拿回家请有经验的长者或从事法律工作的人审核，无疑之后再签字。

（5）试用期也要签订劳动合同。通常在试用之前就应该签订劳动合同，同时要注意试用期的维权。《劳动法》规定：劳动合同期限三个月以上不满一年的，试用期不得超过一个月；劳动合同期限一年以上不满三年的，试用期不得超过两个月；三年以上固定期限和无固定期限的劳动合同，试用期不得超过六个月。同一用人单位与同一劳动者只能约定一次试用期。

劳动者在试用期的工资不得低于本单位相同岗位最低档工资或者劳动合同约定工资的80%，并不得低于用人单位所在地的最低工资标准。

（6）注意合同签署时的商谈。在签订劳动合同过程中，双方是平等的，如果毕业生对合同中某些条款内容有不同看法，或者与用人单位存在分歧，应该及时提出自己的看法与修改意见并和对方沟通协商。协商谈判时不要高高在上，也不要委曲求全。

(二) 劳动合同的变更和续订

1. 劳动合同的变更

劳动合同的变更是指劳动合同当事人双方就已经签订的合同条款达成修改或补充协议的法律行为。通过权利义务关系的调整,使劳动合同适应变化了的新情况。根据相关法律的规定,劳动合同变更的条件有以下几种。

(1) 订立劳动合同时所依据的法律、行政法规和规章制度已经修改或废止,劳动合同应变更相关内容。

(2) 订立劳动合同时所依据的客观情况发生重大变化,致使劳动合同无法履行时,劳动合同应变更相关内容。客观情况变化主要包括:企业转产或调整生产任务,企业严重亏损,发生重大自然灾害或严重企业事故,企业分离、合并,迁移厂址,劳动者个人情况发生重大变化(如健康、家庭关系)要求调整工作岗位和职位等。

(3) 提出变更劳动合同的一方应该提前书面通知对方,在协商一致的基础上方能变更合同内容。

2. 劳动合同的续订

劳动合同的续订是指有固定期限的劳动合同到期,双方当事人就劳动合同的新的期限进行商谈,在平等协商一致基础上延长劳动合同期限的法律行为。劳动合同续订与订立的原则相同。

根据《劳动法》的规定,提出劳动合同续订要求一方应在合同到期前30天书面通知对方;劳动者在用人单位工作满10年,双方同意续订劳动合同,劳动者提出订立无固定期限合同的,用人单位应当与之订立无固定期限劳动合同。

(三) 劳动合同的解除

劳动合同的解除是指由于一定事由的出现,劳动合同当事人在劳动合同期限届满之前,终止劳动合同关系的法律行为。解除劳动合同有协商解除、用人单位单方面解除和劳动者单方面解除三种情况。

1. 协商解除劳动合同

双方在自愿、平等协商的基础上可以解除劳动合同。协商解除劳动合同,须达成解除劳动合同的书面协议。经劳动合同当事人协商一致,由用人单位解除劳动合同的,用人单位应根据劳动者在本单位工作年限,每满1年发给相当于1个月工资的经济补偿金。

2. 用人单位单方面解除劳动合同

用人单位单方面解除劳动合同有两种情况。

(1) 随时提出解除合同,不需要承担经济补偿。

根据相关规定:劳动者在试用期间被证明不符合录用条件,劳动者严重失职、营私舞弊,对用人单位造成重大损失的,劳动者严重违背单位劳动纪律规章制度的,以及劳动者触犯刑律被追究刑事责任的,用人单位可随时通知劳动者解除劳动合同,不需要承担经济补偿责任。

(2) 用人单位提前 30 日书面通知劳动者，并承担经济补偿责任。

出现下列几种情形，用人单位提出单方面解除劳动合同，应提前 30 天书面通知劳动者并按规定给予相应经济补偿：一是因劳动者不能胜任工作，经培训或调整工作岗位，仍不能胜任的；二是劳动者患病或者非因公负伤，不能从事原工作，也不能从事用人单位另行安排工作的；三是劳动合同订立时所依据的客观环境发生重大变化，致使原合同无法履行，经当事人协商不能达成一致协议的；四是经过法定程序确定经济性裁减人员的。

由于以上原因，用人单位单方面解除劳动合同，应一次性支付劳动者相应的经济补偿金。根据《违反和解除劳动合同的经济补偿办法》的规定，对解除劳动合同的经济补偿的具体办法如下：劳动者患病或者非因公负伤，经劳动鉴定委员会确认不能从事原工作，也不能从事用人单位另行安排的工作而解除劳动合同的，用人单位应按其在本单位的工作年限，每满 1 年发给相当于 1 个月工资的补偿金，同时还应发给不低于 6 个月工资的医疗补助费；劳动者不能胜任工作，经过培训或者调整工作岗位仍不能胜任工作，由用人单位解除劳动合同的，用人单位应按照其在本单位工作的年限，工作时间每满 1 年，发给相当于 1 个月工资的经济补偿金，但最多不超过 12 个月；劳动合同订立时所依据的客观情况发生重大变化，致使原劳动合同无法履行，又不能变更的，或者用人单位濒临破产进行法定整顿期间或者生产经营状况发生严重困难须裁减人员的，用人单位应按其在本单位工作年限，工作时间每满 1 年，发给相当于 1 个月工资的经济补偿金。经济补偿金的工资计算标准，以企业正常生产情况下劳动者解除合同前 12 个月的月平均工资为基准。

3. 劳动者单方面解除劳动合同

劳动者单方面解除劳动合同分以下两种情况。

(1) 劳动者随时解除劳动合同。

《劳动法》第三十一条规定："有下列情形之一的，劳动者可随时通知用人单位解除劳动合同：第一，在试用期内的；第二，用人单位以暴力、威胁或者非法限制人身自由等手段强迫劳动的；第三，用人单位未按照劳动合同约定支付劳动报酬或提供劳动条件的。"

(2) 劳动者提前 30 日书面通知用人单位要求解除劳动合同。

劳动者以辞职的形式解除劳动合同须提前 30 天通知用人单位。劳动者解除合同如果违反劳动合同的约定对用人单位造成损失的应给予相应赔偿，赔偿的损失包括招收录用时所支付的费用、培训费用、对生产经营造成的直接损失、劳动合同约定的其他赔偿费用。

4. 用人单位不得解除劳动合同的情形

有下列情况之一者，用人单位不得解除劳动合同。

(1) 劳动者患职业病或者因公负伤被确认丧失或部分丧失劳动能力的；

(2) 因患病或者负伤，在规定的医疗期内的；

(3) 女职工在孕期、产期、哺乳期内的；

(4) 法律、行政法规规定的其他情形。

(四) 劳动合同的终止及违反劳动合同的赔偿责任

1. 劳动合同的终止

劳动合同订立后,双方当事人不得随意终止劳动合同。只有在法律规定或当事人约定的情况出现时,劳动合同才可以终止。劳动合同终止一般有以下六种情形:①劳动合同期限届满;②企业宣布破产或依法解散、关闭、撤销;③劳动者被开除、除名或因违纪被辞退;④劳动者完全丧失劳动能力或者死亡;⑤劳动者达到退休年龄;⑥法律、法规规定的其他情形。

2. 违反劳动合同的赔偿责任

用人单位违反规定或劳动合同约定,对劳动者造成损害的应按以下规定赔偿劳动者的损失。

(1) 造成劳动者工资收入损失的,按劳动者本人应得工资支付给劳动者,并加付应得工资收入25%的赔偿费用。

(2) 造成劳动者劳动保护待遇损失的,应按国家规定补足劳动者的劳动保护津贴和用品。

(3) 造成劳动者工伤、医疗待遇损失的,除按国家规定为劳动者提供工伤、医疗待遇外,还应支付劳动者相当于医疗费用25%的赔偿费用。

(4) 劳动合同规定的其他赔偿费用。

四、劳动争议的处理

劳动争议又称劳动纠纷,是指劳动关系的双方主体之间在实现劳动权利和履行劳动义务过程中产生分歧而引起的争议。在现有的社会背景下,劳动争议时有发生,大学生应对劳动争议有正确认识,在遇到劳动争议时应遵循劳动争议的处理原则设法积极解决。

(一) 劳动争议的分类

按不同的划分标准,劳动争议有不同的分类。

1. 按劳动者人数划分

按劳动者人数划分,劳动争议分单人劳动争议和集体劳动争议。单人劳动争议是指两个以下的劳动者与其所在用人单位发生的劳动争议;集体劳动争议是指劳动者在2人以上(含2人),且有共同申诉理由的劳动争议。

2. 按争议内容划分

(1) 因开除、除名、辞退职工和职工辞职、离职等发生的劳动争议。

(2) 因执行国家有关工资、保险、福利、培训、劳动保护的规定发生的争议。

(3) 因履行劳动合同发生的争议。

(4) 法律、法规规定的其他劳动争议等。

(二) 劳动争议处理的依据

劳动争议处理是劳动者和用人单位协商解决劳动纠纷或通过法律、法规授权的专门机构对双方之间发生的劳动争议，依法进行调解、仲裁和审判的过程。目前，劳动争议处理的主要法律依据是《劳动法》和《中华人民共和国企业劳动争议处理条例》。

1. 劳动争议处理的原则

劳动争议处理的原则是劳动争议处理机构在处理劳动争议时必须遵循的基本准则，它贯穿于争议处理的全过程。

（1）着重调解，及时处理的原则。

调解贯穿于劳动争议处理的各个环节，企业劳动争议处理工作全过程都属于调解，其他处理程序也必须坚持先调解，调解不成才能进入裁判或判决；及时是强调劳动争议的处理要在各个程序的时限范围内进行，及时保护当事人的合法权益，防止矛盾激化。

（2）在查清事实的基础上，依法处理的原则。

劳动争议处理机构处理劳动争议的所有活动和决定都必须以事实为根据，以法律为准绳。

（3）当事人适用法律上一律平等的原则。

劳动争议处理机构在处理劳动争议时必须保证双方当事人处于平等的法律地位，具有平等的权利和义务，不偏袒任何一方，做到公平、公正。

2. 劳动争议处理的程序

根据相关的劳动立法的规定，劳动争议发生后，当事人应当协商解决，不愿协商或协商不成的，可以向本单位劳动争议调解委员会申请调解，调解不成或不愿调解的，当事人可以向劳动争议仲裁委员会申请仲裁；当事人一方或双方不服仲裁，可以向人民法院提起诉讼，由人民法院依法审理并做出最终判决。根据这些规定可知，劳动争议处理程序可分为协商、调解、仲裁、诉讼四个环节。

（1）与用人单位协商。

协商不是处理劳动争议的必经程序。劳动争议发生后劳动者可以就争议的内容与用人单位进行协商解决。若劳动者与用人单位协商不成或不愿协商的，可以申请调解或仲裁。

（2）劳动调解委员会对劳动争议的调解。

劳动争议的调解是在劳动调解委员会（以下简称"调解委员会"）的主持下，查明事实、分清责任，通过说服教育、劝导协商的方法，促使劳动争议的当事人在互让互谅的基础上达成协议，化解矛盾的处理方法。

劳动争议发生后协商不成的，可以向本单位调解委员会申请调解。当事人申请调解，应当自知道或应当知道其权利被侵害之日起 30 日内，以口头或书面形式向调解委员会提出申请，并填写"劳动争议调解申请书"。调解委员会应征询双方当事人的意见，并在 4 日之内做出受理或不受理申请的决定。对不受理的，应向申请人说明理由。

调解委员会调解劳动争议，应当自当事人申请调解之日起 30 日内结束，到期未结束的，视为调解不成。调解劳动争议应当遵循当事人双方自愿原则，经调解达成协议的，应制作调解协议书，双方当事人应自觉履行。调解也不是处理劳动争议的必经程序。

（3）劳动争议仲裁。

劳动争议仲裁是指劳动争议仲裁机构根据劳动争议当事人一方或双方的申请，依法就劳动争议的事实和当事人应承担的责任做出判决和裁决的活动。仲裁是处理劳动争议的必经程序。对劳动争议调解不成的，当事人可以向劳动争议仲裁委员会（以下简称"仲裁委员会"）申请仲裁。当事人也可以直接向仲裁委员会申请仲裁，下面为劳动争议仲裁的程序。

①申请和受理。当劳动争议发生后，当事人申请仲裁，应依法向仲裁委员会提交仲裁申请书，申请书应当载明：当事员工的姓名、住址、工作单位、联系方式；用人单位的名称、地址、法人代表的姓名、职务；仲裁请求及事由；证据，证人的姓名、地址等。

经审查符合受理条件的案件，填写"立案申请表"报仲裁委员会审批，审批应在填表后7日内做出决定。决定立案的应在决定立案后7日内向申述人发出书面通知，并将副本送达被诉人，并要求在15日内提交答辩书和证据；对决定不予立案的，应在7日内制作不受理通知书，说明不予立案的理由，并送达申诉人。

②案件仲裁准备。受理案件后，仲裁委员会应指定仲裁员组成仲裁庭，审阅案件材料，进行必要的调查取证，并进行庭前调解。

③开庭审理和裁决。开庭审理和裁决按以下步骤进行：送达开庭通知（开庭4天前通知）、审理，双方答辩，当庭调解，休庭合议，做出裁决，宣布仲裁裁决。

④仲裁文书的送达。审理和裁决结束后，要将裁决书送达双方当事人。裁决书一经送达当事人且当事人不反悔的，裁决书即发生法律效力；裁决书在送达当事人后15日内不向人民法院起诉的，即发生法律效力。

根据劳动法规的相关规定，劳动争议仲裁申诉时效为60天，超过60天，仲裁委员会可以不受理劳动争议的仲裁申请。因不可抗力或其他正当理由超过这一时效，仲裁委员会应当受理。仲裁委员会对劳动争议仲裁的时效为60天，即仲裁裁决必须在收到仲裁申请60天内做出。案情复杂需要延期的，经仲裁委员会批准可以适当延期，但延期不得超过30天。

（4）劳动争议的诉讼。

《劳动法》第八十三条规定："劳动争议当事人对仲裁裁决不服的，可以自收到仲裁裁决书之日起十五日内向人民法院提起诉讼，一方当事人在规定期限内不起诉又不履行仲裁裁决的，另一方当事人可以申请人民法院强制执行。"

第六节　离校档案办理

离校手续的办理是毕业生离开母校准备走上岗位时必须经历的一个重要环节，顺利办理各种离校手续，文明、愉快离校是良好职业生涯的开始，毕业生应该遵照学校的规定和安排认真做好离校报到工作。

一、毕业生离校报到的基本程序

离校手续一般在离校前一周内完成（每年6月中下旬办理）。不同学校在毕业生离校时都有不同的规定和要求，具体操作方式也各有差异，但在程序上都大致相同。

（1）毕业生到各自所在的院系办公室领取毕业生离校通知单，填写自己姓名、所属院系和专业等内容。

（2）按照离校通知单上的内容，毕业生到财务部门核对并结清自己应缴的所有费用，享受助学贷款的同学按规定办理偿还及相关手续。

（3）毕业生到校医院进行体格检查，体检合格后由校医院签署意见。

（4）毕业生到学校党委组织部门（是党员的毕业生）或团委办理党团组织关系的转签手续。

（5）毕业生到图书馆归还借阅的图书资料并交还借阅证，到学校有关管理部门交还学生证、校徽等有关证明学生身份的证章。

（6）毕业生到后勤部门退还宿舍、饭卡等，并归还其他公共物品。

（7）毕业生领取就业报到证、户籍迁移证、毕业证、学位证等。毕业生只有在完全办理以上手续，经各部门签章后才能领取就业报到证和户籍迁移证明。理论上讲，户籍迁移证明是在就业报到证领取后，在学校所在公安机关办理，但高校为了方便毕业生办理离校手续，通常对需要签转户籍的毕业生代为办理户籍迁移手续，因此毕业生毕业时就可以领到户籍迁移证。

（8）毕业生持相关证件到就业单位报到。

不办理或未办理完离校手续的毕业生不能离校。毕业生离校后，在 30 日内持毕业生就业报到证到报到证上指定的单位报到。毕业生报到时应带齐相关证件：毕业生就业报到证、毕业证、学位证、身份证、户籍迁移证明、组织关系转移介绍信等。

二、报到证的运用及管理

1. 报到证概述

毕业生就业报到证（报到证）是省级教育主管部门统一发放的，用于各高等院校统招毕业生就业派遣的公函，是毕业生人事关系挂靠的重要依据。报到证由原来的派遣证转化而来，是毕业生到就业单位报到的凭证，也是记载毕业生参加工作初始时间的凭证。毕业生到就业单位报到时须持报到证，毕业生持报到证报到后才开始计算工龄。

学校相关部门依据报到证为毕业生办理档案投递、组织关系转移和户籍迁移等手续；就业单位所在地公安部门凭报到证为毕业生办理落户手续；就业单位凭报到证为毕业生办理相关工作手续，报到证存入毕业生人事档案。报到证只适用于纳入国家统招计划的毕业生，且一人一份。

2. 报到证的签发

（1）报到证的办理。

报到证可以凭毕业生与用人单位签订的就业协议或劳动合同办理，通常是学校就业指导部门收集毕业生相关就业材料到省级高校就业指导中心集中办理。毕业生毕业时未落实工作，且本人希望回生源地自主择业的，可以办理派遣到生源地市级人事局的报到证。

（2）报到证签发的依据。

报到证签发的主要依据是毕业生就业单位性质和生源所在地，如果毕业生就业单位为国企、事业单位、国家机关、行政部门、高校等有人事编制的单位，且单位同意接收毕业生档案，报到证直接开具到单位，毕业生持报到证到单位报到。

毕业生就业单位若为非公有制性质的，如果单位在人才交流中心（或人才市场）开有集体户，且同意接收毕业生档案的，凭人才交流中心开出的接收证明，报到证可以开具到人才交流中心，毕业生持报到证到人才交流中心报到。

毕业生就业单位为非公有制性质，且未在人才交流中心开户，不能接收毕业生档案的，报到证开具到毕业生生源地人力资源与社会保障局（以下简称"人社局"）；毕业时未落实工作，且未办理暂缓就业的毕业生，报到证一般开具到生源地人社局。

报到证开到生源地人社局的，原则上签发到市级人社局，毕业生如有其他特殊要求，需在6月1日前向就业指导部门提出书面申请。报到证签发到市级单位后，人事关系可以由市级单位向区、县级人事部门转派，反之则不能办理。

（3）结业生、暂缓就业的毕业生不发报到证。

专升本、考研被录取的毕业生应交回报到证；如果放弃深造，也可交回录取通知书去单位报到。结业生在结业后一年内取得毕业证的，可以申请补发报到证，但必须在取得毕业资格3个月内申请，逾期不再办理。

3. 调整改派

报到证签发后原则上不做调整改派。若因特殊情况确实需要调整改派的，毕业生应提出书面申请，备齐材料到学校就业指导部门或省大学生就业指导中心办理。调整改派的材料包括本人的申请报告、学校毕业生就业指导部门签署意见、原报到证、原报到单位同意退回的书面意见、新接收单位的接收公函、毕业证等，调整改派期限为3个月（从报到证签发日算起），逾期不再办理。

4. 报到证的补办

毕业生遗失了报到证需重新补办的，应在省级以上报刊申明作废，并写出书面报告，由用人单位出具证明，省高校毕业生就业指导中心签署意见，然后到学校就业指导中心补办。

5. 报到证管理的注意事项

报到证是毕业生毕业报到时最为重要的一个文件，它不仅影响到毕业生是否顺利走上工作岗位，甚至还影响到未来的发展，每位毕业生必须认识到报到证的重要性，妥善管理。

首先，毕业生在签约之前要搞清楚单位性质、有无人事编制等，在毕业资格审查的时候一定要核对自己的相关信息，明确报到证签发的地址，防止报到证在签署时出现错误。

其次，毕业生应按时领取报到证，并认真检查核对报到信息。如果报到证出现错误，应在发放之后5个工作日内到学校就业指导部门书面申请换发，同时退回原报到证。

然后，领取报到证后，毕业生要及时到指定单位报到，将报到证交给用人单位及时归档。报到证的报到期限为一个月（从报到证签发之日算起）。毕业生因不及时领取或不按时间到单位报到产生的后果由毕业生本人负责。

最后，报到证一人一份，毕业生不得伪造，也不得私自涂改报到证上任何的内容，否则报到证作废。对报到证要妥善管理，防止丢失。

三、户籍迁移

户籍迁移由学校户籍管理部门到辖区公安机关按规定办理。公安机关一般按报到证标明的就业单位迁移户籍,毕业生不得自行指定户籍迁移地址。到工作单位报到后,毕业生持户籍迁移证明、报到证和工作证明到单位辖区公安部门办理迁移手续。没有办理暂缓就业的未就业毕业生,户籍迁回生源地。

四、档案管理

毕业生的人事档案是记录学生个人经历的文件资料,包括各个阶段的学籍卡、成绩单、奖惩证明、党团资料、工作经历等,并且都是原件。这些材料对以后的职业发展具有十分重要的作用,当毕业生参加工作后,会面对诸如转正定级、职称评审、养老保险办理、人事调动、社保福利、工龄计算、继续深造(如出国、考研)、公务员考试等众多问题,都离不开档案。因此,毕业生必须重视自己的档案,了解档案动向,积极协助学校做好档案递转工作。

1. 高校对毕业生档案的处理方式

(1) 对已就业毕业生档案的处理。

高校对已就业毕业生的档案的投递一般是根据就业协议上填写的投递地址或报到证的报到地址投递。通常有以下三种状况。

一是直接递转给用人单位。毕业生就业单位若是国家机关、国有事业单位、国有企业,这些单位自身或其主管单位是有人事管理权的,可以接收档案,毕业生档案由学校直接通过机要方式投递到单位。

二是转入政府主管的人才中心或人才代理机构。毕业生签约的单位属于非公企事业单位、各类民营机构,这些单位没有人事管理权的,要通过人才交流中心来接收学生,这类毕业生就业后档案投放到人才中心。

三是转入生源地人社局。毕业生就业单位为非公企事业单位,没有人事管理权,也未在人才交流中心开户,无法接受档案的,这类学生的档案原则上转入生源地人社局。

(2) 对升学毕业生档案的处理。

对于专升本或者考上研究生的毕业生,学校一般在7月份前将学生档案和思想政治表现表寄到所考取学校。

(3) 对未就业毕业生档案的处理。

目前国家对于毕业未就业的大学生的档案,一般也采取三种方法。

一是把档案转至生源地,由所在地级市的人社局接收。一般市级单位生源地的毕业生,档案将发回市人社局;县级及县以下单位将寄到所属市级人社局,再转派到县级人社局。

二是把档案留在学校。国家规定,允许毕业时尚未落实单位的毕业生将户籍、档案留校两年。待落实工作单位后,再将户籍和档案迁至工作单位所在地。申请户籍、档案留校超过两年仍未落实工作的,学校将其档案和户籍迁回生源地。

三是把档案转至人事代理或当地人才交流服务中心。

2. 毕业生档案管理的注意事项

（1）签约前要问清楚用人单位的性质，看单位及其主管单位是否具有人事主管权，是否可以接收档案；对于没有人事主管权的单位，不要把档案转入该单位，应该把档案转递到这个单位所在地的人才交流中心。若没有档案管理权的单位接收档案，则会给毕业生以后的发展带来很多麻烦。如档案记录不完整，丢失、扣档等现象都会给生涯发展造成很大障碍。

（2）在签署就业协议时要写清档案邮寄地址、邮编等内容。

（3）在离开学校之前最好弄清楚自己的档案在什么时间被转到哪个地方或单位。目前，主管毕业生分配的单位没有统一，有人社局、人才交流中心、教育局、专门的分配办等；而且，高校毕业生档案的管理及传递相当严格、复杂，通常是通过机要路线投递，不允许个人携带，也不便查找。毕业生毕业时最好弄明白档案的递转方向，以便查询。

（4）毕业报到后要及时查询档案转递情况，看是否按时投递到毕业前事先确定的单位或部门，以防丢失。现在有很多毕业生对档案不重视，对档案去向不清楚，毕业后不到几年就找不着了，结果影响职业生涯的发展。

（5）及时跟踪，及时完善。特别是档案通过人事代理放在人才交流中心的毕业生，要注意跟踪完善档案内容，如转正定级、职称评定等；如果更换工作再就业，也应积极完善相关就业手续，保证档案在时序上的完整性。

五、暂缓就业

暂缓就业是国家教育部门为了解决普通高校毕业生就业困难，为毕业生延长择业时间而制定的一种延迟就业政策。毕业生通过签订暂缓就业协议，可以获得两年的择业时间。在暂缓就业期内，毕业生在升学、就业派遣、考取公务员等方面享有和应届毕业生同等待遇。

1. 办理暂缓就业的意义

随着毕业生数量的逐年增加，大学生就业压力越来越大。由于种种因素的影响，一部分毕业生在毕业时难以找到称心如意的工作，需要推迟择业就业时间，可以办理暂缓就业。毕业生办理暂缓就业手续以后，可以获得更多的时间来进行求职应聘、复习升学、考取公务员的准备工作。

在暂缓就业期内，毕业生的档案可以在学校（或省就业指导中心）免费保留两年。入学时户籍迁移至学校的毕业生可以保留在学校的集体户两年。两年内只要毕业生找到接收单位，可以同应届毕业生一样，由省级就业指导中心开具报到证。毕业生如果需要报考公务员、专升本考试、考研、留学等，就业指导中心亦可提供相应证明材料。

2. 暂缓就业手续的办理

毕业时未落实就业单位，或者希望推迟毕业的毕业生，可以在毕业前（具体时间由高校就业指导部门确定）写出暂缓就业的书面申请，说明由于暂时没有落实就业单位，申请办理暂缓就业手续的原因，并提供就业办要求的相关材料，由学校审核登记后统一派发由省级就业指导中心印制的暂缓就业协议，毕业生本人按要求填写暂缓就业协议并签名确认，然后交由学校统一办理,学校将暂缓就业协议集中到省就业指导中心登记后发放给每位毕业生一份贴有条形码的暂缓就业协议,手续即办理完毕,暂缓就业协议生效。

3. 暂缓就业的取消

毕业生找到接收单位后,凭单位接收证明到省就业指导中心办理取消暂缓就业手续,即可签发报到证。持报到证到学校即可办理户籍、档案签转手续;回生源地就业的毕业生,可凭暂缓就业协议直接办理取消暂缓就业,报到证开至生源地人社局,档案、户籍关系转回生源地。

第八章

求职准备

第一节 求职测试准备

一、笔试

笔试是指用人单位对求职者的基本素质、基础文化知识、专业知识、文字表达能力、写作等方面进行的一次初步综合测试。笔试具有客观公正、快速高效的特点，适合从大规模求职者中初步选拔基本素质较好的求职者。目前大学生供过于求，求职者较多，很多用人单位选聘员工时都会先通过笔试初选，然后再进入其他甄选程序。

二、笔试的种类

1. 文化素质考试

文化素质考试的目的是考查求职者的知识面和文化素质的高低，这是一种综合考试，考试内容全面，政治、经济、文化、社会等各个方面都可能涉及。当然，内容主体还是与应聘单位及岗位相关的知识。

2. 专业考试

专业考试主要是为了检验求职者的专业知识水平和专业技能。很多岗位需要较强的专业素质，有些用人单位常常通过笔试的方式对毕业生的专业知识进行考核，检查其对专业知识的掌握程度。

3. 思想政治和道德修养考试

思想政治和道德修养考试主要是考查求职者的政治立场、思想状况、个人修养以及职业道德水平。通常政府部门、事业单位、国有企业等对思想政治比较看重，在选拔人员时除了前面提到的，还要进行思想政治考试；而企业多进行道德修养考试，比如职业道德考试、行业行为规范考试等。

4. 命题写作

命题写作主要考查求职者的文字表达能力、分析问题的能力和逻辑思维能力。比如要求求职者限时写出一份会议通知、请示报告或某项工作情况总结，也可能提出一个论点，让求职者论证或批驳等。

三、笔试的注意事项

在形式和内容上，单位选拔人员的笔试与学校考试存在一定的差异，大学毕业生除了要了解求职中笔试的类型外，还应注意以下事项。

（1）做好知识储备，考前认真复习。
（2）保持良好的身心状态，积极应试。
（3）科学答卷，提高效果。

四、注重细节，塑造良好形象

人员选拔的笔试不同于学校考试，一般来说，用人单位的笔试参与者较少，在笔试过程中除了考查求职者的文化知识外，用人单位也会对求职者的应试态度、行为方式、心理素质等方面进行考察。因此，求职者在笔试过程中应该注重细节，以良好的应试态度、沉着稳重的举止、文雅大度的作风，给招聘者留下良好印象。

五、能力测试

能力测试又称能力评价中心技术，通常用于测试求职者综合能力或某一方面的具体能力，以检查求职者是否具备职位必需的能力要求。能力测试的方法有情景模拟法、案例分析法、现场作业法、无领导小组讨论等几种。

1. 情景模拟法

情景模拟法是通过设置一种逼真的管理系统或工作场景，让求职者参与其中，模拟完成一个或一系列任务，在这个过程中，招聘者根据求职者的表现或通过模拟提交的报告、总结材料等对其进行评价，以此来预测求职者在拟聘岗位上的实际工作能力和水平。

2. 案例分析法

案例分析法是向求职者提供企业运行中的某种实际工作案例，要求求职者分析后提出具体可行的方案并说明原因，主要考查求职者分析问题、解决问题的能力。

3. 现场作业法

现场作业法是指提供给求职者一个真实的工作场景，或者把求职者带到实际的工作场地，要求其在规定的时间内，按照工作的具体要求和程序完成某一项任务，以此考查求职者的专业技能水平、专业素养、规范程度、实际动手能力、操作能力、应变能力等。

4. 无领导小组讨论

无领导小组讨论是评价中心技术中经常使用的一种测试技术，它通过给一组求职者设定一个特定的话题，让求职者进行一定时间的自由讨论。讨论时招聘者从旁观察求职者的角色扮演，以检测求职者的组织协调能力、领导能力、表达能力、情绪稳定性、处理人际关系的技巧等各个方面的素质，从而判断求职者是否达到拟任岗位的用人要求。

在无领导小组讨论中，不指定具体领导，也不指定每个求职者应坐位置，而是让所有求职者自行安排、自行组织，招聘者只是通过安排求职者的活动，观察每个求职者的表现，进行评价。通常情况下，无领导小组讨论的角色扮演有领导者、推动者、智多星、专家、支持者等。

无领导小组讨论与前面几种能力测试略有不同，其主要测试的是求职者的组织协调能力、领导能力和应变能力。题目可能和工作有关，也可能和工作无关，涉及动手的具体操作方面内容较少，而更多考核的是表达、组织、协调能力和形态气质等。

六、心理测试

心理测试是指通过观测人的某些具有代表性的行为，或是用标准化量表或问卷，对于贯穿在人的行为活动中的心理特征，依据确定的原则进行推论和量化分析的一种科学测试手段。心理测试是目前能够对胜任职位所需要的能力、个性特点做最好描述并测量的工具，被广泛用于人事测评工作中。

第二节 面试准备

面试是用人单位招聘时最常用的一种考核方式，它突破了笔试的局限，比笔试更为全面、有效和贴近实际。通过面试，用人单位可以全面了解求职者的基本情况和各种能力，可以预测求职者与应聘职位的匹配程度以及未来发展潜能。对求职者来说，面试是一个充分展示自己、进一步了解用人单位的良好机会。几乎所有人就业都需通过面试环节，大学毕业生应该对面试有全面的认识，了解面试的相关知识，掌握必要的方法与技巧，做到在面试中充分地表现自己，力争求职的成功。

一、面试概述

面试是在特定的场景下，用人单位通过有目的地与求职者面对面交流、沟通，以获得求职者整体信息，考察其整体状况，推测其未来发展能力的选拔测试过程。通过面试，招聘者可以直观地了解到求职者更多信息和资料，有利于选拔到合适人才。

1. 面试的类型

面试按照不同标准可以有不同的划分。例如，结构化面试、半结构化面试和自由化面试；压力面试和非压力面试；单独面试和集体面试；鉴别性面试、评价性面试和预测性面试；分阶段面试和一次性面试；情景面试和行为面试；综合性面试等。在研究求职技巧时，通常按沟通交流形式来对面试进行分类。以下重点讨论结构化面试、自由化面试、压力面试、情景面试和综合面试。

（1）结构化面试。

这种面试方法是由招聘者根据事先准备好的题目和有关细节按程序逐一发问，目的是获得有关求职者的全面、真实的材料，观察求职者的仪表、谈吐和行为，研究其能力，预测其未来职位发展能力。

（2）自由化面试。

招聘者将与求职者交谈，让求职者自由地发表议论，原则上招聘者不进行途中干扰，在闲聊中观察求职者的能力、知识、谈吐和风度等。

（3）压力面试。

招聘者有意识地对求职者施加压力，提出尖锐的问题或针对某一问题做一连串的发问甚至追根问底，目的在于观察求职者在压力下的反应，判断其应变能力。

（4）情景面试。

招聘者设定一个情景，比如提出一项工程计划，让求职者设法完成。其目的在于考核应聘者处理特别情况或解决客观问题的能力。如应聘教师岗位需要试讲一节课，应聘办公室工作人员需要接听几个电话、接待一个来访者等，均属于情景面试。

（5）综合面试。

综合面试是招聘单位常用的一种面试方式，即事先定题与其他几种形式相互结合运用的面试方式。面试中，招聘者除了会按既定程序提一些事先准备的题目外，还会根据具体情况即时提问、即时考核求职者。如招聘者时常会用外语同求职者对话，以考查其外语水平；让求职者写文字，以考查其书法和文笔；请求职者讲故事，以考查其演讲能力。也可能要求求职者现场表演节目或操作计算机、影印机等，以考查求职者的特长和实践能力。招聘者还可以根据需要，在面试的同时采用笔试或动手能力测试，以达到了解求职者的理论知识和思维、反应，以及动作的协调、灵活程度等。

在实际面试过程中，招聘者可能采取一种面试方式，也可能同时采用几种面试方式，以达到全面考查的目的。

2. 面试的内容

用人单位面试的目的主要是通过对求职者的各项素质进行有效测评，检测其能力与应聘职位的匹配度，并预测以后在工作中的发展潜能，以选拔组织发展需要的人才。为达到这一目的，面试可能对求职者的各种能力进行检测。通常，用人单位面试主要考查以下几个方面。

（1）背景：主要考查求职者的个人情况及阅历，如民族、性别、身高、视力等自然状况，家庭主要成员及社会关系，文化程度、毕业学校、所学专业，接受过哪些培训，从事过哪些工作，参加过哪些社会活动等。

（2）IQ（智商）：主要考查求职者的知识层次，包括所学专业课程、学习成绩、专业知识掌握程度、外语和计算机水平等，以及业务技能，包括毕业论文、毕业设计、科研成果、专著以及实践能力、专业技术水平等。

（3）各种能力：包括表达能力、综合分析能力、领导与组织协调能力、自我控制能力、应变能力、人际交往能力、写作能力等。

（4）EQ（情商）：主要考查求职者的人生观、价值观、敬业精神、人际关系状况、处理人际关系的技巧、适应能力和自我激励能力与进取心等。

（5）求职动机和工作态度：主要考查求职者来本单位求职的目的，求职者对什么工作感兴趣，求职者的个性特点和专业结构是否符合职位需求，了解求职者过去的学习态度、预测毕业生未来的工作态度等。

（6）形象：考查求职者的相貌、言谈举止、仪容仪表、行为礼仪等。

在具体的面试过程中，用人单位并非测评求职者的所有素质，而是有选择地去测评需要测评的素质。但是，为了做到面试时得心应手，大学毕业生必须对面试内容做全面了解，并从各个方面加以准备。

二、面试的对应策略

面试的形式多样、内容不定，求职者难以全面把握，但是面试活动本身具有一定的规律性，若求职者认识这些规律，掌握一定的面试技巧和策略，沉着应对，就能做到以不变应万变，在求职中取得好成绩。

1. 首因效应策略

首因效应又称第一印象，它在人际交往中具有至关重要的作用。第一印象的好坏，往往会影响面试的效果，甚至决定着面试的成败。有资料显示，面试时，招聘者对求职者的选择大多在面试开始时1~2分钟内就已经做出了决定。这正好说明了良好的第一印象对面试的重要意义。大学毕业生如何在面试之初就给用人单位留下好印象呢？以下的几点值得注意。

（1）注意仪表、仪容。仪表、仪容是留下良好第一印象的基本要素，因此大学毕业生在参加面试之前，要对自己的整体形象进行设计，确保自己以优雅的气质，以一种富有朝气、活力的现代职业人的形象出现在面试现场。

（2）提前5~10分钟到场，给用人单位以守时、严谨、重视本次面试的感觉。

（3）尊重接待人员，在等候面试时不要大声喧哗、四处走动或显得躁动不安，也不要吸烟或吃口香糖；可读杂志、看报等，对在面试单位遇到的每一个人都应点头示好，以礼相待。

（4）进入面试场合时要沉着、稳重、有礼貌。如门关着，应先敲门，得到允许后再进去。开关门动作要轻，以从容、自然为好。见面时要主动与招聘者打招呼并问好致意，且称呼应得体。在用人单位没有请你坐下时，切勿急于落座。用人单位请你坐下时，应道声"谢谢"。坐下后要保持良好体态，切忌大大咧咧、左顾右盼、满不在乎，以免引起对方反感。

（5）在切入面试正题时，谈吐应谦虚谨慎，举止文雅大方，态度积极热情，以良好的精神面貌给招聘者留下深刻印象。

2. 沟通策略

面试是一个双向交流沟通的过程,在这个过程中,求职者要积极主动地推销自己;同时,应注意面试中的沟通策略,掌握恰当的沟通技巧。

(1) 善于倾听。

倾听是一种重要的交流技巧。面试的实质就是招聘者与求职者进行信息交流从而获得全面评价的过程,在形式上主要表现为"说"和"听"。求职者注意听,不仅显示出对招聘者的尊重,而且只有通过专心致志地听,才能抓住招聘者提问问题的实质,否则就可能不得要领,答非所问。在面试中,倾听应注意以下几点。

①礼貌地注视招聘者。目光要专注,并且要不时地与招聘者进行眼神交流,视线范围大致在鼻尖以下胸口之上,切不可东张西望、心不在焉。漫不经心、表情木讷不仅会伤害招聘者的自尊心,而且会显示出你是一个没有礼貌、不尊重他人、自控力差的人,这是任何单位都不欢迎的。

②要适时对招聘者的谈话做出恰当反应。如点头,或说些诸如"对""很好""是的""不错"等简短话语肯定对方的谈话内容。这样会显示出你的认真、真诚和对招聘者的赞同。

③坐姿正确,有精神。身体要稍稍向前倾斜,手脚不要有太多的动作。

④表情舒展,面带微笑。也可用适度的笑声活跃气氛,但不可开怀大笑。

(2) 善于表达。

面试时要善于说,注意语言表达技巧。准确、灵活、恰当的语言表达,是面试的关键因素。在同等条件下,谁的表达能力强,谁就能在面试中更好地推销自己,在竞争中获胜。面试中的语言表达技巧可以从以下几个方面去把握。

①语言流利,口齿清晰。表达时要注意发音标准、吐字清晰。要合理控制话语的速度,确保语言流畅。为了增添语言的魅力,应注意修辞美妙,忌用口头禅、方言、生僻用语等,更不能有病句和不文明的语言。

②语气平和,语调恰当。面试时要注意语言、语调、语气的正确运用。自我介绍时,最好多用平缓的陈述语气,不宜使用感叹语气或祈使句。打招呼时宜用上语调,加重语气并带拖音,以引起对方的注意。言谈时音量要适中,声音过大令人厌烦,过小则难以听清。音量的大小要根据面试现场情况而定。两人面谈且距离较近时声音不宜过大,群体面试且场地开阔时声音不宜过小,以每个招聘者都能听清你的讲话为原则。语速也要保持适度,过快让人听不清,过慢则代表反应迟钝。

③语言要含蓄、机智、幽默。谈话时不仅要表达清晰,还应有吸引力。适时插入一些幽默的语言,使谈话的气氛轻松,可以展示自己的优越气质和从容风度。尤其是当遇到难以回答的问题时,机智幽默的语言会显示自己的聪明智慧,有助于化险为夷,并给人留下良好的印象。

④注意反应,适时调整。面试交谈中,应随时注意招聘者的反应,并根据其反应调整谈话内容和谈话方式。比如,招聘者心不在焉,可能表示他对自己这段话没有兴趣,这时应设

法转移话题；侧耳倾听，可能说明自己音量过小；皱眉、摆头则可能表示自己的言语有不当之处。求职者要根据招聘者的这些反应，适时地调整自己的语言、语调、语气、音量、修辞、陈述内容等，从而取得良好的面试效果。

（3）运用肢体语言，提升沟通效果。

在沟通过程中，肢体语言有着十分重要的作用，举手投足可体现出发言人的修养与处事态度，反映出其内在精神风貌。在求职沟通过程中，毕业生要懂得运用肢体语言来加强沟通效果。

（4）摆脱面试困境的技巧。

面试困境主要是指在面试过程中沟通不畅带来的尴尬境况。在面试时，由于紧张，毕业生通常会陷入一些让自己尴尬的困境，如讲错话、冷场等。遇到这种情况，若不能镇静应对，必然影响自己整个面试的成绩。对于面试困境，毕业生应注意以下几个事项。

①克服紧张。紧张是面试中常见的情况。由于面试对求职者非常关键，且面试往往又是在陌生的地方，与陌生人交流，因此，求职者产生紧张情绪是正常的。适度紧张可以帮助求职者集中注意力，但若过分紧张，不仅会给招聘者留下不良印象，还会无法正常回答问题，使面试陷入尴尬局面。

克服紧张有以下几个方法：一是树立自信、自我激励。自我激励、增强自信心是从根本上克服紧张最好的办法。二是以平静的心态参加面试，否则压力越大越紧张。三是运用深呼吸等缓解方法减少紧张，进行充分准备，不把某一次面试的得失看得过重。如果的确非常紧张，最好的办法是坦白告诉招聘者并征得理解，通常招聘者会同情你并给你一些鼓励，而你也会因为讲出了实情觉得释然，紧张程度大大减轻。

②善于打破沉默。为了考验求职者的反应和应变能力，有时招聘者会通过长时间的沉默来故意制造紧张情景。遇到这种情况，很多毕业生由于没有思想准备而不知所措，陷入冷场的尴尬局面。这时，求职者要善于打破沉默，让沟通继续下去，以展示自身能力。

打破沉默的有效办法是预先准备一些合适的话题或问题，在冷场时乘机提出来，或是顺着先前谈话的内容，继续谈下去，打破僵局，走出困境。

③注意说错话时的应对。人在紧张的场合容易说错话，比如在称呼时，把别人的职务甚至姓名张冠李戴。毕业生因阅历浅、经验不足，遇到这种情形，常常会懊悔万分、心慌意乱，造成过度紧张，结果语无伦次，出现面试困境。当说错话时应保持冷静，沉着对应。

若说错的话无关紧要，也没有得罪人，可以若无其事，专心继续面试交谈，切勿懊悔不已，影响谈话；若说错的话比较严重，为防止误会，应在合适的时间更正、道歉（可以立即纠正并致歉，也可以事后纠正并致歉）。出错之后，坦诚地纠正自己的错误，可以给人知错就改和诚实的印象，也能反映出你是一个自信、沉着的人，很可能还会因此博得招聘者的好感。

（5）善于适时推销自我。

求职其实就是一个积极推销自我的过程。面试是毕业生与用人单位面对面交流的考核形式，这是毕业生推销自我的绝好机会。因此，毕业生应抓住这一重要机会，在沟通过程中积极展示自己的才能、个性品质等，让用人单位全面了解自己。毕业生推销自己要注意以下技巧。

①以用人单位的需要为说话、行事的指南。推销自己时谈及的优点、特长必须符合用人单位的需要，以及符合应聘职位的具体要求，否则谈话将变得多余。

②谈话时要让用人单位明白你能解决他们想要解决的问题，并且体现出你善于与人共事。

③推销自己时要说得含蓄，不要太直接，也不要过于夸大，把自己说得无所不能。沟通过程中采用"先抑后扬"的方式来展示自己大都会得到认同和信任。

④借用他人的评价来肯定自己。借用他人来肯定自己既具有很强的说服力，又不至于让招聘者认为你自以为是、目空一切。

3. 回答问题的策略

回答招聘者的提问是面试中的必经环节，任何求职者都必须面对。由于面试中的提问带有考核性质，用人单位大多也以此判断求职者是否符合本单位的需要，因此面试中的提问会给求职者带来较大压力。毕业生面试回答问题时注意以下几个方面。

（1）思路清晰，要点明确，条理清楚，有理有据。

招聘者提出问题后，不要急于回答，可以稍停三四秒钟，厘清思路，想出回答要点。一般情况下回答问题时应结论在先，议论在后，先将自己的中心意思表达清晰，然后再做叙述和论证。否则，长篇大论，逻辑混乱，会让人不得要领。面试时间有限，若多余的话太多，则容易走题，冲淡或漏掉主题。

（2）避虚就实，切忌答非所问。

面试中，招聘者常会问一些摸不到边际或难以理解的问题，以致不知从何答起。此时如果毕业生以虚对虚，答起来也会不着边际，让招聘者一头雾水。对待这类问题最好避虚就实：首先，可礼貌地请求招聘者将问题复述一遍，以确认内容，这样回答起来就会有的放矢，不致答非所问；其次，要认真分析，把握问题主旨和目的，特别要注意把握招聘者提问的意图，把虚的内容与实的事例结合回答；最后，要注意"画龙点睛"，结尾时注意总结、提炼，还实以虚。

（3）开放式答问，避免抽象。

毕业生在回答招聘者的问题时不仅要表明自己的态度和观点，而且要加以必要的解释和说明。若采用封闭式回答问题，只是简单回答"是"或"否"而不加以展开，虽然表明了态度，但没有说明原因，会显得回答简单、思路狭窄，表现出能力不足，面试时绝不可取。

（4）答问要有创新，突出个人特色。

毕业生在回答问题时，要推陈出新，富有新意，这样才更有可能成功。因为用人单位面试时要接待若干求职者，相同的问题问若干遍，类似的回答也可能要听若干遍，招聘者们常常会有乏味、枯燥之感。具有独到的个人见解和个人特色的、有创新的回答，会很快引起招聘者的兴趣和注意。

（5）坦诚相见，诚实率直。

面试遇到自己不会的问题时，应该坦诚地告知招聘者，回避闪烁、默不作声、牵强附会、不懂装懂的做法均不足取。人无全能，坦率地承认自己的不足，反能给人留下诚实、率直的好印象，进而赢得招聘者的信任和好感。

4. 提问的策略

面试快结束时，出于礼貌，招聘者大都会问你是否有问题或不了解的地方要问。这时，求职者至少应该问一个及以上的问题。如果一言不发，会给对方造成两种印象：一是你对该企业没多大兴趣，因此实在没什么可问或不想问，这样必然会惹恼招聘者；二是你没有思想，也没有能力提出好问题，这样招聘者会认为你能力不足，反应迟钝，不会应变。

面试中的提问是一门艺术，提问能反映出求职者的能力和水平。大学毕业生面试时不可以随便向用人单位提问，要特别注意以下几点。

(1) 勇于提出问题。

由于求职的竞争压力大，很多毕业生在求职时总是顺从招聘单位意愿而不敢提问，这反而给人一种缺乏自信的感觉。事实上，毕业生没在企业工作，对企业不完全了解，大胆地提出问题，可以体现出稳重、有主见、善于观察思考的个性特点，也可以反映毕业生良好的心理素质和对这份工作的重视。一个好的提问，可能胜过简历中的无数笔墨，让招聘者对你刮目相看。所以面试中要敢于提问，敢于了解。

(2) 提问的内容要合理。

提问时要避免提敏感话题，如工资待遇、职位要求、福利要求等，也要避免提招聘者不懂的问题，如专业技术等问题。提问内容最好是与个人利益没有直接联系但与企业整体形象和招聘活动有关的概述性问题，如可以问关于企业文化、企业经营模式、企业综合优势、企业发展前景、员工培训深造等相关问题。而不要问"公司到底招多少人？""招聘能否保证公平？""我能被录用吗？""给我待遇怎样？"等问题。

(3) 提问要具体，不能模棱两可。

提问通常可以反映一个人的水平高低。一般来说，问的问题越具体，说明对所提问题知道得越多。面试时不要问一些似是而非的问题，会让招聘者觉得求职者水平低。

(4) 提问内容不要太多。

面试中向招聘者提问并非越多越好，"打破砂锅问到底"会反映出对应聘企业的无知，同时由于面试时间安排紧张，过多的提问会让招聘者产生厌倦心理。

(5) 注意提问时间。

提问时间一般安排在结束时或招聘者问完之后，毕业生应把握好时间的度，该问时才问，切不可打断招聘者的谈话而提问。

5. 结束面试及试后的沟通策略

面试结束并不等于本次求职活动就结束了，面试后还应加强与企业的沟通，加深企业对个人的印象，提高求职成功的可能性。

(1) 及时退场。

回答完问题，招聘者宣布面试结束后，应礼貌道谢，并及时退出面试考场。招聘者宣布面试结束后，最好不要再提问，也不要补充和做额外的解释。无论面试表现如何，都应冷静，从容退出考场。如果确实有需要更正、解释和声明的可以和接待人员联系，也可在面试全部结束后向招聘者声明。

（2）适时致谢。

面试结束后应在1~2天内给招聘者或负责人打电话或写信，向他们的辛苦工作表示感谢，同时再次说明自己能力、个性与应聘职位的具体要求的契合性，并强调对该职位的期待，从而强化自身优势，加深招聘者对自己的印象。

（3）总结经验。

面试结束后应对面试过程进行总结和分析，发现失误与不足，分析其原因，并想出弥补的办法。这也有利于在以后的面试中获得主动。

（4）保持联系，建立感情。

面试结束后，一定要积极主动地与用人单位保持联系，建立感情。不管对方态度是积极还是冷淡，不到最后决不放弃。但要注意联系频率要适度，过度的联系会让对方感觉厌烦，或者让对方觉得你性情急躁，缺少耐心。

第三节 了解求职礼仪

求职礼仪是公共礼仪的一种，它是求职者求职时与用人单位及其相关人员接触、交流过程中必须具备的仪表风貌和礼貌行为。求职礼仪能反映出求职者的内在素质和修养，是求职者整体素质的重要体现。大学毕业生求职时的仪容仪表、言行举止是否符合礼仪规范，直接影响到就业是否成功。

大学毕业生应从仪容仪表、行为规范等方面塑造自我，以树立良好形象，充分展示自己的风采和魅力，为成功迈入职场奠定基础。求职礼仪主要包括仪表礼仪、行为礼仪和面试礼仪。

一、仪表礼仪

仪表是求职者留给招聘者的第一印象，得体的穿着打扮、良好形象不仅能使招聘者对你另眼相看，同时也能增加自己的自信，在面试中发挥更好。为了在面试中获得先入为主的优势，毕业生需要研究着装风格，注意细节修饰。

1. 男生求职时的仪容仪表

男生在求职时的仪容仪表要显得潇洒、英俊，能展现干练、勇敢的男子汉气魄和魅力，体现出成功男士的职业韵味。可以从以下几个方面入手。

（1）整洁、笔挺的外套。

（2）洁净的衬衫。

（3）潇洒的领带。

（4）配套的鞋袜。

（5）整洁的仪容。

（6）适当的装饰。

（7）男生仪表礼仪的禁忌。

2. 女生求职时的仪容仪表

相较于男生而言，女生的仪容仪表及搭配比较灵活，有更多的选择。

（1）服饰礼仪。

庄重典雅的服装能让女性更有职业气质。每位女生都应准备一至两套较正规的套服，以备去不同单位面试之需。

（2）装饰品。

适当地搭配一些饰品无疑会使求职女生的形象锦上添花。搭配饰品应讲求少而精，避免佩戴过多、过于夸张或有碍工作的饰物。一条丝巾，一枚胸花，一条项链，就可能起到画龙点睛之妙，恰到好处地体现你的气质和神韵。皮包不要过于精美、珠光宝气，但也不要太破旧、有污点。自然背在肩上，或提在手上即可。

（3）仪表。

面试时适当地化点淡妆，可使自己更显亮丽。女生求职化妆讲究淡雅自然、不露痕迹为佳。但不能浓妆艳抹、过于妖娆，这不符合大学生的形象与身份。切记一定不要将学生的清纯美掩盖掉。头发要洗干净、梳整齐，以增添青春活力。可根据衣服合理搭配发型，要善于利用视觉差异来改变脸型。如脸型过长的人，可留较长的前刘海，并且尽量使两侧头发蓬松，这样长脸看起来不太明显；脖颈过短的人，则可选择干净利落的短发来拉长脖子的视觉长度；脸型太圆或者太方的人，一般不适合留齐耳的发型，也不适合中分头发，应该适当增加头顶的发量，使额头部分显得饱满，在视觉上减弱下半部分脸型的宽度。根据应聘的不同职业，发型也应有所差异。

二、行为礼仪

求职中的基本行为礼仪包括站、坐、行三个方面的礼仪规范。

1. 求职者站姿的基本要求

站姿是仪态美的起点，又是发展不同动态美的基础。良好的站姿能衬托出求职者良好的气质和风度。站姿的基本要求是挺直、舒展，站得直，立得正，线条优美，精神焕发。其具体要求是：头要正，头顶要平，微收下颌，双目平视，面带微笑，动作要平和自然；脖颈挺拔，双肩舒展，保持水平并稍微下沉；两臂自然下垂，手指自然弯曲；身躯直立，身体重心在两脚之间；双脚直立，女士双膝和双脚要靠紧，男士两脚间可稍分开点距离，但不宜超过肩膀；挺胸、收腹、直腰。

2. 求职者坐姿的基本要求

坐姿是仪态的重要内容。良好的坐姿能够传递出求职者自信练达、积极热情的信息，同时也能够展示出求职者高雅庄重、尊重他人的良好风范。

求职者坐姿的基本要求是端庄、文雅、得体、大方。具体要求如下：入座时要轻、要稳，不可猛起猛坐使椅子发出声响。女士入座时，若着裙装，应用手将裙子稍向前拢一下。

坐定后，腰部挺直，身体重心垂直向下，上体保持正直，两眼平视，目光柔和；男子双手掌心向下，自然放在膝盖上，两腿距离以一拳左右为宜；女生可将右手搭在左手上，轻放在腿上。

坐时不要将双手夹在腿之间或放在臀下，不要将双臂抱在胸前或放在脑后，也不要将双脚分开或将脚伸得过远。坐于桌前应该将手放在桌子上，或十指交叉后以肘支在桌面上。入座后，要尽量保持正确的坐姿；如果坐的时间长，可适当调整姿态，以不影响坐姿的优美为宜。

3. 求职者的走姿要求标准

走姿是站姿的延续动作，是在站姿的基础上展示人的动态美，无论是日常生活中还是社会场合，走路往往是最吸引人注意的体态语言，最能表现一个人的风度和魅力。

对求职者走姿的具体要求是：行走时，头部要抬起，目光平视对方，双臂自然下垂，手掌心向内，并以身体为中心前后摆动，上身挺拔，腿部伸直，腰部放松，跨步适度，脚步宜轻且富有弹性和节奏。

男生应抬头挺胸，收腹直腰，上体平稳，双肩平齐，目光直视前方，步履稳健大方，显示出男性刚强、雄健的阳刚之美。

女生应头部端正，目光柔和，平视前方，上体自然挺直，收腹挺腰，两脚靠拢而行，步履匀称自如，轻盈，端庄文雅，含蓄恬静，显示女生庄重而文雅的温柔之美，展示出自信。

三、面试礼仪

1. 遵时守信

求职者一定要遵时守信，千万不要迟到或毁约。迟到和毁约都是不尊重招聘者的一种表现，也是一种不礼貌的行为。如果求职者有客观原因不能如约按时到场，应事先打个电话通知招聘者，以免对方久等。如果因特殊情况已经迟到，应主动简单陈述原因并致歉。这是必需的礼仪。

2. 保持适度的距离

面试时，求职者和招聘者必须保持一定的距离，不适当的距离会使招聘者感到不舒服。如果应聘的人多，招聘单位一般会预先布置好面试室，把求职者的位置固定好。当求职者进入面试室后，不要随意将椅子挪来挪去。有的人喜欢表现亲密，总是把椅子向前挪。殊不知，这是失礼的行为。如果应聘的人少，招聘者也许会让你同坐在一张沙发上，求职者这时应注意距离，太近了容易和招聘者产生肌肤接触，这是失礼的行为。

3. 礼待他人

求职者在等候面试时，不要旁若无人，随心所欲，对接待人员熟视无睹，自己想干什么就干什么，以免给人留下不好的印象。面试时对任何遇到的人都应以礼相待，包括接待人员、其他求职者以及其他不认识的人。

因为求职者对面试企业的人员不熟悉，在面试场地碰到的有可能就是企业的某个重要人物。到了求职单位要给所有的人留下良好的印象,而并非只是对面试的招聘者。面试时,应自觉将手机关机。

4. 敲门入室,受请入座

求职者进入面试室的时候应先敲门,即使面试房间的门是虚掩的也应先敲门,千万不要冒冒失失地推门就进,给人以鲁莽、无礼的感觉。敲门时要注意声音的大小和敲门的速度。正确的做法是用右手的手指关节轻轻敲三下,问一声:我可以进来吗?待听到允许后再轻轻地推门进去。

进入面试室后,求职者不要自己坐下,要等招聘者请你就座时再入座。若招聘者叫你入座,应该表示感谢,并坐在招聘者指定的椅子上。

5. 微笑待人

求职者在踏入面试室的时候,应面露微笑;如果有多位招聘者,应面带微笑地环视一下,以眼神向所有人致意。面带真诚、自然、由衷的微笑,可以展示一个人的风度和风采,有利于求职者塑造自己的形象,给人留下美好的印象。求职者与招聘者相识之后,便要稍微收敛笑容,集中精神,平静的面容有助于求职者面试成功。

6. 递物大方

求职者求职时必须带上个人简历、证件、介绍信或推荐信,面试时一定要保证不用翻找就能迅速取出所有资料。如果招聘者要求送上这些资料,应双手奉上。

第九章

就业规划指导

第一节 考研准备

一、本科生考研的特点及其途径

考研是指具有本科同等学力的考生参加硕士研究生入学考试，以期获得硕士教育机会的活动过程。受社会发展、职业竞争及就业压力等多因素的影响，越来越多的本科毕业生选择考研，使考研成为当前一大社会热点。但是考研是否符合自身的实际，是每一个考生都要慎重考虑的问题。

（一）考研的基本要求

我国高等教育培养硕士学位研究生的基本要求有以下几点。

(1) 德、智、体全面发展，在本学科内掌握坚实的基础理论和系统的专业知识。

(2) 掌握一门外语，具有从事科学研究、教学工作或独立担负专业技术工作的能力的高层次人才。

(3) 能力方面，与本科生相比，研究生更注重的是培养学生研究问题、分析问题和解决问题的能力，特别是从事该学科科研教学的能力。

随着我国经济和教育事业的飞速发展，现在的研究生教育体系已经逐渐完善并呈现多元化的特点，不再单一培养学术型研究生人才，而逐步趋向更多地培养应用型研究生人才。学术型注重培养学生的科研能力，应用型（如专业硕士）则更注重培养学生的业务能力。

（二）硕士研究生招生形势

1. 研究生的招生人数和在校人数

1980年全国人大常委会通过了第一部教育法——《中华人民共和国学位条例》，经过近

40年的发展，我国研究生教育取得了很大的成绩。特别是1999年以来，不论是报考人数、招生人数，还是在校人数均快速增长。2016年，全国共招收研究生66.7万人，其中招收博士生7.7万人，硕士生59.0万人，专业学位硕士研究生28.0万人，占硕士研究生招生人数的47.5%，比2015年提高1.5%；招收专业学位博士研究生2 509人，占博士研究生招生人数的3.2%，比2015年提高0.6%。另有12.9万在职人员攻读硕士学位。

2. 未来发展趋势

（1）考研人群构成更加多样，人数还会进一步增长。

由于就业的不确定性因素越来越多，如今应届大学毕业生里选择考研的人数呈现逐年增加的趋势。主要表现在两方面：一是不选择就业而直接考研；二是考研与就业双管齐下。现在有很多毕业生，在准备就业的同时也准备考研，如果考上了就继续深造，考不上就接着找工作。另外，考研人群的构成越来越多样化，除了应届本科生之外，还有往届生、同等学力人员和在职人群。

据统计，近些年来，考研人数的增长非常快，如表9-1所示。

表9-1　历年考研报考人数和录考比例　　　　　　　　单位：万人

考研年份	报考人数	录取人数	录考比例
2004	94.5	27.3	3.5∶1
2005	117.2	31	3.8∶1
2006	127.12	34.2	3.7∶1
2007	128.2	36.1	3.6∶1
2008	120.0	38.6	3.1∶1
2009	124.6	44.9	2.8∶1
2010	140.6	47.4	3.0∶1
2011	151.1	49.5	3.1∶1
2012	165.6	51.7	3.2∶1
2013	176	53.9	3.3∶1
2014	172	57	3.0∶1
2015	164.9	63	2.6∶1
2016	177	66.7	2.7∶1
2017	201	—	—
2018	238	—	—

（2）专业学位硕士逐渐受到重视，招收规模也将增大。

目前，我国设置了19种专业学位，涉及硕士学位的有法律硕士、社会工作硕士、教育硕士、体育硕士、汉语国际教育硕士、翻译硕士、艺术硕士、风景园林硕士、工程硕士、建筑学硕士、农业推广硕士、兽医硕士、临床医学硕士、口腔医学硕士、公共卫生硕士、会计硕士、工商管理硕士、公共管理硕士、军事硕士。

随着我国经济社会的发展，对高层次、应用型专门人才的需求将越来越大，专业型硕士无论是在规模还是质量上都将有更大发展。调整硕士研究生培养的类型结构，加大应用型人才的培养力度，是满足国家经济社会发展对应用型人才需求的重要举措。因此从硕士研究生就业趋势来看，必将有更多的大学毕业生走向社会实践领域。

（3）专业课实行统考是趋势。

专业课统考是全国统一命题、统一考试，区别于以往各研招单位的自主命题、自主阅卷，能以一个比较客观的标准来选拔人才，减少了人为干扰的可能性。一直以来，毕业生选择考研时，跨校考研的难度明显高于本校考研的难度，就是因为外校生与本校生相比，存在信息不对称，劣势非常明显。

实行全国统考将更能彰显公平，使本校考生和外校考生在同一起跑线上竞争。由于没有备考信息和相应的导师倾向，统考更能促使考生在备考当中对所学专业的知识点进行系统的复习，从而夯实考生的专业基础。面对诸多考研专业和机会，只有在统考的环境下，考生的选择余地才能更大。

2017年在职研究生首次纳入统考，让更多在职人员也加入了考研大军。在职考生中，有一部分人是为了升职加薪选择考研深造，也有一部分人因为不满意现在的工作，所以想通过考研换一个更好的平台。种种原因使往届生考研人数大增，而且这里也不乏第二、第三备战的考生。

（4）考题更加灵活多变，难度适度增加。

研究生政治考试更加注重灵活运用知识点，出题人的意图就是要考查学生知识点的深入思考情况，也要考查学生针对当前国际和国内环境，对于中国的国际定位和历史担当，运用知识去谈论对重大热点的认知。这就要求考生在学习知识过程中一定深入思考，同时要求老师在教学过程务必将知识点讲透彻，更要引导学生深入思考，做到举一反三、触类旁通，打造一种兵来将挡水来土掩之势。

（三）硕士研究生的种类和入学途径

1. 硕士研究生种类

"研究生"这个词对大多数人来说已经不再陌生，但到底研究生有哪些种类，却不是每个人都能说清楚的。我国的研究生教育属于国民教育序列中的高等教育，分为两个层次：硕士研究生和博士研究生。目前，我国硕士研究生种类比较复杂，可从以下几个角度来划分。

（1）按照培养方式来划分。

按照培养方式不同，可分为脱产研究生和在职研究生。脱产研究生是指在高等学校和科研机构进行全日制学习的研究生；在职研究生是指在学习期间仍在原工作岗位承担一定工作任务的研究生。

（2）按照培养经费渠道划分。

按照培养经费渠道不同，可分为国家计划内研究生、委托培养研究生和自筹经费研究生。

①国家计划内研究生。此类研究生的培养经费由国家提供，根据毕业后的去向又分为非

定向研究生和定向研究生（简称定向生）。其中非定向研究生（也就是通常所说的"公费"研究生，在目前硕士研究生招生名额中占据较大份额），毕业时实行双向选择的自由就业制度；定向研究生则在录取时就必须签订就业合同，毕业后即到合同规定的地区或单位工作。

②委托培养研究生，简称委培生。培养经费由委托单位提供，录取时要和委托单位签订合同，毕业后到委托单位工作。

③自筹经费研究生。这是指招生单位在培养条件、指导力量都具备的前提下，培养经费由指导教师的科研经费提供，或向社会通过多种渠道筹措解决。学生毕业后按自筹经费培养合同就业，合同中没有规定就业去向的，通过"双向选择"的办法就业。

（3）按照培养类型划分。

按照培养类型的不同，分为学术型研究生和专业型研究生。

①学术型研究生。这是指按学科设立，以学术研究为导向，偏重理论和研究，培养教学和科研人才为主的研究生。学术型研究生的招生考试主要是每年年初的全国硕士研究生统一入学考试（简称"统考"），录取后，获得研究生学籍。毕业时，若课程学习和论文答辩均符合学位条例的规定，即可获得毕业证书和学位证书。授予学位的类型是学术学位。

②专业型研究生。这是指相对于学术学位而言的学位类型，目的是培养具有扎实理论基础，并适应特定行业或职业实际工作需要的应用型高层次专业人才。授予学位的标准要反映该专业领域的特点和对高层次人才在专门技术工作能力和学术能力上的要求。专业学位教育的突出特点是学术性与职业性紧密结合，获得专业学位的人，主要不是从事学术研究，而是从事具有明显的职业背景的工作，如工程师、医师、教师、律师、会计师等。

专业学位与学术学位处于同一层次，培养规格各有侧重，在培养目标上有明显差异。我国自1991年开始实行专业学位教育制度以来，经过二十几年的努力和建设，专业学位教育发展迅速。人们耳熟能详的MBA、MPA都属于专业学位范畴。

由于攻读方式不同，大多数专业学位教育只授予学位证书，没有学历证书（简称"单证"），这些学位生采取旁听或集中授课等形式随正式研究生一起学习，并参加同样的考试，专业课考试通过后，按照规定还需通过在职硕士研究生的英语统一考试，之后就可以申请学位。

大体来说，"统考"生取得"双证"，"联考"生取得"单证"。但也有例外，如工商管理硕士、法律硕士、临床医学硕士和博士、建筑学硕士等联考生，存在既有学位证书，又有学历证书的"双证"情况。基于学位培养和发展的需要，教育部决定从2009年起，大部分专业型硕士开始实行全日制培养，并发放"双证"。2010年继续推行将硕士研究生教育从以培养学术型人才为主向以培养应用型人才为主转变政策，实现研究生教育结构的历史性转型和战略性调整。

（4）按照考试方式划分。

根据考试方式，硕士研究生考试主要包括全国统考、单独考试和全国联考等。

①全国统考。全国硕士研究生统一招生考试时间一般安排在每年的12月底，由国家考试主管部门和招生单位组织的初试和复试组成。报考条件包括：拥护中国共产党的领导，品德良好；身体健康状况符合要求；学业水平满足应届本科毕业生及自学考试毕业本科生或获

得国家承认的高职高专毕业学历满2年或2年以上，符合招生要求或国家承认的本科结业生或已获硕士、博士学位的人员。

②单独考试。单独考试是指以单独命题考试招收研究生的考试方式。通常仅限于用人单位推荐的定向培养或委托培养的在职人员，在学习期满，完成相关课程且合格者，通过了论文答辩可授予硕士研究生毕业证及硕士学位证书。

③全国联考。全国联考又称"在职人员攻读硕士学位全国联考"，共分两种：一是一月份的统考，又称"一月联考"；另一种是十月份的统考，又称"十月联考"。根据教育部有关规定：2016年起不再组织在职人员攻读硕士专业学位全国联考。这并不是取消在职攻读招生渠道，而是以非全日制研究生教育形式，纳入国家研究生招生计划和全国硕士研究生统一入学。

2. 入学途径

对应届本科毕业生而言，就读研究生可以考虑的途径主要有两条：一是考研；二是保研。考研是指通过统一的硕士研究生入学考试被录取为研究生的形式；保研是各高校按照一定的标准报送的研究生的形式。

考取学术型研究生和保研是以往应届本科毕业生通常的选择途径，但是目前除了这两种外，还增加了应届生考取专业学位型研究生教育的途径。即从2009年开始，除工商管理硕士（MBA）、公共管理硕士（MPA）、工程硕士的项目管理方向、公共卫生硕士、体育硕士的竞赛组织方向、艺术硕士等管理类专业和少数目前不适宜应届毕业生就读的专业学位外，其他专业学位均面向应届毕业生招生，实行全日制培养。

随着我国经济社会的快速发展，经济结构的调整和转型，面临着职业分化越来越细，职业种类越来越多，技术含量越来越高，社会在管理、工程、建筑、法律、财经、教育、农业等专业领域对高级专门人才的需求越来越强烈的现状，专业学位教育所具有的职业性、复合性、应用性的特征也逐渐为社会各界所认识，其吸引力不断增加。

因此，专业型研究生培养的规模必须有较大的发展，除了要满足现有在职人员的需要，更重要的是要吸引优秀生源，调整优化硕士研究生培养结构，成为硕士研究生教育的主体和高层次人才培养的重要途径。

二、专业定位

（一）专业定位的含义

专业定位就是考生根据自身的实际情况和研究生报考专业的要求，经过综合分析，确定合适报考专业的过程。

（二）专业定位

1. 分析所学专业的发展趋势与报考现状

本科生目前所学的专业一般都是未来考研的专业，但是也有很多学生选择跨专业考研。考生在报考时应该从自己的实际出发，对自己所学专业做出理智的分析，根据自己的专业素质与学习能力来选择报考方向。

目前按照教育部的研究生专业分类，我国学术型专业学位按招生学科门类分为 9 大类，大类再分为 95 个一级学科，一级学科再细分为 300 多个二级学科，还有招生单位自行设立的 760 多个二级学科，如表 9-2 所示。

通过了解这些专业设置的情况，对自己所学专业就有了大致的归类，接下来才能根据自身的实际情况选择报考方向。

表 9-2　各学科门类代码、一二级学科、专业设置情况

学科代码	学科门类	一级学科数量/个	二级学科、专业数量
01	经济学	2	14 种学科、专业
02	法学	5	19 种学科、专业
03	教育学	3	15 种学科、专业
04	文学	3	18 种学科、专业
05	理学	14	46 种学科、专业
06	工学	39	113 种学科、专业
07	农学	9	25 种学科、专业
08	医学	11	47 种学科、专业
09	军事学	9	19 种学科、专业

（1）目前所学专业的发展趋势。

考生可以根据专业排名分析所选专业的地位，排名的变化反映了一个专业的发展趋势。据中国教育在线研究生信息采集系统统计，2017 年在研究生报考的前 10 的专业中，经济管理类占比 60%，报名最多的前两位均为专业型硕士，理工类专业仅占 10%。这在很大程度上说明了：考研的选择与专业性质有很大关系，理工科技类型专业本科毕业就业还不错，而偏学术性的文科专业似乎只有提高学历才能更大程度地发挥所学专业的价值，如表 9-3 所示。

表 9-3　2017 年考研报名前 10 专业名单

排名	专业	排名	专业
1	会计硕士	6	信息与通信工程
2	金融硕士	7	金融学
3	企业管理	8	设计学
4	行政管理	9	英语语言文学
5	会计学	10	艺术设计

与前几年的专业热度排名对比，艺术设计专业进入了专业热度榜的前 10 名，取代了计算机专业，其他专业的报考仍然保持连续几年的热度。虽然报考热度不能直接表明所学专业的发展趋势，但从统计中可以得出一些信息。对于专业的前景，可以粗略分为以下三种情况。

①专业前景难定。很多考生从就业角度出发，都尽可能地选择"热门"专业考研，但是事实情况是，目前看起来是热门的专业，并不代表以后的就业形势一定会好，有可能在几年研究生学习结束后，报考时的热门专业已经成为毕业时的冷门专业了。而与之相反，一些报考时被当作冷门的专业，也有可能在几年后成为热门。因此，考生要把握社会的宏观走势，判断社会各行业需求。通过了解行业特点，分析需求总量。在选择时，对于一些热门专业或热门学校中那些相对冷门的专业及方向，也不妨有选择地报考。

②专业前景看好。专业前景看好的专业，很可能是本科就被看好的专业，但是也可能存在这个专业目前的状况并不理想，而以后会有很好的发展等情况。对于经过分析、确定有很好前景的专业，考生就应该沉下心来好好准备复习。

③专业前景一般。相对于其他热门专业而言，基础类的一些学科，以及短时间内难以见到效益的专业，其就业前景不被看好。这样的专业，除非个人爱好，在报考时要考虑能否在就近的专业或相关专业领域里寻求考研的途径。

当然，事物的发展总是辩证的，当大家都不选择报考就业前景一般的专业时，这些专业就会因人才供应量不足，反而成为热门的专业，这就需要考生自己选择了。

（2）所报专业的录取率。

考生必须清楚所报专业的录取比例，也就是录取率。是否可以考中不仅与专业的"冷"与"热"密切相关，更与录取率有关。录取率的决定因素是该专业录取名额的分配。部分热门专业报考总数多，同时招生数量也多，因而录取率很高，相对好考。一些所谓冷门专业名额少，但报考的人数不一定少，录取率反而低。所以在选择专业时，不应该仅以报考人数来判断专业竞争的激烈程度，还应该考虑录取率，做一个综合评判，盲目地跟从报考所谓热门专业是不理智的。报考人数和招生名额一般有以下几种情况。

①报考人数多，招生单位或名额多。由于一个专业招生的单位很多，而且每个单位招生的数量也多，这样，尽管报考的人数很多，但录取的概率仍然较大，所以竞争并不激烈，竞争指数一般。

②报考人数多，招生单位或名额少。有些专业，比如艺术类，因为招生单位少，招收名额也少，竞争指数大，竞争激烈。

③报考人数少，招生单位或名额多。部分专业，如哲学、数学类，招生单位和名额相对较多，但由于报考人数少，所以竞争较小，选择面大。

④报考人数少，招生单位或名额少。这种情况的竞争度一般，但考生选择面小。

综上所述，考生在确定报考专业和招生院校时，要充分掌握信息，并且对自身的情况做出理智客观的分析，才能做好决策。

2. 能够报考的相近专业或相关专业

（1）结合未来发展方向选择相近专业或相关专业。

报考相近或相关专业的情况主要出现在跨专业报考的情况下。例如，一些基础类学科的同学因为短期内较难看到专业发展的前景，往往喜欢跨考到应用型专业上，希望对自己就业更有利。但是这种情况一般会对专业方面有所限制，同时对于外语水平、技术水平、综合素质等都有完全不同的要求，而且应用型专业的毕业生本身数量就多，面临的竞争异常激烈，所以选择时要谨慎。

（2）了解报考的要求及限制。

考生必须了解专业报考要求和限制条件。每一个专业都有自身的要求，并且对同一个专业不同的招生学校也有不同的规定，报考前一定要详细了解所报专业的报考要求。

（3）分析不同报考途径的差异。

除上述几点以外，以下几个方面也是报考时需要考虑的。

①在本校报考本科所学专业。这是考研志愿选择中最为常见的一种模式，也是报考成功概率最高的模式。一般来说，只要专业前景不错，学校教学质量也还可以，加之人缘和地缘优势，多数考生都会自然而然地选择报考本校本专业。

②在本校跨专业报考。如果学校品牌有较好的知名度，考生不想到其他院校发展，但想换个更好或更喜欢的专业，这样的考生可以选择在本校跨专业报考。跨专业报考有较大的难度，如果这两个专业关联度较大，那么报考难度相对较小；如果原专业和报考专业之间的关联度较小，则复习和考试的难度就相对较大。

③本专业跨校报考。本专业跨校报考的原因有两个：第一，虽然专业不错，但其他学校在该专业上有更大的优势，那么会考虑选择更好的招生单位；第二，原单位太热门，竞争非常激烈，考取的把握不大，为保险起见，考生选择竞争相对小一些的报考单位。相比第一种情况，本专业跨校报考备考的难度要大一些，因为虽然专业相同，但不同招生院校的专业课程设置、教学重点和学术科研特点可能会有很大差异，而且有关报考院校的政策、信息也较难获取。

④跨专业跨校报考。如果出现对所学的专业和学校都很不满意的情况，考生可能会考虑开辟全新的领域，这样的考生会选择跨专业跨校报考。这种模式备考的工作量和难度都是最大的，不仅面临着大量陌生的专业课程的学习，而且在复习资源、招生院校各类信息获取等方面均处于不利地位。

跨专业的考生要正确衡量自己对所报专业的学习基础，尽量在相近学科内选择专业，不要贸然选择跨度过大的专业。一旦选择跨专业报考就不要轻易放弃，以免耽误备考时间。

3. 客观分析与准确定位

（1）正确评价个人能力，理性分析自身的优势和劣势。

个人能力主要包括个人的智力水平、学习能力、情商及心理素质等，自身能力的高低是考研时很重要的因素，同时还要分析自己有哪些优势，又存在哪些劣势。比如有的考生逻辑思维能力和计算能力很强，但记忆能力较差，那么选择文史类的专业可能就不太适合。另外，选择专业时，考生还要考虑攻读专业的费用与家庭的经济承受能力。

（2）了解个人兴趣，选择一个喜欢的专业。

兴趣是学习的动力之源，它可以使大家学习时得心应手，研究时保持兴奋，达到事半功倍的效果。因为研究生毕业后一般要继续从事自己的专业，如果没有兴趣就会感到枯燥和乏味，这样浪费的不仅仅是几年宝贵的学习时间，更不利于一生的职业发展和个人的生活质量。所以在选择专业时要对自己的兴趣做出清晰的认识和判断。不要完全忽略自己的兴趣，盲目按照其他人认为的所谓"热门"专业报考。

（3）掌握选择专业和择校策略。

专业的选择对人的一生来说具有战略意义，因此，专业定位一定要考虑个人自身能力和兴趣。同时，由于不同的院校具有不同的教育理念，往往培养的学生也会有较大差异，因此，报考时院校的选择也非常重要。考生在报考时，一般只能选填一个招生单位的一个专业，最终选择哪个专业和单位是因人而异的。原则上应该是选择专业在前，择校在后。此外，择校时还要参考该校往年的录取成绩。

最终报考目标的确定，其实是专业选择和学校选择的综合。因此选择专业和学校时要客观分析自身实力和专业、报考单位的特点，尽量发挥自己的特长，避开竞争焦点，提高自己的录取概率。

三、考研前的准备

（一）心理准备

整个考研从准备报考，制订复习计划，到备考、考试，是一个连续而系统的工程。这个过程很漫长，也很耗费精力。如果决定考研，就不要三心二意，而应把心态调整好，做到紧张不焦虑，主动不被动，心态平和不浮躁，有张有弛。

（二）时间计划

近几年，本科生中参加考研的学生的比例一直都很高，并且有逐渐上升的趋势。尤其是最近两年就业形势非常严峻，越来越多的人员加入考研队伍中，考研队伍的壮大使得考生面临更大的挑战。需要提醒的是，考生在认真分析自身情况后，要避免受到过多的外界因素影响。看到别人准备，自己也准备，看到别人听课，也跟着去，一会儿选择上辅导班，一会儿又选择自学，没有一个时间上的通盘考虑，这样就会导致目标不明确，随意性太强。另外，还要避免先松后紧。

考研的时间是有限的，一方面要复习考试，另一方面要正常上课，若开始太松散了，等到最后再去冲刺，就有可能基础不扎实，后期打乱仗。因此，尽管考研计划早早就确定下来了，但是如果没有统筹计划好复习时间，可能会全盘皆输。

1. 准备阶段

根据整个规划，制订具体的复习计划应该在大三上学期期末，即年初的一两个月完成，称为准备阶段。从在校本科生学习的情况来看，多数大学生在大三上学期期末或下学期开始就着手准备报考研究生，制订复习计划。一般来说，每年的三月是大家比较认同的开始准备的时间。当然，学生的学习特点不同，每个人可以根据自己的计划确定复习时间。所以时间的安排一定要在最开始就计划好，避免后期的盲目和焦虑。

2. 基础阶段

第一阶段复习：3—6月；第二阶段复习：7—9月。基础阶段是最重要的阶段，通常都有两轮以上的复习安排。

3. 强化阶段

强化阶段一般是9—10月，时间比较集中。

4. 冲刺阶段

11月初到考试前是冲刺阶段，也称"查漏补缺"阶段，是最后的总复习时间。

另外，还有个复习的黄金时间分配问题。一个人在整个复习阶段，黄金时间是特定的；在一天的不同时间段，由于状态不同，也存在黄金时间。大家应学会找到自己的黄金时间，建议抓好几个黄金时间段：一是节假日，时间相对完整，容易找到安静的地点和环境，不受干扰。二是暑假期间，比较容易成为复习的黄金时间。经过最初的准备，到暑期已经进入学习状态，加之时间很充分，没有其他课程的干预，应该充分利用。三是每天固定的时段。这个时段是自己学习效率最高的时段，要克服各种困难，坚持不懈，形成习惯。在黄金时间段，应该尽量安排复习比较难的科目，形成一种习惯，从而达到事半功倍的效果。

（三）复习计划

1. 复习内容

（1）资料的选择。

准备阶段应该听听有关考研的讲座，许多讲座是免费的，不妨利用课余时间安排听几个讲座，了解相关知识，分析考研的最新动态，制订相应的学习计划。如果当年的考研辅导资料还没有出版，可选择上一年的研究生英语、政治等公共科目复习辅导资料，重点准备两年辅导资料的共同部分。同时，也可以购买报考单位的历年考研真题，了解出题思路，有针对性地做好复习。

此外，由于考研辅导复习资料浩如烟海，对于怎样选择也要做到心中有数，切不可贪多。有些同学考试时单纯依赖辅导班的信息，不看大纲要求，一味按照以往的经验复习，往往导致最后的考试失利。在本着指定参考书复习的基础上，适度参考同一专业其他考试方面的指导书籍和资料是必要的，但这类资料不要过多，以避免因为版本不同或作者观点等方面的不同造成的混乱。

（2）复习内容的安排。

复习内容的安排按照三个阶段展开：基础阶段、强化阶段和冲刺阶段。

①基础阶段。

基础阶段是复习的第一步，可以分两轮进行。第一轮的复习按照订立好的复习计划表进行。这一轮要认真学习购买的报考专业考试书籍、资料。基础不扎实的同学可参加寒假基础班系统学习数学、英语等公共课科目。基础阶段的复习方法有以下几个。

A. 系统梳理。考生需要按照大纲要求和报考单位提供的参考书目，整体梳理专业课和公共课的知识框架、发展脉络和具体的线索，即通读。

B. 做笔记。这是很重要的复习手段，通过动手的过程，对基础知识的理解会更加深刻。做笔记是在整理和梳理的基础上，认真地理解和阅读，整理出所要掌握的知识要点，标明有疑问的地方。

C. 请教和讨论。这个方法是针对复习过程中较难理解的问题或没有把握的问题，可以请教老师或其他考研同学，也可以相互讨论。

这一轮的复习是对全部知识的整体把握，不要求过快，但一定要求质量。公共课和专业课要兼顾。

基础阶段的复习要把握如下几个原则。

A. 笨鸟先飞。基础不好的同学如果定下了考研目标，就要尽早着手进行准备。

B. 弱项先行。对于广大考生来说，比较难掌握的是英语和数学等，可以作为重点、难点进行突破。比如数学基础不太好的同学，就要在数学上下大功夫。认真看书，多做历年真题和练习，有条件的也可去报班听课，巩固基础知识，要一个知识点一个知识点地突破。

在复习的过程中肯定会遇到一些疑难问题、做错的题目，一定要在第一时间整理到笔记本里，方便的时候可以答疑。英语、数学等是目前考研的难点，也是拉大差距的主要科目。因此，找到一个好的复习方法可以大大提高成绩。

C. 重点抓好英语复习。英语的学习方法要因人而异，有的喜欢利用整块时间复习，有的擅长每天都进行一部分，可以根据自己情况而定。学习英语是一个长期积累的过程，考研前的准备也一样，早早动手是有好处的，尤其是单词、句型、翻译、阅读、写作等都要求考生基础知识扎实。建议大家每天都看看英语，做一些相关的练习。另外，根据历年试卷分析，能取得较高分数的是阅读部分和写作部分，翻译和一些新题型很难得到高分，这也提醒考生复习时要有所侧重，抓住重点。

D. 政治的复习要重点关注对马克思主义基本原理的运用。政治课的复习没有太多技巧性的东西，因为除了时事政策外，大部分内容都是平时已经学习掌握了的东西。考生在复习的时候，除了要掌握运用原理分析问题的方法外，还要注意一些新的观点、新的知识和新的提法背后的原理知识。

基础阶段一般会持续半年时间，甚至更长。通过这个阶段的复习，考生基本掌握了考试要点，这给第二阶段的复习奠定了基础。

②强化阶段。

强化阶段应该在掌握基础知识之后再开始。有许多考研辅导专家都建议，在强化阶段，考生要注意归纳总结题型以及解题技巧和方法，在认真复习整理参考书所做笔记的基础上，还要再做一定量的练习，以提高解题的熟练度和准确度。习题既要有基本题，也要有综合题，而且要有一定的难度。

为提高自己的答题能力，做历年的真题是其中重要的一环。在做真题的时候，开始时最好不要看参考答案，先独立思考解答，最后再对照参考答案。解题的步骤也是练习的一环，因为主观题的每个步骤都是得分点，做题与不做题对最后的考试成绩影响很大。

③冲刺阶段。

冲刺阶段，也有人把它称作"查漏补缺"阶段。强化阶段之后就是最后的冲刺阶段了。在这个阶段需要再次对照大纲和自己的笔记，将主要知识点过一遍，查漏补缺。对已经遗忘或不太理解的知识点要重新回到教材上复习一遍。对重要的题型进行反复练习，同时再对历届真题和接近真题难度的模拟题进行强化练习,练习时要注意掌握时间,以增加临场答题时控制时间的经验。

2. 复习方式

复习方式没有固定的模式,大家可以根据自己的情况灵活选择。一般来说,考研复习主要有以下几种方式。

(1) 自学。

自学是大多数同学选择的复习方式,因为大多数同学是在大三学年开始准备考研,所以本科必修和选修课程还要继续完成,只能利用课余时间准备复习。这就存在考研和本科课程的一些冲突和偏重的问题,需要同学们统筹计划好。有的考生充分利用学校的师资,把校内资源和考研专业密切结合起来,一边按时上课,一边利用课余时间学习考研的专业课,效果很好。自学既可以是一个人进行,也可以联合考研的同学组成学习小组,资源共享,互相促进。

(2) 听课。

听课主要指在本校或外校听取报考专业的专业课或公共课,比如理工科的许多专业课要求考数学或统计等课程,学生在大一或大二学年已经学过,在条件允许的情况下,再去跟班听课,总结和复习相关知识。对于某些跨专业的考生,听课是很有必要的,这样可使其系统掌握所选专业的基础知识,以备最后的冲刺和考试。

(3) 请教相关学科的老师。

自学和听课是两个很重要的复习方式,除此之外,还有一个也是必要的,即向相关学科的老师或报考专业的老师请教。但是这个方式有时候实施起来比较困难。如果报考本校本专业,那么很容易实现;但是如果是跨专业或跨校报考,找到相关老师就很困难,大家只能用自己的不同信息资源去争取。

(4) 专业课笔记。

①专业课笔记切忌抄书。抄书式的笔记只能在短时间内让你对所学知识有个大概的印象,但是会大大弱化知识点之间的联系,不仅耽误看书进度,更让人无法形成全面系统的知识体系。

②看完书再做笔记。先从目录宏观把握整本书的大致内容,然后深入各个章节进行细致的学习。学习完一章之后,开始按照自己的理解和记忆动手做笔记,遇到遗忘的地方查书补齐,遇到疑难的地方可以标注出来,然后去询问老师和同学。学完整本书后,整理全书的大框架,将各章节的小框架纳入其中。

③按照真题总结专题。真题的论述或者简答题涉及的知识点往往分散于专业课的各个参考书中,研究这些题目可以将原本独立于各个书本中的知识点串联起来,也会为总结知识专题提供思路和方向,使专业课涉及的各种知识网络化、系统化。

(5) 辅导班。

要不要参加辅导班,可以根据每个人的情况而定。有些基础比较薄弱的考生可参加基础辅导班,打牢基础知识。有些考生认为自己的基础知识掌握得较好,便没必要参加辅导班,自学和听课的形式也是不错的选择。目前考研辅导班遍地开花，如何选择也是大家关注的问题。

总之，选择哪种复习方式一定要根据自身的具体情况而定，切忌不明就里，一味跟风。理性的思考是很有必要的。除此之外，应该对当前的考研形势和考研基本常识有所了解，做到心中有数，有的放矢。然后再做好完整的规划，认真细致地实施。整个复习过程中都要做到有张有弛，只有坚持不懈，才能取得最后的成功。

3. 研究生复试联系导师邮件怎么写

复试需要联系导师，通过邮件联系，是最常用的一种方式。但是，怎么写邮件才能吸引导师的注意？写邮件的时候又有哪些注意事项？

（1）同学们联系导师的时候，最好用带有已读回执功能的邮箱。因为导师看了邮件，系统会自动回复。

（2）邮件主题可以写成"考生姓名——××专业硕士自荐信"。这样导师一眼就知道这封邮件的意图是什么了，而且上面有考生姓名，这是一个很重要的信息。

（3）细节很重要。对于邮件的格式、导师的姓名、礼貌用语、邮件的用语要反复推敲，一定要谦虚。建议给同学或老师看看，反复修改确定没问题后，再发送邮件。

（4）介绍自己。要详细说明自己是要报考他的研究生，然后介绍自己的情况、本科成绩及科研经历等。还可以附上成绩单等正面材料，如奖状的扫描件、论文（节选）等。

（5）发送邮件的时间最好在晚上8~10点。一般而言，晚上8~10点这个时间段，导师回复的可能性比较大，当然还要看导师的个人习惯。

第二节 求职准备

一、就业的心理准备

就业心理是指择业者在择业前所表现出来的与职业认识、职业选择、择业途径、择业态度等方面相关的心理状态或思想认识。有什么样的就业心理，就有什么样的就业途径和职业选择。目前，双向选择的就业模式既为大学生提供了平等的竞争机会，同时也给大学生带来了极大的思想和心理压力。毕业前做好就业的心理准备，塑造积极的就业和择业心理，是当代大学生就业成功的内在条件。

（一）大学生就业前的心理困境

就业心理困境是指大学毕业生在就业压力和心理承受力的相互作用下，失去了应有的心理平衡，在择业前产生的一些不健康的心理现象或心理倾向。就业心理困境的表现形式多种多样，常见的有以下几种。

1. 心理冲突

大学生在求职择业的过程中，常面临着种种选择，以致产生激烈的心理冲突，如渴望竞争，又缺乏竞争的勇气；希望自主择业，但又不愿承担风险；胸怀远大理想，却不敢正视现实；注重专业能力的发展，但又互相攀比、爱慕虚荣；重事业、重发展，但又无法舍弃眼前物质利益；既崇尚个人奋斗、自我实现，又有较强的依赖感等。这些心理冲突给大学毕业生择业带来了困境，使部分大学生在就业中感到十分迷茫和困惑。

2. 自卑心理

自卑心理在大学毕业生求职过程中表现得较为普遍。在日趋激烈的竞争中，面对就业困难的现实，部分大学生过低地估量自己的知识和能力，看不到自己的优势和优点，往往形成脆弱、优柔寡断、怯弱的性格。在择业过程中对自己缺乏自信，谨小慎微，缩手缩脚，不敢主动向用人单位推销自己，不敢主动参与就业竞争，陷入不战自败的困境中。

3. 自负心理

由于受传统观念的影响，有的大学毕业生自我评价过高，认为考上大学，有了"知本"，就应身价倍增得到优厚待遇，因此择业条件苛刻，形成自负心理。结果择业时期望值过高，好高骛远、脱离实际，讲条件、求实惠，不愿到基层和艰苦地区等需要人才的地方工作。

4. 攀比与嫉妒心理

在激烈的求职竞争中，有的大学生盲目攀比，自认为自己条件优越、比别人强，总希望自己的工作比其他同学好，待遇比其他同学高，在求职过程中，把目标定位与别的同学简单比较，只对那些条件高于其他同学的职位有兴趣，结果错过很多好机会。同时，当同学找到待遇好的工作时，只会一味产生嫉妒心理，认为自己肯定会找到比之更好的工作，却迟迟没有实际行动。

5. 受挫心理

现代大学生一直生活在校园，生活条件优越，经历比较简单，没有经受挫折的考验，所以心理承受能力和自我调节能力普遍较差，情绪波动较大，情感较为脆弱，缺乏面对挫折的能力。在择业过程中，大多数大学毕业生希望一蹴而就，能够顺利就业。一旦受到挫折，往往产生挫败心理，心灰意冷，悲观失望，自惭形秽，对自己、对未来失去信心，或不思进取、消极等待，或怨天尤人、顾影自怜。

6. 焦虑

焦虑是一种复杂的情绪反应，主要表现为不安、烦躁、忧虑等生理反应。大学生择业就业是其走出校门、走向社会的第一步，是他们人生中的一次重大转折。面对纷繁复杂的社会，以及日趋严峻的就业形势和日益激烈的就业竞争，大学生在求职择业过程中，对职业选择、就业状况、前途发展等方面普遍存在焦虑和烦躁不安甚至恐惧的心理。

(二) 大学生择业时的心理倾向

受社会传统观念及心理困境的制约，大学生在择业与就业过程中，常常产生一些不正确的心理倾向，这些不良的心理倾向既影响到就业路径的选择和就业成功的概率，也影响到其未来职业的发展，每一个大学毕业生应该对此有一个清楚的认识。

1. 依赖倾向

目前在择业过程中很多大学生缺乏主动参与意识和竞争意识，信心和勇气不足，不能主动参与竞争，"等""靠""要"的依赖心理严重。他们不是主动向用人单位展示自我、推销自我，依靠自身的努力去赢得竞争、获取职位，而是寄希望于学校，寄希望于政府，寄希望于家人，等待政府、学校帮助解决就业，坐等家人及亲属帮忙，等企业上门招聘。这种严重的依赖倾向使大学毕业生在市场竞争中十分被动。

2. 从众倾向

从众倾向表现为随大流、人云亦云，是行为主体缺乏主见的心理表现。大学生由于社会阅历较浅，社会认知不足，在择业时表现出的"从众"十分普遍。毕业时经常可以看到：一个单位来校招聘，同一专业的同学要么一哄而上，要么都不去。这是因为他们认为大家都去肯定好，没有人去肯定不好，表现出明显的从众倾向。

大学生求职的从众倾向还表现在对社会认知和家人认知的顺从上：社会认同较好的行业大家都去竞争，社会认同较差的行业大家都避而远之；或是家人认为好的职业就选择，家人认为不理想的职业就回避。从众倾向加剧了就业的竞争，也使很多毕业生错失许多就业机会。

3. 求稳倾向

求稳倾向是指大学生担心未来工作的不稳定，而在择业时往往从职业的稳定性出发去选择那些国企、事业单位或公务员职位。这是保守心理的一种表现，受传统观念影响较大。

4. 名利倾向

名利倾向是指大学生在求职过程中，一味地注重高收入、高地位、好行业、名单位等，把名利作为求职的第一标准。例如，许多大学毕业生择业时选择去大城市，选择企业时也以是否外资或合资为标准，求名求利，忽略了自己的特长和未来职业的发展。

5. 低就倾向

低就倾向源于大学生的不自信和自卑。有的大学毕业生认为社会对人才要求高，竞争激烈，而大学生学到的只是理论，动手能力差，技不如人，只要有单位要就行了。结果是对自己不敢"明码标价"，对单位开出的某些不平等条件也极力忍让，草草签约了事。低就倾向会给以后职业发展带来诸多隐患。

6. 侥幸倾向

随着大学毕业生人数的逐年增加，用人单位对人才的选择余地越来越大，就业竞争越来越激烈。大学生为了提升自己在就业竞争中的砝码，心怀侥幸，希望通过夸大自己的业绩、能力等手段来提升竞争能力，于是出现简历注水、成绩造假、学历造假等现象。

事实上，这种侥幸在求职中不仅不能得逞，反而还会给自己求职和职业发展造成很大障碍，甚至影响其他同学求职以及学校的声誉。

（三）大学生择业时的心理塑造

大学毕业生择业时，不可避免地会遇到很多困难或挫折，引起许多心理矛盾和心理障碍，这既不利于择业，也不利于身心健康。在择业前，大学毕业生就应该充分做好心理准备，消除择业心理困境，克服不良心理倾向，塑造健康的心理模式，为成功求职建立良好的心理基础。

1. 克服不良择业心理倾向

克服不良择业心理倾向，能帮助大学毕业生客观了解社会，认识自我，从而建立起积极、稳定、健康的择业心态。

（1）认识自我，合理定位，良性择业。

认识自我是大学毕业生成才的重要心理品质，也是大学毕业生个性发展和职业方向选择的基础。大学毕业生择业心理塑造的第一步，就是要重新全面客观地认识自我，扬长避短，正确选择职业目标。

大学毕业生通过对自己的知识结构、专业能力、个性、特长、兴趣、爱好等进行客观全面分析，然后为自己合理定位。这样不仅可以克服择业求职中的盲目从众和不切实际的选择，也可以增强自信，避免低就心态影响未来职业的发展。认识自我可以通过心理测评、能力测试、社会比较等方法进行。

（2）认清形势，转变观念，理性择业。

事实上，工作并没有想象中那样难找，遇到就业障碍并不可怕，可怕的是观念陈旧、眼界狭隘，或心存偏见、缺乏灵活性，不能理性地对待客观现实。当代大学生要想在就业浪潮中紧跟就业形势变化，关键是要做到认清形势、改变观念、理性选择。

目标企业要合理。目前，民企已经成为人力资源消费的主力军。近年来，各种民企接受应届高校毕业生的数量大幅度提高，在很多高校招聘会上，民企的比例占绝大多数。市场中大学毕业生需求主体不再是外企、大型国企或政府事业单位，而是数量众多的中小企业，特别是一些民企、私企。因此，大学毕业生在毕业前应清楚认识到这一点，积极转变观念，抛弃求稳、求名的心理倾向。

职业发展是择业的关键。调查表明，机会多、待遇优、个人发展空间广、企业体制完善等已成为现代求职者选择就业职位时的综合考虑因素。个人发展空间和行业发展前景成为当今求职者择业的首要考虑因素，薪资不再是职业首要标准。大学生应该用发展的眼光看待择业与就业，正确对待薪酬和就业、发展的关系。

淡化地域观念。随着经济社会的飞速发展及国家优惠政策的出台，中西部地区及二线城市对人力资源的需求急剧增加，它所提供的就业岗位大大增加了大学生在这些地域中的就业机会。大学生应该积极顺应这一变化，淡化地域观念，勇于到中西部地区或中小城市去发展。

（3）积极培养主动竞争的择业观念。

择业时，大学生应充分了解自己的专业，明确自己所学专业的培养目标及适合方向，树立专业思想。主动将个人发展与社会需求结合起来，跟上社会发展变化的步伐，变被动为主动，提高自己的综合素质，提升自己的竞争力。

大学生在毕业前注意搜集社会各方面，特别是本专业的用人信息，树立自我推销的求职意识，积极主动和各用人单位联系，凭借自己的实力，用热情和真诚获得用人单位的认可。

(4）树立严谨、踏实、稳重的择业求职作风。

严谨、踏实、稳重是现代企业用人的基本标准，也是大学生成才的基本要求。择业求职是大学生人生中的一个重要环节，也是企业选择人才的一个重要环节，因此，应坚持严肃认真的态度，绝不能心存侥幸、马虎对待，甚至弄虚作假。大学生在职业意识塑造过程中，就应养成诚信、严谨、踏实的工作作风，做到诚实、诚信、严谨。

2. 自我调适消除心理困境

择业的心理困境人人皆有，只是程度不同。大学生要想塑造良好的就业观，必须通过自我调适，克服各种心理困境和障碍。

（1）理智思考。

一个人在遇到困难和挫折时要保持健康的心理，很重要的一点是能够理智思考，正确面对和接受现实，并能保持灵活变通的思维方式，随时修正自己不合理的想法，而不固守原有的僵化观念。大学生在择业时首先要理智地分析自己，明确自己的长处和不足，增强信心，相信凭真才实学一定能找到合适的单位。其次，遇到困难和挫折时，要冷静分析原因，根据原因对症下药，适时调整，而不怨天尤人。

（2）学会放松。

求职时如果心情紧张，则可通过自我放松练习进行缓解。常见的放松方法有两种。第一种是肌肉松弛训练，其方法是，先紧张某些肌肉群，然后放松。例如：用力握紧拳头，坚持10秒钟左右，然后彻底放松双手，体验放松的感觉；将脚尖使劲向上翘，脚跟向下紧压地面，绷紧小腿肌肉，坚持10秒钟，然后彻底放松，体会小腿放松的感觉。第二种是意念放松训练。其方法是，先稳定情绪，静下心来，闭上眼睛，排除杂念，把注意力集中到下丹田，用腹式呼吸法慢慢呼吸。

（3）适度激励。

大学生求职择业时常常信心不足，会紧张、胆怯，甚至自卑，这可以通过自我激励进行调节。具体的做法有以下两种。

一是进行积极的自我心理暗示，自己给自己打气、加油、壮胆。比如择业或面试前，对自己说"不要紧张""放松""我一定会成功"以及"我是最棒的"等暗示语言，能缓解过分紧张的情绪，增强自信心。

二是大胆实践。择业时主动出击，用每一次小的成功来激励自己。例如，要求自己主动与用人单位的代表打招呼，握手问好，把心里的想法坦率地说出来等，以此来激励自我。

（4）适当宣泄。

宣泄是心理调适常用的一种方法，是指通过一定渠道把人内心深处的冲突和被压抑的情绪发泄出来，以求内心的平衡。比如哭诉，向熟悉的人倾诉，剧烈运动，发泄等，都可以缓解内心冲突，消除心理矛盾与痛苦，释放心理压力。当然，宣泄情绪一定要注意场合、身份、气氛，且无破坏性。

（5）自我安慰。

择业时遇到挫折是正常的，此时应该进行适当的自我安慰，以缓解心里的矛盾冲突，消除焦虑、抑郁、烦恼和失望的情绪。如面试落选了，可以安慰自己"失败乃成功之母""车到山前必有路"等。

(6) 心理咨询。

为了消除焦虑、烦恼、抑郁等心理障碍,大学毕业生可以向专业的心理咨询机构寻求帮助。目前,不少高校都建立了心理咨询机构,社会上的心理辅导服务也纷纷兴起。心理辅导老师或心理医生都能帮助大学毕业生迅速有效地消除各种不良情绪,以及更加客观正确地认识自我,进行心理训练提高择业技能技巧的有效途径。

3. 树立积极的求职心态

(1) 正确认识自我。

将"个人情况"和"个人特点"综合考虑,评估自己掌握的专业知识和技能,了解自己的个性特征,分析适合自己的就业方向。

(2) 保持足够的敏感。

密切关注就业招聘信息,积极参加校园宣讲会、招聘会,了解最新招聘动态。

(3) 正确化解焦虑。

多跟已经就业的同学、朋友交流,多跟业界、周边的智慧人士接触,获得心灵的支撑,保持宠辱不惊、心境平和。

(4) 遇到困境时相信自己。

做自己的啦啦队。"势如破竹"这个"势"就是心理能量的积累。

(5) 开辟新的战场。

一个行业的相关企业招聘进入尾声时,应积极开辟新战场,但要保证自己的核心竞争力得到延续使用,新战场离"行"不远或者为"行"服务。

二、求职信息准备

求职信息是大学毕业生求职择业的前提和必备条件,关系到求职择业的成败。在当今信息时代,就业不仅是实力的竞争,也是信息的竞争。作为当代的大学毕业生,应当高度重视就业信息的重要性,积极主动,多途径、全面地收集各种就业信息,并认真细致地进行选择整理,并做出准确界定、科学利用,从而抓住机会,把握择业、就业的主动权,为成功就业奠定基础。

(一) 求职信息的重要作用

1. 求职信息的重要性

(1) 求职信息是大学毕业生职业选择的基本前提。

在市场化条件下,大学毕业生就业实行"双向选择",用人单位择人与大学毕业生择业的自主权日益强化,各自的选择余地增大,竞争也更为激烈。对择业者来说,只有了解和掌握全面、可靠的就业信息,才能够有效参与到求职择业活动中;否则,就无法争取择业的主动权,也不可能找到自己理想的职业。

(2) 求职信息是大学毕业生选择职业的重要依据。

大学毕业生只有掌握了全面的求职信息,才能使自己的择业更具科学性,从而做到知己知彼，有的放矢。大学毕业生通过对各种就业政策、社会宏观经济状况、人才需求状况、专业特点及用人单位特点和用人需求等信息的分析，可以准确把握自己的就业发展趋势和前景，从而准确定位，正确选择职业方向。相反，这些信息的占有量和来源上如果存在缺陷，则大学毕业生择业决策的科学性、可靠性将无法实现。

（3）求职信息是求职成功的可靠保证。

大学生求职是一个自我展示、自我推销的过程。在推销自我的过程中，大学生必须全面收集用人单位信息，做到"投其所好"。大学生对应聘单位相关信息了解得越全面，在应聘过程中就越能够胜出。

2. 求职信息的分类

求职信息主要有以下几类。

（1）政策类信息。

政策类信息是大学毕业生要掌握的首要信息，主要包括国家关于大学毕业生就业指导的政策、就业优惠政策、自主创业政策、学校和地方关于大学生就业的各种政策和规定，如西部计划、三支一扶、大学生村官计划、各地区制订的大学生接收计划等。

（2）专业状况信息。

专业状况信息主要包括专业特色、课程设置、专业发展前景、专业适用范围、专业市场需求状况等。

（3）宏观经济状况及市场供需情况。

宏观经济状况及市场供需情况是指国内外及地区经济发展总体现状与趋势，就业市场的整体状况，本届大学毕业生就业市场总体形势，供需比例与结构等。

（4）用人单位信息。

用人单位信息包括用人单位的招聘规模、所需人员结构、单位性质、效益状况、规模、发展前景、运作模式、用工方式、招聘程序等。

（5）招聘活动信息。

招聘活动信息是指学校和政府及各种社会机构举办的各种招聘活动的相关信息，包括招聘单位的数量、地域分布、特点类别、举办地点等。

（6）其他与求职相关的信息。

其他与求职相关的信息包括公务员考试、教师资格考试、择业技能等方面的相关信息。

了解求职信息的分类，可以为全面收集信息、合理利用信息奠定基础。

（二）收集求职信息的途径

大学毕业生收集就业信息的渠道很多，常用的途径有以下几个。

（1）政府和学校各级就业主管部门或就业指导服务中心。

这是大学毕业生收集就业信息的主渠道。就业主管部门负责大学毕业生就业管理工作，它不仅宣传相关就业政策、制定相应的就业管理办法，同时也为大学生提供必要的就业指导和帮助，可提供很多就业信息供大学毕业生选择。

校内大学生就业指导服务中心是连接大学毕业生与社会的桥梁，它们与上级主管部门和社会各界及很多用人单位都保持着密切的联系，也是用人单位选择大学毕业生所依赖的一个重要窗口。

(2) 新闻媒体。

新闻媒体形式多样，涉及面广，传播速度快，信息量大，且真实性相对较高，是大学毕业生收集就业信息的重要途径。在传媒业高速发展的今天，报纸、杂志、广播、电视、网络等各种新闻媒介和新媒体平台都从不同的侧面和角度反映大学毕业生的就业状况，并为大学毕业生就业提供各种服务。通过各种新闻媒介，大学毕业生可以了解就业政策、不同行业的就业现状和职业发展前景及用人单位的人才需求信息等。

(3) 供需见面会和人才招聘会。

供需见面会一般由省市就业主管部门或各高校组织。大学毕业生通过供需见面会可以与用人单位面对面交流洽谈，进行双向自由选择，达成就业意向，进而签订就业协议。供需见面会形式多样、组织正规，参会的用人单位及提供的职位比较多，大学毕业生可以和用人单位面对面交流，能够更全面地了解用人单位的信息。供需见面会是大学毕业生收集信息的另一重要途径。

另外，社会各级人才市场举办的与大学毕业生有关的招聘会也能提供很多就业信息。但由于这些招聘会多以营利为目的，注重广告宣传，参会单位成分较复杂，大学毕业生求职的成功率较低，大学生收集信息时应谨慎对待。

(4) 计算机网络。

信息时代，互联网已经成为人们获取信息的基本途径，通过网络求职已经成为大学生中比较流行的方式。大学生可以通过专门的人才交流网站或热线电话，如中华英才网、智联人才网、中国人才热线等轻松快捷地获取与自己相关的求职信息，也可以通过企业的人力资源网站了解企业的具体招聘信息。从互联网上获取就业信息可谓多、快、好、省，既可降低择业成本，又能提高求职效率。但是，在利用互联网获取就业信息时，大学毕业生应清楚认识到网络的负面影响，注意网络中的无效信息、虚假信息、欺诈信息等，这些信息不仅会干扰大学生正常择业，甚至还会给大学生带来不必要的经济或精神损失。因此，大学生求职不可以过分依赖网络，在利用网络查找信息时，应该注意选择那些正规的声誉较好的网站，同时对网上的信息要加以甄别，不可盲目轻信。

(5) 人际关系网络。

天然和后天建立起来的人际关系网，对每一个人来说都是一笔巨大的财富。人际关系中的人脉资源不仅可以为大学毕业生提供很多可靠的就业信息，很多时候还可以直接推荐，推动大学生求职成功。因此，大学毕业生在收集就业信息时，千万不要忘记自己周围的亲戚、朋友、老师、同学和校友等，要学会利用各种社会关系，拓宽信息来源，让更多的人帮助自己获取就业信息。

(6) 社会实践和实习。

学校组织的社会实践和实习等活动，也是大学毕业生收集就业信息的一个有效途径。在实践与实习活动中，大学毕业生有机会了解到单位的用人需求信息和对大学毕业生的具体要求，同时还可以和实习单位进行沟通交流，充分展示自己。通过实践和实习获得的信息准确、可靠，且大学毕业生已与这些单位有先期沟通，彼此了解程度较高。

(7) 直接获取信息。

如果大学毕业生未来职业方向已经明确，择业目标范围已经确定，则可以采用登门拜访的方式毛遂自荐，直接到自己中意或与自己专业有密切关系的用人单位，当面递交个人求职材料或进行咨询交流，以此了解用人单位的具体信息。通过这种方式收集到的就业信息最直接、最准确，也最具体、最可靠。

收集就业信息的途径很多，大学毕业生切不可局限或偏好于某种单一的途径，而应将多种就业信息的收集途径结合起来，多管齐下，确保收集到的就业信息全面、准确、有效，为成功就业提供充分的信息资源。

（三）求职信息的有效利用

大学毕业生通过各种途径收集到的大量就业信息纷繁杂乱，其中还包含不少虚假和无用信息，大学毕业生需要通过各种途径收集利用。一些大学毕业生花费了大量时间和精力收集就业信息，但对收集到的信息不加以有效利用，而是束之高阁，结果造成资源的浪费。

也有一些大学毕业生由于求职心切，未对收集的就业信息进行认真、细致的分析处理，就轻易地付诸实践，结果是无功而返，造成时间、精力、财力的浪费，更有甚者，因虚假信息受骗上当，造成精神上的打击而使求职就业陷入被动。所以，在广泛收集就业信息的基础上，大学毕业生还应学会对所获信息进行选择、整理、加工和有效利用。

求职信息有效利用的过程是大学毕业生对就业信息进行选择、整理加工和正确使用的过程。

1. 初选

大学毕业生最初收集到的就业信息往往杂乱无章，数量庞大，其中有很多无用或虚假信息。在收集到信息以后，大学生应该首先对信息进行初步选择，剔除那些明显不合理的、过时的及违反政策法规的无效信息。

2. 鉴别

对就业信息进行鉴别的目的主要是辨别其真伪及可靠性、有用性等，鉴别的对象主要是初选后的信息资料。通常从以下几个方面进行。

（1）客观真实性。

客观真实性是就业信息是否可靠的基本前提。了解信息真伪，一定要弄清楚信息来源于何处，是谁提供的，提供者的依据是什么。分析信息是否客观、真实。

（2）完整性。

只有完整的信息才是有用的信息，在对就业信息进行分析整理时，一定要注意对信息的完整性进行分析。一般来说，企业招聘信息应包括以下几个方面：①单位名称（全称）、单位所有制性质；②单位的现状、排名、发展前景；③企业文化；④单位对应聘者的要求，如学历、道德品质、个性、职业能力等；⑤岗位工作地点、工作环境、工作时间、薪资待遇、人员培训等；⑥用人单位的联系方式，如联系人、通信地址、邮政编码、联系电话、传真、E-mail等。要把收集到的信息内容全部整理得清清楚楚。

（3）判断就业信息权威性。

判断就业信息权威性的方法有：了解就业信息的来源与质量；掌握信息提供者的背景，

比较同类信息的深度。例如：从政府部门来的就业信息，人事部门最有权威；从学校来的信息，大学毕业生分配（或就业指导）办公室最有发言权。

(4) 有用价值性。

搜集就业信息的目的是找到合适的工作。如果收集到的信息与求职无关，也就没有多大意义。例如：自己只有本科文凭，而招聘职位明确要求博士学位，不论其他条件多么合适，这条信息对自己也没有价值。如果你同学的条件和你一样，这条信息对他们也没有价值，应删除。

3. 分类

在对信息进行鉴别后，应对这些真实有用的信息进行分类，以方便使用。对求职信息一般是按性质分为 A、B、C、D、E 类，如 A 类信息可以是政策类，B 类信息为公务员考试（包括西部计划、村官考试等），C 类信息为事业单位招考信息，D 类信息为大型企业招聘信息，E 类信息为中小企业招聘信息等。也可以按地域时间、收集途径等其他标准进行分类。分类的目的是便于信息管理，在使用时能做到有序和充分。

4. 分层

在对就业信息进行分类后，还必须根据信息价值的大小、有用程度、时效的紧迫程度进行层级划分，最重要、最有用、时效紧的信息放在第一级，其他信息可依照相应标准划分为二级、三级、四级信息。

5. 归档

通过以上程序整理出来的就业信息仍然很混杂，也不便于保存，为了便于利用，还必须对其进行归档保存。归档保存可以通过建立就业信息资料库的方式来进行。个人就业信息资料库的设计并不复杂，重点是将每一条有用的就业信息的要点记录在案，以备求职过程中随时查询。资料库可以按不同类别的信息分类归档。

（四）求职信息的有效识别

一些不法分子为骗取钱财或达到某些不可告人的目的，常利用大学毕业生急于就业的心理及缺乏社会经验的实际情况，有意设计圈套，引导大学生受骗上当。对此，大学毕业生应该高度重视，在收集信息时要注意对虚假信息的识别，做到防患于未然。

1. 常见的招聘陷阱

大学毕业生在求职过程中可能遇到的招聘陷阱有：中介陷阱（黑中介骗取高额中介费）、电话陷阱（通过电话骗取高额信息费，或者通过简单电话交流后就答应录用）、传销陷阱（通过求职方式骗求职者加入传销）、职位陷阱（以提供高职位为诈骗手段）、地点陷阱、试用陷阱、合同陷阱、虚假宣传、虚假承诺等。

2. 招聘陷阱的识别

大学毕业生在求职过程中难免遇到这样或那样的招聘陷阱，关键是在求职过程中要有防范意识，在面试前就对各种信息进行正确识别，做到防患于未然，这样才不会上当受骗，给自己带来不必要的损失。

（1）树立防范意识，克服三种心理。

很多大学毕业生在求职时上当受骗，多是防范意识薄弱，轻听轻信造成的。大学毕业生在求职时要克服三种心理。

一是无所谓心理，即对什么都不在乎，不愿意去多观察、多思考、多体验。结果大大咧咧，掉入招聘陷阱后还不知为何被骗。

二是急于求成心理。尽管求职要善于抓住机会，但这个"机会"绝不能盲目地抓。有的同学急于求成，在对用人单位情况毫不了解的情况下就去面试，甚至签约，上当的可能性大大增加，要知道不法分子正是利用这一弱点来达到目的的。

三是侥幸心理。"说不定别人是真心想帮我""这个人好像不会骗我""万一他说的是真的呢"等想法都是侥幸心理的体现。轻信别人就是对自己的不负责任，要知道天上不会掉馅饼，求职不能心存侥幸，偏听偏信。

（2）认真研究信息，远离招聘陷阱。

很多招聘陷阱都是通过招聘信息的方式来吸引求职者上当受骗。在求职前，大学毕业生应对招聘信息认真分析，舍弃那些带有欺骗性的信息，通常在信息整理时要注意以下几点。

①通过广告判断招聘单位规模。如果招聘信息中广告版面小（一两行字），广告中未谈及公司具体状况（如公司文化、历史、现状、经营项目、未来发展等），这样的公司规模一般不大。如果广告中的联系方式只有手机或QQ号，多是皮包公司，应慎重。

②注意招聘条件。招聘广告中如果只开出优厚条件，但是却没有对求职者的要求，这种多半是招聘陷阱。通常单位给应届大学毕业生的待遇不会很高，职位也不会很高，而且会有学历、经历、年龄等方面的限制条件。如果广告中提供的待遇高、职位好（如经理、主管）而对求职者没有要求，或要求很低，对这样的信息也要慎重。

③对招聘信息进行求证，一般从招聘信息发出后到面试都有几天间隔时间，在此期间，可以通过网络、人际关系或其他平台来了解招聘单位，看单位是否存在，是否有好的信誉等。

（3）实地考察场地，验证信息虚实。

如果单位存在，先确认一下单位的官网，搜索官网的可用信息并记录下来，因为官网是一个单位最好的宣传窗口。同时可以进行实地考察，看看单位规模、员工状况等。

（4）面试时拒交任何费用，签约前仔细研究协议内容。

大学生在求职时应主动学习一些劳动法规和相关政策，提高求职素质和独立思考的能力。在正式进入单位之前，要想方设法加强对企业的了解，以免误入骗子的陷阱。注意招聘单位的营业执照等相关证件。

谨慎签订劳动合同。一看企业是否在工商部门登记及企业注册的有效期限，否则合同无效；二看合同字句是否准确、清楚、完整，不能用缩写替代或含糊文字表达；三看劳动合同是否有必备内容，包括劳动合同期限、工作内容、劳动保护和劳动条件、劳动报酬、社会保险和福利、劳动纪律、劳动合同终止的条件、违反劳动合同责任等。

发现被骗迅速报案。目前，各地陆续成立公安、通信、银监、银行等单位组成的"反欺诈中心"，若遭遇电信诈骗，或向嫌疑人账户转账，应第一时间拨打110或者到派出所报案，110指挥中心或者派出所会将警情转到"反欺诈中心"。"反欺诈中心"经过核实，会启动"紧急止付"程序，将涉案账户快速冻结，最大程度挽回受害者的损失。

三、求职材料准备

求职是一个双向选择的竞争过程，在这个过程中虽然最终起决定作用的是求职者的实力，但介绍求职者具体状况的求职材料的作用不可忽视。对大学毕业生而言，精心制作个人的求职材料是成功求职的基本环节。一份精美、全面的求职材料不仅是对自己多年学习、实践的总结，也是向用人单位全方位展示自我的重要手段，可以使大学毕业生求职事半功倍。

（一）求职材料的构成

求职材料是大学毕业生全面介绍个人基本情况，全方位展示自己学识、技能、风采的各种说明性文件和证明材料。一份全面的、有影响力的求职材料，不是由求职信和简历简单构成的，它包含丰富的内容。

一般而言，较完整的个人求职材料应包括以下内容。

1. 求职信

求职信是求职者向用人单位表明自己的求职愿望和诚意的专门信函，是求职材料的基础内容。

2. 个人简历

个人简历是求职者向用人单位简单说明自己过去学习和工作的经历，介绍个人基本状况，初步展示学识、能力、个性特点、风采、风貌的书面文件。

3. 毕业生就业推荐表

毕业生就业推荐表是由省级就业服务中心或学校统一印制的，用于向社会推荐合格统招毕业生的法定书面文件。毕业生就业推荐表内容全面，能基本反映毕业生学习、工作状况和学识、能力状况。

毕业生就业推荐表是官方认证的具有权威性的材料，在求职材料中具有举足轻重的作用，也是必需的一环，各用人单位高度认可，把毕业生就业推荐表放在求职材料中可以大大提升求职材料的可信度和影响力。

4. 各类证明材料

证明材料是指用于强调自己所取得的成绩或具备某种能力、资格的各种证书及文件等材料。证明材料通常包括以下内容：毕业证书、学位证书、各类学历证明和结业证书；获得的奖学金及"三好学生""优秀学生干部""优秀团员""优秀毕业生"等荣誉称号的获奖证书；英语、计算机水平等级证书，专业技能等级证书；社会实践、征文比赛、文艺演出、体育运动会、社团活动等获奖的荣誉证书；在正式出版物上发表过的文学作品、科研论文、美术设计作品、音像作品、摄影作品及各类小制作、小发明、小创作的图像资料；其他有关专长、爱好的证明材料等。

5. 学习成绩单

学习成绩单是大学生学业状况的反映。学习成绩单不仅可以体现学生对专业知识的掌握度,而且也能反映大学生的学习和人生态度,很多单位对大学生的学习成绩单较为重视。

6. 推荐信

这里所说的推荐信不是那种找关系、托人情、"走后门"的"条子",而是指一些学术权威人士、学者、教授或高层管理者为大学毕业生出具的就业推荐信。许多大型企业、事业单位及外资企业比较重视这种推荐信。因为写推荐信者有较高的声望和地位,一般不会做不负责的推荐,因此,推荐信具有较好的可信度。

7. 其他材料

为了加深招聘单位对自己的印象,或者根据用人单位的不同要求,大学毕业生有时还需提供其他材料,如学校及学科专业介绍、报名表、身份证、学生证、政审材料等。

(二)求职材料的设计

1. 材料准确齐全

有些大学毕业生片面地认为,求职材料就是一份简历,而实际上简历只是个人求职材料的一个组成部分,只有齐全完整的求职材料才能更全面地展示自我。所以,大学毕业生在准备求职材料时应力求全面、准确,把个人认真细致的做事态度和强烈的责任心透过求职材料直接传达给用人单位,给对方留下良好的印象,对于招聘单位要求提供的相关材料更是不能遗漏,以免招聘单位产生误解。

2. 内容充实,装订规范、有序

求职材料要求资料全面,各种资料能全面反映出自身的条件状况,让用人单位全面了解自己,展示出综合实力。求职材料内容较多,装订要规范、有序,体现出层次性,不要给招聘者以杂乱的感觉。

一般来讲,重要的资料放在前面,通常是推荐信放在第一页,其次是求职信、个人简历、毕业生就业推荐表,最后是各种获奖证书、论文等证明材料复印件。如果证书、论文及其他证明材料的复印件太多,可以单独装订,作为附件。

3. 注重针对性,讲究个性

有些大学毕业生认为,个人求职材料只需写好一份,然后再复印分投到其他的用人单位就行了,其实不然,在求职过程中,应根据不同单位与职位对求职者的不同要求,有针对性地制作每一份求职材料,这样才能让用人单位感受到你求职的诚意,提高求职成功的概率。因此,大学毕业生在制作个人求职材料时,从内容到编排形式等方面都应注重体现自己的个性、特长和创意。

4. 设计美观,杜绝错误

一份整洁美观的求职材料,看起来赏心悦目,容易引起用人单位的好感和兴趣。对于求职信要认真设计,封面要简洁,有视觉冲击力,字体大小要适中、编排大方。另外,无论是语法错误、错别字、标点符号的错误,都会让对方对你的印象大打折扣,对求职不利。因此,求职材料制作完成后要认真审阅、校对,以杜绝错误。

（三）毕业生就业推荐表的填写技巧

毕业生就业推荐表是官方认证的具有权威性的材料，各用人单位高度认可，在求职材料中具有举足轻重的作用。毕业生就业推荐表的内容与表格与个人简历有些相似，但更客观、全面，具有普适性。

毕业生就业推荐表的主要内容包括姓名、性别、民族、出生年月、政治面貌、学校名称、专业、学历、培养类别、外语水平、健康状况、学校地址、特长、奖惩情况、在校表现、自我鉴定、院系推荐意见、学校毕业生就业指导意见、备注等。

1. 毕业生就业推荐表的填写

（1）推荐表具有代表校方向用人单位推荐大学毕业生的作用，是唯一认可法定文件，因此填写必须规范，字迹必须工整。很多学校把推荐表公布在网上，大学毕业生可以下载然后填写并打印。注意打印时应用 A4 纸双面打印。

（2）内容填写要完整。完整的推荐表应填写好所有栏目，有些栏目没有可以填"无"。

（3）签章有效。推荐表填完后，由院系审核并在院系推荐意见栏内盖章确认；最后，学校毕业生就业指导中心在学校推荐意见一栏签署"同意推荐"字样并盖上公章，毕业生就业推荐表有效。

2. 毕业生就业推荐表使用的注意事项

（1）不能涂改。推荐表具有代表校方的作用，有关部门加盖了公章。填表的时候一定要细心、认真，不要出错。特别是个人业绩、院系推荐意见等部分，一旦有错误或涂改的痕迹，就可能引起用人单位的误解。所以，发现错误，应更换推荐表，重新填写。

（2）自我鉴定要写得客观全面，既要突出成绩，也要客观，同时还要体现出层次性。

（3）推荐表的填写内容要与简历的相关内容一致，不能和简历出现不一致或相互矛盾的地方。

（4）用备注栏来突出自己的优势。推荐表篇幅有限，某些突出优势可以在备注栏里展示出来，比如有重要作品发表，或具有突出的外语能力、突出的工作经历等都可以写入备注栏。

（5）保证推荐表的唯一性。推荐表不可仿制，大学毕业生在"双向选择"的过程中可以使用推荐表的复印件进行"自我推销"，在同用人单位签就业协议时才向用人单位交出推荐表的原件。

（四）推荐信等其他资料的准备

除了上述材料以外，还需要推荐信和其他一些补充性证明材料，如各种证书、作品、说明性文件等的复印件。推荐信一般需要地位较高的师长、专家撰写，并有亲笔签名。推荐信必须针对特定单位，做到对特定单位推荐某一特定学生。各类证书复印件一般用 A4 纸单面复印，一证一印；论文或作品的复印资料要素应齐全，通常包括封面、目录和正文等。

第十章

创业精神与创业团队

第一节 创业与创业精神

一、创业的定义与功能

1. 创业的定义

"创业"一词最早出现于《孟子·梁惠王下》："君子创业垂统，为可继也。"《辞海》将创业释为"开创基业"。现今，人们把创业理解为不拘泥于当前的资源约束，寻求机会进行价值创造的过程。作为一个行为过程，创业的概念可以从以下三个方面进行分析和理解。

首先，创业需要面对资源难题，设法突破资源束缚。无数创业案例表明，大多数创业者在创业初期甚至全过程都会经历资源约束和"白手起家"的过程。这是因为，创业活动通常是创业者在资源高度约束情况下所进行的从无到有、"从零到一"的财富创造过程。创业者往往需要通过技术创新和商业模式创新等方式对资源进行更为有效的整合，进而实现创业目标。换言之，创业者只有努力创新资源整合手段和资源获取渠道才能真正摆脱资源约束的困境。正因此，积极探求创造性整合资源的新方法、新模式和新机制，就成了创业的基本特性。

其次，创业需要寻求有效机会。机会是具有时间性的有利情况，有效机会就是在时间之流中最好的一刹那，创业通常离不开创业者识别机会、把握机会和实现机会的有效活动。创业者从创业起始就需要努力识别商业机会，只有发现了商业机会，才有可能更好地整合资源和创造价值。因此，一般认为寻求有效机会是产生创业活动的前提。

最后，创业必须进行价值创造。创业属于人类的劳动形式之一，劳动需要产生劳动成果，创业也需要创造劳动价值。创业的本质在于创新，因此，与一般劳动相比，创业更强调创造出创新性价值。当今较为典型的创业大都诉求创新带来的新价值，这些新价值通过技术、产品和服务等方式的变革更好地为消费者服务，促进社会的发展和进步。需要特别注意的是，创业通常需要比一般劳动付出更多的时间和努力，需要承担更多的风险，也更需要坚忍不拔、坚持不懈的努力。当然，创业的渐进和成功也会带来分享不尽的成就感。

2. 创业的功能

创业是经济活力之源、社会进步之翼。如今，创业正在世界范围内催生一种新型的经济形态。这种经济形态突出强调创新创业对于社会经济发展的重要作用，即通过创新和创业发现市场空白，丰富市场供需，引领人们的消费，更好地满足多样性和深层次的需求，推动消费结构升级和市场繁荣发展。正是借助创业型经济的优势，许多发达国家占得了全球市场的先机。根据全球创业观察（GEM）的报告，我国在全球创业活动中属于活跃状态的国家，且我国的创业环境正在不断改善。

创业的主要功能体现在以下几个方面。

（1）创业具有促进科技进步和繁荣市场的功能。创业往往伴随着新技术、新产品、新工艺、新方法进入市场，伴随着大量科研成果转化型企业的诞生。因此，创业可以促进技术进步，推动经济结构升级。创办科研成果转化型的新创企业，可以较快地促进社会科技进步，促进我国整体科技水平提高和综合国力提升。

目前，我国技术创新水平总体不高，市场开发还不够充分，在国际分工中优势不大。要改变这种被动状态，就要发展创业型经济，而发展创业型经济的根本，在于拥有创新创业人才。大学生是社会未来的精英，培养更多的大学生创业者，或者使更多的大学生拥有创新和创业的技能，是我国实现发展创业型经济的最重要途径，将为我国创业型经济发展提供根本性支撑。

（2）创业具有缓解就业压力的社会功能。作为世界第一人口大国，我国有着庞大的就业人群。在我国推进城镇化和经济结构转型升级的过程中，必然伴随着诸多就业矛盾的产生。这些年来，我国的就业人数持续增加，就业总量压力不断增大。相当数量的农业富余劳动力需要转移就业。另外，就业的结构性矛盾更加突出：一方面，传统行业出现大批下岗失业人员，许多人再就业困难；另一方面，新兴产业、行业和技术性职业所需素质较高的人员又供不应求。不同地区、不同行业劳动力供求的不平衡性加剧，劳动力素质与岗位需求不能适应的矛盾变得更加突出。

特别需要关注的是，随着高等教育数量和规模的扩张，大学毕业生的就业问题也日渐突出。据教育部统计，我国应届高校毕业生人数多年持续增长，不断创历史新高，就业形势十分严峻。因此，培育大学生的创业精神和创业技能，提倡和鼓励大学生自主创业，通过创业来解决大学生就业问题无疑是一种可行且有效的途径。实际结果表明：一个大学生的创业成功，往往可以带动几个甚至一批大学生或社会待业人员的就业。如果社会上形成了大学生创业的良好氛围，将会有利于缓解大学毕业生的就业压力。因此，加强大学生群体的创业教育和创业学习具有重要的社会功能。

（3）创业具有调节社会资源配置的功能。新创企业要能够生存并获得持续发展，必须具备一定的竞争力。从行业发展来看，新创企业的成功将会影响行业已有的经营格局，加剧行业经营的竞争，形成优胜劣汰局面，激发市场的活力，有利于资源向经营良好、效率更高的企业流动，促使社会资源合理配置，产生更高的社会效益。

（4）创业具有帮助创业者实现人生价值的功能。随着社会进步发展，智力已经成为比土地、资金、劳动更有意义的关键性生产要素，知识、技术和管理已成为重要的生产要素并参与增值和分配。创办企业越来越需要创业者具有较高知识水平和技术能力，因此，创业有利于知识、创新成果的产业化转化，资本借助知识又能发挥更强大的作用，从而推动整个社会生产力水平的提高。拥有专业知识和具有人力资本的大学生更有能力通过创业实现价值创造。大学生借助知识和创意去创建企业的梦想随时都有可能变为现实。创业为每个人创造了发展的机会和增加个人财富的可能性，对许许多多梦想着开创自己事业的人而言，创业不但是一种充分实现自我的机会，更是发挥个人潜能的舞台。

二、创业的要素与类型

1. 创业的要素

迄今为止，人们对创业要素的认知和分析中，最为典型和公认的创业要素模型为蒂蒙斯模型。该模型提炼出了创业的三大关键要素，即创业机会（机会）、创业者及其创业团队、创业资源（资源）。一般认为，这三个核心要素是创业活动中不可或缺的。如果没有机会，创业活动就成了盲动，难以创造真正的价值。应该说机会是普遍存在的，关键要看创业者及其创业团队能否有效识别和开发机会，如果没有创业者及其创业团队的主观努力，创业活动是不可能发生的。创业者及其创业团队把握住合适的机会后，还需要有相应的资金和设备等资源，如果没有必要的资源，机会也就难以被开发和实现。

蒂蒙斯模型具有动态性的特征，认为创业过程实际上是三个因素之间相互作用，由不平衡向平衡的发展。随着创业过程的展开，其重点也相应发生变化，创业要能对机会、创业者及其创业团队、资源三者做出动态的调整。因此，该模型还要求三要素之间的匹配和平衡。

创业现象也被认为是创业者、机会和资源三者之间的有效链接。其中，创业者是创业的核心，是使机会识别利用与资源获取组合得以实现的驱动者。

2. 创业的类型

创业活动涉及各行各业，创业者的创业动机千差万别，创业项目和领域多种多样，创业的类型也因此呈现多样化，可以从不同角度做出分类。

（1）基于创业动机不同的分类。

依据创业者的创业动机不同，可以将创业分成生存型创业与机会性创业。2001年，全球创业观察（GEM）报告最先提出了生存型创业和机会型创业的概念，并逐年对生存型创业和机会型创业的概念进行了丰富。生存型创业，是指创业者为了生计而相对被动进行的创业，其主要特征为：创业者受生活所迫，物质资源贫乏，在现有市场中捕捉机会，从事低成本、低门槛、低风险、低利润的创业。譬如，我国改革开放初期的创业者以及下岗职工的创业行为大都属于这种类型。机会型创业，是指创业者为了追求商业机会，谋求更多发展而从事的创业活动。例如，李彦宏创办百度公司就是典型的机会型创业，他舍弃在美国的高薪岗位,毅然回国创业,其主要原因是他发现和把握了互联网搜索引擎存在的巨大商机,同时,自己期望实现人生的更大发展。

生存型创业与机会型创业的主要区别如下:①创业者的个人特征。创业者的个人特征是影响创业动机的主要因素,对生存型创业与机会型创业的区分起着显著影响。相对而言,年轻和学历高的创业者更有可能进行机会型创业。②创业投资回报预期。创业投资回报与创业风险相关,因此生存型创业者期望低一些的投资回报,也承担小一些的创业风险。机会型创业者往往期望较高的投资回报,也会承担更大的创业风险。③创业壁垒。生存型创业者更多地受到创业资金、技术和人才等的限制,更多地会回避技术壁垒较高的行业。机会型创业者拥有一定资金、技术和人才优势,会更关注新的市场机会,选择有一定壁垒的行业。④创业资金来源。生存型创业者的资金主要来源于个人和家庭自筹,机会型创业者能比生存型创业者获得更多的贷款机会和政府政策及创业资金支持。⑤拉动就业。相比生存型创业,机会型创业不仅能解决自己的就业问题,而且能解决更多人的就业问题。⑥机会型创业由于更多着眼于新的市场机会,拥有更高的技术含量,有可能创造更大的经济效益,从而改善经济结构。无论是从缓解就业压力还是改善经济结构的目的出发,政府和社会都应该更加关注机会型创业,大力倡导机会型创业。

(2) 基于创业起点不同的分类。

根据创业起点不同,创业可分为创建新企业和企业内创业。创建新企业是指创业者或团体从无到有地创建全新的企业组织。这个过程充满机遇,但风险和难度也很大。企业内创业是指在已有公司或企业内进行创新创建的过程。例如,企业流程再造正是通过两次、三次乃至连续不断地创新创业,企业的生命周期才能不断地在循环中延伸。

(3) 基于创业者数量不同的分类。

根据创业者数量不同,创业可分为独立创业和合伙创业。独立创业是指创业者独立创办自己的企业,其特点在于产权归创业者个人所有,企业由创业者自由掌控,决策迅速,但创业者要独自承担风险,创业资源整合比较困难,并且受个人才能限制。合伙创业是指与他人共同创办企业,其优势和劣势正好与独立创业相反。

(4) 基于创业项目性质不同的分类。

根据创业项目性质不同,创业可分为传统技能型创业、高新技术型创业和知识服务型创业。传统技能型创业是指使用传统技术、工艺的创业项目,比如生产饮料、中药、工艺美术品、服装与食品加工等。这些独特的传统技能项目在市场上表现出经久不衰的竞争力。高新技术型创业是指知识密集度高,带有前沿性、研究开发性质的新技术、新产品创业项目。知识服务型创业是指为人们提供知识、信息的创业项目。当今社会,各类知识性咨询服务机构不断细化和增加,这类项目投资少、见效快、市场前景广阔。

(5) 基于创业方向或风险不同的分类。

根据创业方向或风险不同,创业可分为依附型创业、尾随型创业、独创型创业和对抗型创业。依附型创业可以是依附于大企业或产业链而生存,在产业链中确定自己的角色,为大企业提供配套服务,也可以是特许经营权的使用,如利用某些品牌效应和成熟的经营管理模式进行创业。尾随型创业指模仿他人所开办的企业和经营项目,一般是行业内已经有许多同类企业，创业者尾随他人，学着别人做。独创型创业是指提供的产品和服务能够填补市场空白，大到商品完全独创，小到商品的某个技术独创。对抗型创业是指进入其他企业已形成垄断地位的某个市场，与之对抗较量。如20世纪90年代初，外商在中国市场上大量销售合成饲料的局面，希望集团建立了西南最大的饲料研究所，定位于与外国饲料争夺市场，最终取得了成功。

（6）基于创新内容不同的分类。

根据创新内容不同，创业可分为基于产品创新的创业、基于营销模式创新的创业和基于组织管理体系创新的创业。基于产品创新的创业是指基于技术创新或工艺创新的成果，产生了新的消费者群体，从而导致创业行为的发生。基于营销模式创新的创业是指采取了一种有别于其他厂商的市场营销模式，因而可能给消费者带来更高的满足感。基于组织管理体系创新的创业是指采取一种有别于其他厂商的企业组织管理体系，因而可能更有效地实现产品的商业化和产业化。

三、创业的过程与阶段

1. 创业的过程

创业过程是创业者从产生创业想法到创建新企业或开创新事业并获取回报的过程，涉及识别机会、组建团队、寻求融资等一系列活动。通常分为以下六个主要环节。

（1）产生创业动机。

创业动机是创业机会识别的前提，是创业的原动力，它推动创业者去发现和识别市场机会。创业活动的主体是创业者，创业活动首先取决于个人是否希望成为创业者。当然，不少人是因为看到了创业机会，由于潜在收益的诱惑，才产生了创业动机，进而成为一名创业者或创业团队人员。一个人能否成为创业者，会受三个方面因素的影响。一是个人特质，每个人都可能具有创业精神，但其创业精神的强度不同，强度的大小有遗传的成分，更受环境的影响，比如温州人的创业意愿相对强烈，其中环境起到了很大的作用。二是创业机会，创业机会的增多会形成巨大的利益驱动，促使更多的人尝试创业，社会经济转型、技术进步等多方面的因素在使创业机会增多的同时，也会降低创业门槛，进而促成更大的创业热潮。三是创业的机会成本，人们能从其他工作获得高收入和满足需求，创业意愿就低，比如科学家独立创业的少，是因为科学家已经谋得了一份收入相对丰厚而且稳定的工作，因此较少愿意去冒创业风险。

（2）识别创业机会。

识别创业机会是创业过程的核心环节。识别创业机会包括发现机会来源和评价机会价值。一般应澄清四个基本问题：第一，机会何来？就是说创业者应该找到创业机会的来源在哪里。第二，受何影响？就是说创业者应该找到影响创业机会的相关因素。第三，有何价值？就是说创业者应该找到创业机会所具有的并能被评价的价值。第四，如何实现？就是说创业者应该明了能通过什么形式或途径使机会变成实际价值。围绕这些问题，创业者在识别创业机会阶段需要采取行动，多交流，多观察，多获取，多思考，多分析，最终抓住创业机会。

(3) 整合资源。

整合资源是创业者开发机会的重要手段。一般情况下，创业者可以直接控制的可用资源往往很少，创业几乎都会经历白手起家、从无到有的过程。对创业者来说，整合资源往往意味着需要借船出海，要善于尝试依靠盘活别人掌握的资源来帮助和实现自己的创业起步。人、财、物都是开展创业活动所必需的基本生产要素。创业者所需要整合的资源，首先是要能组建团队，凝聚志同道合的人；其次是要能进行有效的创业融资；最后是要有创业的基础设施，包括创业活动的场地和平台。创业是创业者在资源约束情况下开展的具有创造性的工作，一定会面临很大的不确定性。所以，创业者在创业初期乃至很长一段时间里，都要把主要精力放在资源的获取上，以解决公司和企业的生存问题。此外，创业者还需要围绕创业机会设计出清晰的、有吸引力的商业模式，有时还需要制订详细的创业计划，以此向潜在的资源提供者陈述或者展示，以获取更多的资源支持。

(4) 创建企业。

创建企业是创业者创业行为最为直接的标志。创建企业包括公司制度设计、企业注册、经营地址的选择、确定进入市场的途径，可以是选择完全新建企业，也可以是采取加入或收购现有企业等。值得注意的是，许多创业者在创业初期迫于生存的压力，以及对未来缺乏准确预期，往往容易忽视这部分工作，结果给以后的发展留下了隐患。

(5) 提供市场价值。

创业者识别机会、整合资源、创建企业等的目的是实现自己的创业目标。但真正能促成创业目标最终实现的是创业者提供的市场价值，这是创业过程中的重要环节，关系新创企业的生存与成长。因此，创业者必须面对挑战，采取有效措施，使创业的市场价值得到充分涌流和实现，不断地让客户收益，从而获得企业的长期利润，逐步把企业做活、做好、做大、做强。

(6) 收获创业回报。

收获创业回报是创业活动的主要目的，对回报的获取有助于促进创业者的事业发展。回报可能是多种多样的，对回报的满意程度在很大程度上取决于创业者的创业动机。调查发现，创业者的创业动机不同，对收获创业回报的态度和想法也有所不同。对多数年轻创业者来说，收获创业回报最为理想的途径之一，是把自己创建的企业尽快发展成为一家快速成长的企业，并成功上市。

2. 创业的阶段

根据以上对创业过程的分析，可以归纳出，一个全过程的创业可大致划分为四个主要阶段，即机会识别、资源整合、创办企业、新创企业生存和成长。

上面介绍的创业过程所包含的环节中，产生创业动机、识别创业机会属于机会识别阶段；整合资源、创建企业属于资源整合和创办企业阶段；而提供市场价值、收获创业回报则属于新创企业生存和成长阶段。

创业的阶段也可以从公司发展的性质进行更大的阶段划分，如下所示。

第一阶段，即生存阶段。以产品、技术和服务来占领市场，重点是要有想法，会销售。

第二阶段,即公司化阶段。以规范管理来增加企业效益,这需要创业者提高思维层次,从基本想法提升到企业战略思考的高度。

第三阶段,即集团化阶段。以产业化的核心竞争力为硬实力,依靠一个个团队的合作,构建子公司和整个集团的系统平台,通过系统平台来完成管理,把销售变成营销;把区域性渠道转变成地区性网络。

第四阶段,即总部阶段。以一种无国界的经营方式构建集团总部,依靠一种可跨越行业边界的无边界核心竞争力,让企业发展达到最高层级。

四、创业精神

1. 创业精神的本质

创业精神是创业者在创业过程中具有开创性的思想、观念、个性、意志、作风和品质等重要行为特征的高度凝练,主要表现为创新、冒险、合作、执着等。

(1) 创新是创业精神的灵魂。创业活动中的创新包括产品创新、技术创新、市场创新、组织创新等。创新被认为是表现创业精神的具体化。创业者具有创新精神,才可能创建新颖独特的企业,并保持一个企业的特色和可持续发展。

(2) 冒险是创业精神的天性。没有甘冒风险和承担风险的魄力,就不能成为创业者。无数创业者的经历证明,创业者虽然生长环境、成长背景和创业机缘各不相同,但无一例外都是在诸多不确定性因素条件下敢为人先、勇于创新的实践者。

(3) 合作是创业精神的精华。社会发展到今天,行业分工越来越细,没有谁能一个人完成创业需要完成的所有事情。真正的创业者善于合作,能将合作精神扩展到企业的每个员工身上。面临困境时,团队成员能团结一心、奋力拼搏。

(4) 执着是创业精神的本色。创业的过程必然伴随着各种艰辛和曲折,因此创业者必须坚持不懈、咬定青山不放松。创业实践表明,往往只有偏执者才能在创业中生存下来。

创业精神是创业的动力,也是创业的支柱。没有创业精神就不会有创业行动,创业成功也就无从谈起。因此,创业精神对创业至关重要。

2. 创业精神的来源

创业精神的形成与发展受相应文化环境、产业环境、生存环境等的影响。

(1) 文化环境。创业本身是一种学习。创业者离不开文化环境。作为学习者,其所生活区域的文化就是学习的重要内容之一。因此,在一个商业文化氛围浓厚的地方,潜在的创业行动者容易培养创业精神。以温州为例,温州十分发达的商业文化传统孕育了当今温州商人的创业精神。

(2) 产业环境。不同的产业环境会对创业精神产生影响。对于垄断行业而言,企业缺少竞争,就容易抑制创业精神的产生。而在一个完全竞争的市场结构中,由于企业间优胜劣汰,竞争激烈,更有可能形成创业精神。

(3) 生存环境。常言道:"穷则思变。"从生存环境来看,资源贫瘠、条件恶劣的区域往往能激发人的斗志。从创业视角分析,在资源贫瘠的地方,人们为了改善生存状况而寻求发展机会，整合外界资源，进而催生创业念头，激发创业精神。

3. 创业精神的作用

创业精神能够激发人们进行创业时间的欲望，是心理上的一种内在动力机制，它在很大程度上决定着一个人敢于投身创业实践活动，支配着人们对创业实践活动的态度和行为，并影响着态度和行为的方向及强度。

创业精神能够渗透到三个广阔的领域产生作用：个人成就的取得（个人如何成功地创建自己的企业）、大企业的成长（大公司如何使其整个组织都重新焕发创业精神，以具有更强的竞争力）和国家的经济发展（帮助人民变得富强）。创业精神的力量能够帮助个人、企业乃至整个国家或地区在面对21世纪的竞争时走向成功和繁荣。当前，世界产业结构正经历着彻底转变，创业精神在我国将发挥更大的作用，它有利于加快转变经济发展方式，促进经济社会又好又快发展。

4. 创业精神的培育

（1）培育创业人格。个性特征对个体的创业来说是非常重要的，尤其是"独立性""坚持性""敢为性"等。所以，人格教育对创业精神与创业能力的培养是相辅相成的。高校要依据大学生的心理特点，有针对性地讲授心理健康知识，帮助大学生树立心理健康意识，优化心理素质，增强心理调适能力和社会生活适应能力，自觉培养坚忍不拔的意志品质和艰苦奋斗的精神，提高承受和应对挫折的能力。此外，还可以采用创业案例剖析创业者的人格特征、进行心理训练等，让学生掌握形成良好心理素质与优良人格特征的途径。

（2）培养创新能力。创新是创业精神的核心，高校必须突出对学生创新能力的培养。要尊重学生的个性发展，爱护和培养学生的好奇心、求知欲，为学生的禀赋和潜能的充分开发创造一种宽松的环境。鼓励学生勇于突破，有意识地突破前人、突破书本、突破老师。通过开设创新创造类课程、举办主题技能竞赛，让学生感受、理解知识产生和发展的过程，培养学生的科学精神和创新思维。

（3）宣扬创业文化。校园文化是学生成长的外部环境，它对学生具有陶冶功能、激励功能、导向功能。高校应想方设法将创业精神有机地融入学科活动、科技活动等，以培养学生的创业精神。例如，可经常邀请成功的企业家或成功的校友来学校做报告，增强大学生的创业信心，利用他们的创业激情感染学生，成为激励学生创业的榜样。

（4）强化创业实践。鼓励学生利用课余时间参加一定的创业模拟和社会实践活动，增强学生对企业的了解和对社会的适应能力。如在校内外开展创业竞赛活动、与社会企业联合开展学生的实习、见习等。"纸上得来终觉浅，绝知此事要躬行"，让学生在实践中磨炼自己，形成正确的创业认知，孕育创业精神和提升解决问题的能力。

第二节 知识经济发展与创业

一、知识经济时代创业活动的功能

知识经济时代的创业具有增加就业、促进创新、创造价值等功能，同时也是解决社会调研问题的有效途径之一。

1. 创业是社会就业的扩容器

知识经济只是在一定程度上改变了就业的方向和结构，而不可能自动解决就业问题。创业可以通过提供就业岗位、服务社会来带动就业。创业型中小企业更是发挥了重要作用，创造了大部分就业机会，尤其是在大企业进行裁员时，中小企业在稳定就业方面起着越来越重要的作用。2019年，中国普通高校应届毕业生共有834万人，预计2020年人数将达到874万人。从2011年至2019年，中国应届毕业生人数每年不断增加，9年间增加了174万人，体现了中国就业市场需求端规模的不断上升，越来越多的应届毕业生涌进劳动力市场，争夺着有限的就业岗位，应届毕业生面临的就业压力不断增加，也进一步加剧了当前的就业形势。大学生创业一方面解决了自身的就业问题，另一方面也解决了社会人员的就业问题。全社会广泛的创业活动，有利于解决社会就业问题，促进和谐社会的建立。

2. 创业是科技创新的加速器

知识经济时代的创业更可以实现先进技术转化，推动新发明、新产品或新服务的不断涌现，创造出新的市场需求，从而进一步推动和深化科技创新，因而提高企业乃至整个国家的创新能力，推动经济增长。创业是新理论、新技术、新知识、新制度形成现实生产力的转化器，新创企业要想在激烈的市场竞争中站住脚，就要使用先进的生产技术，采用科学的技术手段，因此创业可以加速科技的创新。

3. 创业是经济发展的原动力

在知识经济时代，无论是在发达国家，还是在发展中国家，创业都是一个国家经济发展中最具活力的部分，是经济发展的原动力。2007年全球创业观察（GEM）对42个国家的创业状况进行了研究，发现在主要的七大工业国中，创业活动的水平与该国的年经济增长是高度正相关的。因此，从全球视角来看，创业对一国经济发展起着至关重要的作用。在过去的30年里，美国出现了"创业革命"，高新技术与创业精神相结合成了美国保持世界经济"火车头"地位的"秘密武器"。我国改革开放以后，国家实行市场经济，积极支持个人投资兴办企业，新创办的中小企业成为我国新的经济增长点，对我国经济持续高速增长，以及促进我国的城市化进程和现代化建设，都起到了重要的作用。

4. 创业是社会进步的推动器

创业活动促进了社会经济体制的改革和深化，繁荣了市场，丰富了人们的生活，提高了人们的生活质量，促进了社会稳定和谐，是实现共同富裕的有效途径。创业还可以激发整个社会的创新意识和创新精神，有利于社会文化、观念的转变。此外，创业对社会形成创新、宽容、民主、公正、诚信等观念和文化具有积极推动作用。

二、知识经济时代创业的重要意义

1. 推动宏观创新

美国著名管理学家彼得·德鲁克认为："创业就是要标新立异，打破已有的秩序，按照新的要求重新组织。"因此,创业就意味着创新。创业的过程就是一个创造性地整合资源的过程,包含有许多领域的创新元素,比如技术创新、产品创新、组织创新、服务创新等。因此,创业活动可以推动社会的宏观创新。

2. 实现生产力发展

在知识经济时代,高科技产业的发展成为一国竞争力的主要决定因素。而高科技产业的发展不仅需要大批具有创新精神和创造力的人才,更需要一个完整的创业体系的支撑。从某种程度上讲,创新的价值在于将潜在的知识、技术和市场机会转化为现实生产力,实现社会财富增长,造福人类社会,而实现这种转化的根本途径就是创业。通过创业可以实现创新成果的商品化和产业化,将创新的价值转化为具体、现实的社会财富。因此创业可以使创新带来的高科技、潜在的价值市场化,使创新成果转化为现实生产力。

3. 解决社会问题

创业伴随着大量新价值的产生,它是促进就业质量提升、改善人们生活质量、调整社会生产关系的有效途径之一。创业可以使社会资源在竞争状态下达到有效配置,从而实现人、经济与社会的科学、可持续、和谐的发展。以美国为例,以比尔·盖茨为代表的知识经济时代的创业者们改变了美国经济,创造出前所未有的巨大价值,推动了整个社会经济、高科技产业和创新体系的蓬勃发展。

第三节 创业者

一、创业者的概念

创业者的概念经历了一个演变过程。1755 年,法国经济学家坎蒂隆首次将"创业者"的概念引入经济学领域。1880 年,法国经济学家萨伊将创业者描述为将经济资源从生产率较低的区域转移到生产率较高区域的人,并认为创业者是经济活动过程中的代理人,首次给"创业者"做出定义。美籍奥地利经济学家熊彼特认为创业者应该是创新者,具有发现和引入更好的能赚钱的产品、服务和过程的能力。

本书认为,创业者首先是一个有梦想的追求者,他追求的是未来的回报,而非现在的回报。如果未来的回报低于预期,或者低于现在的回报,一个人不可能有创业的动力。因此,创业者进行创业活动是为了获得更大的价值,这种价值包括物质上的诉求,而更多的是人生价值的实现。创业者的未来收益是一种投资性活动的收益,这些投资既可能是实际的资本投入,也有本人和团队的时间和精力的投入,而收益也就不只是金钱上的收益,还应包括价值的收益、理想的实现等。

"创业者"(entrepreneur)一词来源于 17 世纪的法语词汇,表示某个新创企业的风险承担者,早期的创业者也是风险的"承包商"(contractor)。在欧美的经济学研究中,将创业者定义为一个组织、管理生意或企业并愿意承担风险的人。

创业者一般被界定为具有以下特点的人:创业者是一种主导劳动方式的领导人;创业者

是具有使命、荣誉、责任能力的人;创业者是组织运用服务、技术、器物作业的人;创业者是具有思考、推理、判断能力的人;创业者是能使人追随并在追随的过程中获得利益的人;创业者是具有完全权利能力和行为能力的人。

在实际生活中,与一般人的观念不同,创业者所谓高度的商业才能,不仅仅是创办一个企业,而且是在企业的整个发展过程中,都能够做出正确的决策,及时解决面临的问题,修正企业的发展方向,使企业长期保持活力,不断发展壮大,成为具有影响力的企业的才能。同时,还应该从社会发展的角度,界定创业者,那些建立了新的商业模式并获得了好的发展的企业,并且为其他企业的发展提供样板,为社会提供就业,不断带来财富的企业的创立者通常也被称为创业者。

二、创业者的类型

创业的开始往往是基于一个好的想法或者创意,这样的创业被称为机会拉动型创业。一个好的创业者可以敏锐地发现创意后面暗含的商机,将创意转变成创业机会并建立起赢利模式。一些创业者在企业发展之初就能够为企业制定未来的发展战略。但是也有些创业者是在企业发展过程中与企业一起成熟的,他们随着企业的发展不断地修正发展方向并为企业带来持续的利润。

另外一些人的创业首先是从有创业的想法开始的,这些人怀着强烈的创业梦想,被创业热情驱动,梦想着自己可以成为自己的老板。尽管目前这些人还无法摆脱自己当前的职业束缚,但是他们总会寻找机会建立起属于自己的企业,并且取得相当高的成功率。这些人被称为热情驱动型的创业者。

不管基于何种驱动力,创业者的共同特征是都会将创业作为自己的人生愿景。愿景是指希望永远为之奋斗并达到的前景。它是一种意愿的表达,表明未来的目标、使命及核心价值,是人生最核心的内容,是最终希望实现的图景。分析创业者的共同特质就会发现创业者的愿景一般可以概括为以下几点:

(1) 赚取更多的利润;
(2) 获得更多的人生发展空间;
(3) 体会成功的快乐;
(4) 从事自己喜欢的事业;
(5) 满足自我价值的提升。

创业愿景与实际情况之间有时会存在较大差距,不是每一个创业者都能获得成功或者有较大的收益,金钱的失去只是创业者要面对的最普通的问题之一。创业者在创业过程中还需要面对更多的困难,解决没完没了的难题。如资源的短缺、市场的开拓不利、合作伙伴的突然撤资等。如果创业失败,创业者可能面临一无所有甚至负债的局面。这也造成很多人在是否创业的问题上犹豫不定。但是创业的过程本身充满不确定性,又是一个创造的机会,这会给创业者带来许多创造的乐趣和丰富的生活体验,使创业者获得享受。因此,一个成功的创业者必定是一个乐于接受挑战,喜欢自己创造未来的人;即使失败,他们仍然能从中学习,并且很快调整自己的创意,重新找到创业机会,可以称这些人为主动创业者。选择创业就意味着一生的选择,因此坚定目标、充满勇气应该是创业者的人生第一课。

三、创业者应具备的能力

创业者所做的第一步是为新的业务产生一项创意。创意的来源多种多样,互联网创业目前已经创造了很多创业机会并且产生了许多富有创新的企业。另外,在传统行业中,也会有许多新的创意产生。创业者需要做的是对其中可以产生的创业机会进行评估,并付诸实践,使之产生利润。一般情况下,创业活动对创业者的专业技能要求并不是很严格。虽然拥有专业技能可以使创业者更容易掌握核心技术,保持企业的先进性,但是过分关注技术也会造成对其他资源的忽视,使企业在管理和市场方面出现问题。实际上,并不是每一位创业者都具有本领域的专业技能。如人们熟知的联想集团 CEO 柳传志,他所学的专业就是雷达技术而非计算机。

在创业过程中,创业者需要做的事及具备的能力如下。

(1) 发现新创意的能力。创新能力是创业者应该具备的能力。早在 1912 年,经济学家熊彼特就在其经济学著作《经济学发展理论》中提出"创新理论"。书中认为,作为企业家,其职能就是实现创新。需要指出的是,创新能力并不仅仅包含在技术或者产品的创新之中,创业者的创新包括方方面面。

(2) 积极寻找创新来源的能力。创新能力是事业获得发展的动力源泉,创业者要有追求完美的意识,寻找新鲜的、未尝试过的解决方案。创业者要考虑创业的整个过程,从过程的纵向路径中找到创新点;也可以进行横向分析,从产品、市场、客户需求、公司管理及运营等角度来考虑创新。

创业者在进行创意构思时,需要一个复杂的分析过程。在这个过程中,可以选择到互联网上或者进行头脑风暴想出很多好的创意执行方案,然后对不同的资料进行整理,找到一个可行的解决方案。创业者应该具有高度的敏感,能够从众多概念中找出商机,选择可行的创业模式。

(3) 创意评估的能力。应该清楚,并不是每一个创意都能转变为商机。对创意的评估,是指分析、评价创意是否能转变为商机,是否能为创业者带来利润。如果没有利润,再好的创意也不能被实施。创业者需要考虑以下问题:这个创意过分、夸张吗?实践起来容易吗?有没有实践成果?是否是其他人早已考虑过的?如果这些问题都得到了圆满的回答,那么说明创意是基本可行的。按照美国经济学家的调查分析,在美国从商机分析到开展业务一般要经过 6~12 个月的时间。当然,创业者的个人因素会在很大程度上影响这一过程的时间。这一过程中,创业者面临的巨大挑战是鉴别、评估哪种创意真正具有商业潜力。大学生创业者可以按照下面的路线实行:考虑创意变成商机之后能为公司带来多大利润,创意是否需要改进以提高收益,罗列所有的技术与管理项目,明确增加或删减的方向。

(4) 将创意转变为商机并获得成功的能力。将创意真正变成商机是指创业者在通过市场分析后,经过确立产品与服务的方式,进行市场研究,制订合理的商业计划,确定启动资金,构建公司管理模式等一系列工作,启动并开始公司运营的过程。这一过程复杂而艰巨,有很多环节涉及商业知识和经验。2019 年最新数据显示,全国共有小微企业 1 169.87 万户,占企业总数的 76.57%。个体私营经济减少的原因是，一些公司缺少所需的资金，另外一些则是缺乏产品定位、管理技术和运作经验。

大学生创业者尤其要坚定决心，因为这一阶段不仅要面对大量细致、琐碎的工作，而且也会面对未曾经历过的困难。要将商机转变成财富，仅仅依靠知识技能是不够的，还可以寻求专业人士的帮助。

（5）制订资金计划，明确所需资源的能力。启动资金是指企业创建前期需要的资金投入。创业者需要对前期的成本投入有明确的认识，虽然创业者可以找专业人士来帮助自己，但是自己也应做到心中有数。公司的生存与发展，产品和技术是至关重要的，解决了产品的技术性与服务性问题，就需要关注销售，只有销售之后，才会有利润产生。公司的前期运行需要有足够的资金支持，因此创业者在执行计划的过程中必须谨慎考虑财务因素。公司开办之初常常会出现亏损，这就需要有足够的资金支持。创业者既要有可行的资金计划，也要有良好的心理素质。

四、创业者的产生与培养

在当今知识经济高速发展的今天，传统雇佣制的经济与创业的界限也变得模糊起来，并且产生了大量介于雇佣制与创业者之间的自由职业者。而在当今社会中，由于信息的高速发展，社会的价值被大量分享，学习的成本降低，因此造就了社会的快速转型。当今社会最有价值的东西包括：可以随意学习的知识和技能、有兴趣的工作、不断学习的机会、有效沟通的网络（包括虚拟世界的有效沟通）。正是这种变化为人们带来了创业的便利，改变了当今的创业环境。

当人们的创业活动不再与金钱单纯挂钩时，这种创业活动就会变得多姿多彩，创业动机也丰富起来。

（1）热情驱动创业。这类创业者创业的动机是梦想着有自己的企业，喜欢在自己的公司中扮演决策者的角色，虽然此时还没有机会，但是一旦这些人获得机会，就会毫不犹豫地改变自己。热情驱动创业的创业者有一个通病，即他们在考虑创业时，并不太会考虑将来干什么，他们认为在传统行业的创业活动中，也能施展他们的技能。

（2）梦想改变生活现状。有些人的创业动机非常简单，他们希望能够通过创业养家糊口，改变自己贫穷的现状。他们可以尝试创建一个适合个人境况和生活方式的小企业，以"小生意"或者"小微企业"来保证自己衣食无忧。但是当机会来到时，他们当中也会有人毫不犹豫地扩大企业的发展。通常情况下，此类创业者并没有较为宏大的创业计划，他们或许只想开办一家生活型企业，在经营中获得乐趣，并利用销售收入维持企业的发展。

五、如何获得创业的驱动力

在当今社会，创业活动对经济的推动作用有目共睹，从房地产的大亨到电子商务的巨头，再到开蛋糕店的普通创业者，这些创业者不仅通过创业为自己积累了大量的财富，同时也在创新与实践之间积极搭起了一座桥梁，改变了人们的生活。那么如何把梦想转变成内在的驱动力？这就需要在日常的生活中逐渐培养。

(1）关注世界的发展与变化。从第二次世界大战结束到 21 世纪，是世界发展变化最快的阶段。从计算机的应用到互联网时代的到来，从干细胞的研究到克隆技术的发展，世界进入了一个信息化、科技化的时代。这种发展带来了知识全球共享以及产品的全球化，这种巨大的改变使商业更加活跃，创业的种类更加繁多。目前保持竞争力已经不再单单依靠有限的技术，一个好的创意往往不受地域的限制，技术、资源甚至是专家团体也变得越来越容易得到，这对于创业者来说是一个有利的环境。例如，德国大众汽车公司可以将自己的生产线安排在中国，还可以将自己的销售公司建立在墨西哥，而它的总部在本国的沃尔斯。管理这个全球公司是一项巨大的挑战，但是互联网的出现，可以使一切有效的资源得到利用，因此管理难题也可以成功地被攻克。对于一个创业者来说，这意味着在生产和商机的获取上能得到更多的创意、激励和专家意见。

（2）技术的创新与淘汰。人们所处的世界中，充满了触手可及的全球性知识、经验、劳动力与资本。技术在迅速更新，这对于创业者来说既充满机遇，也是一种挑战。如今的技术突破已不再仅限于几所高校、科研单位，技术更新也将全球同步，因此可以说，产品生产周期的缩短与技术的落伍使专利技术失去了它的保护效力。而且，公司的竞争也不能再像早期一样依靠贸易保护、货币限制、某地优越的地理环境与廉价的劳动力条件。这些都促使创业者必须不断创新以保持竞争优势。创新不仅体现在产品上，而且也体现在商业活动及运营模式上，技术的创新已经成为创业的驱动力之一。

（3）解决顾客的迫切需求。创业的驱动力还来自针对顾客迫切需求的解决方案。当顾客在市场中发现某种不便或者某种需求未被满足时，就为创业者提供了一个创业的契机，这种顾客需求的满足方案可以催生一个好的创业项目。例如，罗红是好利来公司的创办者，如今好利来公司不仅有遍布全国的门店，而且建立了两家大型的食品加工企业，成为蛋糕制造业的领军企业。29 年前，好利来公司总裁罗红还只是一个仅仅拥有梦想与激情的年轻人。在母亲退休后的第一个生日会上，为了表达孝心与祝福，他希望能为母亲选购到一个式样新颖、口味馨香的生日蛋糕，然而几乎跑遍了全城，也没有寻找到可心的蛋糕。1991 年，罗红在四川雅安开办了第一家蛋糕店，开始了艺术蛋糕的事业。

（4）创意的获取与互联网的发展。电脑上网与百度搜索引擎的自动搜索技术，带来了全球知识的共享，而比互联网通信更为重要的是不受限制地获得最好的创意、技术、研究资源和专家团队。举个例子，网络世界可以支撑一个总部在深圳，基础设施建在上海、北京、广州，生产基地在东南亚，并在北美有销售部的生产企业。这个公司的员工组成也是全球化的，因此对其管理必将是一个挑战。对一个创业者来说，任何一项创业活动要想取得好的成效，都离不开互联网技术，更不用说单纯的互联网应用。互联网可以帮助创业者走得更远。但是需要记住的是，其他创业者也会有同样的想法。

（5）相似案例的不同解决方案。当其他人的创意获得成功的时候，你还能不能再创业呢？可以明确的是，创业者不会因某一行业的新技术或者新创意已经被运用而退缩。相反，如果一个创意获得成功，将会对整个行业甚至是整个经济领域带来不同程度的变化。举例来说，零库存的销售模式，不仅带给戴尔公司巨大的财富，而且改变了整个销售行业的现状，为整个商业环境注入了新的风气。这使创业者有更多的机会利用已经成熟的创新技术帮助自己创业。创业者需要学会思考，一旦有好的创新，需要考虑创新观念的原则还能应用于哪些方面。在此阶段，创业者不需要关注太多细节。而需要注意的是，对于那些失败的创新也要进行分析，以便使新的创新不会因为同样的原因而失败。

第四节 创业团队

一、创业团队的含义

一般说来，创业者将创意转变成真正意义上的产品，使其进入市场并盈利，要从人、财、物等角度考虑公司的建设。人才的支持对于创业者来说不仅仅是创业资源，而且是创业成功的助推器。创业者在创业之初，就需要建设一支有凝聚力、有工作效率的团队来为自己的新创企业服务。一项关于"128 号公路 100 强"的调查得出下列统计结果：这些企业中成立 5 年的平均销售额达到 1 600 万美元，6~10 年的平均销售额达到 4 900 万美元，而那些更为成熟的企业则可达到几亿美元，数量十分可观。这 1 000 家企业中 70% 的企业有数位创始人。由此可见，在创业过程中，团队创业的成功率会更高一些。

关于创业团队的含义，这里采用斯蒂芬·P. 罗宾斯（Stephen P. Robbins）在《组织行为学》一书中的定义来解释，"团队就是由两个或者两个以上的，相互作用、相互依赖的个体，为了特定目标而按照一定规则结合在一起的组织"。创业团队的界定包括以下几个方面：①在企业创立的较早阶段就加入企业；②拥有企业的股份；③在企业内部承担相应的管理工作或者其他任务。

二、创业团队的 5P 要素

1. 目标（Purpose）

目标是指团队应该有一共同的既定目标，为团队成员导航，知道要向何处去。没有目标，这个团队就没有存在的价值。作为创业团队，应将目标分为长期目标与短期目标。长期目标即公司的愿景，短期目标则是长期目标的分解。目标的完成过程，应当是所有团队成员共同努力的过程，而不能成为创业者自己奋斗的辛酸史。

2. 人（People）

人是构成团队最核心的力量，2 个或 2 个以上的人就可以构成团队。目标是通过人员具体实现的，所以人员的选择是组建团队非常重要的一部分。一般来说，创业者都愿意选择那些技能最优、经验丰富的人员作为创业团队成员。当这些人员进入团队时，如何留住他们就成为摆在创业者面前的一个难题。如果处理不得当，就会造成人才的流失，这是创业过程中的普遍现象之一。

3. 定位（Place）

定位通常包含两个层次：团队在企业中的定位，是指团队在企业中所扮演的角色以及团队内部的决策力和执行力；成员在团队中的定位，是指团队成员在团队中扮演的角色及团内部决策的制定和执行。

4. 权限（Power）

权限是指新创企业中职、责、权的划分与管理。一般来说，团队的权限与企业的大小、正规程度相关。在新创企业的团队中，核心领导者的权力很大；随着团队的成熟，核心领导者的权限会降低，这是一个团队成熟的表现。

5. 计划（Plan）

计划有两层含义：一是为保证目标的实现而制定的具体实施方案；二是计划在实施中又会分解出细节性的计划，需要团队共同努力完成。

以上是团队构成的要素。但是创业之初，创业者往往会面临很多困难，团队的建设并不像想象中的那样简单，这需要创业者有心理准备。有时创业过程会与团队组建一起完成，由于创业活动的特殊性，创业团队不必具备每一个因素。随着企业逐步发展成熟，团队建设也应该逐步完善，创业者应当时刻记得一句俗语——"三个臭皮匠，顶个诸葛亮"，这正说明创业团队在创业过程中的重要性。

创业团队通常是在创业初期通过不断寻找形成的，团队成员共同参与从新创企业的创建到发展的整个过程并做出贡献。作为创业团队成员，共同参与创业过程，他们的思路会影响创业者的战略决策；并且，因为在经济上占有一定的股权，因此也承担一定的风险。虽然每个创业者的创业过程各不相同且具有不可复制性，但是在研究了中外众多的创业活动后仍然可以得出以下结论：一个人单打独斗的创业要比团队创业的成功率低得多。

三、创业团队的优势与作用

创业者在寻找创业伙伴时首先应该考虑的是共同的理想，对创业活动同样有高度的热情和坚定的信心；与之相比较，对专业技术的要求并不是创业者首要考虑的因素。如果在技术上与创业者互补，可以减少前期的研发成本并且得到更多的创新想法；性格上具有互补性的合伙人在研究解决方案方面有更大的空间，在这一点上，团队创业比亲友合作创业更加具有优势。一方面，亲友之间的利益关系总是显得很尴尬，在绩效目标、利益分配上如果产生矛盾会波及整个家庭；另一方面，从心理学的角度分析，在面对团队成员时，人们更容易保持平等宽容的态度，能将自己的观点表达出来，因此更利于问题的解决。

团队可帮助创业者创业成功，但团队也存在一定的劣势，需要创业者认真对待，制订完善的计划扬长避短。在创业团队中，团队成员会投入部分资金作为企业的启动资金，资金的共同投入可以缓解创业初期资金的缺乏，也将团队的共同利益捆绑在一起，从而增加团队的凝聚力。但是如果在资金投入时没有制定一份合理的利润分配方案，在公司盈利之后就有可能因为利益分配不均产生矛盾。创业者应学会未雨绸缪，在入股之前就应该制定出合理的股权分配方案。

另外，创业团队有时需要共同做出决策，如果对解决方案有不同意见但是又不能相互妥协，也会造成时机的延误，导致收入损失。解决这一问题，除了需要团队成员之间的宽容态度外，还需要有明确的职、责、权作为规范。作为创业领导者，应该有一定的判断力与决策力，能在多种方案中找到最合适的。在公司新创建的时候，资金匮乏，人员数量少，团队成员往往因为共同的创业理想而忽视一些个人利益，但是等到公司步入正轨、盈利显现时，个人的利益就会凸显。如何处理此时的人际关系，对创业者来说，也是不小的考验。

创业者要十分注重选择能够与创业者自身劣势互补并符合企业需求的合伙人、关键的事业伙伴与管理者，这一点意义深远。

四、组建一支优秀的创业团队的策略分析

创业团队的组建，没有统一的程式化规程。实际上，有多少支创业团队就有多少种团队建立方式，没有一支创业团队的建设是可以复制的。创业者走到一起，多是机缘巧合，兴趣相同、技术相同，同事、朋友甚至是有相同想法的人都可以合伙创业。关于创业团队的成员，马云曾经说过"创业要找最合适的人，不要找最好的人"，一支优秀的创业团队，所创的企业并不一定就是最好的企业。

作为创业者如何找到一支适合自己的创业团队？一般来说，创业者在创建企业的同时，也在建立自己的创业团队。创建团队，就是一个寻找人才的过程。而新创企业自身的竞争实力难以与成功的大企业相比，并且所需的人才又要求较高，这就造成了创业团队的组建困境。创业者如何解决这个问题，是考验其领导才能的关键。一般来说，创业者不必非得得到最优秀的人员，"合适"才是最重要的。而且创业者在招聘的时候，并不是提供高薪就能吸引人才，新创企业的企业愿景、蓬勃的活力及优秀的企业文化才是吸引人才加入的决定因素。对于想加入创业的人员来说，创业者的个人魅力、公司的发展潜力、长远回报、个人价值等因素对他们的吸引远比单纯的金钱要大得多。在创建企业的过程中，创业者应遵循以下原则。

（1）具有共同的理想，利益兼顾。大学生创业时，一般首先会想到邀请与自己志同道合的同学、室友、同事加入，形成创业之初的合伙人团队，这是最初创业团队的形成方式之一。这种情况在其他创业过程中也很常见，例如"万通六君子"都是冯仑最早创业时的伙伴，当冯仑二次创业，创办万通集团时，这些人又先后加入。这样的团队中，成员有共同的理想、技能、兴趣爱好，合伙人之间相互了解、共同奋斗。在创业过程中，尤其是创业初期，当公司的利润并不显现的时候，创业者与合伙人更多考虑的是公司的利益，友谊是维系他们之间关系的主要纽带。这种合伙人关系貌似牢固，但也有很大的弊病，即当企业发展步入正轨、运营平稳、利润增加的时候，个人的利益观念就会凸显，合伙人的一方会因为付出与得到的不相同或者以为不相同而产生情绪，导致离开团队并带走一部分利润，影响公司的继续发展。因此，在创建团队时，即使是最好的朋友也应该建立一个合理的利益分配制度并得到合伙人的支持。在公司创建的时候就应该考虑建立一个制度健全的公司组织形式与绩效制度，这样公司就不会因为某个人的离去而无法正常运作，从而为公司今后的发展打下良好的基础。

（2）打造互补性团队。建立一支互补性团队有利于公司的发展。高科技技术公司在建立之初，由于技术支持的重要性远高于其他方面，因此，大学生特别是理工科大学生在创立高科技技术公司时，更愿意找到一个技术方面的合伙人，以帮助自己提升产品与服务的优

势。这种只关心产品与服务的做法实际上是错误的。在组建创业团队时,应该强调补缺性,这种补缺性是指在性格、能力、观念甚至是技术上的互补,因为创业者在公司的管理上不可能面面俱到。技术性的创业者需要一个管理人才帮助自己建立公司的组织结构并进行日常的绩效监督,财务的管理也需要专业的人员,当创业者自己不能做这些工作时,可以由团队成员共同提出解决方案。这种平衡和补充的作用可以保证新创企业健康地发展。

(3) 打造稳定的初创团队。开始就拥有一支成功的、稳定的创业团队是每一个创业者的梦想。但现实是,创业合伙人解散的概率是很大的,即使企业成功地存活下来并得到发展,创业团队仍然有解散的可能,团队成员的离去有可能带走股份或者需要收购股权,造成公司的资金紧张。如果团队成员急于离开,创业者就应该考虑是不是公司的管理出了问题,并及时与团队成员沟通,解决问题。公司发展的初期团队成员的离开有时会造成"灾难性后果",这点创业者应当在招募时就想到,并与团队成员做出约定。

(4) 学会及时沟通。创业者在寻找创业团队时,首先应制订一份计划,至少应该在心里有一个明确的想法,对于你想要哪方面的人员,你希望他从事什么样的工作,你能够给予对方哪些有利条件等,都应该考虑清楚。招聘只是招募团队成员的一种方式,创业者可以参加一些所要招聘人员的活动,以便接触到这些人员,找到合适的人选。如何说服对方加入你的创业活动也是创业者需要考虑的问题,例如给他描述企业的发展前景,坦率地讲出你目前遇到的困境以激起他实现价值的渴望,都是十分有用的方法。沟通需要技巧,创业者应当成为一个沟通高手。通过沟通,可以使双方都了解彼此的需要,这样招聘时可以有针对性地找到合适的人选。

(5) 寻找相同或相似背景的伙伴。创业团队的获得,虽然有很多种途径供创业者选择,但大学生创业者在招募创业团队时,更喜欢从自己的校友、室友、同学中寻找,这是最常见的大学生创业团队的招募方式。以这种方式组建的团队,成员之间因为有共同的理想、相同的教育背景以及多年的了解而有很多的默契,而且在个人与集体利益发生冲突时,成员之间也会很好地沟通,有利于问题的解决。但是以这种方式创建的团队,人员的搭配上会有些单调,例如,技术类的创业者往往首先找到的是相同的技术类人才,这是由自己的生活圈子决定的。一个有创业想法的人,应当有个完整的团队建设方案,并注重人员的配合,有意识地跳出自己生活的圈子,寻找一些与自己完全不同的人才,这样创业团队的人员才会配备得更完整。

(6) 招聘是一条快捷、方便的寻找团队成员的途径。每个企业都会有招聘任务需要完成,但是创业团队与成熟企业不同,因此招聘团队成员与企业的日常招聘也不相同。新创企业在待遇上无法与成熟的企业相比,但是新创企业会有很多机会与挑战,对有着相同创业理想的人和希望实现自己价值的人来说,这些远比薪资待遇更加有吸引力。但是,完全不提薪资也是不应该的,如果只靠理想、愿景来集合团队成员,也是不现实的。

五、团队管理的策略

新创企业的管理实际包含公司组织、生产服务、市场营销等几个方面,新创企业的管理重点一般会落在生产管理、市场、服务等环节上,而往往会忽视团队的建设与管理。这种做法是不科学的。如何管理创业团队呢？主要有以下几点。

（1）注重团队凝聚力。团队凝聚力是指群体中成员之间为实现共同目标而实施团结协作的程度，团队凝聚力表现在人们的个体动机行为对群体目标任务所具有的信赖性、依从性乃至服从性上。在创业过程中，团队所有成员都认同整个团队是一股密切联系而又缺一不可的力量。团队的利益高于团队每一位成员的利益，如果团队成员能够为团队的利益而舍弃自己的小利，则团队凝聚力极强。

（2）合作第一。虽然在创业团队中，每一位成员都可以独当一面，但是合作仍然是成员首先要学会的东西。成功的创业公司中，团队的成功远远高于个人的成功，创业者与团队核心成员相互配合、共同激励。

（3）致力于价值创造。团队的每一位成员都致力于价值的创造，大家想尽办法解决问题，一旦决策方案提出，大家都会执行。每一位成员在公司从成长期发展到成熟期的过程中，都尽力做好，在这一过程中，各成员不但获得了丰厚的物质回报，同时个人的技能也得到提升。

（4）分享成果。在新创企业中，一般的做法是将公司的股份预留出10%～20%，作为吸引新的团队成员的股份。团队中不仅要有资金的分享，还要有理念、观点、解决方案的分享。

（5）重视绩效考核。绩效是指给评估者和被评估者提供所需要的评价标准，以便客观地讨论、监督、衡量绩效。绩效管理可以使团队成员明确自己的职、责、权与团队的目标和计划，明确自己的角色与承担的工作，同时也可以根据自己的价值对自己的薪资产生期待。

关于团队中的角色扮演，一般是指在团队中承担的不同责任，根据职、责、权来划分不同的角色。在团队中，扮演好自己的角色至关重要，这涉及团队的运作效率以及核心凝聚力。

（6）充分发挥决策者的作用。决策者的角色一般由企业的拥有者承担，他们不但对问题进行决策，而且承担决策产生的后果，所以在公司做出每项重要的决策时，决策者通常都会在决策前召集团队成员讨论解决方案。作为团队中的决策者，如果大家的意见与决策者相左，就应该重新分析方案的可行性，并对方案进行修改。决策的主要内容是公司发展的长期目标与一定阶段的计划，还有一些是与公司发展相关的重大决策。

（7）明确执行者的任务。执行者是根据公司制订的业务计划和目标，从职能领域安排自己的工作和计划，细化、量化自己的工作，具体执行决策者的决策。

在新创企业中有时会遇到团队成员职、责、权混淆的情况，这时就需要制定出规范化的企业制度保证团队成员的工作；而且企业的拥有者也应该时刻记得自己的角色分配，需要明确的是，决策者的角色并不是一成不变的，决策者应首先以一个执行者要求自己，只有当自己完成方案时，才能将方案交给其他执行者去执行。

第十一章

创业机会与创业资源

第一节 创业机会概述

机会，是指具有时间性的有利情况。社会预测学家托·富勒说，一个明智的人总是抓住机会，把它变成美好的未来。著名剧作家莎士比亚说，好花盛开，就该尽先摘，慎莫待美景难再，否则一瞬间，它就要凋零萎谢，落在尘埃。哲学家歌德说，善于捕捉机会者方为俊杰。创业者，也需要发现并抓住机会！否则，就谈不上创业。那么，什么是创业机会呢？

一、创业机会的内涵与构成要素

创业机会是指有利于创业的一组条件的形成情况。这组条件至少包含如下要素。

第一，某个细分市场存在或新形成了某种持续性需求。

第二，拟创业者开发了或持有有助于满足前述市场需求的创意。

第三，创业者有能力、有资源，可实施所持有的创意。

第四，创业者将自己的创意转变为具体的产品或服务，不需要大规模的资金（轻资产）和大的团队（小团队）。

当这四个要素都得到满足之时，才可认为客观上存在或形成了某种创业机会。

不能简单地将商机认作创业机会。如果这种商机是不可持续的，而是昙花一现的，则创业者还没有起步行动，这样的商机可能就已经消失了。针对特定的商机，创业者如果不能开发出可与之匹配的创意，这样的商机也不能被视为创业机会，因为既无创意，何谈创业。

如果创业者能够开发出与特定市场需求相匹配的创意，但实施相应的创意需要较大规模的资金（重资产）和团队（大团队），则这样的商机也不能被视为创业机会。因为创业者起步之初，多数缺的是资金和众多的追随者。需要重资产、大团队的商机，只是规模达到一定固值的企业的商机，创业者如硬要跟进这样的商机，多数会溃败而归。

基于以上描述，我们不难看到，创业机会本质上是商机、创意、轻资产、小团队四种要素的有机组合。

二、商机和市场回应的重要性

创业的本质是创新，创业也是创新的实现方式之一。创新分为需求拉动型创新和技术推动型创新。相应地，创业也可分为商机诱发型创业和创意推动型创业。在这两类创业中，商机都是不可或缺且极为重要的要素。

商机诱发型创业，即细分市场中出现了某种持续性需求的商机，由此诱发了创业者推动创业的后续相关环节，诸如创意构想、获取资源与起步实施、市场回应。在这类创业中，发现市场商机是创业的逻辑起点。

创意是具有一定创造性的想法或概念，既可能具有商业价值，也可能不具备商业价值。创业需要的是有较大商业价值的创意。创意推动型创业，即创业者开发了某种自认为可为用户创造并传递价值的创意，基于此推动创业的后续环节，诸如甄别可以开发的细分市场、获取资源与起步实施、市场回应。在这类创业中，细分市场是否存在显在或潜在商机，是创意是否有商业价值的试金石。

由前述不难看到，创业绕不开商机。没有商机，创业者就没有必要继续前行。

市场回应也是商机诱发型创业和创意推动型创业共有的环节。市场回应程度，即市场接受创业者推向市场的产品或服务的程度。只有在市场加大程度地接受创业者推向市场的产品或服务的情况下，创业者的努力才可能实现它的货币价值。市场回应可以在一定程度上检验、甄别创业者对于细分市场商机判断的准确程度。

三、创业机会的来源

狄更斯曾经说过，机会不会上门来找人，只有人去找机会。创业既可能是自然生成的，也可能需要创业者自己去创造，且多数是后一种情况。创业者要想赢得创业机会，那就需要搞清并关注创业机会的来源。

第一，创业机会本质上来源于变化和创新。如前所述，创业机会是指有利于创业者创业的一组条件的形成。在这组条件中，市场的变化、创业者的创意，是创业机会不可或缺的要素。因此，创业机会本质上来源于变化和创新。典型的是，马云遇到并抓住了很好的创业机会，一是因为当时有着中小型企业对于电子商品 B2C 平台的强劲需求，这就是市场的商机；二是马云也恰好构建了可为中小型企业提供这类服务的平台。

第二，变化主要是市场的变化或技术的发展。没有变化，就不会有机会。创业机会本质上源于变化和发展，发展本身也蕴含了变化。这里所指的变化，或是市场的变化，诸如新需求的产生、市场供求关系的转变、市场竞争态势的变化等。若无这些变化，就无所谓商机。基于此，创业者要想发现并抓住某个创业机会，首先应高度关注市场的相关变化。这里所指的变化，也包括技术的发展。市场需求或其竞争关系变了，往往意味着新的独特需求产生了。欲获取市场需求变化创造的盈利空间，商家（企业或创业者）即需要借助于技术或商业模式方面的创新来获取利润。这时，技术的发展就发生了。由此可见，某个创业机会的形成，往往伴随着市场和技术近乎同期的变化。

第二节　创业机会识别

一、创业机会识别的一般过程

1. 创业机会识别是为了应对并化解机会的不确定性

创业机会是四种要素的有机组合，每个要素自身都有不确定性，这就使创业机会也会有一定程度的不确定性。

第一，客观上，特定商机具有不确定性。商品市场的不确定性是司空见惯的现象。典型的是，原本市场上需要某种商品，但"半路杀出个程咬金"，某种替代品的出现，可能导致原本有需求的商品这时就没有需求了。于是，前面出现的商机即消失了。可见，商机的不确定性是常见的现象。

第二，特定创意与商机的匹配关系具有不确定性。创意与商机的匹配，客观上是一个动态的过程。创业者主观上期望自己的创意与客观上存在的商机相匹配，但创意是创业者的创造性的智力成果，创意的客观效果与主观期望往往存在差异，这就可能使特定创意与商机的匹配关系处于不确定的状态。

第三，创业者是否有能力实施相应的创业，也具有一定的不确定性。创业者利用特定商机与创意的匹配关系而实施自己的创业，多数会认为自己有能力将相应的创业推向前进。但即便是经验丰富的创业者，也只有真正步入创业之后，才会证实自己的能力是否真的与客观需要一致。

第四，创业者能否获得创业所需要的资源，更具有不确定性。创业者不可能起步之初即拥有创业所需要的所有资源，而是需要从核心团队之外的个人或机构（含企业）获取相应的资源（人、财、物）。但是，资源是需要通过市场交易才可能获得的。创业者需要的某些资源，可能在创业者可触及的范围内，根本就不存在相应的供给者；也可能存在创业者需要的各种资源的潜在供给者，但在潜在供给者认为将相关资源提供给创业者有可能伤害自己的利益时，他们不会将相关资源提供给创业者。

既然上述四种要素都具有不确定性，则创业机会必然也具有不确定性。创业机会识别的动因之一，就是应对并化解机会的不确定性。凡事预则立。为规避或减少创业机会的不确定性，创业者即需要进行创业机会的辨识，且理性识别机会有助于规避或化解创业的风险。

2. 创业机会识别的特殊性

创业机会识别具有一定程度的特殊性。这主要表现为以下几点：

首先，创业机会不同于一般性商机。最为基本的是，创业机会有四种要素，即适当的商机、有价值的创意、可得的资源、团队的能力。创业机会与一般性商机有三个差别：一是创业机会要求特定商机是可持续的，蕴含着可持续的增长需求；而一般性商机，可以是昙花一现的。二是创业机会要求创业者有创意，进而通过实施相应的创意为客户创造价值；而一般性商机多数要求商家有现成的产品，用既有产品去满足客户的需求。三是创业机会要求商家

（新创企业）拥有小团队（对应能力）、轻资产（对应资源），即可从事相应商业活动；而一般性商机的利用，往往要求商家是大团队、重资产。创业机会与一般性商机的这三个差别，使创业机会识别需要有别于一般性商机识别的一套知识体系。

其次，创业机会识别是一个反复探索的过程。创业机会不同于一般性商机，创业机会的内在结构复杂于一般性商机，这就使创业机会识别难于一般性商机识别。特别是，一般性商机多数是显在的，而创业机会多数是潜在的。这更加使创业机会识别远难于一般性商机识别，进而使创业机会识别成为一个需要反复探索的过程。创业者一是需要深入调研、甄别细分市场商机，并精细构思、设计自己的创意；二是要反复考察、论证创意、商机两者的匹配程度；三是需要反复调查分析能否在恰当的时间获得实施相应创意所需要的资源和能力。

最后，创业机会识别是将"创业的冲动"变为"理性的创业"的关键环节。理性的创业者如果没有发现适当的创业机会，多数绝不会贸然创业。而那些简单地将一般性商机理解为创业机会的人，多数会陷入盲目创业的冲动之中。因为还没有发现适当的创业机会，即从一般性商机出发而创业，很可能遇到潜在的竞争者特别是既有企业的竞争。特别是，如果创业者发现的一般性商机是昙花一现的，则创业还没有实质性起步，可能商机就已经消失了，新创企业要么需要重新去发现真正的创业机会，要么只能被淘汰出局。由此不难看到，创业机会识别是将"创业的冲动"变为"理性的创业"的关键环节。

3. 创业机会识别的主要环节

无论是商机诱发型创业，还是创意推动型创业，创业机会识别都需要经历如下识别环节。

环节一：商机的价值性分析——商业价值。

商机的价值性分析，就是分析特定商机所对应的市场需求规模与结构，特别是该商机刚刚形成时的需求规模与结构（简称起始规模与结构）、可能的客户群、客户群的人文特征，以及哪些客户有可能成为新创企业的目标客户、哪些客户有可能成为目标客户中的领先客户。领先客户是新创企业未来应该首先开发的客户，并需要借助领先客户的"示范效应"进一步去开发其他目标客户。商机总是针对细分市场而言的，不同细分市场上商机的商业价值是不同的。但凡成长性行业中的商机，未来会有较大的商业价值。而萎缩性行业中的商机，不管该行业是"相对萎缩"还是"绝对萎缩"，对创业者而言，这样的行业中的商机多数不是可取的商机。因为既然行业在萎缩，具体商机对应的市场需求也不会有多大的价值。

环节二：商机的时效性分析——机会持续时间与市场成长性。

适合创业的商机，一定要有持续性和成长性。商机的时效性分析，也就是分析特定商机的持续时间与市场需求的成长性。商机的持续时间，即特定商机所对应的市场需求有可能持续多长时间。无疑，相应的市场需求持续越久，新创企业越是值得去追逐这样的商机。所谓商机的成长性，实际上是指特定商机所对应的市场需求的成长性。仅当创业者所面对的市场需求从长期趋势上看会持续成长的情况下，市场上才可能容纳较多的企业，从而新创企业也才会有较大的成长空间。一般而论，新创企业在市场需求成长最快的时间段（简称"机会窗口"）向市场推出自己的产品或服务，才有可能尽快在市场中立足，进而为未来的成长奠定基础。

环节三：机会要素的匹配性分析——商机、创意、资源能力的匹配程度。

前述多处指出，创业机会是适当的商机、有价值的创意、可得的资源、团队的能力四者的有机组合，当且仅当这四种要素处于匹配的状态时，对特定的创业团队而言，相应的商机才能够被称为创业机会。基于此，创业机会的识别，还需要进行四种要素的匹配性分析。在这里，商机与创意之间的匹配是最基本的，如果这二者不匹配，此时的商机自然不能被视为创业机会，且其他要素之间的匹配性就无须分析了。如果商机与创意之间是匹配的，接下来就需要分析创业者的能力是否与自己的创意相匹配，即创业者是否有能力实施相应的创意，以及创业者是否能掌握实施该创意所需的资源。如果自己的能力、掌控的资源不足以实施相应的创意，则这时的商机也不构成创业机会。

环节四：机会的风险收益性分析。

多数机会都伴随着风险。因为有风险，也会有收益。故如前述三个环节的考察、分析，创业者都得出了"yes"（即"这是一个适合本团队的创业机会"）的判断，这时就需要进行机会的风险收益分析，以判断"固然是适合自己的创业机会，但该机会是否好到值得自己冒险而为"的问题。当且仅当机会的风险收益大到某种程度，诸如创业者"满意"的程度，创业者才值得放心地冒险起步、启动创业。否则，就得回到第一个环节，以寻找、发现更具价值、更为恰当的创业机会。

二、相关因素对于创业机会识别的影响

创业机会是客观存在的，但创业者能否恰当地发现、认识和把握创业机会，更多是一种主观的结果。相应地，创业者能否恰当地把握创业机会，主要受到以下四类因素的影响。

1. 创业者对于创业机会基本特征的认识

至少到目前，仍有不少创业者简单地将细分市场中的某个商机误以为就是创业机会，更没有认识到创业机会是适当的商机、有价值的创意、可得的资源、团队的能力四者的有机组合。可见，首先会影响创业机会识别的，是创业者对于创业机会基本特征的理解是否到位，特别是对于具体商机的价值性、时效性、四种要素的匹配性，及四者匹配的风险收益性的认识是否恰如其分。

2. 创业者的先前经验

创业者的先前经验，即创业者以往的创业实践和其他商业实践，会给创业者沉淀一些商业经验，这对创业者识别创业机会形成了一些影响。一般而论，创业者的商业实践越是丰富，则越是会从四种要素的匹配上理解、考察和认识创业机会；反之，创业者的商业实践越是粗浅，越是会片面地理解、考察和认识创业机会；特别是，此前创业者在商业实践中的位置高低，也会影响创业者对于创业机会认识的全面程度和深刻程度。

另外，创业者此前的"成功实践"和"受挫实践"，也会影响创业者的机会识别。如果创业者先前的商业实践中有诸多的"成功实践"，这通常有助于他恰当地分析和认识新的商机，则面对新的创业机会，创业者多会抱有积极的心态，在理性分析的基础上，选择适合自

己的创业机会。如果创业者先前的商业实践中有诸多的"受挫实践",这通常会使他看不到新的商机,甚至面对很恰当的创业机会,创业者也多会抱有难以作为的心态,进而很可能放弃原本适合自己的创业机会。在后一种情况下,有诸多"受挫实践"的创业者,可能更适合加入他人的创业团队。

3. 创业者对领域知识的掌握程度

现代经济已进入"后工业社会",领域知识对于创业活动的推动和组织越来越重要,相应地也影响到创业者的创业机会识别能力。例如,一个精通软件技术的创业者,对于软件行业的创业机会识别能力,多数情况下会强于不懂软件技术的创业者。道理很简单,精通软件技术的创业者,通常对软件行业的某个细分市场领域也会有较多了解,从而他对这个软件细分领域的供求态势、竞争态势等多会有较为清晰的认识,从而在把握该细分市场的创业机会方面,他也就会有较为独到的优势。相反,在该领域缺少专业、行业、市场知识的创业者,则很难拥有相近于前者的创业机会识别能力。基于此,创业者应该在自己更有专业领域知识的细分行业来发现创业机会。

4. 创业者的悟性及灵感

悟性即对事物理解、分析、感悟、觉悟的能力,也是指触类旁通的思维方式。悟性的基本功能,即直接认识因果关系,由效果过渡到原因,由原因过渡到效果。灵感是指人们在探索过程中由于某种机缘的启发,而突然出现的豁然开朗、精神亢奋、取得突破的心理现象。灵感会给人们带来意想不到的创造,它并不被人们的理智所控制,具有突然性、短暂性、亢奋性和突破性等特征。相应地,富有悟性和灵感的创业者,通常能比他人更快、更深刻地认识所遇到的创业机会。例如,马云通过参加前对外经贸部的"电子口岸"项目,发现了构建电子商务公共服务平台的创业机会。而在马云认识到这一创业机会的同时,今天的其他电子商务创业者当时还被"蒙在鼓里"。这就是其他人与马云在悟性和灵感上的差异。当然,灵感是人们通过知识、经验、思索与智慧综合实践而积淀的心理能力。创业者要想借助于悟性和能力更为恰当地识别创业机会,就需要在相关商业实践中持续培育和提升自己的悟性和灵感。

三、创业机会识别的技巧——从寻找细分市场商机做起

创业者的创业机会识别能力和识别效果受到前述四类因素的影响。其中,创业者对于创业机会基本特征的认识,影响创业者机会识别的全面性;创业者的先前经验,影响创业者的机会识别能力和机会选择态度;创业者对领域知识的掌握程度,影响创业者机会识别的宽度和深度;创业者的悟性及灵感,决定创业者机会识别的效率和准确程度。既然创业机会识别受到这么多因素的影响,创业者就有必要掌握一些创业机会识别的技巧。创业机会首先是细分市场的商机。所以,创业机会识别首先应关注细分市场中的商机,其中最为重要的是从"国民经济行业分类的第四级分类"中寻找商机。

1. 寻找适合本团队的第一级分类中的行业

在我国国民经济行业分类标准中,第一级分类(按26个英文字母)分为A(农、林、

牧、渔业）到 T（国际组织）共 20 类。

其分别为：A—农、林、牧、渔业；B—采矿业；C—制造业；D—电力、热力、燃气及水生产和供应业；E—建筑业；F—批发和零售业；G—交通运输、仓储和邮政业；H—住宿和餐饮业；I—信息传输、软件和信息技术服务业；J—金融业；K—房地产业；L—租赁和商务服务业；M—科学研究和技术服务业；N—水利、环境和公共设施管理业；O—居民服务、修理和其他服务业；P—教育；Q—卫生和社会工作；R—文化、体育和娱乐业；S—公共管理、社会保障和社会组织；T—国际组织。在这 20 个大行业中，都会存在可能的商机。

2. 寻找适合本团队的第二、三级分类中的行业

假设创业者拟在制造业中创业，接下来应在 C 类（制造业）中寻找商机。C 类又分为 C13（农副食品加工业）到 C43（金属制品、机械和设备修理业）等 31 个第二级分类（此不赘述）。假设创业者看好制造业中的食品制造业，那就是 C14。而 C14（食品制造业）又可进一步细分为 C141（焙烤食品制造）到 C149（其他食品制造）等几个第三级分类。具体为 C141（焙烤食品制造）、C142（糖果、巧克力及蜜饯制造）、C143（方便食品制造）、C144（乳制品制造）、C145（罐头食品制造）、C146（调味品、发酵制品制造）……C149（其他食品制造）。创业者就需要在这些第三级分类中的行业进一步选择适合自己的行业。

3. 寻找适合本团队的第四级分类中的行业

如果创业者拟在食品制造业的第三级分类的 C145（罐头食品制造）中创业，那就需要进一步审视在 C1451（肉、禽类罐头制造）、C1452（水产品罐头制造）、C1453（蔬菜、水果罐头制造）……C1459（其他罐头食品制造，指婴幼儿辅助食品类罐头、面食品类罐头及上述未列明的罐头食品制造）等第四级分类行业中，哪个有"貌似"适合本团队的商机。

4. 对所选择的第四级分类行业调研可能的市场需求

假设创业者选择了第四级分类 C1453（蔬菜、水果罐头制造），那就需要思考本团队可能为市场提供的蔬菜、水果罐头的具体品种。接下来，就需要在清晰地界定本团队产品的相关特征的基础上，调研产品的潜在客户是哪些社会群体，诸如根据年龄、性别、职业、收入等人口特征进行分析。一旦发现某类社会群体可能是你的产品的潜在目标客户，接下来就需要分析他们的消费特征有哪些，购买特征是什么，市场需求规模与结构又会怎样，以及目标客户中哪些更小的群体有可能成为"乐于最先享用"你产品的领先客户。

进而，还需要调研、分析相应的市场需求可能持续多长时间，市场起始需求规模可能有多大，市场饱和时的需求规模可能有多大，由起始需求规模达到饱和需求规模的过程会有哪些阶段性特征。如前所述，只有能够持续若干年（商机的时效性），起始需要规模能够接纳你的所有产品（按产量计），需求增长速度大于你的产量增长速度，未来饱和需求规模能够容纳多家同行企业的商机（商机的价值性，多家企业进入并竞争是不可避免的），才是有前景、有价值的商机。

5. 进行全面的四种要素匹配分析和风险收益分析

通过前述四步分析，发现了有价值的细分市场商机，接下来就需要分析细分市场商机、

创业者的创意、创业团队的能力、创业者可得的资源等四者的匹配程度。一是分析创业者的创意（诸如产品、服务、商业模式等）与细分市场商机的匹配程度。只有二者匹配时，创业者未来提供给市场的产品或服务才可能得到市场即客户的青睐。二是分析创业团队的能力、创业者可得的资源二者能否保障创业者的创意有效实施。只有当能力、资源二者能够保障创意的有效实施时，创意与商机的匹配才能落到实处，创业者才有可能为市场提供具有客户价值的产品或服务。否则，一切都是空想。

在全面考察创业机会四种要素的匹配程度的基础上，创业者还需要就可能发生的机会风险，估算借机创业可能的风险收益（风险收益的估算将在下一节详细介绍）。需要说明的是，在前述分析过程中，创业者需要通过市场调查、文献及行业报告分析、相关领域关联分析、专家咨询等方法获得相关分析所需要的数据和资料。同时，要充分发挥创业者的先前经验、领域知识、悟性及灵感在创业机会识别中的作用。

第三节 机会风险识别

一、机会风险的分类与构成

1. 有价值的创业机会也是有风险的

有价值的创业机会也是有风险的，因为多数创业机会都蕴含着诸多的不确定性。这就使千斟万酌而确认的创业机会也会存在某种程度的机会风险。

创业的机会风险，一是指潜在的机会风险因素，即创业者利用某些机会而创业，即有可能遇到的风险因素；二是指某些风险因素未来实际发生了，创业者即会遇到很难克服的困难，从而导致创业活动很难持续下去，甚至会导致创业的终止。其中，一些机会风险是可以预测的，一些机会风险是不可预测的；一些是有可能防范的，一些则需要创业者努力规避。

因为创业机会是由商机的价值性及时效性、创意的商业价值、资源的可得性、团队能力的保障性四者有机构成的，所以，创业机会的风险基本上源于两个方面：一是每种要素自身的不确定性，二是四者匹配关系的不确定性。它仅仅是整个创业风险的一部分，而不是创业风险的全部。

在某些时候，机会风险越大，未来收益也可能越大。特别是当机会风险较大时，多创业者是不敢"冒险而为"的。这时，敢于冒险而为的创业者，只要他的行动方案理性严密、可实施性强、可适时调整，这样的创业者就可能得到超乎寻常的收益。

2. 创业机会的两类风险

创业机会的风险分为两类，即系统风险与非系统风险。系统风险即创业环境的不确定性带来的风险，诸如商品市场需求及竞争的不确定性、生产要素市场供给的不确定性、国家法律及政府政策规制的不确定性等带来的风险；非系统风险即创业者自身行为的不确定性带来的风险，诸如创意可实施性的不确定性、创业团队能力的不确定性带来的风险等。

系统风险是创业者自身难以掌控的，创业者只能加强监测和预警，进而努力规避。非系统风险是创业者通过自身的努力,有可能防范甚至可以化解的,故应努力防范并化解这些风险的发生。但不论是哪类风险,在创业机会识别阶段,创业者都应该尽可能预测到相应的风险,进而理性把握相关风险。

理性把握相关风险,即分析、判断相关风险的具体来源、发生概率、程度大小,对可能的风险因素进行评估;测算借机冒险创业的"风险收益",设计并选择综合风险较小,且自己有能力承受相关风险的行动方案,并提前准备相应的风险应对预案。

二、规避系统风险的可能途径

1. 商品市场风险的规避

创业的商品市场风险,即在创业的市场实现环节,创业者会遇到市场需求的不确定性,或者是竞争的不确定性,由此可能造成创业的失败。这主要是由新产品市场的潜在性、待开发、待成长,或者是竞争者的过度进入引发的。

(1) 新产品市场多是潜在、待开发、待成长的。

现实中,人们往往对市场既有产品司空见惯,对其需求是相对稳定的。而新产品(含新业务)多是新鲜玩意儿,它的市场需求多是潜在的、待开发的、待成长的。越是新技术产品,用户接受起来越是会谨慎小心,甚至如履薄冰。例如,微波炉上市之初,不少消费者担心微波炉可能有辐射危害。由此,厂家和商家不得不通过媒体反复向消费者宣传"微波炉不会伤害你的健康,只会给你带来生活上的便利!"一些领先用户也帮商家现身说法,这才打消了部分消费者的恐惧和困惑。由此可见,创业者很难预先准确判定市场是否会在某个时段接受自己推出的某一新产品及其接受能力,对未来市场实际需求情况与创业者早期预期的差异只能持一种"淡然接受"的态度。

(2) 很难确定市场接受新产品的具体时间。

即便市场最终会接受创业者的某种新产品,但创业者行动之前多数很难判定市场接受它的"具体时间点",或者是误判这一时间点,从而也就很难确定新产品上市的"适当时间点"。特别是现代科技发展很快,而市场可能在相关技术突破发生很长时间之后才接受相应的新产品。例如,美国贝尔实验室在20世纪50年代就研制出了可视电话,但过了20年,直到20世纪70年代,美国市场才初步接受商业化的可视电话,且主要用于政府、军事、公共事业等财政付费部门。在中国,也只在2003年,人们才感受到了它的实际价值,其后在一些领域得到小范围的商业化应用。基于此,创业者需要关注相关市场需求"机会窗口"敞开的时间段,而不能盲目地开发市场。

(3) 很难预测新产品的市场需求成长速度。

由于多数新产品的市场需求是潜在的、待开发的,故创业者拟凭借某种机会创业,往往却很难预测该新产品的市场需求的成长速度。例如,1959年美国哈德公司开发出了施乐914复印机,并谋求与IBM公司合作产销。但IBM公司预测该类复印机10年内顶多售出5 000台,因此拒绝了哈德公司的合作愿望。然而,后来的实际情况是复印技术被迅速采用并扩散,哈德公司10年间售出了20万台复印机。此后,哈德公司易名为施乐公司。再如移动通信技术、产品及其服务在中国的扩散。20世纪90年代初期,移动通信技术被引入中国之初,不少人认为"这仅仅是富人才会用的奢侈通信工具"。然而,到了2012年,中国市场上使用手机的人已接近9亿。当然,也有市场需求增长远远低于创业者预期的情况。基于此,对于新产品市场需求的增长情况,创业者只能"摸着石头过河",在预期市场需求会成长的前提下,看一步、走一步、走一步、看下步。

(4) 很难预测未来同行市场竞争的实际态势。

根据一些创投公司的研究,多数创业者投给创投公司的创业计划大多忽视未来可能的同行竞争,甚至认为自己的产品好到了极致,未来不会有激烈的同行竞争。但客观地看,人类认识客观世界的"脑力"并无多大差异。对于众多创业者而言,只要某个团队整体上的知识、路线相关性相差无几,则其实际的机会识别能力也不会有多大差异,故面对几个商机,如果A团队拟推出某种产品,B团队也可能推出相近、雷同甚至完全相似的产品。由此,这样的创业者未来必然会遇到竞争者。但由于创业者极强的"自恋意识",不少创业团队事实上很难预期到未来同行市场竞争的实际态势,这就可能使创业者"自以为"自己遇到了"具有不确定性的竞争"。基于此,创业者需要在充分发挥知识、经验、悟性对于机会识别的作用的基础上,尽可能地弱化"自恋意识",努力使创业之前的机会识别更为客观、理性一些,这样才可能规避此类风险。

2. 要素市场风险的规避

创业作为一种商业活动,通常需要资金、技术、人力资源、上游产品等生产要素的投入,但特定的创业团队能否得到所需的生产要素,客观上也具有很大的不确定性,这就形成了创业机会的要素市场风险。

(1) 资本市场的资金可得性多是不确定的。

在诸多生产要素中,创业者首先需要得到的是资金,否则就可能"巧妇难为无米之炊",但恰恰资本市场存在最大的不确定性。现阶段中国创业者主要通过自筹(薪酬节余积累)、债权融资(向家人或亲朋借贷、商业银行小额贷款)、股权融资(争取创业投资公司投资、争取加盟者投资)、争取政府机构支持(诸如国家或省市中小企业创新基金)等获得创业起步阶段所需的资金。但客观地看,这些资金来源都有很大的不确定性,创业者的薪酬节余多数情况下并不能成为创业者主要的资金来源。向家人或亲朋借贷,可借到的资金往往不会太多。争取商业银行小额贷款固然是一种办法,但其资金额度往往不足以支撑市场需求容量较大的创业活动。欲争取创投公司的股权投资,但创投公司的资金到位程度与创业者实际的创业进程密切相关,创业者没有将事情做到一定程度的情况下,创投公司多是不会投资的。争取加盟者投资,说不定潜在的加盟者比领头创业者还缺钱。争取政府机构支持,诸如争取国家或省市的创新基金支持,多数情况下面对着严格的评价程序。换言之,这些资金来源都有很大的不确定性。基于这些情况,创业者只能"争取多渠道融资"来规避这类风险。

(2) 技术市场的技术可得性、实用性是不确定的。

在后工业时代,各行各业的商业活动都需要特定的技术。即便以往人们认为新技术应用含量比较低的餐饮等行业,现在也在使用先进的信息技术和机电技术。可见,创业离不开技术，技术型创业更是如此。创业者获得起步技术的途径主要是：创业者自有技术、使用过期专利技术，以及有基本创意后开发新的技术或购买他人技术使用权。暂且不论前两种情况，创业者从外部获得技术的可得性、实用性及其效果，能否达到创业者的主观预期，往往会有很大的不确定性，这也会影响创业机会四种要素的有效形成。基于此，创业起步之初，创业者应尽可能地使用自有技术，同时应对所用技术进行科学的评估，在实用、有效、可靠的前提下选用相关技术。

(3) 人力资源市场存在"趋存而流"的不确定性。

人是利益性的。加入新创企业的员工，首先是"趋存而流"，其次是趋利而流。创业起步之初，企业不可能有很好的经营业绩，员工也不可能有很高的薪酬，不少员工甚至也是怀揣"创业梦"奔向新创企业的。但如著名心理学家马斯洛所言，"生存是人的第一需要！"当新创企业不能为员工支付足以使其得以生存的报酬时，创业团队就可能从人力资源市场招聘不到员工，招聘来的员工也可能离开新创企业，这就使新创企业能否保有适当数量的员工，实际上会存在很大的不确定性。基于此，创业团队首先应为新创企业筹集到必要的资金，以使新创企业有能力为员工提供起码的"生存薪酬"；其次应辅以可能的其他方式的激励，诸如"只分益、不担责"的"利润索取权"激励，再如"产品销售提成"激励等。

(4) 上游市场的供应商往往存在机会主义行为。

商品生产离不开上游市场的供应商。创业者看好某个商机，但为生产自己的产品，能否从上游市场获得相应的原材料或零部件、元器件供给，这本身就有很大的不确定性。而且我国转入市场经济体制时间不长，企业普遍存在机会主义的销售心理，即更愿意将产品销售给当时出价高、采购条件更有利于供应商的下游企业，甚至可能不顾此前严格的供货协议。由此，新创企业能否采购到生产经营所需的上游产品，能否按质按量适时得到所需的原材料或零部件、元器件，即存在较大的不确定性。特别是，供应商违反契约的现象，往往是创业者很难控制的。通常，新创企业很难建立起稳定的采购关系。在我国目前尚不规范的商业信用环境下，一旦某个新创企业遇到较大困难，其供应商可能会基于自身的商业利益，而放弃对该新创企业的供给，由此可能导致新创企业的创业活动半途而废。由此，面对上游市场供给的不确定性，创业者需要提前做好应对这类不确定性的各种预案。

3. 国家法律及政府政策规制风险的规避

创业机会也可能遭遇国家法律及政府政策规制的风险，这主要源于中国正处于改革时期，国家法律在完善之中，政府政策在调整时期。固然主流方向是走向市场经济体制，但具体法律的制定、政府政策的出台，都存在一定程度上的不确定性。这就使创业者此前确认的创业机会有了某种程度的不确定性。

(1) 国家法律或政府政策的出台有可能超出创业者的预期。

典型的是，对于商业领域出现的不少新事物，立法机构和政府都不曾经历过、感受过。但当某些新事物，诸如新产品、新服务、新的商业模式出现之后，如果政府认为其会伤及公共利益，或者是引发市场竞争的不公平，或者是造成市场秩序的混乱，通常会做出一些政策安排，甚至会适时将某些政策提升为国家法律。这就可能改变创业者此前认为的创业环境，从而使此前创业者认为恰当的创业机会发生某些有利或不利的变化。

如果相应的法律和政策变化超出了创业者的预期，且导致了特定的创业机会变得不可行、不可取，而创业者已经启动了相关创业活动，这时就可能遭遇创业风险。例如，近年来国内外一些新创企业开发转基因产品，曾被国家有关政府部门明令禁止销售。由此，这些企业的创业投入即转化为"沉没成本"，创业活动得不到相应的商业收益。基于此，创业者需要通过研讨国家法律、政府政策的创立和调整轨迹，在创业机会识别阶段努力规避这类风险。

（2）创业相关事务能否得到政府许可也具有不确定性。

创业者开发出了新产品（含新服务），在正式销售之前，需要得到政府职能部门的一系列认证。诸如质量检测、产销许可、环境认证等。但因企业和政府两方面的原因，新创企业的产品并非一定都能够得到所需的认证或许可。极端的是，多年来社会学界一直在讨论科学技术的两面性问题，即某些科学技术重大突破既可能给人类带来福音，也可能给人类带来灾难。"福音"是人类期盼的，"灾难"是人类憎恶的。如果某种新产品会给人类带来某种程度的危害，政府即可能对相关商业活动进行"规制"，对相关产品的销售发出禁令。此种情况下，创业者就可能得不到相关许可。

特别是，产品的负面效应较大的创业，政府无疑会基于整个社会的利益，在企业产品开发成功后给予限制。在这种情况下，政府相关政策或法律对于企业的规制常出现在新产品"出生"之后。因为此前政府并不清楚特定新产品是否会有较大的负面效应。否则，政府就会提前从政策或法律上进行规制。然而，一旦政府采取了"事后规制"，开发了具有负面效应的新产品的企业就可能遭到某种程度的损失。

再如，全新产品往往缺少国家标准。在政府和行业组织没有确定相应标准之前，企业很难进入批量化产销阶段。如果新产品没有经过或通过政府职能部门或其授权机构的质量检测，则在销售中也会遇到障碍。如果生产过程或产品使用过程对环境造成一定程度的伤害，政府也会限制新创企业的产品产销。

基于以上几点，创业者判断某个机会的可行性时，也要预测一下政府职能部门未来是否给予新开发的产品或服务以需要的认证或许可。

三、防范非系统风险的可能途径

如前所述，非系统风险即创业者自身行为的不确定性带来的风险，故也是创业者通过自身努力，有可能防范甚至可以化解的风险。通常，基于创业机会的非系统风险，主要有技术开发及其价值实现风险、财务风险、团队分化风险。

1. 技术开发及其价值实现风险的防范

创业者借机创业，首先会遇到技术开发及其价值实现的风险。

（1）新产品研发能否成功是不确定的。

首先，新产品研发能否成功往往是不确定的。典例的是，当年美国杜邦公司研究开发尼龙材料，投入巨资，耗时多年，也没有获得成功。然而，某个晚上下班后，一位研发人员忘记关掉酒精灯，灯烧了一晚，第二天早上上班后发现坩埚中有一团东西，拿去化验后才发现正是他苦苦寻觅的尼龙材料。此后，尼龙成为现代化工三大新兴材料之一。国际大公司的新产品研发尚且如此，新创企业的产品研发更会遇到这类不确定性。基于此，要防范此类不确定性所引发的风险，创业者选择创业机会时，首先应思考、分析、判断自己的团队有哪些独到的技术能力，究竟有能力开发什么样的产品。搞清楚了这些，再起步创业，且最好起步时即有未来所产销产品的原型产品。

其次，新产品的批量化产销能否成功也有一定程度的不确定性。这主要是因为，新产品批量化产销之前，还需要通过技术整合形成批量化产销所需要的产品制造方案、制造流程、制造系统、管理方案等。否则，再好的产品设计也难以在批量化产销中实现其价值。典型的是，某地曾投入巨资推动镍氢电池的国产化生产，固然创造性地解决了新型储能材料的关键技术问题，但由于缺少工艺配套、设备配套的技术积累，结果耗时数年也没有取得预期的进展和效果。这对创业者选择创业机会有一定的参考意义。而创业者要规避此类风险，需要在面向批量化产销的技术整合、OEM（外包）两者之间做出恰当的选择。

（2）相关行业能否提供技术配套是不确定的。

任何产品要想真正实现批量化生产，都需要相关行业的技术配套。如果新创企业的新产品难以获得必要的相关行业配套，那么它就很难实现期盼的批量化生产。而这恰恰是极不确定的。某家新创企业多媒体投影仪研制成功后，初期生产就遇到这一困难。由于国内光学基础行业和工业化配套水平不高，在多媒体投影仪由研发转向批量化生产时，很难找到一些关键元器件的供应商。以致创业者不得不认为，他们研发的不仅仅是一种产品，经营的不仅仅是一个企业，实际上是要推动国内一个行业的成长。而要推动一个行业的成长，新创企业多数没有这样的能力。其后，这家新创企业被一家大型家电企业并购。这家大型家电企业并购这家新创企业后，批量化生产中仍然面对着同样的"配套难题"。基于此，要防范此类不确定性所引发的风险，创业者选择创业机会时，需要尽可能详尽地分析未来生产相关产品所需要的原材料、零部件、元器件、专用设备，详尽调研这些生产要素的"可得性"，特别是通过市场交易获得这些生产要素的"经济性"和"可靠性"。

2. 财务风险的防范

创业者要利用相关创业机会，不可避免地也有着某种程度上的财务风险。这主要是由于新产品开发和市场开发的资金需求是不确定的，同时创业者是否能够筹集到足够的资金也是不确定的。

（1）新产品研发的资金需求极难判定。

新产品研发的资金需求是事先难以准确预测的。有时估计解决某个技术难题用不了多少资金，但项目实施到一定程度，就会发现实际所花资金已大于起步之初的预期。到项目完成之时，更会发现所花的资金远远超过最初的估计。例如，1998年前后，一家新创企业着力开发某种纸质包装材料自动化生产线，其中要用到激光切割技术，以确保纸板切割的效率和整齐。原本以为投资数万元、耗时两三个月就可以解决这一技术问题，但在项目完成时，才发现竟花了10多万元。显然，如果这家企业没有筹集到足够的资金，该项创业活动可能早就终止了。可见，要防范此类风险，创业者在做研发预算时，必须就此留有适当的"资金余量"。

(2) 新产品市场开发的资金需求是不确定的。

一旦企业成功地研发了新产品,批量化产销的资金需求机会相对明朗。但要将新产品推向市场,因为新产品市场多是潜在的、待成长的,市场开发的资金需求又会处于"不确定"的状态。市场开发主要涉及产品宣传、推介促销等活动,根据市场激活的程度差异,即需要投入不可计数的资金。这本身就是一种不确定性。特别是,有时为推广新产品,甚至需要为"首批客户"提供试用样机。这又会占用企业数量不菲的资金,由此就会进一步强化新产品市场开发的资金需求的不确定性。由此可见,为防范这些不确定性所导致的新创企业可能发生的财务风险,创业者也需要为新产品市场开发准备较为宽松、富裕的资金预算。

3. 团队分化风险的防范

创业中创业者也可能遇到团队分化风险,即由于某些原因引发创业团队溃散,进而导致创业活动无法持续。这是创业中极易发生且影响最大的风险,它通常有三个方面的原因。

(1) 团队成员由于缺乏共识的利益、目标、规则等造成的团队分化风险。

形成创业团队凝聚力的关键是,团队成员要有一致的愿景、目标、利益、思路,一致的"行动纲领"和"行为规则"等。面对创业机会,团队起步了。但客观上,创业团队成员可能最初就缺乏共识的愿景、目标、利益、思路等,也可能在后来的磨合中失去共同的愿景、目标、利益、思路。无论出现哪种情况,都可能导致团队离心离德,甚至各奔东西。这种情况下,假若没有其他人能够替代"离心离德"的核心成员在团队中的角色,这个创业团队就可能散伙。

(2) 部分成员的"畏惧心理"和机会主义造成的团队分化风险。

创业有难度。但多数创业团队起步之初只想着未来的美好前景,而忽视了起步后的困难。而一旦遇到了困难,一些团队成员就可能"畏难而逃"。与此同时,多数人是"利益导向"的,团队中一些成员遇到更具诱惑力的商机,也可能从现有的团队"出走而直面新的商机"。但无论是"畏难而逃",还是"出走而直面新的商机",本质上都是机会主义。一旦团队中的关键成员或多数成员产生了这样的机会主义行为,而团队中"坚定分子"又不能为这些人提供及时的、足够的激励,那么这个团队就"必散无疑",创业活动也就"必止无疑"。

(3) 没有形成领袖人物造成的团队分化风险。

创业需要"灵魂型"领袖人物的带领,要靠领袖人物来凝聚团队所有成员。如果没有一位领袖人物来凝聚创业团队,该团队就很可能成为一盘散沙。当然,"领袖"不一定是某项创业活动的"最初发动者",也不一定是新创企业最大的股东,而是团队的"精神领袖"。这样的"领袖"必须是在创业实践中产生的。某个人要想成为真正的"团队领袖",他就必须依靠自己的品格、能力、勤奋、坚韧以及对其他成员的吸引力,来凝聚整个团队。但问题恰恰在于,在不少创业团队中,往往很难有人能成为领袖人物。团队没有"核心",这就很可能导致某个创业团队在某个时候溃散。

前述三种情况一旦走向了极端,创业团队就可能溃散。因此,创业者必须加强团队分化风险的预警和控制。

四、创业者风险承担能力和机会风险收益的估算

创业有风险,这是必然的。但理性的创业者必须结合对机会风险的估计,探明规避和降低风险的关键点。即就特定的创业机会,分析和判断创业风险的具体来源、发生概率、预期主要风险因素,测算冒险创业的"风险收益",估计自己的风险承受能力,进而进行风险决策。

创业者应规避和降低的主要风险:

第一步,可借助表11-1罗列、穷尽特定创业机会所对应的风险来源;

第二步,将每类风险来源下的风险具体化;

第三步,客观估计各类风险因素发生的概率;

第四步,剔除发生概率小的风险因素,揭示发生概率大的风险因素;

第五步,在发生概率大的风险因素中,揭示一旦发生将造成损失较大的风险因素。可行的方法是,先估算创业活动的净现值(NPV)或内部收益率(IRR),然后就各种风险因素进行"不确定性分析",据此测算如某些风险因素发生,创业者可能遭受的损失。

表11-1 创业机会的风险分析表

两类风险	一级风险因素	二级风险因素
系统风险	商品市场风险	新产品市场多是潜在、待开发、待成长的
		很难确定市场接受新产品的具体时间
		很难预测新产品的市场需求成长速度
	要素市场风险	很难预测未来同行市场竞争的实际态势
		资本市场的资金可得性多是不确定的
		技术市场的技术可得性、实用性是不确定的
		人力资源市场存在"趋存而流"的不确定性
	国家法律及政府政策规制风险	上游市场的供应商往往存在机会主义行为
		国家法律或政府政策的出台有可能超出创业者的预期
		政府许可也具有不确定性
非系统风险	技术开发及其价值实现风险	新产品研发能否成功是不确定的
		相关行业能否提供技术配套是不确定的
	财务风险	新产品研发的资金需求极难判定
		新产品市场开发的资金需求是不确定的
	团队分化风险	团队成员缺乏共识的利益、目标、规则等
		部分成员的"畏惧心理"和机会主义
		没有形成领袖人物

1. 创业者需要估计自己的风险承受能力

在分析前述问题,特别是在揭示了发生概率大的风险因素中,一旦风险实际发生将造成

较大的损失后，创业者即需要估计一下自己的风险承受能力。因此，须评估创业者对于那些发生概率较大、可能导致较大损失的风险因素的承受能力。其中，可用"企业的财务能力/最大的风险损失"来表示新创企业的风险承受能力。这一比值越大，则新创企业的风险承受能力越强。

2. 创业者需要进行机会选择的风险决策：风险收益估计

估计了各项风险因素的发生概率和可能造成的损失后，即需要测算特定创业机会的风险收益，依此判断是否值得"冒险创业"。通常，只有创业机会的风险收益足够大，创业者才值得冒险去利用这个机会而创业。

一般而论，可按以下关系式测算特定机会的风险收益：

$$FR = \frac{(M_t + M_b) \cdot B \cdot P_S \cdot P_m}{C_d + J} \cdot S$$

其中，FR 表示特定机会的风险收益指数；M_t 表示特定机会的技术及市场优势指数；M_b 表示创业者的策略优势指数；B 表示特定机会持续期内的预期收益；P_S 表示技术概率；P_m 表示市场成功概率；S 表示创业团队优势指数；C_d 表示利用特定机会创业的有限资产投资总额；J 表示利用特定机会创业的无形资产投资总额。需要注意的是，当且仅当 $FR \geq R$（创业者的期望值）时，创业者才值得冒某些风险去利用特定的创业机会。

第四节 商业模式的设计（开发）

一、商业模式的内涵及其内在结构

利用机会而起步创业，创业者必须去构思有效的商业模式。

1. 商业模式的内涵

商业模式，即企业实施相关商业活动的一套逻辑化的方式方法，以将原本做不成的事情做成，将原本做不好的事情做好，由此，企业才能获得相应的利润。典型的是，柳传志将"技—工—贸"调整为"贸—工—技"，再加上其他方面的努力，才有了后来联想集团成为IT界的巨人。马云创造了"淘宝"的商业模式，再加上其他方面的努力，才有了后来的阿里巴巴集团的持续盈利。这方面的诸多案例足以告诫我们：有效的商业模式是未来企业盈利的基本前提。

商业模式本质上是企业为客户创造并传递价值，使客户感受并享受到企业为其创造的价值的系统逻辑，反映的是利益相关者之间的交易关系。新创企业如果缺少这套逻辑，或者是构思的商业模式效力不足或效率不高，则新创企业未来既难以为客户创造价值，也难以向客户传递价值，更难以为新创企业自身赢得利润，因为客户只乐于给那些为客户有效创造并传递价值的企业投出自己的"货币选票"。

2. 商业模式的内在结构

既然商业模式本质上是企业为客户创造并传递价值，使客户感受并享受到企业为其创造的价值的系统逻辑，那就有一个结构问题，即基本要素和要素间的连接关系。基于这一认识，研究商业模式的不少学界同仁基于自身的研究，给出了关于商业模式内在要素的诸多解释。

例如，Viscio 认为，商业模式是由核心业务、管制、业务单位、服务、连接五者构成的。Timmers 认为，商业模式是由产品/服务、信息流结构、参与主体利益、收入来源四者及其联系构成的。Markides 认为，商业模式是由产品、顾客关系、基础设施、管理财务四者及其联系构成的。Donath 认为，商业模式是由顾客理解、市场战术、公司管理内部网络化能力、外部网络化能力四者及其联系构成的。Hame 认为，商业模式是由核心战略、战略资源、价值网、顾客界面四者及其联系构成的。

Chesbrug 认为，商业模式是由价值主张、目标市场、内部价值链结构、成本结构和利润模式、价值网络、竞争战略六者及其联系构成的。

Gordin 认为，商业模式是由参与主体、价值目标、价值端口、价值创造、价值界面、价值交换、目标顾客七者及其联系构成的。Lnder 认为，商业模式是由定价模式、收入模式、渠道模式、商业流程模式、基于互联网的商业关系、组织形式、价值主张七者及其联系构成的。Perci 认为，商业模式是由价值模式、资源模式、生产模式、顾客关系模式、收入模式、资产模式、市场模式七者及其联系构成的。Afuah 等认为，商业模式是由顾客价值、范围价格收入、相关行为、实施能力、持续力等七者及其联系构成的。Weill 认为，商业模式是由战略目标、价值主张、收入来源、成功因素、渠道、核心能力、目标顾客、技术设施八者及其联系构成的。Osterwalder 认为，商业模式是由价值主张、目标顾客、分销渠道、顾客关系、价值结构、核心能力、伙伴网络、成本结构、收入模式九者及其联系构成的。

但客观地看，商业模式最为基本的是由四类要素及其联系构成的：一是价值体现，即企业拟为客户创造并传递的价值；二是价值创造方式；三是价值传递方式；四是企业盈利方式。其中，价值体现是基础，新创企业如果不能发现客户所需要的价值，那就不能为客户创造出他们所需要的价值。

二、商业模式设计（开发）的特点

1. 商业模式设计的目的是把做不成的事变为可以做成的事

创业本身就是要将他人或自己此前做不成的商业，转变为自己可以做成的商业，这首先要靠商业模式的设计来实现。商业模式设计是创业机会开发的重要环节。在有创业机会的情况下，如果创业者设计、开发不出可行的商业模式，则资源获取及整合就无明确的方向，更谈不上起步创业之后的事情，且多会陷入盲目创业的绝境。基于此，创业者一旦发现了有价值的创业机会，且意在创业，则必须着力设计、开发创业所需的商业模式。

2. 理想的商业模式设计至少有两个特征

创业者之所以创业，最为基本的动因就是要赚取利润。而要赚取利润，可行的商业模式是基础。理想的商业模式设计至少应有两个特征：一是短期地看，理想的商业模式应有助于新创企业尽快实现正的现金流；二是长期地看，理想的商业模式应有助于新创企业把尽可能少的资源做成尽可能大的商业，从而使整个创业活动为创业者带来最大化的利润。创业是循序渐进的过程，特定的创业活动若能给创业者带来最大化的利润，也将开始一个循序渐进的过程。由此，某种商业模式未来若能为新创企业带来最大化的利润，则它首先应能尽快地为新创企业实现正的现金流。但需要说明的是，短期内能使新创企业实现正的现金流的商业模式，并不一定就是未来能使新创企业利润最大化的商业模式，这主要是因为利润最大化的实现是由更多因素决定的。

3. 商业模式设计是一个反复试错、修正的过程

商业模式本质上是企业为客户创造并传递价值，使客户感受并享受到企业为其创造的价值的系统的商业逻辑。如前所述，商业模式最为基本的是由四类要素及其联系构成的。故对创业者而言，针对特定的创业活动，要设计出理想的商业模式，并不能一蹴而就，而是需要反复试错和修正。首先需要分别设计每类要素；其次要使四类要素处于相互协调匹配的状态。只有当四类要素分别是可行的，且四者达到协调匹配状态时，这样的商业模式才可能是较为理想的商业模式。

4. 商业模式开发是企业战略设计的基础

创业不但要有理想的商业模式，还要有持续努力的总体战略。商业模式决定创业能否得以启动与实施，战略则决定创业能否持续，决定新创企业未来能否可持续地成长。就二者的关系而言，商业模式通常先于战略，是战略生成的基础，战略则是在商业模式基础上新创企业对于自己长期拟走道路的选择。因此，创业者要为新创企业设计理性的战略，首先需要开发、设计理想的商业模式。否则，所设计的战略即成为无根之树，自然难以具体实施。

三、商业模式设计的过程与评价

1. 过程：由顶层设计到递阶协调

商业模式最为基本的是由四类要素及其联系构成的。要设计出可以具体付诸实施的商业模式，则有一个由顶层设计到递阶协调的过程。

（1）商业模式的顶层设计。

商业模式的四类要素就是商业模式的顶层要素，故商业模式的顶层设计就是要设计这四类要素及其联系。其中，价值体现，即创业者希望通过自己未来的商业活动为目标客户提供什么样的价值；价值创造方式，即创业者准备以怎样的方式方法和途径开发、生产出自己拟给目标客户提供的价值；价值传递方式，即创业者准备以怎样的方式方法和途径将所开发的价值提供给目标客户；企业盈利方式，即创业者在给目标客户创造并传递价值的同时，拟以怎样的方式方法和途径来使自己获得利润。明确了这四者及其联系，创业者才可能顺次细化商业模式的次一级要素及其联系。

（2）商业模式四类要素的具体化。

通常，价值体现可以具体化为创业者拟为客户提供的功能，包括最终的产品或服务。功能更多是指产品的效用，即拟向用户提供的功能，在此基础上才可构想具体的产品或服务。基于拟为客户创造的价值，新创企业需要开发和生产价值的方式方法和途径，这通常要结合具体产品或服务的具体特点来开发。例如，如果具体产品为计算机软件产品，那就要从软件

开发的相关规律来思考具体的价值创造方式；如果具体产品为计算机硬件产品，那就要从硬件开发的相关规律来思考具体的价值创造方式。至于价值传递方式，更多是指产品营销的方式方法和途径，具体包括产品推广销售、客户服务等方面的相关手段、措施及渠道等。而企业盈利方式，也需要结合价值创造方式、价值传递方式、企业与客户的交易关系、可能的市场竞争方式及态势（如市场结构）来具体设计。

（3）商业模式设计的具体流程。

如将前文商业模式设计进一步具体化，则有表11-2所示的商业模式设计流程。

表11-2 商业模式设计流程

顶层设计	具体化设计	组织化设计
价值体现设计	产品或服务；核心、非核心及衍生价值	企业内部组织；外部伙伴关系；客户关系界面；企业利润屏障
价值创造方式设计	产品或服务研发、生产的方式方法和途径	
价值传递方式设计	产品或服务营销的方式方法和途径	
企业盈利方式设计	基于企业与客户交易关系及市场竞争的企业盈利方法及途径	
四类要素联系设计	产品或服务的研发、产销、交易竞争关系的协调	

在前述商业模式设计的过程中，由顶层设计到具体化设计，再到组织化设计，是一个循序渐进、递阶而为的过程。创业者只有循序渐进、逐级细化，才可能设计出客观可行的理想的商业模式。

2. 评价：有效性的评价准则

商业模式设计得是否理想，通常需要从三个角度进行评价。实施这一评价的目的，就在于确保实施相应的商业模式后能真正达到期望的效果。

（1）客户价值实现的程度。

创业者所设计的商业模式是否合理，首先要审视该模式对于创业团队所构想的"价值体现"的实现程度，即该商业模式能够在多大程度上实现创业团队原本拟为客户创造并传递的价值。而要回答这一问题，创业者一是需要评价该商业模式可能为客户创造并传递的价值是不是原本拟创造的价值。例如，创业者原本打算为客户创造"节能"的价值，但通过所设计的商业模式，是不是真的就能帮助客户节能。二是需要评价该商业模式实现拟定价值的程度。如果所设计的商业模式能够为客户提供"节能"的价值，则还需要进一步评价该商业模式能够为客户"节能"的程度大小。

（2）客户价值实现的可靠性。

多数商业活动都存在风险，这就有了特定商业活动实现其价值的可靠性问题。相应地，创业者借助所设计的商业模式为客户提供价值，也存在可靠性问题。由此，创业者在设计特定商业模式之后，也需要评价其能够为客户提供特定价值的可靠性，即评价该商业模式能够在多大程度上为客户可靠地提供拟定的价值。显然，只有那些能够可靠地为客户创造拟定价值的商业模式,才是可取的。这里不难看到,商业模式的可靠性评价,相当程度上也就是商业模式的风险评价。相应地,既需要搞清特定商业模式的系统风险和非系统风险,还需要搞清各种具体风险的程度大小。只有搞清了各种可能的风险,才能称为对特定商业模式的可靠性进行了较为充分的评价。

(3) 客户价值实现的效率。

在估计特定商业模式能够较为可靠地为客户提供拟定的价值后,还需要进一步关注该商业模式为客户创造与传递价值的效率。在商业模式的顶层要素中,价值创造方式和价值传递方式二者共同决定客户价值的实现效率,故创业者评价客户价值的实现效率,一是需要评价特定商业模式为客户创造价值的效率;二是需要评价特定商业模式为客户传递价值的效率。而最终效率的形成,则是价值创造和价值传递两个效率的"乘积",而不是两个效率的"相加"。换言之,只有特定商业模式的价值创造效率和价值传递效率都很高时,创业者才可能以较高的效率为客户提供价值;反之,如果其中任何一个环节的效率较低,都可能降低创业者为客户提供价值的效率。

联想集团创立初期的商业模式是"技—工—贸",即自己研发技术,生产自有技术产品,销售自有技术产品。但此种模式下,联想集团生存艰难。后来,联想集团将商业模式调整为"贸—工—技",即先代理或销售国外产品做贸易;待对国外 PC 及相关产品熟悉之后,再做产品组装;待对相关产品技术熟悉之后,再开发具有自主知识产权的技术和产品。

第五节 创业资源概述

一、创业资源的内涵与种类

(一) 创业资源的内涵

1. 创业资源的定义

创业的前提条件之一就是创业者拥有或者能够支配一定的资源。所谓资源,依照目前战略管理中很有影响的资源基础理论 (resource-based theory, RBT) 的观点,企业是一组异质性资源的组合,而资源是企业在向社会提供产品或服务的过程中,所拥有的或者所能够支配的用以实现自己目标的各种要素以及要素组合。

概括地讲,创业资源是企业创立以及成长过程中所需要的各种生产要素和支撑条件。对创业者而言,只要是对其创业项目和新创企业发展有所帮助的要素,都可归入创业资源的范畴。创业资源之于创业活动的重要意义不仅局限在单纯的量的积累上,应当看到创业过程实质上是各类创业资源重新整合,支持企业获取竞争优势的过程。从这一角度看,创业活动本身是一种资源的重新整合。

2. 创业资源在创业过程中的作用

在此将创业过程分为企业创立之前的机会识别过程和创立之后的企业成长过程,分别考察创业资源在每个阶段中如何发挥作用。

（1）机会识别过程。机会识别与创业资源密不可分。从直观的含义上看，机会识别是要分析、考察、评价可能的潜在创业机会。Kirzner 认为，机会代表着一种通过资源整合、满足市场需求以实现市场价值的可能性。因此，创业机会的存在本质上是部分创业者能够发现其他人未能发现的特定资源的价值的现象。例如，在同样的产品或者盈利模式下，一些人会付诸行动去创业，其他人却往往放任机会流失；有的人会经营得很成功，而另一些人却会遭受损失。对后者来说，往往是缺乏必要创业资源的缘故。

（2）企业成长过程。企业创立之后，一方面，创业者仍需要积极地从外界获取创业资源，另一方面，已经获取的创业资源在企业发展过程中逐渐被整合、利用。资源整合对于创业过程的促进作用是通过创业战略的制定和实施来实现的。丰富的创业资源是企业战略制定和实施的基础和保障，同时，充分的创业资源还可以适当校正企业的战略方向，帮助新创企业选择正确的创业战略。

需要提及的是，新创企业所拥有的创业资源必须加以有效整合，才能形成企业的核心竞争优势。资源整合，就是把企业所拥有的自然资源、信息资源和知识资源在时间和空间上加以合理配置、重新组合，以实现资源效用的最大化。必须注意的是，这种资源效用的最大化，并非简单的各项资源各安其位、各司其职，而是能够通过重新整合规划，创造企业独特的核心竞争力，实现企业在市场上的竞争优势。

（二）创业资源的分类

从分类学的角度看，所谓分类就是一个对事物进行认识、区分、理解的过程，可以按照不同的目的对事物进行分类。尽管学术界对于创业资源类型界定尚未有统一标准，但是目前对创业资源的多视角分类有助于人们理解创业资源的来源、构成以及资源的获取与整合。

早期的学者将资源分为三种类型，即物质资源（存货、设备）、财务资源（资金、贷款）、人力资源（劳动力、管理者）。资源基础理论（RBT）强调资源的异质性和独特性，因此，物质资源演变为后来描述更加细致的组织资源（技能和知识的结合）、技术（技术诀窍）和声誉资源。后来 Brush 等学者提出了突出创业者重要性的一种资源——社会资本，又称网络资源和关系资源。另外，创业过程通常被解释成组织的形成过程，所以对创业者来说，组织资源是具有标志性意义的一类资源。这些划分方法都在一定程度上推动了创业研究。

目前，学术界对创业资源的分类大致有以下五种类型。

1. 创业资源按其来源分类

创业资源按其来源可以分为自有资源和外部资源。自有资源是指创业者或创业团队自身所拥有的可用于创业的资源，如自有资金、技术、创业机会信息等。外部资源是指创业者从外部获取的各种资源，包括从朋友、亲戚、商务伙伴或其他投资者筹集到的创业资金、经营空间、设备和其他原材料等。自有资源的拥有状况（特别是技术和人力资源）会影响创业资源的获得和作用。

2. 创业资源按其存在形态分类

创业资源按其存在形态可以分为有形资源和无形资源。有形资源是具有物质形态的、价值可用货币度量的资源,如组织赖以存在的自然资源以及建筑物、机器设备、原材料、产品、资金等。无形资源是具有非物质形态的、价值难以用货币精确度量的资源,如信息资源、人力资源、政策资源以及企业的信誉、形象等。无形资源往往是撬动有形资源的重要手段。

3. 创业资源按其性质分类

根据创业资源的性质,可将创业资源分为六种资源,即人力资源、社会资源、财务资源、物质资源、技术资源和组织资源。

(1) 人力资源:包括创业者与创业团队的知识、训练、经验,也包括组织及其成员的专业智慧、判断力、视野、愿景,甚至是创业者、创业团队的人际关系网络。创业者是新创企业中最重要的人力资源,因为创业者能从混乱中看到市场机会。创业者的价值观和信念,更是新创企业的基石。合适的员工也是创业人力资源的重要部分,因此,高素质人才——技术人员、销售人才和生产工人等的获取和开发,便成为企业可持续发展的关键因素。

(2) 社会资源:主要指由于人际和社会关系网络而形成的关系资源。社会资源可以是人力资源的一部分,或者说是特殊的人力资源。社会资源对创业活动非常重要,因为社会资源能使创业者有机会接触到大量的外部资源,有助于透过网络关系降低潜在的风险,加强合作者之间的信任和声誉。开发社会资源是创业者的重要使命。

(3) 财务资源:包括资金、资产、股票等。对创业者来说,财务资源主要来自个人、家庭成员和朋友。由于缺乏抵押物等多方面原因,创业者从外部获取大量财务资源比较困难。

(4) 物质资源:指创业和经营活动所需要的有形资产,如厂房、土地、设备等。有时也包括一些自然资源,如矿山、森林等。

(5) 技术资源:包括关键技术、制造流程、作业系统、专用生产设备等。通常,技术资源包含三个层次:一是根据自然科学和生产实践经验而发展成的各种工艺流程、加工方法、劳动技能和诀窍等;二是将这些流程、方法技能和诀窍等付诸实现的相应的生产工具和其他物资设备;三是适应现代劳动分工和生产规模等要求的对生产系统中所有资源进行有效组织和管理的知识、经验和方法。技术资源与智慧等人力资源的区别在于,后者主要存在于个人身上,会随着人员的流动流失,而技术资源大多与物质资源结合,可以通过法律手段予以保护,形成组织的无形资产。

(6) 组织资源:包括组织结构、作业流程、工作规范、质量系统。组织资源通常指组织内部的正式管理系统,包括信息沟通决策系统以及组织内正式和非正式的计划活动等。一般来说,人力资源需要在组织资源的支持下才能更好地发挥作用,企业文化也需要在良好的组织环境中培养。组织资源来自创业者或其团队对新创企业的最初设计和不断调整,同时包括对环境的适应和对成功经验的学习。由于创业过程通常被解释成组织的形成过程,所以对新创企业来说,组织资源是具有标志性意义的一类资源。

4. 创业资源按其对生产过程的作用分类

创业资源还可以按照其对生产过程的作用分为生产型资源和工具型资源。生产型资源直接用于生产过程或用于开发其他资源，例如物质资源，像机器、汽车或办公室，被认为直接用于生产产品或提供服务；工具型资源则被专门用于获得其他资源，例如财务资源，因为其具有很大的柔性而被用于获得其他资源，比如用来获得人才和设备。产权型技术可能是生产型资源，也可能是工具型资源，这要根据其所依存的条件，如果依赖于某个人则可能是工具型资源，如果是以专利形式存在的则可直接用于生产过程。需要指出的是，对新创企业来说，个人的声誉资源和社会网络也属于工具型资源，有些时候市场资源也可以用来吸引其他资源，因此我们也将其归为工具型资源。

5. 创业资源按其在创业过程中的作用分类

创业研究学者通常将创业资源划分为两类：一类是运营性资源（operation resource），主要包括人力资源、技术资源、资金资源、物质资源、组织资源和市场订单资源等；另一类是对新创企业生存和发展具有关键作用的战略性资源（strategic resource），主要指知识资源。知识型社会给企业带来了持续而深远的影响，知识成为企业进行生产、竞争的关键，企业组织工作的重要任务是战略性地开发和利用知识资源。由于新创企业的高度不确定性及创业者和资源所有者之间的信息不对称性，知识资源对运营资源的获取和利用具有促进作用。

另外，还有学者将创业资源分为离散资源和系统资源两种类型。离散资源的价值相对独立于组织环境，合同和专业技能则属于这类资源。系统资源的价值则体现在这种资源是网络或系统的组成部分，比如分销网络或团队能力，其价值依赖于所处的系统环境。

(三) 不同类型创业活动的资源需求

创业活动可以根据不同标准分为不同类型，不同的创业活动对于创业资源的需求类型、整合方式各不相同，为了揭示创业过程中动机、机会与资源的作用机理，有的学者定义了新创企业三种资源获取模式，即技术驱动型、人力资本驱动型和资金驱动型，其含义是以三种资源中其中一种相对充裕并优先获取的资源为核心和驱动力，以此带动其他两种资源向新创企业聚集的资源获取模式。

技术驱动型资源获取模式是创业者最先拥有技术资源，或者创业初始，技术资源较为充裕并带动其他资源向企业聚集。在该模式下，创业者以拥有的核心技术为基础，根据技术开发的需要获取、整合和利用资源。

人力资本驱动型资源获取模式是指创业者以拥有的团队为基础，通过发挥团队特长或根据机会开发的需要来获取、整合和利用资源的模式。很多职业经理人创业采用这一模式，即工作一段时间后再创业的创业活动很多也是以原工作单位的工作伙伴以及积累的工作技能为基础；先有了一个相互默契的工作团队，再寻找一个适合的创业项目，促成创业的成功。

资金驱动型资源获取模式是指创业者最先拥有资金，或者创业初始资金较为充裕并带动其他资源向企业采集的资源获取模式。在该模式下，创业者以其拥有的资金为基础，通过寻找和资金相匹配的项目，进而对其进行开发来获取、整合和利用资源。很多大型企业的内部创业多采用资金驱动型资源获取模式，他们有着充沛的资金，有发现新商机的独到眼光，于是通过新产品的研发或新技术的购买开始新一轮的创业活动。

除此以外，新创企业在发展的不同时期，需要的资源类型和数量可能会有所不同，不同资源在企业不同发展阶段的作用也不相同。

二、创业资源与一般商业资源的异同

创业资源与一般商业资源既有相同点,也有一定的差别。

从广义上看,创业资源与一般商业资源的基本内容大致相近,都包括人力资源、社会资源、财务资源、物质资源等,是指创业活动或商业活动中所需要的各种生产要素和支撑条件。倘若一个人想要创业或者从事某种商业活动,则必须具备一定的条件。而拥有这些资源在某种程度上就是获得了许可证。在创业过程中,除自有资源外,创业者往往通过市场交易手段将一般商业资源转换为创业资源。

从狭义上看,创业资源与一般商业资源的差异表现为以下三点。

第一,创业资源与创业过程相伴而生,是一项事业、一个企业或组织从无到有、从小到大的创建过程中所依赖的各种要素和支持条件。对创业活动而言,不确定性强是新创企业的主要特征,因此创业者所拥有或者可以利用的资源无论在数量上还是规模上都表现为"少""小"。一般商业资源往往泛指事业、企业或组织所具备的生产要素和支持条件,其数量、规模都比创业资源"多""广"。

第二,创业资源的范围往往小于商业资源。尽管创业资源与商业资源的基本内容相近,但并不是所有的商业资源都是创业资源,因为只有创业者能够拥有或者可以获得、利用的资源才是创业资源。在创业的过程中,创业机会只有与相应的创业资源进行匹配,才能形成现实的创业行为。否则,即使出现了大好的创业机会,创业者也难以迅速利用这个机会,只能眼睁睁地看着机会从身边溜走。

第三,有的学者认为,创业资源更多表现为无形资源,一般商业资源则更多表现为有形资源。创业资源的独特性更强,创业者的个人能力和社会网络资源是其中最为关键的资源;一般商业资源中,规范的管理和制度则是企业成功的基础资源。

三、社会资本、资金、技术及专业人才在创业中的作用

创业活动的本质,是创业者围绕潜在机会来调动和整合一切可能获得的资源以创造商业价值的过程,这些资源包括社会资本、资金、技术及专业人才等。创业者所拥有或者能够支配的资源在很大程度上决定了创业方向。

(一)社会资本在创业中的作用

社会资本的概念是法国学者布尔迪厄(Pierre Bourdieu)于20世纪70年代提出来的,其代表著作于1984年译成英文。科尔曼(James Coleman)1988年在《美国社会学学刊》发表的《作为人力资本发展条件的社会资本》一文,在美国社会学界第一次明确使用了社会资本这一概念,并对其进行了深入的论述。

自布尔迪厄和科尔曼提出社会资本以来,比较有代表性的社会资本概念指的是个人通过社会联系获取稀缺资源并由此获益的能力。这里指的稀缺资源包括权力、地位、财富、资金、学识、机会、信息等。当这些资源在特定的社会环境中变得稀缺时,行为者可以通过两

种社会联系获取。第一种社会联系是个人作为社会团体或组织的成员与这些团体和组织所建立起来的稳定联系，个人可以通过这种稳定的联系从社会团体和组织获取稀缺资源。第二种社会联系是人际社会网络。与社会成员关系不同，进入人际社会网络没有成员资格问题，无须任何正式的团体或组织仪式，它是由人们之间的接触、交流、交往、交换等互动过程而发生和发展的。在创业研究方面，社会资本是基于人际和社会关系网络形成的资源。这种资源可以是人力资源的一部分，或者说是特殊的人力资源。社会资本能使创业者有机会接触大量的外部资源，有助于通过网络关系降低潜在的风险，加强合作者之间的信任与信誉。有学者通过研究发现：虽然个人的财务资源与其是否成为创业者没有显著关系，但从创业者个体来看，其获取资源的能力决定了创业活动能否成功启动；创业者常常通过社会网络获取所需的信息和资源，而那些拥有丰富社会资本的创业者往往可借此得到较难获取的资源，或以低于市场的价格购买取得。

斯坦福大学研究中心的一份调查显示：一个人赚的钱，12.5%来自知识，87.5%来自基于正常社会经历建立的人际关系。而来自中国的数据显示，社会交往面广、交往对象趋于多样化、与高社会地位个体之间关系密切的创业者，更容易发现创新性更强的创业机会。

（二）资金在创业中的作用

资金是创业者资源整合的重要媒介。从产生创意、发现创业机会到构建商业模式，创业者或创业团队都绕不开资金这个话题。换言之，创业过程的每项活动都会发生成本，都需要进行成本补偿。比如，对新创企业来说，无论是进行产品研发还是生产销售，都需要大量的资金，因此如何有效地吸收资金资源是每个创业者都极为关注的问题。

很多创业者在创业之前，没有正确看待创业资金的重要性，认为企业一开始投入就能盈利，能够弥补创业过程中的资金短缺问题。事实上没那么简单，很多时候一个创业项目在起步后的相当一段时间内是没有收入的，或者收入不会像预期的那么容易。因此，在创业之前必须要做好资金问题的思想准备，以备不时之需，尽可能避免因为一时的资金问题让创业团队陷入困境。

大学生创业的最大困难之一就是资金缺乏。即便已经建立若干年的企业，资金链断裂也是企业致命的威胁。据国外文献记载，倒闭破产的企业中有85%是盈利情况非常好的企业，而这些企业倒闭的主要原因是资金链断裂。企业可能不会由于经营亏损而破产清算，却常常会因为资金断流而倒闭。

虽然资金在创业过程中起着至关重要的作用，但融资数量并非多多益善，要考虑到企业实际的资金需求量。创业融资需要一定的策略，参见本章第二节的内容。

（三）技术在创业中的作用

对于制造类型或提供基于技术服务的新创企业而言，技术资源是企业存在和发展的基石，是生产活动和生产流程稳定的根本，其成功的关键是首先寻找成功的创业技术，原因有三：一是创业技术是决定创业产品的市场竞争力和获利能力的根本因素。在创业初期，创业资金需求基本满足的情况下，创业技术是最关键的资源。二是创业是否拥有技术核心决定了所需创业资本的大小。对在技术上非根本创新的新创企业来说，创业资本只要保持较小的规模便可维持企业的正常运营。三是从创业阶段来说,由于企业规模较小,因此管理及对人才的需求度不像成长期那样高,创业者的企业家意识和素质是创业阶段最关键的创业人才和创业管理资源。

技术资源的主要来源是人才资源,重视技术资源的整合同时也就是注重人才资源的整合。技术资源的整合,不仅要整合、积聚企业内部的技术资源,还要整合外部的可资利用的技术资源,比如积极寻找、引进有商业价值的科技成果,加强和高校科研院所的产学研合作,等等。技术资源整合只是起点,是为了技术的不断创新、自主研发并拥有自主知识产权,保持技术的领先,提高新创企业的核心竞争力。

(四) 专业人才在创业中的作用

组织资源观认为,塑造以知识为基础的核心能力是组织获取持续竞争优势的有效策略。这种核心能力具有独特价值,是不可模仿和难以转移的,它需要组织内部的长期开发。专业人才在创业过程中的作用可以从创业者、创业团队、管理团队以及骨干员工的角度体现出来。

创业活动的本质,是创业者围绕潜在机会来调动和整合一切可能获得的资源来创造商业价值的过程,这些资源包括创业者自身的物质资本、人力资本,以及不容忽视的社会资本。影响创业者人力资本的直接因素主要包括教育经历、产业工作经历和相关的创业经历;影响创业者社会资本的直接因素主要包括创业者的家庭背景、生活的地缘环境拥有的社会关系,以及创业团队所具有的其他特征等。创业者是新创企业的核心,其所具有的人力资本、社会资本对新创企业的创建和后续发展具有非常关键的作用。

随着知识经济的兴起、高科技产业发展,人们发现单靠个人力量越来越难以成功创业,创业团队的重要性更加凸显。大量的实证研究表明,团队创办的企业在存活率和成长性两方面都显著高于个人创办的企业。这是因为团队创业通常具有更多样化的技能和竞争力基础,可以形成更广阔的社会和企业网络,有利于获取额外的资源。创业投资家也经常把新创企业创业团队的素质作为其投资与否的最重要的决策依据之一。当然,创业者的人力资本和社会资本对创业团队的组建也有重要作用。一方面,优秀的创业领导人更有可能吸引优秀的人才来共同创业;另一方面,创业者的社会资本对创业团队的组建和持续性发挥着不可忽视的作用。

管理团队也是创业过程中重要的人力资源。随着新创企业发展到一定阶段,管理体系逐渐健全,各项规章制度逐步完善,组织架构也日益明晰,公司就需要从外部引进一些专业管理人才,这些专业人士能够为企业带来有益的建议与革命性的管理思路。需要提及的是,正是因为专业人士具有外来性,管理风格与理念可能与原本创业团队中的核心成员不同,甚至可能有矛盾冲突。

此外,在创业过程中还有其他可供利用的人力资源,如管理咨询公司、银行、风险投资、律师事务所、高校等机构的专业人士。大学生创业者在对企业运作中某项业务不太熟悉的情况下,可以充分利用外部专业人士的帮助,积极与知名的行业专家和学者建立紧密联系,以获得专业知识和建议,整合各方面的资源,提高创业成功率。

四、影响创业资源获取的因素

资源获取是在识别资源的基础上,得到所需资源并用之于创业过程的行为。对新创企业而言,是否能够从外界获取所需资源,首先取决于资源所有者对创业者或创业团队的认可,而这一认可在很大程度上取决于商业创意的价值。商业创意为资源获取提供了杠杆,一项能被资源所有者认同的、有价值的商业创意,才有助于降低创业者获取资源的难度。

除了商业创意的价值,影响创业资源获取的因素还包括创业导向、创业者(创业团队)的先前经验、资源配置方式、创业者的管理能力、社会网络等。

(一)创业导向

创业导向(entrepreneurial orientation)的概念源于战略管理领域的战略决策模式研究,其根源可以追溯到战略选择理论。该理论强调企业通过市场分析来选择并实施战略行为和新市场进入行为。概括地讲,创业导向反映了企业建立新事业、应对环境变化的一种特定心智模式,是一种态度或意愿,这种态度或意愿会导致一系列创业行为。

在常见的创业研究模型中,创业导向被划分为三个维度:创新性、风险承担性和前瞻性。创新性是指"企业热衷于能够带来新产品、新服务、新工艺的新思想、新观点和新的实验手段",风险承担性是指"管理者愿意承担较大和有风险事务的程度",前瞻性是指"企业通过预测未来需求改造环境,来寻找比竞争对手更早引入新产品或服务的机会"。在日益激烈的竞争环境中,新创企业往往需要采取更多的创新行为、承担更多的风险来参与竞争,以取得良好的企业绩效。在明确的创业导向指引下,企业能够创造性地整合资源、利用资源,并在资源的动态获取、整合、利用过程中,注意区分不同的资源,充分发挥知识资源的促进作用。为此,创业者要注重创业导向的培育和实施,充分关注创业团队的价值观、组织文化和组织激励等影响创业导向形成的重要因素。

(二)创业者(创业团队)的先前经验

创业者(创业团队)的先前经验分为创业经验和行业经验两大类。其中,创业经验是指先前创建过新的企业或组织,是创业者在此过程中所获得的感性和理性的观念知识和技能等,它提供了诸如机会识别与评估、资源获取和公司组织化等方面的信息。行业经验是指创业者在某行业中的先前工作经历,它提供了有关行业规范和规则、供应商和客户网络,以及雇佣惯例等信息。

创业过程本身就是一个知识转移的过程。从创业经验中转移来的知识能够提高企业家有效识别和处理创业机会的能力,有助于发现、获取创业资源。拥有创业经验的创业者有一种"创业思维定式",驱使他们寻求和追求那些最好的机会。在不确定性和时间压力下,创业经验提供了有利于对创业机会做出决策的隐性知识,这种隐性知识可以通过创业者而转移到新创的组织里,因此,创业者拥有较多的创业经验更容易获得可取的特定机会,从更多的途径获取到创业资源。此外,创业经验还提供了帮助创业者克服新创企业面临的新不利因素的知识。这些都能够帮助社会企业家规避风险,增强他们的资源获取能力。

行业经验中所积累的顾客问题知识、市场服务方式知识、市场知识等造就了创业者的

"知识走廊",强化了其发现创业机会、获取资源的能力。同时,行业经验能够帮助创业者解决创建和管理创业团队过程中遇到的诸多困难,而且管理能力越强,获取资源的可能性越大。此外,拥有先前经验的创业者往往享有更强的社会网络,其在先前行业中获得的公正声誉和处理利益相关者之间关系的技能有利于新创企业获得合法性认可。

(三)资源配置方式

资源配置是指人们对相对稀缺的资源在各种不同用途上加以比较做出的有利选择。在创业过程中,资源总是表现出相对的稀缺性,创业者不可能获取到所有资源以开发创业机会,因此要求创业者对有限的、稀缺的资源进行合理配置,充分利用好已有的资源、身边的资源、别人不予重视的资源,发挥资源的杠杆撬动作用。

资源配置方式有市场交易与非市场交易两种。在市场经济条件下,大多数资源可以通过市场交易而得到。但是,由于资源的异质性、效用的多样性和知识的分散性,人们对于同样的资源往往具有不同的效用期望,有些期望难以依靠市场交易得到满足。因此,如果通过资源配置方式创新,能够开发出新效用,使之更好地满足资源所有者的期望,创业者就有可能从资源所有者手中获得资源使用权,以开展生产经营活动。

(四)创业者的管理能力

创业资源获取的关键往往取决于企业的软实力。创业者的管理能力是企业软实力的主要表现,管理能力越强,获取资源的可能性越大。创业者的管理能力可以从其沟通能力、激励能力、行政管理能力、学习能力和外部协调能力等多方面予以衡量。

良好的沟通能力可以使创业团队表现出坚强的凝聚力,采取共同的行动,从而更容易获取必要的外在资源;较强的行政管理能力有利于将各种资源进行较完美的匹配与组合,使企业的正常运作更有效率,企业因而会根据成员的要求和组织发展的需要,去吸引更多的人力资源和其他无形资产;学习能力则可以不断地使创业者提升自身管理能力,了解外部市场的变化和新创企业内部的需求,对其做出理性判断,运用一定的方式获取企业所需的资源;外部协调能力是创业者个人才能的外向性应用,创业者的外部协调能力越强,与合作者(如供应商、销售商等)达成一致的可能性就越大,创业者就可以利用外部资源为企业服务,得到资源获取的外在效应,在获取必要资源的同时,为企业创造良好的发展环境。

(五)社会网络

社会网络是多维度的,能够提供企业正常运转所需的各种资源,也是新创企业最重要的资源之一。社会网络是隐性知识传播的重要渠道,它能通过促进信息(包括技能、特定的方法或生产工艺等)的快速传递而协助组织学习,同时还可以大大降低企业的交易成本,帮助获取与企业需求相匹配的资源,因此对创业资源的获取具有重要意义。

研究表明,社会网络的关系强度、关系信任,以及网络规模对创业资源的获取具有正向影响,因此新创企业应关注强关系网络的维护和利用以弥补其合理性的不足。强关系网络的主体通常以家庭、亲戚、朋友为主,与这些关系的频繁、密切接触,更易于获取资金技术、人力等运营资源与有益的创业指导和建议。

不同的社会网络和网络地位,为人们之间的沟通协作提供了不同的渠道。在社会网络中处于优势地位的创业者，具有较好的社会关系依托，可以有选择地了解不同对象的效用需求，有针对性地为不同对象传递商业创意的不同方面，有目的地获取不同资源所有者的不同理解和信任，最终成功地从不同网络成员那里获取所需的不同资源，为自己进行资源配置方式创新提供基础。

五、创业资源获取的途径与技能

（一）创业资源获取的途径

获取创业资源的途径分为市场途径和非市场途径两大类。当创业所需要的资源有市场，或者有类似的可比资源进行交易时，可以采用市场交易的途径；其他情况下则采用非市场交易的途径。

1. 通过市场途径获取资源

通过市场途径获取资源的方式包括购买、联盟和并购等。

购买是指利用财务资源通过市场购买的方式获取外部资源，主要包括购买厂房、装置、设备等物质资源，购买专利和技术聘请有经验的员工等。需要注意的是，诸如知识尤其是隐性知识等资源虽然可能会附着在非知识资源之上，通过购买物质资源（如机器设备等）得到，但很难通过市场直接购买，因此，需要新创企业通过非市场途径去开发或积累。对创业者来说，购买资源可能是其最常用的资源获取方式，大部分资源，尤其是物质资源、技术资源、人力资源等都可以通过从市场上购买的方式得到。

联盟是指通过联合其他组织，对一些难以或无法自己开发的资源实行共同开发。这种方式不仅可汲取显性知识资源，还可汲取隐性知识资源。但联盟的前提是联盟双方的资源和能力互补且有共同的利益，而且能够对资源的价值及其使用达成共识。通过联盟的方式共同研究开发获取技术资源也是创业者经常采用的方式，尤其是对高科技企业来说，通过与高等院校和研究机构的联盟，可以在不增加设备投入的同时，及时得到企业发展所需要的技术资源，使企业保持可持续发展的后劲。

并购是通过股权收购或资产收购将企业外部资源内部化的一种交易方式。并购的前提是并购双方的资源尤其是知识等新资源具有比较高的关联度。并购是一种资本经营方式，它可以帮助创业者缩短进入一个新领域的时间，从而及时把握商机，实现创业目标。

2. 通过非市场途径获取资源

通过非市场途径获取资源的方式主要有资源吸引和资源积累等。

资源吸引指发挥无形资源的杠杆作用，利用新创企业的商业计划，通过对创业前景的描述，利用创业团队的声誉来获得或吸引物质资源（厂房、设备）、技术资源（专利、技术）、资金和人力资源（有经验的员工）。创业者在接触风险投资或者技术拥有者的过程中，可以通过对创业前景的描述或团队良好声誉的展示，获得资源拥有者的信任和青睐，从而吸引其主动将拥有的资源投入新创企业之中。

资源积累指利用现有资源在企业内部通过培育，形成所需的资源。其主要包括自建企业的厂房、装置、设备，在企业内部开发新技术，通过培训来增加员工的技能和知识，通过企业自我积累获取资金等。创业者很多时候会采用资源积累的方式来筹集企业所需的人力资源或技术资源，通过资源积累的方式获取人力资源可以作为一种激励方式，激发创业团队或企业员工的工作积极性，提高工作效率；通过资源积累的方式获取技术资源，则可以在获得核心技术优势的同时，保护好商业机密。

无论通过市场途径还是非市场途径取得资源，都主要依赖于资源在市场的可用性和成本等因素。若证明快速进入市场能够带来成本优势，则外部购买可能就是获取资源的最佳方式。

获取资源贯穿创业的全过程，在创业的初始阶段，它具有更加重要的作用。对多数新创企业来说，由于初始资源禀赋的不完整性，创业者需要取得资源供应商的信任来获取资源。但无论如何，采用多种途径同时获取不同资源总是正确的选择。INSEAD策略学教授洛朗斯·凯普伦（Laurence Capron）和北卡罗来纳州杜克大学教授威尔·米切尔（Will Mitchel）2010年经过对162家电信公司长达10年的研究得出结论，与采用单一途径的企业相比，通过多种方式获取资源的企业更有优势：它们在未来5年内继续经营的概率比那些主要依赖联盟的企业高46%，比专注于并购的企业高26%，比坚持内部研发的企业高12%。

（二）创业资源获取的技能

杰夫·迪蒙斯认为，成功的创业活动必须对机会、创业团队和资源三者进行最适当的匹配，并且还要随着事业的发展而不断进行动态平衡。创业过程由机会启动，在创业团队建立以后，就应该设法获得创业所必需的资源，这样才能顺利实施创业计划。为了合理获取、利用资源，创业者往往需要制定设计精巧、用资谨慎的创业战略，而创业团队则是实现创业这个目标的关键组织要素，为此创业者或创业团队必须具有高超的领导力和沟通能力，能够适应市场环境的变化。

1. 沟通

为了获取创业资源，创业者及其团队应该有较好的人际沟通能力、沟通技巧，建立顺畅的人际沟通机制。

沟通能力是指一个人能够用有效的和适当的方法进行沟通的能力。有效性即沟通行为有助于个人目标、关系目标实现的程度；适当性即沟通行为与情境和关系限制保持一致的程度。有效性和适当性是评价沟通能力水平的重要指标。

沟通技巧，是指参与沟通的人具有收集和发送信息的能力，能通过书写、口头与肢体语言的媒介，有效与明确地向他人表达自己的想法、感受与态度，亦能较快、正确地解读他人的信息，从而了解他人的想法、感受与态度。沟通技巧涉及许多方面，如简化运用语言、积极倾听、重视反馈、控制情绪等。虽然拥有沟通技巧并不意味着一定会成功获取创业资源，但缺乏沟通技巧一定会使创业者遇到许多麻烦和障碍。

在获取资源的过程中，与各方沟通是必不可少的，因此创业者及其团队必须与各方建立顺畅的沟通机制，派出有一定沟通能力的团队成员负责与各方沟通，这是成功获取创业资源的关键因素。有研究结论可以很直观地证明沟通的重要性，即两个70%，同样适用于创业者获取资源这一任务。

第一个70%是指企业的管理者，实际上70%的时间用在沟通上。开会、谈判、谈话、工作报告是最常见的沟通形式，撰写报告实际上是一种书面沟通的方式，对外各种拜访、约见也都是沟通的表现形式，所以说有70%的时间用在沟通上。

第二个70%是指企业中70%的问题是由沟通障碍引起的。比如企业常见的效率低下问题，实际上往往是有了问题、有了事情后，大家没有沟通或不懂得沟通所引起的。另外，企业中执行力差、领导力不高的问题，归根到底都与沟通能力的欠缺有关。无论是人与人之间还是企业与企业之间的良好感情的建立，都是双方持续不断地顺畅沟通的结果。创业者获取资源、整合资源的过程就是与新创企业内外部的资源供给者充分沟通的过程。在企业外部，创业者需要与外部的投资者、银行、媒体、同行从业者、消费者、供应商等通过沟通建立联系，获得信任，消除利益分歧，争取对方的扶持与帮助，取得共赢的结果；在企业内部，创业者需要通过顺畅沟通，鼓舞士气，吸引人才、留住人才，进而提升企业运营绩效。

2. 战略领导力

尽管学术界对创业者能力的组成要素有不同的认识，但是对创业者在战略方面的领导能力认识却大体一致。创业者战略领导能力是创业者能力与新创企业战略管理过程的契合点，是创业者能力在企业战略管理各个阶段中体现出的一种独特的思考型实践能力，包括战略思维能力、战略决策能力、战略规划能力和战略控制能力。

新创企业成长伴随着不断的创新和创业活动，扩大企业经营规模，实现从创业期走向成长期，受到知识、经验和资源有限的约束，在起步阶段解决不确定性和模糊性问题成为创业成长最棘手的问题。新创企业与大企业不同，不能依赖市场的惯性取得成功，不能错误地使用资源，新创企业要想获得生存并持续成长，应该很清晰地看到所处的竞争环境，更应该考虑商业战略。

新创企业的创立与创业者个人的追求目标、价值观和创业能力是密不可分的，这也成为新创企业最初的战略愿景。新创企业的企业家需要具有出色的言语表达能力，把自己创新的想法不断传输给企业的各个部门；需要将企业的战略意图适当地向企业外界表达出来，以此获取企业所需要的资源。因此，在新创企业获取资源、整合资源过程中，如果创业者具备战略领导能力，则容易打动资源所有者。

第六节　创业融资

一、创业融资分析

（一）创业融资的概念

融资是指资金的融通。狭义的融资，主要是指资金的融入，也就是通常意义的资金来源，具体是指通过一定的渠道、采用一定的方法、以一定的经济利益付出为代价，从资金持有者手中筹集资金，组织对资金使用者的资金供应，满足资金使用者在经济活动中对资金需要的一种经济行为。广义的融资，不仅包括资金的融入，也包括资金的运用，即包括狭义的融资和投资两个方面。

本书中，创业融资是指创业者为了将某种创意转化为商业现实，通过不同渠道、采用不同方式筹集资金以建立企业的过程。创业者应该根据新创企业在不同发展阶段的资本需求特征，结合创业计划以及企业发展战略，合理确定资本结构以及资本需求数量。

（二）创业融资的重要性

任何企业的生产经营活动都需要资金的支撑。尤其是对新创企业来说，在企业的销售活动能够产生现金流之前，企业需要技术研发，需要为购买和生产存货支付资金，需要进行广告宣传，需要支付员工薪酬，还可能需要对员工进行培训；另外，要实现规模经济的效应，企业需要持续地进行资本投资；加上产品或服务的开发周期一般比较漫长，就使新创企业在生命早期需要大量筹集资金。

对创业者来说，创业融资的重要性主要表现在以下三个方面。

第一，资金是企业的血液。资金不仅是企业生产经营过程的起点，更是企业生存发展的基础。资金链的断裂是企业致命的威胁。

第二，合理融资有利于降低创业风险。新创企业使用的资金，是从各种渠道借来的资金，都具有一定的资金成本。因此，合理选择融资渠道和融资方式，有利于降低资金成本，将新创企业的财务风险控制在一定范围之内。

第三，科学的融资决策有利于企业可持续发展，为新创企业植入"健康的基因"，保证新创企业的可持续发展。

（三）创业融资难的原因

许多调查显示，缺少创业所需资金及创业资金筹集困难是创业者面临的最大挑战。创业融资难的主要原因是新创企业的不确定性大、信息不对称以及资本市场欠发达等。

1. 新创企业的不确定性大

相对于成熟的企业，新创企业在资产、销售和雇员等方面处于弱势，存在高度的不确定性。不确定性客观上反映了企业技术、产品或商业模式成功的可能性，进而影响风险投资提供资本的意愿和方式（无论是一次性全部提供还是分阶段注入）；而且，不确定性还将使新创企业与外部投资者签订依赖特定条件或状态的合同变得困难，进而增加了外部融资的成本。所以，创业活动本身的不确定性，使得外部投资者难以判断商业机会的真实价值和创业者把握机会的实际能力。

2. 企业和资金提供者之间的信息不对称

融资过程中企业和资金提供者之间的信息不对称主要表现在以下三个方面。

第一，创业者处于信息优势。创业融资中的信息不对称表现为创业者比投资者对创业活动的创意、技术、商业模式、自身能力、团队素质、产品或服务、企业的创新能力和市场前景等了解多，从而处于信息优势，投资者则处于信息劣势。

第二，创业者倾向于对创业信息进行保密。创业者在融资时，出于担心商业机密泄露的考虑，往往倾向于保护自己的商业机密及其开发方法。特别是进入门槛低的行业的创业者更是如此。这样，创业者对创业信息的隐藏会增加投资者对信息甄别的时间和成本，使其在有限信息的条件下难以判断项目优劣，进而影响其投资决策。

第三，新创企业的经营和财务信息具有非公开性。新创企业或者处于筹建期，或者开办时间较短，缺乏或只有较少的经营记录，企业规模一般也较小，经营活动透明度较差，财务信息具有非公开性，这些特征使潜在投资者很难了解和把握创业者和新创企业的有关信息。

3. 资本市场欠发达

与发达国家相比，我国的资本市场仍然不够完善，缺少擅长从事中小企业融资的机构和针对新创企业特点的融资产品，对企业上市的要求较高，产权交易市场不够，高素质的投资群体尚未形成，致使新创企业的融资受到一定限制。

4. 创业融资难的其他原因

与既有企业相比，新创企业在融资方面还具有明显劣势，包括缺少相应的抵押和助保，单位融资成本较高，资金的安全性难以评估，创业者的人力资本定价困难，等等。

创业者主导的创业融资行为与创业者个人或团队拥有或控制的资源程度相关。因此，创业者的融资能力、创业导向以及创业者的社会网络会影响到融资成功的可能性。

二、创业资金分析

（一）创业资金的分类

创业资金按照不同的标准可以进行不同的分类，对于创业资金不同种类的认识有利于创业者在估算创业资金时充分考虑可能的资金需求。

1. 按照资金占用形态和流动性分类

按照资金的占用形态和流动性，创业资金可以分为流动资金和非流动资金。占用在原材料、在制品、库存商品等流动资产，以及用于支付工资和各种日常支出的资金，被称为流动资金；用于购买机器设备、建造房屋建筑物、购置无形资产等的资金，被称为非流动资金。流动资金的流动性较好，极易使用和变现，一般可在一个营业周期内收回或耗用，属后期资金的范畴，创业者在估算创业资金需求时需考虑其持续投入的特性，选择短期筹的方式筹集相应资金；非流动资金占用的期限较长，不能在短期内回收，具有长期资金性质，能够在1年以上的经营过程中给企业带来经济利益的流入，创业者在进行创业资金估算时，往往将其作为一次性的资金需求对待，采用长期筹资的方式筹集相应资金。

2. 按照资金投入企业时间分类

按照资金投入企业的时间，创业资金可以分为创业资金和营运资金。创业资金发生在企业开业之前，是企业在筹办期间发生各种支出所需要的资金。创业资金包括企业在筹建期间为取得原材料库存商品等流动资产投入的流动资金；购建房屋建筑物、机器设备等固定资产，购买或研发专利权、商标权、版权等无形资产投入的非流动资金；以及在筹建期间发生的人员工资、办公费、培训费、差旅费、印刷费、注册登记费、营业执照费、市场调查费、咨询费和技术资料费等开办费用所需资金。营运资金是从企业开始经营之日起到企业能够做到资金收支平衡为止的期间内，企业发生各种支出所需要的资金，是投资者在开业后需要继续向企业追加投入的资金。企业从开始经营到能够做到资金收支平衡为止的期间叫作营运前期，营运前期的资金投入一般主要是流动资金，既包括投资在流动资产上的资金，也包括用于日常开支的费用性支出所需资金。

新创企业开办之初，企业所占的产品或服务很难在短期内得到消费者的认同，企业的市场份额较小且不稳定，难以在企业开业之时就形成一定规模的销售额；而且，在商业信用极其发达的今天，很多企业会采用商业信用的方式开展销售和采购业务。赊销业务的存在，使企业实现的销售收入的一部分无法在当期收到现金，从而现金流入并不像预测的销售收入一样多。规模较小且不稳定的销售额，以及赊销导致的应收款项的存在，往往使销售过程中形成的现金流入在企业开业后相当长的一段时间内，无法满足日常的生产经营需要，从而要求创业者追加对企业的投资，形成大量的营运资金。

营运前期的时间跨度往往依企业的性质而不同，一般来说，贸易类企业可能会短于1个月；制造企业包括从开始生产之日到销售收入到账这段时间，可能要持续几个月甚至几年；不同的服务类企业的营运前期的时间会有所不同，可能会短于1年，也可能长于1年。

在很多行业，营运资金的需求要远大于创业资金的需求，对营运资金重要性的认识，有利于创业者充分估计创业所需资金的数量，从而及时足额筹集资金。

（二）创业资金的测算

如上所述，创业资金包括新创企业开业之前的流动资金投入、非流动资金投入，以及开办费用所需要的资金投入。一般来说，在估算创业资金时，大部分创业者均能想到购置厂房、设备及材料等的支出，以及员工的工资支出、广告费，但常常会忽略诸如机器设备安装费用、厂房装饰装修费用、创业者的工资支出、业务开展费、营业税费等开业前可能发生的其他大额支出，因此，采用表格的形式，将创业资金的项目予以固定化，是合理估算创业资金的有效方法。表11-3是创业资金估算表。

表11-3　创业资金估算表　　　　　　　　　　单位：元

序　号	项　目	数　量	金　额
1	房屋建筑物		
2	设备		
3	办公和家具		
4	办公用品		
5	员工工资		
6	创业者工资		
7	业务开展费		
8	房屋租金		
9	存货的购置支出		

续表

序　号	项　目	数　量	金　额
10	广告费		
11	水电费		
12	电话费		
13	保险费		
14	设备维修费		
15	软件费		
16	开办费		
⋮	⋮		
	合　计		

表11-3中有关项目的内容说明如下。

表11-3中序号1~3的创业资金的支出属于非流动资金支出，一般在计算创业资金时作为次要性资金需求予以考虑。其中，房屋建筑物的支出包括厂房的装饰、装修费用，若企业拟在租来的房屋中办公，则将相应的支出填写在序号8的房屋租金中，而且应关注房屋租金的支付形式。房屋租金可能采用押一付三的方式支付，也可能采用押一付一的方式，但基本上都是采用先付租金的形式，这样房屋租金的支出起码应相当于4个月或2个月的租金数额；若房屋租金支付采用按半年付费或按年付费的方式，则房屋租金的支出会更多。机器设备的支出包括机器设备的购置费用和安装调试费用，而且应考虑安装调试的时间对企业生产经营的影响。

表11-3中序号4~15的创业资金支出属于流动资金支出，在计算创业资金时需要考虑其持续性投入问题，这将在下文估算营运资金时讲到。创业者在估算创业资金时，一定不要忽略了其自身的工资支出、业务开展费、营业税费、设备维护费等项目。

表11-3中的序号16是新创企业的开办费。开办费是企业自筹建之日起，到开始生产、经营（包括试生产、试营业）之日止的期间（即筹建期间）内发生的费用支出，包括筹建期间人员的工资、办公费、培训费、差旅费、印刷费、注册登记费以及不计入固定资产和无形资产等购建成本的汇兑损益和利息支出。开办费的发生不形成特定费用，企业可以在开始经营之日的当年一次性从利润中扣除，也可以在一定的期间内分期摊销计入不同期间的利润之中。不同行业所需要的开办费不同，如高科技行业筹建期间员工的工资和人员的培训费可能较高，有较高进入门槛的行业筹建期可能较长等。

不同行业所需要的资本支出不同，创业者应通过市场调查，将本行业所需的资本支出项目予以补充，填写在序号16以下相应的表格中，并在最后一行计算所需要的创业资金的合计数。如创业项目需要特定技术的话，则要支付购买技术的费用；若采用加盟的方式进行创业，则需要支付加盟费用。

需要说明的是，创业者在估算创业资金时，一方面，要尽可能考虑所需要的各种支出，避免漏掉一些必须执行的项目，以充分估算资金需求；另一方面，由于创业资金筹集的困难性，及创业初期资金需求的迫切性，创业者应想方设法节省开支，减少创业资金的花费，如采用租赁厂房、采购二手设备等方法节约资金。

（三）营运资金的测算

营运资金主要是流动资金，是新创企业开始经营后到企业取得收支平衡前，创业者需要继续投入企业的资金。营运资金的估算需要根据企业未来的销售收入、成本和利润情况来确定，通过财务预测的方式实现。

1. 测算新创企业的营业收入

营业收入是指企业在从事销售商品、提供劳务和让渡资产使用权等日常经营业务过程中所形成的经济利益的总流入。对新创企业营业收入的测算是制订财务计划与编制预计财务报表的基础，也是估算营运资金的第一步。在进行营业收入测算时，创业者应立足于对市场的研究和对行业营业状况的分析，根据其试销经验和市场调查资料，利用推销人员意见综合、专家咨询、时间序列分析等方法，以预测的业务量和市场售价为基础估计每个会计期间的营业收入。创业者可通过表11-4来进行营业收入预测。

表11-4　营业收入预测　　　　　　　　　　　　　　　　单位：元

项目		1	2	3	4	5	6	7	…	合计
产品一	销售数量									
	平均单价									
	销售收入									
产品二	销售数量									
	平均单价									
	销售收入									
⋮	⋮									
合计	销售收入									

2. 编制预计利润表

预计利润表是用来反映企业在某一会计期间经营成果的财务报表。该表是根据"收入－费用＝利润"的会计等式，按营业利润、利润总额、净利润的顺序编制而成的，是一个时期的、动态的报表。创业者在编制预计利润表时应根据测算营业收入时预计的业务量对企业成本进行测算，根据拟采用的营销组合对销售费用进行测算，根据市场调查阶段确定的业务规模和企业战略，对新创企业经营过程中可能发生的管理费用进行测算，根据预计采用的融资渠道和相应的融资成本对财务费用进行测算，根据行业的税费标准对可能发生的营业税税费进行测算，以此计算新创企业每个会计期间的预计利润。预计成本表和预计利润表分别如表11-5和表11-6所示。

表 11-5　预计成本表　　　　　　　　　　　　　　　　　单位：元

项　目		1	2	3	4	5	6	7	…	合计
产品一	销售数量									
	单位成本									
	销售成本									
产品二	销售数量									
	单位成本									
	销售成本									
⋮	⋮									
合计	销售成本									

单位成本根据创业存货的计价办法确定，可以采用先进先出法、移动加权平均法、月末一次加权平均法等方法对销售产品的成本进行计量。

表 11-6　预计利润表　　　　　　　　　　　　　　　　　单位：元

项　目	1	2	3	4	5	6	7	…	N
一、营业收入									
减：营业成本									
营业税金及附加									
销售费用									
管理费用									
财务费用									
二、营业利润（损失以"-"号填列）									
加：营业外收入									
减：营业外支出									
三、利润总额（损失以"-"号填列）									
减：所得税费用									
四、净利润（损失以"-"号填列）									

由于新创企业在起步阶段业务量不稳定，在市场上默默无闻，营业收入和推动营业收入增长所付出的成本之间一般不成比例变化，所以，对于新创企业初期营业收入、营业成本和各项费用的估算应按月进行，并按期预估企业的利润状况。一般来说，在企业实现收支平衡之前，企业的预计利润表均应按月编制；达到收支平衡之后，可以按季、按半年或者按年度来编制。

3. 编制预计资产负债表

预计资产负债表是总括反映企业在某一特定日期全部资产、负债和所有者权益状况的报表。预计资产负债表是根据"资产=负债+所有者权益"这一会计基本等式，依照流动资产和非流动资产、流动负债和非流动负债大类列示,并按照一定要求编制的,是一张时点的、静态的会计报表。创业者在编制预计资产负债表时,应根据测算的营业收入金额和企业的信用政策确定在营业收入中回收的货币资金及形成的应收款项,根据材料或产品的进、销、存情况确定存货状况,根据投资资本估算时确定的非流动资金数额和选择采用的折旧政策计算固定资产的期末价值,根据行业状况和企业拟采用的信用政策计算确定应付款项,根据估算的收入和行业税费比例测算应交税费,根据预计利润表中的利润金额确定每期的所有者权益,并可据此确定需要的外部筹资数额。预计资产负债表的格式如表11-7所示。

表 11-7 预计资产负债表　　　　　　　　　　　　　　　　　单位:元

项　目	1	2	3	4	5	6	7	…	N
一、流动资金									
货币资金									
应收款项									
存货									
其他流动资金									
流动资金合计									
二、非流动资金投入									
固定资产									
无形资产									
非流动资产合计									
资产合计									
三、流动负债									
短期借款									
应付款项									
应交税费									
其他应付款									
流动负债合计									
四、非流动负债									
长期借款									
其他非流动负债									
非流动负债合计									
负债合计									
五、所有者权益									
实收资本									
资本公积									

续表

项　目	1	2	3	4	5	6	7	…	N
留存收益									
负债和所有者权益合计									
六、外部筹资额									

与预计利润表相同的道理，一般来说，预计资产负债表在企业实现收支平衡之前也应该按月编制，在实现收支平衡之后可以按季、按半年或按年编制。

企业在经营过程中增加的留存收益是资金的一种来源方式，属于内部融资的范畴。留存收益取决于企业当期实现的利润和利润留存的比率。一般来说，新创企业为筹集企业发展需要的资金，利润分配率会很低，甚至为零，于是企业的大部分利润都能够留存下来，从而构成企业资金来源的一个部分。当留存收益增加的资金无法满足企业经营发展所需时，需要从外部筹集资金。外部筹资额=资产合计−负债和所有者权益合计。

三、创业融资渠道

融资渠道是指企业筹集资本来源的方向与通道，体现资本的源泉和流量。融资渠道主要由社会资本的提供者及数量分布决定。了解融资渠道的种类、特点和适用性，有利于创业者充分利用和开拓融资渠道，实现各种融资渠道的合理组合，有效筹集所需资金。目前我国创业融资渠道主要包括私人资本融资、机构融资、风险投资、政府扶持基金、知识产权融资。

（一）私人资本融资

私人资本包括创业者个人积蓄、亲友资金、天使投资等。

据世界银行所属的国际金融公司（IFC）对北京、成都、顺德和温州四个地区的私营企业的调查，我国私营中小企业在初创阶段几乎完全依靠自筹资金。其中，90%以上的初始资金是由主要的业主、创业团队成员及其家庭提供的，银行和其他金融机构贷款所占的比例很小，私人资本在创业融资中具有不可替代的作用。

1. 个人积蓄

尽管有些创业者没有动用过个人资金就办起了企业，但这种情况非常少见。这不仅因为从资金成本或企业控制权的角度来说，个人资金成本最为低廉，而且因为创业者在试图引入外部资金时，外部投资者一般都要求企业必须有创业者的个人资金投入其中。所以，个人积蓄是创业融资最根本的渠道，几乎所有的创业者都向他们新创办的企业投入了个人积蓄。

个人积蓄的投入对新创企业来说具有非常重要的意义：首先，创业者个人积蓄的投入，表明了创业者对于项目前景的看法，只有当创业者对未来的项目充满信心时，他才会毫无保留地向企业投入自己的积蓄；其次，将个人积蓄投入企业，是创业者日后继续向企业投入时间和精力的保证，投入企业的积蓄越多，创业者越会在日后的生产经营过程中对企业更加关注；再次，个人积蓄的投入是对债权人债权的保障，由于在企业破产清算时，债权人的权益优于投资者的权益，所以，企业能够融到的债务资金一般以投资者的投入为限，创业者投入企业的初始资金是对债权人债权的基本保障；最后，个人积蓄的投入有利于创业者分享投资成功的喜悦。因此，准备创业的人，应从自我做起，较早地将自己收入的一部分储蓄起来，作为创业储备资金。

创业者可以通过转让部分股权的方式从合伙人那里取得创业资金，创办合伙公司。或通过公开或私募股权的方式，从更多的投资者那里获得创业资金，成立公司制企业。将个人合伙人或个人股东纳入自己的创业团队，利用团队成员的个人积蓄是创业者最常用的筹资方式之一。

就我国的现状而言，家庭作为市场经济的三大主体之一，在创业中起到重要的支持作用。以家庭为中心，形成的以亲缘、地缘、商缘等为经纬的社会网络关系，对包括创业融资在内的许多创业活动产生重要影响。因此，创业者及其团队成员的家庭储蓄一般归入个人积蓄的范畴。

对许多创业者来说，个人积蓄的投入虽然是新创企业融资的一种途径，但并不是根本性的解决方案。一般来说，创业者的个人积蓄对新创企业而言总是十分有限的，特别是对新创办的大规模企业或资本密集型的企业来说，几乎是杯水车薪。

2. 亲友资金

对新创企业来说，除了创业者个人积蓄外，其身边亲朋好友的资金是最常见的资金来源。亲朋好友由于与创业者个人的关系而愿意向新创企业投入资金，因此，亲友资金是创业者经常采用的融资方式之一。

在向亲友融资时，创业者必须用现代市场经济的游戏规则、契约原则和法律形式来规范融资行为，保障各方利益，减少不必要的纠纷。第一，创业者一定要明确所融集资金的性质，据此确定彼此的权利和义务。若融集的资金属于亲友对企业的投资，则属于股权融资的范畴；若融集的资金属于亲友借给创业者或新创企业的，则属于债权融资。由于股权资本自身的特性，创业者对于亲友投入的资金可以不用承诺日后的分红比例和具体的分红时间；但对于从亲友处借入的款项，一定要明确约定借款的利率和具体的还款时间。第二，无论是借款还是投资款项，创业者最好能够通过书面的方式将事情确定下来，以避免将来可能的矛盾。

除此之外，创业者还要在向亲友融资之前，仔细考虑这一行为对亲友关系的影响，尤其是创业失败后的艰难困苦。要将日后可能产生的有利和不利方面告诉亲友，尤其是创业风险，以便将来出现问题时对亲友的不利影响降到最低。

3. 天使投资

天使投资指个人出资协助具有专门技术或独特概念而缺少自有资金的创业家进行创业，并承担创业中的高风险和享受创业成功后的高收益，或者说是自由投资者或非正式风险投资机构对原创项目构思或小型新创企业进行的前期投资，是一种非组织化的创业投资形式。

天使投资一词源于纽约百老汇，特指富人出资资助一些具有社会意义演出的公益行为。对那些充满理想的演员来说，这些赞助者就像天使一样从天而降，使他们的美好理想变为现实。后来，天使投资被引申为一种对高风险、高收益的新兴企业的早期投资。天使资本主要有三个来源：曾经的创业者、传统意义上的富翁、大型高科技公司或跨国公司的高级管理者。在部分经济发展良好的国家中，政府也扮演了天使投资者的角色。

据威廉·韦策尔（William Wetzel）介绍，美国有25万个或以上的天使投资者，其中有10万人在积极投资。他们每年投资50亿~100亿美元，每次投资在2万~5万美元，36%不到1万美元，24%超过5万美元。这些投资者主要是美国自主创业造就的富翁，有扎实的商务和财务经验，大体在40~50岁，受过良好的教育，95%的人持有学士学位，51%的人拥有硕士学位；获得硕士学位的人，44%从事技术工作，35%在商业或经济领域。

在我国，随着经济的发展，一部分富人在希望自己越来越富有的同时也在寻求挑战，开始充当天使投资者。由《创业家》杂志发起并主办的"最受尊敬的创业天使"评选活动，自2007年开创以来，到2013年已经连续举办到第7届，该评选旨在进一步推广"创业天使"的概念，发现并鼓励那些为创业者和新创企业的发展起推动作用、为创业环境营造良好氛围的机构和个人。

（二）机构融资

和私人资金相比，机构拥有的资金数量较大，挑选被投资对象的程序比较正规，获得机构融资一般会提升企业的社会地位，给人以企业很正规的印象。机构融资的途径有银行贷款、非银行金融机构贷款、交易信贷和融资租赁以及从其他企业融资等。

1. 银行贷款

2006年，孟加拉国格莱珉银行的创立者穆罕默德·尤努斯因以银行贷款的方式帮助穷人创业而获得诺贝尔和平奖。我国也有很多银行推出了支持个人创业的代理产品。

2003年8月，中国银行、光大银行、广东发展银行、中信银行等金融机构相继推出"个人创业贷款"项目，而中国农业银行早在2002年9月就推出了《个人生产经营贷款管理办法》并一直在运行中。比较适合创业者的银行贷款形式主要有抵押贷款和担保贷款两种，此外还有政府无偿贷款担保、中小企业间互助机构贷款及其他贷款方式。缺乏经营历史和缺乏信用积累的创业者，比较难以获得银行的信用贷款。

（1）抵押贷款。

抵押贷款指借款人以其所拥有的财产作抵押，作为获得银行贷款的担保。在抵押期间，借款人可以继续使用其用于抵押的财产。抵押贷款有以下几种：①不动产抵押贷款。不动产抵押贷款是指创业者以土地、房屋等不动产作抵押，从银行获取贷款。②动产抵押贷款。动产抵押贷款是指创业者可以用机器设备、股票、债券、定期存单等银行承认的有价证券，以及金银珠宝首饰等动产作抵押，从银行获取贷款。③无形资产抵押贷款。无形资产抵押贷款是一种创新的抵押贷款形式，适用于拥有专利技术、专利产品的创业者，创业者可以用专利权、著作权等无形资产向银行作抵押或质押获取贷款。

（2）担保贷款。

担保贷款指借款人向银行提供符合法定条件的第三方保证人作为还款保证的借款方式，当借款人不能履约还款时，银行有权按照约定要求保证人履行或承担清偿贷款连带责任。其中较适合创业者的担保贷款形式有：①自然人担保贷款。自然人担保贷款是指经由自然人担保提供的贷款，可采取抵押、权利质押、抵押加保证三种方式。②专业担保公司担保贷款。

目前各地有许多由政府或民间组织的专业担保公司，可以为包括新创企业在内的中小企业提供融资担保，像北京中关村担保公司、首创担保公司等。其他省市也有很多此类性质的担保机构为中小企业提供融资担保服务，这些担保机构大多属于公共服务性非营利组织，创业者可以通过申请，由这些机构担保向银行借款。

（3）中小企业间互助机构贷款。

中小企业间互助机构贷款是指中小企业在向银行融通资金的过程中，根据合同约定，由依法设立的担保机构以保证的方式为债务人提供担保，在债务人不能依约履行债务时，由担保机构承担合同约定的偿还责任，从而保障银行债权实现的一种金融支持制度。担保可以为中小企业的创业和融资提供便利，分散金融机构的信贷风险，推进银企合作。

从20世纪20年代起，许多国家为支持中小企业发展，先后成立了为中小企业提供融资担保的信用机构。目前，全世界已有48%的国家和地区建立了中小企业信用担保体系。我国从1999年开始，已经形成了以中小企业信用担保为主体的担保业和多层次中小企业信用担保体系，各类担保机构资本金稳步增长。

（4）其他贷款。

创业者可以灵活地将个人消费贷款用于创业，如因创业需要购置沿街商业房，可以用拟购置房子作抵押，向银行申请商用房贷款；若创业需要购置轿车、卡车、客车、微型车等，还可以办理汽车消费贷款。除此之外，可供创业者选择的银行贷款方式还有托管担保贷款、买方贷款、项目开发贷款、出口创汇贷款、票据贴现贷款等。

尽管银行贷款需要创业者提供相关的抵押、担保或保证，对白手起家的创业者来说条件有些苛刻，但如果创业者能够提供银行规定的资料，能提供合适的抵押，得到贷款并不困难。

2. 非银行金融机构贷款

非银行金融机构指以发行股票和债券、接受信用委托等形式筹集资金，并将所筹资金运用于长期性投资的金融机构。根据法律规定，非银行金融机构包括经中国银行监督管理委员会批准设立的信托公司、企业集团财务公司、金融租赁公司、汽车金属公司、货币经纪公司、境外非银行金融机构驻华代表处、农村和城市信用合作社、典当行、保险公司、小额贷款公司等机构。创业者可以从这些非银行金融机构取得借款，征集生产经营所需资金。

（1）保单质押贷款。

保险公司为了提高竞争力，也为投保人提供保单质押贷款。保单质押贷款最高额度不超过保单保费积累的70%，贷款利率按同档次银行贷款利率计息。

（2）实物质押典当贷款。

当前，有许多典当行推出了个人典当贷款业务，借款人只要将有较高价值的物品质押在典当行就能取得一定数额的贷款。典当费率尽管要高于银行同期贷款利率，但对急于筹集资金的创业者来说，不失为一个比较方便的筹集渠道。典当行的实物质押典当贷款一般是质押品价值的50%~80%。

（3）小额贷款公司。

小额贷款公司是由自然人、企业法人与其他社会组织投资设立，不吸收公众存款。经营小额贷款业务的有限责任公司或者股份有限公司,发放贷款坚持"小额""分散"的原则。小额贷款公司发放贷款时手续简单,办理便捷,当天申请基本当天就可放款,可以快速解决新创企业的资金需求。

3. 交易信贷和融资租赁

交易信贷指企业在正常的经营活动和商品交易中由于延期付款或预收贷款所形成的企业间常见的信贷关系。企业在筹办期以及生产经营过程中,均可以通过商业信用筹集部分资金,如企业在购置设备、原材料、商品过程中,可以通过延期付款的方式在一定期间内免费使用供应商提供的部分资金,在销售商品或服务时采用预收账款的方式免费使用客户的资金等。

创业者也可以通过融资租赁的方式筹集购置设备等长期性资产所急需的资金。融资租赁实质上是指转移与资产所有权有关的全部或绝大部分风险和报酬的租赁。资产所有权最终可以转移,也可以不转移,融资租赁是集融资与融物、贸易与技术更新于一体的新型金融业务。由于其融资与融物相结合的特点,出现问题时租赁公司可以回收、处理租赁物,因而在办理融资时对企业资信和担保的要求不高,所以非常适合中小企业融资。此外,融资租赁属于"表外融资",不体现在企业财务报表的负债项目中,不影响企业的资信状况,对需要多渠道融资的中小企业非常有利。据统计,西方发达国家25%的固定资产几乎都来自租赁。企业在筹建期,通过融资租赁的方式取得急需设备的使用权,解决部分资金需求,获得相当于租赁资产全部价值的债务信用,一方面可以使企业按期开业,顺利开始生产经营活动,另一方面又可以解决创业初期资金紧张的局面,节约初期的资金支出,将用于购买设备的资金用于主营业务的经营,提高企业现金流量的创造能力;同时融资租赁分期付款的性质可以使企业保持较高的偿付能力,维持财务信誉。

4. 从其他企业融资

尽管在大多数情况下,企业是资金的需求者而不是提供者,但是对于不同行业的企业,或者在企业发展的不同时期,部分企业还是会有暂时的闲置资金可以对外提供,尤其是一些从事公用事业业务的企业,或者已经发展到成熟期的企业,现金流一般会比较充足,甚至会有大量资金需要通过对外投资的方式实现较高收益。对于有闲置资金的企业,创业者既可以吸收其资金作为股权资本,也可以向这些企业借款,形成期权资本。

(三) 风险投资

根据美国风险投资协会的定义,风险投资是指职业的金融家投入新兴的、迅速发展的、有巨大竞争潜力的企业中的股权资本。在我国,对于风险投资尚未形成统一的看法,比较普遍的观点是:风险投资是由专业机构提供的投资于极具增长潜力的新创企业并参与其管理的权益资本。从定义上可以看出,中美关于风险投资的界定有所不同,其投资对象有一定的差别,这是因为中国是一个发展中国家,很多行业方兴未艾,所以传统行业像零售、农产品之类的,虽然没有技术含量,但拥有一个广阔的、快速发展的市场,使这些传统行业的市场增长速度和回报率并不低于高科技行业。所以,中国的风险投资不仅投资高科技项目,也对传统领域,如教育、医疗保健这样的项目感兴趣。

1. 风险投资的特点

（1）以股权方式投资。

风险资本的投资对象是处于创业期的中小型企业，尤其是新兴高科技企业，而且常常采取渐进投资的方式，选择灵活的投资工具进行投资，在投资企业建立适应创业内在需要的"共担风险、共享收益"的机制。

（2）积极参与所投资企业的创业过程。

许多风险投资家一般对其所投资的领域有丰富的经验，经常会积极参与投资企业的生产经营过程，弥补所投资企业在创业管理经验上的不足，同时控制创业投资的高风险。

（3）以整个新创企业作为经营对象。

风险投资不经营具体的产品，而是通过支持创建企业并在适当时机转让所持股权，获得未来资本增值的收益。与企业投资家相比，风险投资虽然对企业有部分介入，但其最终目的是监控而非独占，他们看重的是转让后的股权升值而非整体持有的百分比。

（4）看重"人"的因素。

风险投资家在进行项目选择时，更加看重"人"的因素。正如美国最早的风险投资公司——美国研究开发公司（America Research and Development Corporation，ARD）的创始人之一乔治·多利奥特（George Doriot）所言："宁要一流的人才和二流的创意，也不要一流的创意和二流的人才。"

（5）高风险、高收益。

据统计，美国由风险投资所支持的企业，只有5%~10%的创业可获得成功，风险投资的高风险可见一斑，与此相对应的就是风险投资对被投资方高收益的预期。一位风险投资家一般会希望在5年内将其资金翻6倍，相当于每年的投资回报率（ROI）大约为43.1%。

（6）一种组合投资。

风险投资的对象是处于创业时期的高新技术领域的中小企业，几乎没有盈利的历史可供参考，失败率也很高。因此，风险投资取得高回报，必须实行组合投资的策略，投资一系列的项目群，坚持长期运作，通过将成功的项目出售或上市回收的价值来弥补其他失败项目的损失，并获得较高收益。

2. 风险投资选项的原则

风险投资对目标企业的考察较为严格，一般来说，在其所接触的企业中，大约只有2%~4%能够最终获得融资。因此，创业者要提高获得风险投资的概率，需要了解风险投资项目选择的标准。

有人将风险投资选项的原则总结为创业投资的三大定律。第一定律：绝不选取含有超过两个以上风险因素的项目，对于创业投资项目的研究开发风险、产品风险、市场风险、管理风险、创业成长风险等，如果申请的项目具有两个或以上的风险因素，则风险投资一般不会予以考虑。第二定律：$V=P \cdot S \cdot E$，其中，V 代表总考核值，P 代表产品或服务的市场大小，S 代表产品或服务的独特性，E 代表管理团队的素质。第三定律：投资 V 最大的项目，在收益和风险相同的情况下，风险投资将首先选择那些总考核值最大的项目。

根据风险投资的潜规则，一般真正的职业风险投资者是不希望控股的，他们更多地希望创业管理层能对企业拥有绝对的自主经营权。因此创业者在创业初期选择风险投资时要拿适量的钱，以便未来在企业需要进一步融资时，不至于稀释更多的股份而丧失对企业的控制权。前面提到的天使投资也是广义的风险投资的一种，但狭义的风险投资主要指机构投资者。

3. 创业者获得风险投资的渠道

创业者获得风险投资的渠道主要有以下几种。

（1）给投资人发邮件。想获得风险投资最简单的方法就是给投资人发邮件，一般的风险投资都有自己的网站，上面公布有自己的邮箱，创业者可以将自己的创业想法或者商业计划书发到公开的邮箱中，期待能够得到投资者的关注，并最终获得投资。采用这种方式的成本最低，但效率也最低；虽然风险投资者会关注投到邮箱的邮件，但是那些递交给投资机构的商业计划书，成功融资的只有1%。

（2）参加相关行业的会议或者创业训练营。这些会议上或训练营上会有很多投资人，创业者可以利用茶歇或者休息的时间尽可能接触较多的风险投资者，或者接触自己感兴趣的投资者。这种方式的优点是在短时间内能够见到很多的投资者，但由于时间短，不一定有机会认识或结识他们，另外，这种场合对创业者的说服能力要求较高。

（3）请朋友帮忙介绍。如果有朋友做过融资的，或者已经得到风险投资的，可以请他们帮忙介绍，这种方式较前两者成功的概率稍大，毕竟接受过风险投资并且取得经营成功的人的介绍本身就是一种名片，投资者可以借由介绍人的介绍对创业者或创业项目有一定了解，通过对介绍人的了解对创业者给以初步的肯定。但是，这种方式接触的面可能较窄，朋友认识的投资者可能并不是创业者需要的类型，而真正适合的人未必是朋友认识的人。

（4）聘用投行帮助做融资。通过投行或融资中介的帮助寻找风险投资的成功率较高，一是他们对活跃的投资人很了解，能够帮助创业者和投资者进行沟通；二是信誉高的投行本身就为创业者的项目成功性增加了砝码；三是投行会运用自己的经验帮助创业者挑选更合适的投资人。但是采用这种方式的成本也较高。

（四）政府扶持基金

创业者还可以利用政府扶持政策，从政府方面获得融资支持。

政府的资金支持是中小企业资金来源的一个重要组成部分。综合世界各国的情况，政府的资金支持一般能占到中小企业外来资金的10%左右，资金支持方式主要包括税收优惠、财政补贴、贷款援助、风险投资和开辟直接融资渠道等。

随着我国经济实力的增强，政府对创业的支持力度，无论从产业的覆盖面还是从支持额度来看，都有了很大进展，由政府提供的扶持基金也在逐步增加。如专门针对科技型企业的"科技型中小企业技术创新基金"，专门为中小企业"走出去"准备的"中小企业国际市场开拓资金"等，还有众多的地方性优惠政策等。创业者应善于利用相关政策的扶持，以达到事半功倍的效果。

1. 再就业小额担保贷款

再就业小额担保贷款：根据中发〔2002〕12号文件精神，为帮助下岗失业人员自谋职业、自主创业和组织起来就业，对于诚实守信、有劳动能力和就业愿望的下岗失业人员，针对他们在创业过程中缺乏启动资金和信用担保，难以获得银行贷款的实际困难，由政府设立再担保基金。通过再就业担保机构承诺担保，可向银行申请专项再就业小额贷款。该政策从2003年年初起陆续在全国推行，并不断扩大小额担保贷款的范围，目前再就业小额担保贷款的适用范围包括：年龄在指定范围内（一般为60岁以内，地方政策可能有所不同），有创业愿望和劳动能力，诚实守信，有《下岗证》或者《再就业优惠证》的国企、城镇企业下岗职工；退役军人；农民工；外出务工返乡创业人员；大中（技）专毕业生；残疾人员；失地农民等符合条件的人员。

2. 科技型中小企业技术创新基金

科技型中小企业技术创新基金是1999年经国务院批准设立的，为扶持、促进科技型中小企业技术创新，用于支持科技型中小企业技术创新项目的政府专项基金，由科技部科技型中小企业技术创新基金管理中心实施。创新基金重点支持产业化初期（种子期和初创期）、技术含量高、市场前景好、风险较大、商业性资金进入尚不具备条件、最需要由政府支持的科技型中小企业项目，并将为其进入产业化扩张和商业性资本的介入起到铺垫和引导作用。创新基金以创新和产业化为宗旨，以市场为导向，上连"863""攻关"等国家指令性研究发展计划和科技人员的创新成果，下接"火炬"等高技术产业化指导性计划和商业性创业投资者。根据中小企业和项目的不同特点，创新基金通过无偿拨款、贷款贴息和资本金投入等方式扶持和引导科技型中小企业的技术创新活动，促进科技成果的转化。

3. 中小企业国际市场开拓资金

中小企业国际市场开拓资金是由中央财政和地方财政共同安排的专门用于支持中小企业开拓国际市场的专项资金。其用于支持中小企业和为中小企业服务的企业、社会团体和事业单位（以下简称项目组织单位）组织中小企业开拓国际市场的活动。该资金的主要支持内容包括：举办或参加境外展览会；质量管理体系、环境管理体系、软件出口企业和各类产品的认证；国际市场宣传推介；开拓新兴市场；组织培训与研讨会，境外投（议）标等方面。中小企业国际市场开拓资金支持比例原则上不超过支持项目所需金额的50%，对西部地区的中小企业以及符合条件的市场开拓活动，支持比例可提高到70%。

4. 天使基金

政府有关部门和社会各界有识之士纷纷出资，设立了鼓励和帮助大学生自主创业、灵活就业的一些天使基金，如北京青年科技创业投资基金是由北京科技风险投资股份有限公司出资设立，与共青团北京市委、北京市青年联合会和北京工商局共同管理的一项基金，其特点之一是以个人为投资主体，孵化科技项目的快速成长，在电子信息产业、新材料、生物医药工程及生命科学领域拥有新技术成果，45岁以下的自然人均可申请该项基金，资金投资区域为北京地区。

5. 其他基金

中华人民共和国科学技术部（简称"科技部"）的"863"计划、火炬计划，同科技型中小企业技术创新基金一起，每年都有数十亿元资金用于科技中小企业的研发、技术创新和成果转化；中华人民共和国财政部（简称"财政部"）设有利用高新技术更新改造项目贴息金、国家重点新产品补助基金；中华人民共和国国家发展和改革委员会（简称"国家发展改革委"）设有产业技术进步资金资助计划节能产品贴息项目计划；中华人民共和国工业和信息化部（简称"工信部"）设有电子信息产业发展基金等。各省市等为支持当地创业型经济的发展，也纷纷出台政策支持创业，主要有中华人民共和国人力资源和社会保障部（简称"人力资源和社会保障部"）设立的开业贷款担保政策、小企业担保基金专项贷款、中小企业贷款信用担保、开业贷款担保、大学生科技创业基金等。

创业者应结合自身情况，利用好相关政策，获得更多的政府基金支持，降低融资成本。

（五）知识产权融资

知识产权融资也是值得创业者关注的融资方式，在国内外已有诸多成功案例。知识产权融资可以采用知识产权作价入股、知识产权质押贷款、知识产权信托、知识产权资产证券化等方式。

1. 知识产权作价入股

2014年3月1日实施的《中华人民共和国公司法》（以下简称《公司法》）第二十七条规定："股东可以用货币出资，也可以用实物、知识产权、土地使用权等可以用货币估价并可以依法转让的非货币财产作价出资。"允许知识产权入股，明确了知识产权作为生产要素的原则。《公司法》还规定，不再限制股东（发起人）的货币出资比例，无形资产可以百分之百的出资。这说明股东可以以专利、商标、软件著作权等无形资产进行百分之百的出资，有效减轻股东货币出资的压力。

根据《公司法》的规定，除了法律、行政法规规定不得作为出资的财产以外，股东可以用产权等作货币估价，并可以用依法转让的非货币财产作价出资。对作为出资的非货币财产应当评估作价，核实财产，不得高估或者低估作价，必须经过专业的知识产权评估才可以作为出资依据。

2. 知识产权质押贷款

知识产权质押贷款是指以合法拥有的专利权、商标权、著作权中的财产权，经评估后向银行申请融资，它是商业银行积极探索的中小企业融资途径。2006年全国首例知识产权质押融资贷款在北京诞生，2008年国家知识产权局确定了知识产权质押融资的试点城市；很多地市出台了质押贷款管理办法，如浙江于2009年1月20日出台《浙江省专利权质押贷款管理办法》，为金融机构、企业操作知识产权质押提供了规范指引；2009年9月和11月，广州市知识产权局、武汉市知识产权局分别和有关银行签署了促进知识产权质押融资的合作协议；2010年，财政部、工信部、原中国银行业监督管理委员会、国家知识产权局、原国家工商行政管理总局、国家版权局共同发布了《关于加强知识产权质押融资与评估管理，支持中小企业发展的意见》通知，进一步推进了知识产权质押融资工作的开展。

知识产权质押融资可以采用以下形式：质押——知识产权质押作为贷款的唯一担保形式；质押加保证——以知识产权质押作为主要担保形式；以房产、设备等固定资产抵押，或个人连带责任保证等其他担保方式作为补充担保的组合担保形式。

知识产权质押贷款仅限于借款人在生产经营过程中的正常资金需求,贷款期限一般为1年,最长不超过3年;贷款额度一般控制在1 000万元以内,最高达5 000万元;贷款利率采用风险定价机制,原则上在中国人民银行基准利率基础上按不低于10%的比例上浮。质押率,发明专利最高为40%,实用新型专利最高为30%,驰名商标最高为40%,普通商标最高为30%。根据企业的现金流情况采取灵活多样的还款方式。

3. 知识产权信托

知识产权信托是以知识产权为标的的信托,知识产权权利人为了使自己所拥有的知识产权产业化、商品化,将知识产权转移给信托投资公司,由其代为经营管理,是知识产权权利人获取收益的一种法律关系。依据知识产权的类型,结合我国目前已有的信托案例,当前的知识产权信托包括专利信托、商标信托、版权信托等方式。在美国、日本等国家,知识产权信托已广泛用于电影拍摄、动画片制作等短期需要大量资金的行业的资金筹措。流动资金少的文化产业公司,在投入制作时,可与银行、信托公司签订信托构思阶段新作品著作权的合同,银行或信托公司向投资方介绍新作品的构思、方案,并向投资方出售作品未来部分销售收益的"信托收益权",制作公司等则以筹集到的资金再投入新作品的创作。

2000年9月,武汉市专利管理局、武汉国际信托投资公司联合策划、构架的"专利信托"在武汉市首先推出,推动了金融资本与无形资本有机结合,引起国内外投资界、企业界的广泛关注。但目前为止,知识产权信托在我国的发展状况并不理想,还需要在立法完善和政策支持上多加关注。

4. 知识产权资产证券化

知识产权资产证券化是发起人将能够产生可预见的稳定现金流的知识产权,通过一定的金融工具安排,对其中风险与收益要素进行分离与重组,进而转换成为在金融市场上可以出售的流通证券的过程。知识产权资产证券化的参与主体包括发起人(原始权益人)、特设载体(SPV)、投资者、受托管理人、服务机构、信用评级机构、信用增强机构、流动性提供机构。近几年,美国、英国、日本等国家的知识产权资产证券化发展迅速。在美国知识产权资产证券化的对象资产已经非常广泛,从电子游戏、音乐、电影、娱乐、演艺、主题公园等与文化产业关联的知识产权,到时装设计的品牌、最新医药产品的专利、半导体芯片,甚至专利诉讼的胜诉金,几乎所有的知识产权都已经成为证券化的对象。在日本,经济产业省早在2002年就声明要对信息技术和生物等领域企业拥有的专利权实行证券化,成功地对光学专利实行了资产证券化。

2004年,国务院颁布《关于推进资本市场改革开放和稳定发展的若干意见》,强调指出应"建立以市场为主导的品种创新机制,研究开发与股票和债券相关的新品种及其衍生产品,加大风险较低的固定收益类证券产品的开发力度,为投资者提供储蓄替代型证券投资品种,积极探索并开发资产证券化品种"。该政策文件为知识产权资产证券化在我国的探索发展提供了政策支持。

四、创业融资的选择策略

在了解了创业融资过程中的常见问题、计算出创业资金、熟悉了不同的融资渠道之后，创业者需要综合自身拥有的资源情况，遵循创业融资的原则，充分分析股权融资和债权融资的利弊，做出科学的融资决策。需要提及的是，创业融资不只是一个技术问题，还是一个社会问题，应从建立个人信用、积累社会资本等方面做好准备。

（一）创业融资原则

筹集创业资金时，创业者应在自己能够接受的风险的基础上，遵循既定的原则，尽可能以较低的成本及时足额获得创业资金。一般来说，创业融资应遵循以下原则。

1. 合法性原则

创业融资作为一种经济活动，影响着社会资本及资源的流向和流量，涉及相关经济主体的经济权益，创业者必须遵守国家的有关法律法规，依法依约履行责任，维护相关融资主体的权益，避免非法融资行为的发生。

2. 合理性原则

在创业的不同时期，企业资金的需求量不同，能够采用的融资方式可能也不同。创业者应根据创业计划，结合新创企业不同发展阶段的经营策略，运用相应的财务手段，合理预测资金需要量，详细分析资金的筹集渠道，确定合理的资本结构，包括股权资金和债权资金的结构，以及债权资金内部的长短期资金的结构等，为企业持续发展植入一个"健康基因"。

3. 及时性原则

市场经济条件下机会稍纵即逝的特性，要求创业者必须能够及时筹集所需资金，将可行的项目付诸实施，并根据新创企业投放时间的安排，使融资和投资在时间上协调一致。避免因资金不足影响生产经营的正常进行，同时也防止资金过多造成的闲置和浪费，将资金成本控制在合理的范围之内。

4. 效益性原则

创办和经营企业的根本目的是获得一定的经济利益，所以，创业者应在进行成本效益分析的基础上决定资金筹集的方式和来源。鉴于投资是决定融资的主要因素，投资收益和融资成本的对比便是创业者在融资之前要做的首要工作，只有投资的报酬率高于融资成本，才能够使创业者实现创业目标；而且投资所需的资金数量决定了融资的数量，对于创业项目创业资金的估计也会影响融资方式和融资成本。因此，创业者应在充分考虑投资效益的基础上，确定最优的融资组合。

5. 杠杆性原则

创业者在筹集创业资金时，应选择有资源背景的资金，以便充分利用资金的杠杆效应，在关键的时候为企业发展助力。大多数优秀的风险投资往往在企业特殊时期会与企业家一起，将有效的资源进行整合，如选择投行、券商，进行IPO路演等。因此，创业者不能盲目地"拜金"，找到一个有资源背景的基金更有利于企业的持续快速发展。

（二）股权融资决策

股权融资形成企业的股权资本，也称权益资本、自有资本，是企业依法取得并长期拥有，可自主调配运用的资金。广义上的股权融资包括内部股权融资和外部股权融资。外部股权融资的方式包括个人积蓄、亲友资金、合伙人资金和天使投资等。内部股权融资主要是企业的内部积累。

新创企业在创建的启动阶段及较早发展阶段，内部积累显得格外重要。采用内部积累方式融资符合"融资优序理论"的要求，也是很多创业者的必然选择。内部积累的资金来源主要是企业在经营过程中赚取的利润。鉴于新创企业在资金实力、经营规模、还款能力等方面的限制，新创企业往往会通过不分红或少分红的方式，将企业的经营利润尽可能通过未分配利润的形式留存下来，投入到再生产过程，为持续经营或扩大经营提供必要的资金支持。

股权融资是新创企业最基础，也是创业者最先采用的融资方式。股权融资的数量会影响债权融资的数量，股权融资的分布会影响新创企业未来利润的分配与长远发展。创业者在进行股权融资决策前应了解增加获得股权融资概率的方法，融资决策时应考虑投资者的特点和专长。

1. 股权融资需考虑的问题

创业者是否要通过合伙或组建公司的形式筹集资金，对于企业日后的产权归属和企业发展有着极为重要作用。由于合伙企业既是资合又是人合，所以对于合伙人的选择更为重要，如果创业者拟吸收合伙人的资金，则一定要认真考虑合伙人的专长和经验，以更好地发挥团队优势，各尽其才。在吸引风险投资商投资时，创业者要分析其声誉的大小、专注投资的领域及其对投资企业的态度，选择最适合企业发展的投资商。

无论通过何种方式吸引股权投资，对合作者的专长和特质都要进行充分了解，以期更长久的合作，谋求企业更好的发展；另外，对企业控制权的把握也是创业者必须考虑的因素，转让多少控制权能够既吸引投资又有利于对企业日后经营的控制，是创业者必须慎重选择且关乎企业健康发展的最重要问题之一。

2. 增加获得股权融资的机会

无论是吸收合伙人资金、组建公司还是吸收其他企业或风险资本的投资，要增加获得股权资本的概率，需要创业者具有以下基本条件。

（1）有一个好的项目。一个好的项目是吸引股权资本的基本条件，创业者首先应能够找到一个吸引人的，有着广阔发展前景和足够利润空间的项目，且能证明自己有足够的实施该项目的能力。

（2）有自己在该项目的投入。创业者对项目的投入，可以是资金方面的（包括房屋、装备等固定资产的投入），也可以是其他方面的，如技术和劳务的投入，创业者对项目的投入证明了其对项目的信心。

（3）有较高的逆商。游说他人在自己看好的项目上投资，需要创业者具备足够的应对拒绝和应付挫折的勇气。创业者应该多进行尝试，包括多次申请或向多个潜在投资者申请，尤其是在吸引风险投资上。创业者一方面应多联系一些投资公司，并且有针对性地提供自己的商业计划；另一方面应对自己联系的投资公司进行跟进，以增加获取资金的机会。

(三) 债权融资决策

债权融资形成企业的债务资本，也称借入资本，是企业依法取得并依约运用，按期偿还的资本。向亲友借款、向银行借款、向非银行类金融机构借款、交易信贷和租赁、向其他企业借款等是常用的债权融资方式。

创业者可以根据企业需要，结合筹集资金的目的，选择筹集长期或短期的资金。一方面，使资金的来源和运用在时间上相匹配，提高偿还债务的能力；另一方面，尽可能降低资金的筹集成本，提高新创企业的经济效益。

1. 债权融资需考虑的问题

创业者如果想通过借款的方式筹集资金，需要从以下几个方面进行分析。

第一，考虑经营过程中的获利是否能够超过借款的利息支出及其他费用支出。如果企业在日后的经营过程中赚取的利润能够支付借款的利息和其他费用支出，且还有剩余，则借款经营对企业较为有利，可以给创业者带来财务杠杆收益。

第二，慎重考虑借款期限。借入资金的归还期限应与其投资的资产回收期限相匹配，保证企业在日后归还投资时，不会影响正常的生产经营。

第三，确定合理的借款金额。借款经营成本较低且具有财务杠杆效应，但每期会有固定的资金支出。创业者在决定借款前一定要对其风险和收益进行充分权衡，并根据企业实际的资金需要量确定一个合适的借款金额。

第四，充分考虑借款可能的支出。对创业者来说，想获得借款，一般都需要提供抵押或担保，如果创业者缺乏债权人认可的抵押资产，则可以申请担保公司为其借款进行担保。但担保公司作为营利性的企业会收取部分担保费用，如果创业者拟通过担保公司担保的方式取得借款，则还需要将担保公司的担保费用计入未来的经营成本，以有效地避免风险。

第五，选择合适的银行。创业者应事先通过各种渠道对银行的风险承受力、银行对借款企业的态度等信息进行了解，以选择最适合新创企业借款的银行。

2. 增加获得债权融资的机会

增加获得债权融资的机会，需要创业者首先了解债权人在发放贷款时主要考虑的因素，以便有针对性地进行应对；此外，还要从团队、项目、商业计划等方面做好充分准备。

(1) 了解债权人在评估贷款申请时考虑的问题。

一般来说，贷款人在收到借款人的借款申请后，会从许多方面对借款人的资质进行评估，以决定是否放款。这些因素包括以下几个方面。

第一，借款人的信用。银行在评审企业贷款申请时，要考虑借款人的信用6C，即借款人品质（Character）——考察申请人对待信用的态度，包括过去的信用记录；偿还能力（Capaity）——审查申请人的收入情况以确定其是否有能力偿还借款；资本结构（Capital）——审查申请人的个人财产，包括存款、不动产及其他个人财产；经营条件（Conditions）——地区、国家的经济状况对贷款的难易程度有很大影响；担保物（Collateral）——是否有担保和抵押财产以及这些财产的质量也是银行要考虑的重要方面；事业的连续性（Continuity）——借款企业持续经营的前景。银行要考虑借款人能否在日益竞争的环境中生存与发展。在信用6C中，借款人的品质最为重要。

第二,贷款类型和还款期限。贷款机构会考虑借款人的贷款类型,是短期借款(期限在1年以内的借款)还是长期借款(还款期超过1年以上的借款),同时还要对借款人提出的还款方案进行分析,以确认借款人的还款能力。

第三,贷款目的和用途。贷款人为保证自己的资金安全,一般会对贷出资金的用途进行规定并要求借款人不能将资金用于法律法规限制或禁止的项目上,力求资金的使用符合规定用途。

第四,资金的安全性。除了对借款人的以上情况进行考察外,贷款机构还会对创办企业未来的销售情况和现金流状况进行预测,以分析企业未来是否有足够的现金流用于偿还贷款本息。

(2) 从团队、项目等方面进行充分准备。

不论从何处筹集债权融资,创业者要增加获取款项的可能性,都需要具备一些基本的条件,并从以下几个方面入手。

第一,优秀的创业团队。创业者是创办企业的核心和关键因素,优秀的创业团队是项目成功实施的保障,创业团队需要证明其具备经营企业的能力,需要向贷款机构(人)展示其具备拟开展业务领域里的经验或知识,以吸引债权人的目光和资金。因为债权人的资金可能会投给具有一流团队和二流项目的企业,但一般不会投给具有一流项目和二流团队的企业。所以,优秀的创业团队是吸引债权人资金的首要条件。

第二,可行的企业想法。吸收债权人资金的第二个要件是创业团队要拥有一个可行的企业想法。一个好的企业想法是实现创业者愿望和创造商业机会的第一步,但只有经过评估可行的企业想法才能够成为商业机会,给创业者带来经济和社会效益。

第三,完善的商业计划。创业者应该首先能够证明自己有明晰的企业战略,并且有通往成功之路的切实可行的行动计划。创业者或创业团队除了具备可行的企业想法外,还必须能够将具体的企业想法细化到每一个步骤、每一个预算,将其落实到具体的商业计划之中。完善的商业计划是创业者吸引资金的重要文件。创业者应该请专业人士帮其准备一份使金融机构感到值得研究的商业计划,增加获得贷款的可能性。

第四,高质量的抵押资产。按照《贷款通则》第十条的规定:"除委托贷款以外,贷款人发放贷款,借款人应当提供担保"。处于筹备期或初创期的企业,一般不符合贷款人要求的资信条件,难以取得信用贷款,而需要以一定的资产做抵押。如果创业者或其团队成员拥有高质量的抵押资产,则其取得贷款的概率会大大提高。

(四) 融资方式的比较

无论是股权融资还是债权融资均具有一定的优点,也存在着不足。创业者要熟悉不同融资方式的利弊,考虑不同情况下的融资成本,以便做出科学的融资决策。

1. 不同融资方式的利弊

通过股权融资方式获得的资金既可以充实企业的营运资金,也可以用于企业的投资活动。通过债权融资所获得的资金,企业首先要承担资金的利息,另外在借款到期后要向债权人偿还资金的本金。

股权融资和债权融资各有优缺点，如表 11-8 所示。

表 11-8 股权融资和债权融资的比较

比较项目	股权融资	债权融资
本金	永久性资本，保证企业最低的资金需要	到期归还本金
资金成本	根据企业经营情况变动，相对较高	事先约定固定金额的利息，资金成本较低
风险承担	低风险	高风险
企业控制权	按比例或约定享有，分散企业控制权	企业控制权得到维护
资金使用限制	限制条款少	限制条款多

债权融资的资金成本较低，合理使用还能带来杠杆收益，但债务资金使用不当会带来企业清算或终止经营的风险；股权资金的资金成本由于要在所得税之后支付，成本较高，在企业正常生产经营过程中，不用归还投资者，是一项企业可永久使用的资金，没有财务风险。创业者在筹集资金时应对债务资金、股权资金的优缺点进行比较，并考虑企业的资金需要量，资金的可得性，宏观理财环境，筹资的成本、风险和收益，以及控制权分散等问题，进行综合分析。

2. 创业融资决策

在进行创业融资决策时，除了考虑不同融资方式的优缺点、融资成本的高低外，还要考虑新创企业所处的生命周期阶段、新创企业自身的特征，了解采用不同融资方式时应该特别予以关注的问题。

（1）创业所处阶段。

创业融资需求具有阶段性的特征，不同生命周期阶段具有不同的风险特征和资金需求，同时，不同融资渠道能够提供的资金数量和风险程度也不同。因此，创业者在融资时需要将不同阶段的融资需求和融资渠道进行匹配，提高融资工作的效率，以获得创业所需资金，化解企业融资难题。

在种子开发期，企业处于高度的不确定性中，很难从外部筹集债务资金，创业者个人积蓄、亲友资金、天使投资、合伙人资金以及创业投资可能是采用较多的融资渠道；进入启动期之后，创业者还可以使用抵押贷款的方式筹集债务资金。

企业进入成长期以后，已经有了前期的经验基础，发展潜力逐渐显现，资金需求量较以前有所增加，融资渠道上也有了更多选择。在成长早期，企业获得常规的现金流用来满足生产经营之前，创业者更多采用股权融资的方式筹集资金，合伙人资金、创业投资等是常用的融资方式，此时也可以采用抵押贷款、融资租赁以及商业信用的方式筹集部分生产经营所需资金；在成长后期，企业的成长性得到充分展现，资产规模不断扩大，产生现金流的能力进一步提高，有能力偿还负债的本息，此时，创业者更多采用各种负债的方式筹集资金，获得经营杠杆收益。

综上，企业生命周期和融资渠道的对应关系如表 11-9 所示。

表 11-9　企业生命周期与融资渠道的对立关系

融资渠道	种子开发期	启动期	成长早期	成长后期
个人积蓄	■	░		
亲友资金	■	░	░	
天使投资	░	■	■	░
合伙人资金	░	■	■	■
创业投资		■	■	■
抵押贷款		■	■	■
融资租赁		■	■	■
商业信用			■	■

表 11-9 中深色的区域为对应于该阶段采用的较多的融资渠道，浅灰色的区域为该阶段也可能会采用的融资渠道。

（2）新创企业特征。

创业活动千差万别，所涉及的行业、初始资源禀赋、面临的风险、预期收益等有较大不同，其所要面对的竞争环境、行业集中度、经营战略等也会不同。因此，不同新创企业选择的资本结构会有所不同。高科技技术公司或有独特商业价值的企业，经营风险较大，预期收益也较高，创业者有良好的相关背景，较多采用股权融资的方式；传统行业的企业，经营风险较小，预期收益较容易预测，比较容易获得债权资金。实践中，新创企业在初始阶段较难满足银行等金融机构的贷款条件，债权资金更多采用民间融资的方式。新创企业类型、特征和融资方式如表 11-10 所示。

表 11-10　新创企业类型、特征和融资方式

新创企业类型	新创企业特征	融资方式
高风险、预期收益不确定	弱小的现金流；高负债率；低、中等成长；未经证明的管理层	个人积蓄、亲友资金
低风险、预期收益易预测	一般是传统行业；强大的现金流；低负债率；优秀的管理层；良好的资产负债状况	债权融资
高风险、预期收益较高	独特的商业创意；高成长；利基市场；得到证明的管理层	股权融资

第十二章

创业计划与企业开办

第一节 创业计划的准备

一、创业计划的作用

创业计划,又称"商业计划",是引领创业的纲领性文件,是创业者具体行动的指南。

创业计划是创业的行动导向和路线图,既为创业者行动提供指导和规划,促使创业团队及雇员团结一心地工作,也为创业者与外界沟通提供基本依据。创业计划书的撰写可以迫使创业者系统思考新创企业的各个因素,促使创业团队定期沟通讨论将要从事的工作。一般情况下,撰写创业计划书主要有两大原因:在企业内部,创业计划书为企业执行战略和计划提供了值得借鉴的"蓝图",能够迫使创业团队一起努力工作,全力以赴地解决风险创业的各个细节;对企业外部来说,它能够向潜在投资者和其他风险投资者介绍企业正在追寻的商业机会,赢得对方支持。

撰写创业计划书的原因恰好反映了创业计划书的重要作用。

第一,创业计划书是企业创建的共同纲领和行动指南。通过制订创业计划,创业者能够明确创业方向、厘清创业思路。在谈论创业机会细节的过程中,创业团队一起工作,将其抽象的创业理念转换为产品的功能和质量、销售的策略和方式、资金筹集和盈亏平衡点等具体的现实问题,通过反复论证和调整,使团队成员统一思想,也使最终形成的创业计划成为创业引领的纲领性文件和具体行动的指南。同时,创业计划的写作是个长期的过程,可能需要创业团队根据企业的实际情况进行不断的调整和完善。在这一过程中,创业者或改变销售策略,或更新经营思路,或认识到某一方面的错误与不足,甚至改变了总目标下的某一分支,这都有利于企业的良性发展。

第二,撰写创业计划书是使创业团队及雇员团结一心的方式或手段。一份清晰的创业计划书对企业的愿景和未来均做了详细的陈述，无论对创业团队还是普通员工都具有十分重要的意义。尽管市场快速变化，创业计划也会根据变化的情况适当调整，但是撰写创业计划书的过程的确非常有用，会使团队成员团结一心，为了共同的创业目标而努力，同时发现创业团队中可能存在的问题，从而通过对创业计划书这样一个重要方案的论证，使团队成员更加团结，配合更加默契，使普通员工和创业者保持配合一致的运动过程，保持统一有目的的行动方向。因此，创业计划书的撰写过程和创业计划本身同样有价值，是使创业目标变成现实的重要途径，使普通员工理解企业目标、完成企业计划的重要措施。

第三，创业计划可以作为推销性文本，为企业向潜在投资者、供应商、重要的职位候选者以及其他人介绍拟创办的企业。实际上，向创业者索要创业计划书的组织数量一直在不断上升，越来越多的由大学或社会团体主办的创业园和商业孵化机构会要求获得候选的企业提供创业计划书。有研究表明，拥有创业计划书和新创企业获得资助之间呈正相关关系。作为一种推销性文本资料，创业计划书有助于企业建立可信度，尤其是在由教育部、大学以及一些基金组织举办的创业大赛中获奖的项目，可以使其更容易获得投资者的关注。即使是一个学生或者团队在创业计划大赛中取得好成绩，但最终并没有决定创办企业，这种参赛方式获得的亲身经历也可能产生积极效果。

二、创业计划的内容

撰写创业计划的目的是向阅读者提供其所需要的信息，因此，创业计划书的内容取决于使用者对信息的需求。鉴于创业计划书的使用者主要有内部使用者和外部使用者两种人群，分析这两部分人群的信息需求就显得格外重要。

一般来说，创业计划书的内部使用者包括创业团队以及雇员。创业团队需要明确创业的目标及实现路径，雇员需要了解创业目标以及在实现目标过程中所需要做的工作和可能的收获。因此，创业计划书中要阐明创业的目标及实现目标的详细计划和措施，包括企业拟从事的产品和服务，创意的合理之处，计划的顾客和市场，创意方案的开发路径——如何研发、生产和销售等，同时，要对竞争者状况进行一定分析，使团队成员及其未来的雇员了解企业可能的前景，对新创企业的发展进行预测，从而做出恰当选择。

外部使用者包括投资者及其他利益相关者。投资者主要关注企业拟筹集的资金数额、筹集资金的目的和种类、准备采用的筹资方式、筹资的时间、筹资的回报等；潜在的商业合作伙伴、顾客等其他利益相关者会关注企业的盈利状况、资产负债状况、持续经营能力等，以此作为其商业信用政策的制定依据，以及选择产品或服务的理由。

产业和产品分析是对创意价值合理性的解读，市场分析要对企业的顾客和市场展开分析。创业团队部分要对团队的组建分工和管理予以介绍。研发计划、生产经营计划和营销计划是对创意开发模式的进一步说明。竞争分析可以基于波特的五力分析模型，对行业的竞争状况进行阐述，展示项目的实力。资源需求融资方式和投资回报则是从财务方面对创业项目的分析和说明。最后是风险分析和退出策略。各部分的详细内容及撰写时的注意事项见本章第二节。

第二节 创业计划的实施

中国有句古语说"预则立",预即预先,指事先做好计划或准备;立是成就。这说明了计划对于成功的重要性。

要撰写一份高质量的创业计划,需要创业团队仔细研讨创业构想,分析创业过程中可能遇到的问题和困难,进一步凝练创业计划的执行概要,把创业构想变成文字方案,了解创业计划书的撰写和展示技巧。

一、研讨创业构想

构想指作家、艺术家在孕育作品过程中的思维活动,也指构想的结果。创业构想是创业者在创业想法形成及实施过程中,对创业计划的思考、论证和分析。创业是一个系统工程,在开始之前,创业者需要做许多准备工作,包括对创业构想进行研讨,形成一个完整的创业构想或创业计划等。创业构想涵盖了创业计划的方方面面,本节的第四部分将进行详细论述,这里讨论研讨创业构想时应该明确的问题或把握的原则。要让创业构想在新创企业日后的经营过程中发挥良好作用,创业者至少要从以下几个方面进行深入思考。

1. 确立正确的创业目标

赚钱是重要的目标,但并不是唯一的目标,因为创业本身应该有理念,理念会带动很多新的产品创意和实践冲动。大多数成功创业者的创业目标并不主要是为了赚钱,而是基于自己的兴趣,或者为了解决现实生活中的某些问题。开始研讨创业构想的时候,创业者一定要明确创业的目的是什么,首先厘清创业要做什么、如何做等问题。

2. 寻找适合的创业模式

选择适合的创业模式,是创业成功的关键。准确判断自己的优势和劣势,选择最适合自己的创业模式,可以化解很多不利因素。创业模式是创业者为保障自己的创业理想与权益而对各种创业要素的合理搭配。一个适合的创业模式,未必需要投资一大笔资金,未必需要具有很大的规模,甚至未必需要一处办公场所或一个店面。对一个创业者来说,一个真正好的模式,应该是适合自己的,即自己有能力操作而且能把现有的资源有效整合。是通过白手起家的方式,还是通过收购现有企业或进行代理、加盟,在家创业还是网络创业,是研讨创业构想阶段创业者必须明确的问题。

3. 规划合理的创业步骤

规划创业步骤是一个循环的过程。要分析创意从哪里来,怎么会有这个创意,资金怎么找,怎么组建团队,产品的市场营销怎么做。对这些问题的考虑是一个周而复始的修改、完善和论证过程。

4. 制定清晰的创业原则

网络上列出的创业原则非常多,在研讨创业构想的时候,创业团队一定要针对自己的特定情况，制定适合团队和项目的创业原则。一般来说，就像创业的目标不仅仅是为了赚钱一样，在创立公司的时候，创业团队也不应该一直想着什么时候才能赚钱。面对非常艰苦的创业工作，清晰、简洁、能够得到团队成员认可的创业原则，有助于形成团队的凝聚力，帮助创业团队在任何情况下坚持工作。

5. 创造有利的创业条件

创业不一定要有重大的发明或全新的创意，只要有一定的市场需求，对现有资源的整合和再利用也会有助于创业成功。重要的是新创企业未来拟提供的产品或服务，在市场上会不会成功，市场的需求如何，创业团队的能力怎样。合适的人在合适的时间做合适的事情，会形成非常有利的创业条件。在研讨创业构想阶段，创业团队应认真对自己的创业条件进行深入思考，选择对创业有利的自然条件，努力创造有利于创业成功的社会条件。

6. 确定明确的创业期限

充分的准备尽管有助于降低创业风险，但是过长时间的准备也可能会消磨创业者的意志，降低创业激情。因此，创业初期应确定一个合理的创业期限，包括开始创业活动的时间、将产品和服务推向市场的时间、争取实现盈亏平衡点的时间等。通过精益的创业方式，有助于缩短产品和服务推向市场的时间以及达到盈亏平衡的时间。

7. 建立良好的投资关系

如何寻找合适的外部投资者，以及与外部投资者应该建立什么样的关系等，也是创业构想研讨阶段必须思考的问题。当创业需要外部融资时，创业团队就应该考虑投资者关系管理的问题。通过研讨，要确定好创业团队和外部投资者各自的股份比例，要选择能够和自己站在一起同甘共苦的投资者，要寻找有很大影响力的投资者，这样一方面可以筹集到所需要的创业资金，另一方面可以借助投资者的经验和力量。当然，创业团队还要通过合理的股份构成和分配机制，与投资者建立长久的良好合作关系。

8. 组织高效的创业团队

高效的创业团队中不一定都是最好的人才，事实上只要遵循创业团队的组建原则，做好团队的管理，团队成员适合做新创企业中对应的工作，能够做到优势互补、精诚合作，凝聚在核心创业者的周围，为共同的创业目标而奋斗，就算创业团队水平一般，仍然可以算得上一支优秀的团队。在研讨创业构想阶段，创业者应该了解高效团队的特征，避免日后组建团队过程中的盲目性和不切实际。

二、分析创业可能遇到的问题和困难

不是每个人都适合创业，因此，在研讨创业构想阶段，如果发现自己的特质不适合创业，最好尽快放手，避免日后出现更大的麻烦。如果发现自己适合创业，就要积极应对，认真分析创业过程中可能会出现的问题和困难，做好充分准备，将创业风险降到最低。

如上所述，创业是一个系统的工程，也是一个持续的过程，在创业过程中遇到问题和困难在所难免。这些问题和困难，有些是可以预见和避免的，有些是难以预料和解决的。在开始创业之前对将来可能遇到的问题和困难进行分析，有助于创业者做好充分的心理准备和应对策略，减少创业失败的可能性。

通过市场调查，以及和圈内专家和同行业企业的创业者进行座谈，创业者对未来可能遇到的困难会有所了解。一般来说，创业过程中可能会遇到创业者自身层面以及新创企业层面两大方面的问题和困难。

(一) 创业者自身层面的问题

创业者自身层面的问题表现为创业者或团队的身心不适应，知识、能力和资源不够，以及对以往社会关系的影响等。

1. 身心不适应

创业初期，创业者可能要在创业活动上投入大量的时间和精力，加班活动习以为常，周末或者节假日工作也不足为奇，因此，健康的身体是创业必不可少的要素之一。否则，创业者会感到吃力，体力上先行吃不消，也就难以在遇到困难的时候坚持下去。如马云所说："今天很残酷，明天更残酷，后天会很美好，但很多人都死在了明天晚上。"体力透支带来的对创业活动的放弃是很多创业失败的原因之一。

心理上的不适应也是创业过程中遇到的一大难题。从一个普通就业者或者在校大学生走向创业之路，就意味着要在创业活动上花更多的心思，要从全局的观点，站在未来发展的角度看问题，而且无论是战略还是战术层面的问题都需要创业者亲自过问。对企业前途的思考和担忧，对企业工作的安排和布局无时无刻不在创业者的脑海中盘旋，尤其是问题出现时的解决之道更是创业者必须思考的问题。这些问题带给创业者的困扰，加上烦琐的日常工作对原有生活秩序的破坏，可能会使创业者感到身心疲惫，有相当长时间的不适应期。一些意志薄弱者，甚至会因此而放弃。

如果创业初期能找到或组建一支合适的团队，就可以将繁重的创业工作进行合理分配，在一定程度上缩短"断奶期"，尽快适应创业的生活状态，降低身心不适应给创业计划造成的困扰。

2. 影响以往的社会关系

在创业活动上大量时间和精力的投入，使创业者无法像原来那样维系以往的社会关系，于是可能会使原来要好的朋友变得陌生，原本和谐的人际关系显得不像以往一样融洽；对家庭关注的减少、对家人义务履行的不够也有可能成为创业者另一个沉重的心理负担。

做好时间管理，合理分配用于工作和生活以及社交上的时间，正视压力，增强创业动力，有利于创业者改变这一现状。

3. 知识、能力和资源不充分

在资讯快速发展的当今社会，知识的淘汰率很高。据统计，现在新技术信息每两年增加一倍，意味着大学一年级学的知识到大学三年级就有一半过时了，如 2010 年急需的十大职业在 2004 年根本就不存在，因此，要拥有创业所需要的所有知识和能力几乎不可能。而且随着社会分工细化，每个人拥有的资源也变得有限，拥有创业需要的全部资源成为奢求。这在一定程度上会对创业活动开展造成不利影响。

一支知识和技能互补、资源互补的团队可以解决部分问题，创业者学习能力的提高，终身学习习惯的养成，以及社会关系的正常维护，也可以在一定程度上解决部分问题。

（二）新创企业层面的问题

新创企业层面的问题和困难表现为企业在日后经营过程中可能面临的不同风险，如项目和市场风险、技术风险、团队组建或管理风险、资源风险等。

1. 项目不合适或市场较小

当创业者满怀信心宣布企业成立或店铺开张后，可能发现产品销量或顾客数量远非想象中的态势良好。这也许与产品或服务质量不过关、销售方式不对路、市场需求转向、市场环境变化等有关，也许是当初项目选择不合理所致。如果企业比较幸运，顺利地度过初创期，经过一定时间发展，提升了产品质量、顺应了市场需求、扩大了销路、熟悉了市场环境之后，也许还会出现知名企业在同行业跟进、后来者居上的尴尬。市场方面的风险相当致命，如果应对不力，严重时会造成企业破产倒闭。

对创业项目进行详细分析，展开充分的市场调查，制定合理的新产品开发策略，做到"人无我有，人有我优"，有利于保持企业的市场竞争力。

2. 技术不成熟或陈旧

技术资源的价值具有不确定性，如果技术太过前卫，配套技术或硬件设施无法满足需要，可能会面临现行环境下无法实施的可能性，或者技术自身不够成熟的风险；实验室中纯度很高的产品，也许到中间环节测试时纯度就会大大降低，再到大规模投产时纯度又会大打折扣；即便比较成熟的技术在应用过程中也可能存在风险，机器设备的不够先进、操作人员技术不熟练、配套技术跟不上等，都会使生产的产品无法达到预期标准；对于外购技术，如果创业者不是行内专家，也许无法准确地识别其先进性，从而或许会买到过时的技术。即便不存在以上问题，随着科技的发展和技术进步，现有的技术也会落后，如果新创企业不能够及时更新技术，也会丧失原有的竞争优势。

加强自身能力建设或建立创新联盟可以减少技术风险的发生。提高新创企业技术系统的活力，加强对技术创新方案的可行性论证，建立灵敏的技术信息预警系统，组建技术联合开发体或建立创新联盟，可以减少技术开发与技术选择的盲目性，分散技术创新的风险；重视专利申请、技术标准申请等保护性措施的采用，能够通过法律手段减少损失出现的可能性。

3. 团队组建或管理不力

初创期内企业缺乏资金而难以招来人才，发展壮大期因用人不善、利益不均或员工自身原因而无法留住人才，因此，创业团队构成不合理和团队成员流失就成了两个常见现象。不少企业在初创期，团队成员都会对产品研发和销售倾注大量心血而无暇计较得失，但企业步入正轨之后，创业者可能会发现，因疏于管理，责权不明确、利益不均衡等问题接踵而至。最令人心痛的结果便是团队分裂，企业元气大伤。据国外一家研究机构对100家成长最快的小公司所做的调查结果显示，其中有50%的创业团队没能在公司中共事5年。另一家机构在其所研究的12个创业团队的个案中发现，只有两个创业团队在创立5年以后还保持着创立初期时的完整。有些新创企业中，员工跳槽成了企业的常态，关键性人才的缺失如果正好发生在企业的关键性发展阶段，就更让创业者头痛。

积极寻找合适的团队成员，组建高效创业团队，通过沟通、协调、激励、奖惩、评价、目标设定等多种手段管理团队，在创业团队发展的不同阶段确定相应的管理内容，科学合理地对成员进行绩效评价等有助于解决以上问题。

4. 资源不足

资源的有限性和市场的自发性使创业者或新创企业无法拥有所需要的全部资源，导致企业面临资源不足的风险。创业者在资源方面遇到的问题可以表现为人才缺失、客户流失、技术创新性不强、资金断流、财务管理出现漏洞等，这些都有可能使创业者在激烈的竞争中败下阵来。人才资源、客户资源、技术资源等在前面的三个方面都有论述，这里只讨论财务资源不足的问题。财务资源不足的表现是资金短缺，这几乎是任何一家新创企业都会面临的问题。很多人在初次创业时，都面临资源欠缺，特别是启动资金缺乏的困境；企业步入正轨之后，为了发展壮大，扩大规模、增加项目也会导致对资金的需求增加，如果创业者不能够及时筹集到所需要的经营资金，就会导致现金流中断，使资金成为影响企业发展的瓶颈。

对创业所需资金进行合理估计，可以避免由于筹资不足影响企业健康成长和后续发展的情况；建立和经营创业者自身和新创企业的信用，可以提高获得资金的概率；设置企业的财务结构，在企业的长远发展和目前利益之间进行权衡，从恰当的渠道获得资金，以及对现金流的良好管理，可以避免现金断流带来的财务拮据甚至破产清算的局面。

三、创业计划书的撰写和展示技巧

逐步将创业构想转化成文字的过程，其实就是写作创业计划书主要内容的过程。了解撰写过程中的技巧，能够使撰写的创业计划书更具有吸引力和可信度。

（一）创业计划书撰写原则

创业计划书在撰写时应遵循目标明确、优势突出、内容真实、体现诚意、要素齐全、语言平实、通俗易懂、结构严谨、风格统一、有理有据、循序渐进、详略得当、篇幅适当等原则。适合的篇幅一般为20～35页，包括附录在内。

（二）撰写技巧

创业计划书在撰写时如果能对以下十一个问题有清晰的认识，则一方面可以提高创业计划书的易读性，另一方面可以提高企业融资的概率。

第一，5分钟的考试。一般来说，风险投资家或评审专家阅读一份创业计划书的时间在5分钟左右，主要关注业务和行业性质、项目性质、资产负债表、团队及吸引人的地方等内容。

第二，内容要完整。一份好的创业计划书起码要涉及如下内容：计划摘要、产品与服务、团队和管理、市场预测、营销策略、生产计划、财务规划、风险分析。创业计划书不应该遗漏任何要素。

第三，投资项目中最重要的因素是人。对于创业团队一定要按照团队组建原则和优秀团队特征等知识点进行如实描述，对团队成员的构成及其分工情况进行重点介绍。

第四，提高撰写水平的途径是阅读他人的创业计划书。阅读他人的创业计划书是帮助创业者提高自己写作能力的有效途径之一。撰写创业计划书之前阅读十几份他人的创业计划书将会有很大帮助。

第五，记住43.1%规则。一位风险投资家一般会希望在5年内将其资金翻6倍，相当于每年投资回报率（RDI）大约是43.1%[①]。因此，一份承诺每年投资回报率在40%~50%之间的创业计划书对风险投资家来说比较靠谱；如果是借款则需要有还本付息计划。

第六，打中11环。做最充分的准备，对创业计划进行最详细的论证，准备回答所有和创业计划有关的负面问题，以降低创业风险。另外，在会见风险投资者之前，创业者可以将所有负面问题的答案以"小字条"的方式进行准备，给自己足够的心理支持和勇气。

第七，熟悉吸引投资者的方法。取得风险企业家名录是一种事半功倍的吸引投资者的方法。

第八，准备回答最刁钻的问题。对创业者来说，也许"你的创业计划书给其他风险投资者看过吗？"是一个两难的问题，建议创业者遵循诚实守信的原则，如实回答。

第九，对待被拒绝。审阅创业计划书是风险投资者日常工作的部分，拒绝大多数的创业计划也是风险投资者的工作常态。创业者没必要因为创业计划被拒绝而伤心欲绝，而是应该把其当作不断完善创业计划书的手段。如果创业者在每一次被拒绝之后都能够很好地采纳风险投资者的建议，进一步优化其创业计划，则被拒绝一次就离被接受近了。

第十，创业计划书最重要的内容。对投资者来说，创业计划书中最重要的内容是资产负债表以及团队的介绍。资产负债表说明企业的财务状况，能否及时偿债以及有多少尚未分配的利润归属于投资者；创业团队的介绍则是创业项目能否成功的关键。

第十一，把本收回来。任何人进行投资，其最低的要求都是把本金收回来，因此，在融资时能够基于这条原则进行阐述，使投资者在最短时间内将本金收回，则得到资金的概率会大大增加。

（三）创业计划书展示技巧

精心准备和经常锻炼是使创业计划书展示变得精彩的基本方法。巧妙构思展示的内容、制作专业的展示PPT，可以提高展示者的信心，使展示获得满意的效果。

1. 展示准备

展示准备和即将展示的内容同样重要。展示准备包括演讲前的准备和演讲过程中的准备两个方面。

在展示自己的创业计划之前，首先需要搜集听众的相关信息，以便和听众建立各种联

[①] $(1+43.1\%)^5 = 6$。

系。通过搜索风险投资网站,可以了解参加展示的风险投资家或者天使投资者的信息,分析自己的创业计划和这些听众之间是否存在某种联系,或者演讲者本人与这些听众之间是否有个人联系。如果创业计划能够和听众的某些活动联系起来,或者演讲者曾经和听众有过同学关系,或者有相同的兴趣爱好,则会让投资者感觉到给予支持可能带来的益处,或者和演讲者形成融洽的交谈关系,展示工作会达到事半功倍的效果;准备和展示场合相符的服装,按照合理分配的展示时间多进行练习,尽可能多地了解展示场地的信息,都是准备阶段应该做的工作。

展示过程的第一步就是决定由谁来负责展示,一般的创业计划大赛都会要求所有创业团队成员参加展示,但是并不要求所有成员都进行陈述,因此选择合适的人员进行陈述是成功的关键因素之一;其次,展示过程中的核心元素是展示的人,而不是展示的幻灯片,展示的幻灯片一定要做得简明扼要,只提供展示的总体框架以及强调发言内容的重点,展示者一定要将听众的目光吸引在自己身上;最后,想方设法使展示生动有趣、充满激情。麻省理工学院的一项权威调查表明,沟通涉及三个层面:视觉(身体语言)占55%,声音(语音语调)占35%,口头表达(用语用词)占10%。因此,在展示进程中,通过向观众提问而有意停顿,或提高音量,或使用丰富的表情感染鼓舞观众,吸引观众注意力,多和观众沟通等都是不错的展示技巧。

2. 展示内容

展示的重点一定要放在观众而不是演讲者感兴趣的地方;展示的PPT应尽可能简单,一些专家给出了6-6-6法则,即每行不超过6个词语,每页不超过6行,连续6张纯文字的PPT之后需要一个视觉停顿(采用带有图表的PPT)等;一场二三十分钟的演讲最多不超过12张PPT。下面是一个推荐展示的PPT模板,共计12张PPT。

展示的PPT往往从标题幻灯片开始,该张PPT包括企业的名称/标志,创始人姓名和联系方式。

第一张PPT:概述。对产品或服务进行简要介绍,对演讲要点逐一简介,对该项商业活动带来的潜在收益(经济效益、社会效益)等进行简单说明。

第二张PPT:问题。说明亟待解决的问题(问题在哪儿?为什么会出现该问题?如何解决该问题?);通过调查证实的问题(潜在顾客的需求是什么?专家有哪些建议?);问题的严重性如何。

第三张PPT:解决办法。说明企业的解决办法与其他解决方案相比的独特之处;展示本企业的解决方案在多大程度上可以改变顾客的生活,以及企业的解决方案有什么进入壁垒。

第四张PPT:机会和目标市场。要清楚定位企业具体的目标市场,对目标市场的广阔前景进行展望;通过图表的方式展示目标市场的规模、预期销售额和预期市场份额等信息,说明拟采取什么方法实现销售计划。

第五张PPT:技术。介绍技术或产品或服务的独特之处,尽可能对技术的描述通俗易懂,切忌使用专业术语进行陈述;展示产品的图片、相关描述或者样品,如果产品已经试生产结束,则最好展示样品;说明可能涉及的知识产权问题,以及企业采用的保护措施。

第六张PPT:竞争。详细阐述直接、间接和未来的竞争者,展示创业计划书中的竞争者情况,说明和竞争对手相比的竞争优势。

第七张PPT:市场和销售。描述总体的市场计划、定价策略、销售过程以及销售渠道。说明消费者的购买动机、企业激起消费者购买欲望的方法,以及产品或服务如何到达最终的消费者手中。

第八张PPT:管理团队。介绍现有管理团队(团队成员的背景和专长,以及在企业中将要发挥的作用,如何进行团队合作等),说明管理团队存在的缺陷或不足,如果有顾问委员会最好予以介绍。

第九张PPT:财务规划。介绍未来3~5年企业总体的盈利状况、财务状况及现金流状况,尽量将规划的内容显示在一张PPT上,而且只显示总体数据,同时做好回答和数据相关问题的心理准备。

第十张PPT:现状。用数据突出已经取得的重大进展,介绍启动资金的来源、构成和使用情况;介绍现有的所有权结构,介绍企业采用的法律形式及其原因。

第十一张PPT:财务要求。如果有融资计划,介绍想要的融资渠道及筹集资金的使用方式,同时介绍资金筹集后可能取得的重大进展。

第十二张PPT:总结。总结企业最大的优势、团队最大的优势,同时介绍企业的退出策略,并征求反馈意见。

四、创业计划书常见问题及对策

在撰写创业计划书的过程中,由于撰写者对创业计划书内容的不熟悉,对国家相关法律法规不够了解,对相关知识掌握得不够充分等,往往会存在一些共性的问题,在此予以总结,以便使创业者的创业计划书更加完善。

(一)企业概况

本部分的常见问题有企业名称不符合要求,或者特许经营范畴的项目未经过授权,或者注册资金的选择不符合有关规定。但2013年10月25日,国务院召开国务院常务会议,部署推进公司注册资本登记制度改革,放宽注册资本登记条件:除法律法规另有规定外,取消公司制企业最低注册资本的限制,并不再限制公司设立时股东(发起人)的首次出资比例和缴足出资的期限。

创业者还应关注经营范围特许的相关规定,普通投资者无法进入的蓝海包括供水、供气、供热、公共客运等领域;另外,烟草需要有专卖许可,食品行业需要有经营许可以及卫生许可等;酒吧和歌厅等可能不适合学生创业,其对社会关系的要求较高。

(二)产品和服务

本部分的典型问题有:技术不过关,未能提供专利证明或未提供技术授权,缺乏售后服务的考虑等。

对产品服务进行描述时，如果涉及核心技术应保证技术已经通过中试，最好通过了终试，而不仅仅是实验室中的产品；如果使用的是他人的技术，应提供技术授权书或者转让证书。对于学生创办的大部分企业，很难说一开始就从技术上超越现有企业。因此，完善售后服务，以及和客户建立良好信任关系往往是企业打开销路的第一步；何况现在严重供大于求，以客户为中心的客户关系管理更加重要。

（三）商业构想与市场分析

本部分的典型问题有：目标人群混乱，需求不确定，市场调研不深入，缺乏对竞争对手的了解等。

创业者需要在进行项目论证时，通过设计有针对性的调查问卷，进行充分的市场调查；然后根据调查资料的整理结果进行科学的市场细分，确定企业拟进入的细分市场；同时广泛搜寻竞争对手的相关信息，分析企业相对于竞争对手的竞争优势，制定有针对性的营销策略。

（四）企业选址

本部分的典型问题有：企业地址的选择不方便目标人群，或者成本过高等。撰写创业计划书时，很多人依然基于传统的营销理论，站在产品（product）、地址（place）、价格（price）、促销（promotion）的4P角度对企业选址进行论述，选在方便创业者的地点，缺乏对客户需求的考虑。建议撰写者站在4C的角度重新考虑选址的问题，根据企业的顾客（customer）及其愿意接受的价格（cost），在客户方便购买的地方经营（convenience），并且通过加强沟通（communication）进一步了解并满足顾客需求。

（五）营销方式

本部分的典型问题有：定价过低，市场推广策略简单化、平面化，营销策略急于求成等。

创业者一定要了解"一分价钱一分货"的道理，太低的定价也许给消费者带来"产品质量一般"的印象，而不一定能够增加产品销售量。大学生创业可以通过增加售后服务等措施增强企业的竞争力。尽可能采用富有创意的营销策略，采用不同的营销措施，吸引消费者的注意力，提高产品的销售量。一步一个脚印地将营销工作做好，而不是异想天开地急于求成。

（六）法律形式

本部分的典型问题有：对各种法律形式的特点不甚了解，做选择时比较盲目、想当然；对一人有限责任公司较陌生。

（七）股份构成

本部分的典型问题表现为两个极端：股东一股独大，或者股东过于分散。如同团队组建原则中所说，企业应该建立合理的利益分配机制，通过设置恰当的股份结构，既有利于经营过程中决策的及时性，又保证投资者在企业中利益的均衡。一股独大不利于调动其他投资者的积极性，股权过于分散可能会使决策周期过长，丧失投资良机。

（八）组织架构和创业团队

本部分的典型问题有：团队成员背景单一，团队成员分工不合理等。团队成员背景单一则缺乏学科跨度、经验跨度、资源跨度等，在组建创业团队时应尽可能选择不同专业、特长、性格、资源的人进行合作。高校学生参加创业计划竞赛时，高科技产品的创业团队最好有研究生参与。

（九）成本预测

本部分的典型问题也表现为两个极端：成本估测过高，或者成本估测过低。成本估测过高，可能会影响创业的信心和决心，使原本不错的项目被放弃执行；成本估测过低，则会使项目运作开始后发生亏本现象，甚至导致企业倒闭。因此，创业团队应该在制订生产计划时，对创业项目的成本进行深入细致的调查思考、精确周密的计算分析，使创业项目的成本预测接近于实际。创业团队可以请教行业内专家，或专职教师帮忙分析。

（十）现金流管理

本部分的典型问题有：现金支出估计不足，未留有一定的风险资金。

（十一）盈利情况

本部分的典型问题表现为过于乐观。很多创业计划书在盈利能力描述部分给出的预测数据过于乐观，给人以外行的感觉。比如，动辄40%~50%的毛利，1年左右的投资回收期，20%左右的净利率等。建议创业团队在成本预测较为准确的情况下，正确估计盈利情况。

（十二）资产负债表

本部分的典型问题为资产负债表的数据两边不平衡，以及利润表和现金流量表的钩稽关系不正确等。

资产负债表的编制原理是"资产=负债+所有者权益"，可是这一最基本的公式并不为大部分创业者所熟悉，编出的报表漏洞百出，或者资产负债表的数据两边不平衡（等式左右两边不相等），或者缺乏报表之间应有的对应关系等。建议创业团队向专业教师进行咨询。

第三节　成立企业

一、企业法律形式选择

企业创立之前，创业者应该首先确定拟创办企业的法律组织形式。新创企业可采用不同的组织形式，如创业者个人独立创办的个人独资企业，或者由创业者团队创办的合伙制企业，或者成立以法人为主体的有限责任公司和股份有限公司。对创业者而言，各种法律组织形式没有绝对的好坏之分，各有利弊。但无论选择怎样的形式，都必须根据国家的法律法规要求和新创企业的实际情况，科学衡量各种组织形式的利弊，决定合适的组织形式。

2006 年 8 月 27 日第十届全国人民代表大会第二十三次会议通过了《中华人民共和国合伙企业法》，2018 年 10 月 26 日第十三届全国人民代表大会常务委员会第六次会议通过了《中华人民共和国公司法》。

（一）个人独资企业

个人独资企业是最常见的企业法律组织形式。个人独资企业又称个人业主制企业，是指依法设立，由一个自然人投资并承担无限连带责任，财产为投资者个人所有的经营实体。当个人独资企业财产不足以清偿债务时，选择这种企业形式的创业者须依法以其个人其他财产予以清偿。在各类企业当中，个人独资企业的创设条件最简单。根据《中华人民共和国个人独资企业法》，只要满足以下五种条件，就可以申请设立个人独资企业。

（1）投资人为一个自然人。
（2）有合法的企业名称。
（3）有投资人申报的出资，国家对其注册资金实行申报制，没有最低限额。
（4）有固定的生产经营场所和必要的生产经营条件。
（5）有必要的从业人员。

个人独资企业成功与否依赖于所有者个人的技能和能力，当然，所有者也可以雇用那些有其他技能和能力的员工。

（二）合伙企业

如果两个或两个以上的人共同创业，那么可以选择合伙制作为新创企业的法律组织形式。根据《中华人民共和国合伙企业法》，合伙企业是指依法在中国境内设立的由各合伙人订立合伙协议，共同出资、合伙经营、共享收益、共担风险，并对合伙企业债务承担无限连带责任的营利性组织。合伙企业包括普通合伙企业和有限合伙企业两种形式。两者最大的区别在于有限合伙企业有两种不同的所有者：普通合伙人和有限合伙人。其中，普通合伙人对合伙企业的债务和义务负责，而有限合伙人仅以投资额为限承担有限责任，但后者一般不享有对组织的控制权。另外，普通合伙企业合伙人可以用货币、实物、知识产权、土地使用权或者其他财产权利出资，也可以用劳务出资。但有限合伙企业的有限合伙人不得以劳务出资。以下主要介绍普通合伙企业。

除了要有合伙企业的名称、经营场所以及从事合伙经营的必要条件之外，设立合伙企业还应当具备以下几个条件。

（1）合伙企业必须有两个以上合伙人，合伙人应当具备完全民事行为能力，且能够依法承担无限责任者。

（2）合伙人应当遵循自愿、平等、公平、诚实信用原则订立合伙协议，合伙协议应载明合伙企业的名称、地点、经费范围、合伙人出资额和权责情况等基本事项。

（3）合伙人应当按照合伙协议约定的出资方式数额和缴付出资的期限，履行出资义务。合伙人出资可以用货币、实物、土地使用权、知识产权或者其他财产权利。上述出资应当是合伙人的合法财产及财产权利。合伙人以劳务出资的，其评估办法由全体合伙人协商确定。

（三）有限责任公司和股份有限公司

公司是现代社会中最主要的企业形式。它以营利为目的，由股东出资形成，拥有独立的财产，享有法人财产权，独立从事生产经营活动，依法享有民事权利，承担民事责任，并以其全部财产对公司的债务承担责任的企业法人。所有权与经营权分离，是公司制的重要产权基础。与传统"两权合一"的业主制、合伙制相比，创业者选择公司制作为企业组织形式的一个最大特点就是仅以其所持股份或出资额为限对公司承担有限责任；另一个特点是存在双重纳税问题，即公司盈利要上缴公司所得税，创业者作为股东还要上缴企业投资所得税或个人所得税。根据《中华人民共和国公司法》（以下简称《公司法》），我国的公司分有限责任公司（包括一人有限责任公司）和股份有限公司两种类型。

设立有限责任公司，应当具备下列条件。

（1）股东符合法定人数。根据我国《公司法》第二十四条规定：有限责任公司由五十个以下股东出资设立。

（2）有符合公司章程规定的全体股东认缴的出资额。有限责任公司的注册资本为在公司登记机关登记的全体股东认缴的出资额。法律、行政法规以及国务院决定对有限责任公司注册资本实缴、注册资本最低限额另有规定的，从其规定。股东可以用货币出资，也可以用实物、知识产权、土地使用权等可以用货币估价并可以依法转让的非货币财产作价出资；但是，法律、行政法规规定不得作为出资的财产除外。对作为出资的非货币财产应当评估作价核实财产，不得高估或者低估作价。法律、行政法规对评估作价有规定的，从其规定。

（3）股东共同制定公司章程。有限责任公司章程应当载明下列事项：公司名称和住所；公司经营范围；公司注册资本；股东的姓名或者名称；股东的出资方式、出资额和出资时间；公司的机构及其产生办法、职权、议事规则；公司法定代表人；股东会议认为需要规定的其他事项。股东应当在公司章程上签名、盖章。

（4）有公司名称，建立符合有限责任公司要求的组织机构。

（5）有公司住所。一人有限责任公司，指只有一个自然人股东或者一个法人股东的有限责任公司。一个自然人只能投资设立一个一人有限责任公司。该一人有限责任公司不能投资设立新的一人有限责任公司。一人有限责任公司应当在公司登记中注明自然人独资或者法人独资，并在公司营业执照中载明。

设立股份有限公司，应当具备下列条件。

（1）发起人符合法定人数。设立股份有限公司，应当有二人以上二百人以下为发起人，其中须有半数以上的发起人在中国境内有住所。发起人承担公司筹办事务，应当签订发起人协议，明确各自在公司设立过程中的权利和义务。

（2）有符合公司章程规定的全体发起人认购的股本总额或者募集的实收股本总额。股份有限公司采取发起设立方式设立的，注册资本为在公司登记机关登记的全体发起人认购的股本总额。在发起人认购的股份缴足前，不得向他人募集股份；股份有限公司采取募集方式设立的，注册资本为在公司登记机关登记的实收股本总额。法律、行政法规以及国务院决定对股份有限公司注册资本实缴、注册资本最低限额另有规定的，从其规定。

(3) 股份发行、筹办事项符合法律规定。

(4) 发起人制定公司章程，采用募集方式设立的经创立大会通过。公司章程应当载明下列事项：公司名称和住所；公司经营范围；公司设立方式；公司股份总数、每股金额和注册资本；发起人的姓名或者名称、认购的股份数、出资方式和出资时间；董事会的组成、职权和议事规则；公司法定代表人；监事会的组成、职权和议事规则；公司利润分配办法；公司的解散事由与清算办法；公司的通知和公告办法；股东大会会议认为需要规定的其他事项。

(5) 有公司名称，建立符合股份有限公司要求的组织机构。

(6) 有公司住所。

相关材料包括公司章程、名称预先核准通知书、法人和全体股东的身份证、公司住所证明复印件（房产证及租赁合同）、前置审批文件或证件、生产性企业的环境评估报告等。

对于各种企业组织形式对创业者的优劣势比较，如表12-1所示。

表12-1　各种企业组织形式对创业者的优劣势比较

项目	优势	劣势
个人独资所有者拥有企业控制权	手续非常简便，费用低；所有者拥有企业控制权；可以迅速对市场变化做出反应；只需缴纳个人所得税，无须双重课税；在技术和经营方面易于保密	承担无限责任；企业成功过多依赖创业者个人能力；筹资困难；企业随着创业者退出而消亡，寿命有限；投资流动性低
企业合伙	手续比较简单、费用低；经营上比较灵活；企业拥有更多人的技能和能力；资金来源较广，信用度较高	承担无限责任；企业绩效依赖合伙人的能力，企业规模受限；企业往往因关键合伙人死亡或退出而解散；投资流动性低，产权转让困难
有限责任公司	创业股东只承担有限责任，风险小；公司具有独立寿命，易于存续；可以吸纳多个投资人，促进资本集中；多元化产权结构有利于决策科学化	创立的程序比较复杂，创立费用较高；存在双重纳税问题，税收负担较重；不能公开发行股票，筹集资金的规模受限；产权不能充分流动，资产运作受限
股份责任公司	创业股东只承担有限责任，风险小；筹资能力强；公司具有独立寿命，易于存续；职业经理人进行管理，管理水平较高；产权可以股票形式充分流动	创立的程序复杂，创立费用高；存在双重纳税问题，税收负担较重；股份有限公司要定期报告公司的财务状况、公开自己的财物数据，政府限制较多，法规的要求比较严格

根据以上分析，不同企业组织形式对创业者而言各有其优势与劣势。在实际创业过程中创业者应根据自身资源与能力条件及市场状况做出适当选择。

二、企业注册流程及相关法律文件

按照现行法律法规，创业者注册新公司需要遵循一定的流程，并需要到相应的政府部门登记审批。相关审批登记项目包括公司核名、经营项目审批、公司公章备案、验资、申领营业执照/组织代码证/税务登记证、银行开户等。

（一）公司核名

注册公司第一步就是公司名称审核，即查名。创业者需要通过市工商行政管理局进行名称注册申请，由工商行政管理局进行综合审定，给予注册核准，并发放盖有市工商行政管理局名称登记专用章的"企业名称预先核准通知书"。

此过程中，申办人需提供法人和股东的身份证复印件，并提供2~10个公司名称，写明经营范围、出资比例。公司名称要符合规范，例如，北京（地区名）+某某（企业名）+有限公司（类型）。

（二）经营项目审批

如新创企业的经营范围中涉及特种行业许可经管项目，则需推送相关部门报审盖章。特种许可项目涉及旅馆、印铸刻字、旧货、典当、拍卖、信托寄卖等行业，需要消防、治安、环保、科委等行政部门审批。特种行业许可证办理，根据行业情况及相应部门规定不同，分为前置审批和后置审批。

（三）公司公章备案

企业办理工商注册登记过程中，需要使用图章，由公安部门刻出。公司用章包括公章、财务章、法人章、全体股东章、公司名称章等。

（四）验资

按照《公司法》规定，投资者需按照各自的出资比例，提供相关注册资金的证明，通过审计部门进行审计并出具"验资报告"。

（五）申领营业执照

从2015年10月1日起，全国范围内开始全面实行"三证合一"的登记制度。"三证合一"的登记制度是指将企业登记时依次申请的，分别由工商部门核发的营业执照、质监部门核发的组织机构代码证、税务部门核发的税务登记证，改为一次申请，由工商部门核发一个加载统一社会信用代码的营业执照，即"一照一码"营业执照。

（六）银行开户

新创办企业需设立基本账户，企业可根据自己的具体情况选择开户银行。银行开户应提供的材料包括营业执照正本、组织机构代码证正本、公司公章/法人章/财务专用章、法人身份证、国地税务登记证正本等。

三、创办企业必须考虑的法律问题

一个社会的法律规定为其公民能做什么或不能做什么建立了一个框架。这个法律框架同样在一定程度上允许或禁止创业者所做的某些决策和采取的部分行动。显然，创办企业会受当地法律的影响，创业者必须了解并处理好一些重要的法律和伦理问题。创业涉及的法律和伦理问题相当复杂。创业者需要认识到这些问题，以免由于早期的法律和伦理失误而给新创企业带来沉重代价，甚至使其夭折。创业者一般不会有意触犯法律，但往往高估他们所掌握的与创办和经营企业相关的法律知识，或者缺乏伦理意识。在企业的创建阶段，创业者面临的法律问题包括：确定企业的形式，设立适当的税收记录，协调租赁和融资问题，起草合同，以及申请专利、商标或版权的保护。在每一个创建活动中，都有特定的法律和规定决定创业者能做什么和不能做什么。一名创业者必须熟悉相关法律法规。但是法律环境对创业的影响并没有到此为止。当企业创办起来并开始运营后，仍然有与经营相关的法律问题。例如，人力资源或劳动法规可能会影响员工的雇用、报酬以及工作评定的确定；安全法规可能会影响产品的设计和包装、工作场所和机器设备的设计和使用，环境污染的控制，以及物种的保护。尽管许多法规可能在某一企业达到一定规模时才适用，但事实是，新创企业都追求发展，这意味着创业者很快就会面临这些法律问题。表12-2指出了新创企业不同阶段面临的法律问题。

表12-2 新创企业不同阶段面临的法律问题

创建阶段的法律问题	经营现行业务中的法律问题
确定企业的法律形式	人力资源管理（劳动）法规
设立税收记录	安全法规
进行租赁和融资谈判	质量法规
起草合同	财务和会计法规
申请专利、商标和版权保护	市场竞争法规

知识产权是人们对自己通过智力活动创造的成果所依法享有的权利。知识产权包括专利、商标、版权等，是企业的重要资产。知识产权可通过许可证经营或出售，带来许可经营收入。实际上，几乎所有的企业（包括新创企业）都拥有一些对其成功起关键作用的知识、信息和创意。传统观念将物质资产如土地、房屋和设备等看作企业最重要的资产，而现在知识资产已逐渐成为企业中最具价值的资产。对创业者来说，为了有效保护自己的知识产权，也为了避免无意中违法侵犯他人的知识产权，了解相关法律非常重要。表12-3是企业各部门中典型的知识产权的保护方法。

表12-3 企业各部门中典型的知识产权的保护方法

部门	典型的知识产权形式	常用保护方法
营销部门	名称、标语、标识、广告语、广告、手册、非正式出版物、未完成的广告副本、顾客名单、潜在顾客名单及类似信息	商标、版权和商业秘密
管理部门	招聘手册、员工手册、招聘人员在选择和聘用候选人时使用的表格和清单、书面的培训材料和企业的实时通讯手册	版权和商业秘密
财务部门	各类描述企业财务绩效的合同、幻灯片，解释企业如何管理财务的书面材料，员工薪酬记录	版权和商业秘密

续表

部门	典型的知识产权形式	常用保护方法
管理信息部门	网站设计、互联网域名、公司特有的计算机设备和软件的培训手册、计算机源代码、电子邮件名单	版权、商业秘密和注册互联网域名
研究开发部门	新的和有用的发明和商业流程、现有发明和流程的改进、记录发明日期和不同项目进展计划的实验室备忘录	专利和商业机密

（一）专利与专利法

专利是指某个政府机构根据申请颁发的文件，它被用来记述一项发明，并且创造一种法律状况，在这种情况下，专利发明通常只有经过专利权所有人的许可才可以被利用。专利制度主要是为了解决发明创造的权利归属与发明创造的利用问题。专利法可以有效地保护专利拥有者的合法权益。创业者对其个人或企业的发明创造应及时申请专利，以寻求法律保护，使自己的利益不受侵犯，或者在受到侵犯时，有法律依据提出诉讼，要求侵害方予以赔偿。我国于1984年3月12日颁布了《中华人民共和国专利法》，并于1992年9月4日进行了修订。2001年6月15日国务院颁布《中华人民共和国专利法实施细则》，自2001年7月1日起施行。

（二）商标与商标法

商标是指在商品或者服务项目上所使用的，由文字、图形、字母、数字、三维标志和颜色组合，以及上述要素的组合构成的显著标志。它用以识别不同经营者所生产、制造、加工、拣选、经销的商品或者提供的服务。商标是企业的一种无形资产，具有很高的价值。这种价值体现在独特性和所产生的经济利益上。保护和提高商标的价值，可以为企业带来巨大的收益。商标包括注册商标和未注册商标，目前我国只对人用药品和烟草制品实行强制注册，通常所讲商标均指注册商标。注册商标包括商品商标、服务商标、集体商标、证明商标。注册商标的有效期为10年，可以申请续展，每次续展注册的有效期也为10年。商标注册申请人必须是依法成立的企业、事业单位、社会团体、个体工商户、个人合伙以及符合《中华人民共和国商标法》第九条规定的外国人或者外国企业。我国于1982年8月23日颁布了《中华人民共和国商标法》，并于1993年2月22日进行了第一次修正，2001年10月27日进行了第二次修正，2013年8月30日进行了第三次修正。

（三）著作权与著作权法

著作权也称版权，是指作者对其创作的文学艺术和科学作品依法享有的权利。著作权包括发表权、署名权、修改权、保护作品完整权、复制权、发行权、出租权、展览权、表演权、放映权、广播权、信息网络传播权、摄制权、改编权、翻译权、汇编权以及应当由著作权人享有的其他权利等17项权利。对著作权的保护是对作者原始工作的保护。著作权保护期限为作者有生之年加上去世后50年。我国实行作品自动保护原则和自愿登记原则，即作品一旦产生，作者便享有版权，登记与否都受法律保护；自愿登记后可以起证据作用。国家版权局认定中国版权保护中心为软件登记机构，其他作品的登记机构为所在省版权局。

我国于 1990 年 9 月 7 日颁布了《中华人民共和国著作权法》（以下简称《著作权法》），2001 年 10 月 27 日进行了修正。计算机软件属于版权保护的作品范畴。我国根据《著作权法》，制定了《计算机软件保护条例》，并于 1991 年 6 月 4 日发布。在该条例中计算机软件是指计算机字及其有关文档。

除了与知识产权相关的法律法规外，还有《反不正当竞争法》《合同法》《产品质量法》《劳动法》等法律法规也是创业者及其团队成员所应当了解和关注的。

四、新创企业的社会认同

新创企业在发展的最初阶段往往面临如何建立包括消费者、供应商和投资者在内的利益相关者对其产品、服务或商业模式乃至组织自身的理解和认识的问题。在漫长的经营、成长过程中，企业要想做大、做强、做久，最终成为百年名店，仅仅做到提供顾客所需要的产品和服务以及遵纪守法是不够的，还要进一步符合道德标准，主动承担社会责任，通过良好的行为表现获得社会各界的广泛认同。

（一）社会责任与社会道德

一个企业应该承担多少社会责任，以及应该承担什么样的社会责任，近年来一直是一个热门的讨论话题。新创企业能否取得成功不仅取决于创业者是否能够把握和实现新的创业机会，而且取决于由这种创业活动所引发的新的经济活动在多大程度上符合现有制度规范的要求或是建立新的制度规范，从而能够为利益相关者（如供应商、消费者和员工等）、一般公众和社会整体制度所认可和接受。因此，创业活动不仅受到市场环境的影响，而且受到社会规范和价值体系的约束，道德就是其中之一。

在人们的生活中，肯定遇到过许多道德上的两难问题。例如，为一位没有钱的朋友复制一份价格不菲的计算机软件是道德的吗？或者，假设你是一位健身器材销售代表，只是为了得到奖金，你勉强本不需要或者无力支付的顾客购买产品是道德的吗？道德是判定决策和行为是对还是错的惯例和原则。考虑一下对正确和错误的各种不同的解释，就能明白道德是多么复杂的一个问题。但是，创业者在对其新创企业做出决策和采取行动时，道德因素确实在起作用。创业者需要了解这些决策和行动的道德后果。研究显示，与经理人相比，企业家通常具有更严格的道德标准，而且也能更好地按自己的理念生活。

（二）道德与道德管理

从广义上讲，道德就是以一种可接受的方式进行任何活动时，所需遵守的原则或参考标准。具体来说，道德就是判断好与坏、对与错的一套行为准则。另外，道德还包含道义责任。

创业者会面临特殊的道德困境，如利益冲突、个性特点、利益相关者的社会责任、开放程度等。利益冲突主要与前面关于道德和经济平衡的问题有关。它包括企图将个人从经营决策中分离出来的紧张状态。个性特点主要与人际关系和个人问题有关。在许多情况下，个人问题或个性人格往往会引发困境。利益相关者的社会责任涵盖了管理合理化的压力，强调了行为准则的重要性。开放程度表明创业者对于价值与期望的要求更加公开。在这些困境中，创业者面临着每天都要做出经营决策的挑战。许多决策是复杂的,并且需要道德上的考虑。

在新创企业发展过程中,充满着无数的冲突,创业者需要对企业战略负道德责任。在强调道德问题的时候,创业者应该分析不同的组织特点。有关研究调查了道德标准、动机目标、法律和战略定位,并运用这些特点来定义不同类型的管理方法:不道德的管理、非道德管理和道德管理。为了使新创企业健康发展,创业者应该制定专门的原则,以便帮助他们在企业成长过程中采取正确的步骤。下面是四条管理者的道德法则。

法则一:雇用最合适的人员。具有道德意识的员工是最好的保障。

法则二:建立标准,而不是规定。

法则三:不要孤立自己。管理者如果置身象牙塔,就可能失去市场竞争力。

法则四:要做出榜样,在任何时候都不犯道德错误。

尽管道德给创业者带来了复杂的挑战,但创业者的价值观对于建立一个道德化的组织非常关键。创业者在做出关键决策的时候都有机会展示诚实、正直和道德。创业者的行为对所有其他员工来说是一个榜样。

(三) 企业社会责任及其承担

社会责任问题日益受到各国政府和民众的广泛关注。《中华人民共和国公司法》(以下简称《公司法》)第五条明确要求,公司从事经营活动必须"承担社会责任",公司理应对其劳动者、债权人、供货商、消费者、公司所在地的居民、自然环境和资源、国家安全和社会的全面发展承担一定责任。《公司法》不仅将强化企业社会责任理念列入总则条款,而且在分则中设计了一套充分强化企业社会责任的具体制度。可见,企业社会责任在我国具有了法律地位。

企业社会责任(Corporate Social Responsibility, CSR)的概念已经广为接受,它是指企业在创造利润、对股东利益负责的同时,还要承担起对企业利益相关者的责任,保护其权益,以获得在经济、社会、环境等多个领域的可持续发展能力。利益相关者是指企业的员工、消费者、供应商、社区和政府等。企业得以可持续经营,仅仅考虑经济因素对股东负责是远远不够的,还必须同时考虑到环境和社会因素,承担起相应的环境责任和社会责任。企业为什么要承担社会责任?源于经济学、法理学和社会学三个方面。

在欧美发达国家,企业社会责任已经从当初以处理劳工冲突和环保问题为主要追求,上升到实施企业社会责任战略以提升企业国际竞争力的阶段。在实践上,随着企业社会责任运动的发展,越来越多的公司通过设立企业社会责任委员会或类似机构来专门处理企业社会责任事项,越来越多的企业公开发表社会责任报告。对西方国家的创业者及其企业来说,承担企业社会责任就是要积极参与企业社会责任运动,贯彻执行由此衍生的 SA800 等各种企业社会责任国际标准。

在我国,强化企业社会责任是一个紧迫的现实问题,是"入世"后中国企业提高国际竞争力面临的一项新的挑战。我国企业在创建伊始就应清楚地认识到推行企业社会责任是人类文明进步的标志,劳工权益保护不仅是西方国家的要求,也是现代企业的历史使命,符合《中华人民共和国劳动法》等许多现行法规的要求。

创业者应该在积极参与和关注企业社会责任运动、企业社会责任国际标准的同时，从以下几个方面着手提高承担企业社会责任的意识和能力：第一，制定实施体现企业社会责任的竞争战略。突破传承的企业竞争战略，在勇于承担企业社会责任的同时，打造企业新的竞争优势是我国新一代创业者的必然选择。第二，把企业社会责任建设融入企业文化建设中。企业文化建设是企业发展战略的一部分，企业文化建设既可以提高企业竞争能力，也可以使人在工作中体会生命的价值。把企业社会责任作为新时期企业文化整合和再造的重要内容，已成为国际企业文化发展的大趋势。第三，把企业社会责任的理念付诸实实在在的行动。在企业的日常经营管理过程中，不仅要对股东负责，对员工负责，还要对客户、供应商负责，对自然环境负责，对社会经济的可持续发展负责。

第四节 新创企业生存管理

一、新创企业管理的特殊性

新创企业成长和现有企业成长具有明显的不同。激烈的市场竞争对已经建立一定竞争优势的强大竞争者有利，它们已经树立了自己的优势，包括品牌、服务、渠道等。作为新入行的企业，只有打破原有竞争格局才能够扭转不利局面。在核心竞争能力尚未形成的时候，应该采用怎样的方式与对手周旋，争取生存机会，然后不断积累实力，加强自身的地位？

2002年迅雷的创始人程浩和邹胜龙开始共同创业时，选择的项目是电子邮件的分布式存储系统。当时电子邮箱开始收费，邮箱容量也越来越大。不过电子邮箱的存储市场并没有他们当初设想的那么大，两三个月后公司陷入困境，两人商量转型。程浩发现，门户、邮箱、搜索、即时通信、下载，其他的都有主流提供商，唯独下载没有，但是大容量文件，如电影、网络游戏有下载需求。于是程浩和邹胜龙决定研发迅雷软件。迅雷软件采用基于网格原理的多资源超线程技术，下载速度极快，但漏洞百出。为了使产品能以最快的速度发布，程浩在研发过程中放弃了对产品各种细节的考究，只关注目标消费者最关心的特性。

与成熟公司不同，新创企业在创业初期的首要任务是在市场中生存下来，让消费者认识和接受自己的产品。

（一）以生存为首要目标

在创业期，企业的首要任务是从无到有，把产品或服务卖出去，掘到第一桶金，在市场上找到立足点，使自己生存下来。在创业阶段，生存是第一位的，一切围绕生存运作，一切危及生存的做法都应避免。

"别再跟我谈对新产品的构想，告诉我们你能推销出去多少现有的产品"是这一时期的典型独白。重要的不在于想什么，而在于做什么，一切以结果为导向。企业里的大多数人，包括创业者在内，都要出去销售产品，这就是所谓"行动起来"。正因如此，企业往往缺乏明确的方针和制度，也没有严格的程序或预算，企业的决策高度集中，不存在授权，是创业者的独角戏。此时企业不清楚自己的能力和弱点，只是开足马力全速前进。

在创业期，企业是机会导向的，有机会就做出反应，而不是有计划、有组织、定位明确地开发利用自己所创造的机会。这使企业不是去左右环境而是被环境所左右，不是创造和驾驭机会而是被机会所驱使，这导致企业不可避免地犯很多错误，促使企业制定一套规章制度以明确该做什么而不该做什么。

从迅雷公司的例子中可以看到，迅雷公司为了能快速把握住转瞬即逝的商机，在下载技术漏洞百出的情况下仍然将其发布上市，利用其速度极快的优势抓住先机；在没有名气，无法打开市场的情况下，迅雷公司不再靠高额的经费推广产品，而是借助金山软件公司的名气找到更多用户。创业初期，迅雷公司创始人不得不采取各种拼凑行为挣扎求存。然而，如果程浩和邹胜龙继续推广漏洞百出的下载软件，顾客会逐渐认识到下载软件的弊端，不但难以拓展更广泛的市场，而且会形成"迅雷软件属于次品""迅雷公司属于低端企业"等印象。但是迅雷公司没有这样做，而是从拼凑资源逐渐成为达到质量水平的标准资源，不断减少拼凑直到最终放弃拼凑行为，从而树立迅雷公司良好的企业形象，促进企业发展。

（二）依靠自有资金创造自由现金流

现金对企业来说就像是人的血液，企业可以承受暂时的亏损，但不能承受现金流的中断。所谓企业的自由现金流就是不包括融资，不包括资本支出以及纳税和利息支出的经营活动的净现金流。自由现金流一旦出现赤字，企业将发生偿债危机，可能导致破产。自由现金流的大小直接反映企业的赚钱能力。它不仅是创业初期，也是成长阶段管理的重点，区别在于对创业初期的管理来说，由于融资条件苛刻，只能依靠自有资金运作来创造自由现金流，这使管理难度更大。创业初期的管理要求经理人必须千方百计增收节支、加速周转、控制发展节奏。

（三）所有的人做所有的事

企业在初创时，尽管建立了正式的部门结构，但很少能按正式组织方式运作。通常是，虽然有名义上的分工，但运作起来是哪里需要，就往哪里去。这种看似的"混乱"，实际是一种高度"有序"的状态。创业初期的企业很有人情味。相互之间都直呼其名，没有高低之分。每个人都清楚组织的目标和自己应当如何为组织目标做贡献，没有人计较得失，没有人计较越权或越级，相互之间只有角色的划分，没有职位的区别。这种在初创时期锻炼出来的团队领导能力，是经理人将来领导大企业高层管理班子的基础。

（四）创业者亲自深入运作细节

经历过创业初期的创业者大都有过这样的体验：曾经直接向顾客推销产品，亲自与供应商谈判折扣，亲自到车间里追踪顾客急需的订单，在库房里卸货、装车、跑银行、催账，策划新产品方案，制订工资计划，曾被经销商欺骗，遭受顾客当面训斥等。创业者对经营全过程的细节了如指掌，才使生意越做越精。

随着企业的逐渐发展，创业者不可能再深入到企业的各个角落，去亲自贯彻自己的领导风格和哲学。授权和分权则成为必然，由于企业缺乏相应的控制制度，授权不可避免地转向分权，导致创业者对企业的失控，从而重新走向集权之路。这样反反复复，最终创业者必须由直觉型的感性管理转变为职业化的专业管理。

二、企业生命周期及新创企业成长的驱动因素

成长和发展是生命的永恒主题。就像任何一个生命一样，企业从诞生之初就有追求成长和发展的内在冲动。企业生命周期理论构成了经济学和管理学对企业成长问题最基本的假设之一。企业在成长过程中会经历若干发展阶段，每个阶段具有相应的特点和驱动因素，这要求企业在各个方面不断变革，与其发展阶段相适应。

（一）企业生命周期

企业生命周期是一种非常有用的工具，大多数企业生命周期理论认为企业一般要经历培育期、成长期、成熟期、衰退期这四个阶段。然而，真实的情况要微妙得多，给那些真正理解这一过程的企业提供了更多的机会，同时也更好地对未来可能发生的危机进行规避。

1. 培育期

新创企业处于培育期。这个阶段企业生存能力弱，抵抗力很低，风险性高，很容易受到产业中原有企业的威胁。此时新创企业处于学习阶段，市场份额低，管理水平低，固定成本大，管理费用高，产品方向上不稳定。企业波动较大，失败率也很高。这是一个由产品创意转变为实际的有效产品和服务的时期。新创企业具有创新精神，一般情况下产品具有特色和竞争力。新创企业成功与否，在很大程度上取决于创建初期的可行性分析，与市场预测和投资决策的关系很大。培育期重点需要解决企业的生存问题。

2. 成长期

在培育期生存下来的企业很快进入成长期，处于这一时期的企业称为成长企业。一般把成长期分为两个时期：成长早期和成长后期。在这一阶段，企业年龄和规模都在增长，企业全面成长，经济实力增强，市场份额逐步提高，竞争能力增大，已能在产业中立住脚跟，企业素质得到全面提高，创新能力也很强，企业已经形成了自己的配套产品。此阶段的主要特点在于：该企业在产业中已经成为"骨干企业"，是中型企业的延伸，但尚未发展为大企业。并不是所有中小企业都能进入成长后期，只有那些由优秀创业者领导、积极承担风险并开展创造性新事业活动的企业才有可能进入成长的快车道。

3. 成熟期

考察企业的演变史能够发现进入成长期的企业本来为数不多，而能够成长为成熟企业并得以留存的则更是凤毛麟角，许多企业在成长过程中已经被淘汰。这一时期分为两个阶段：第一个阶段称为成熟前期，即骨干企业向大型或较大型企业的演变和发展时期，企业内部大多还是单一单位，但已建立起庞大的采购和销售组织，此时的企业前后延伸取得了原料采购和产品销售的控制权，企业经济效益很高，具有较强的生存能力；第二阶段称为成熟后期或蜕变期，是大企业向现代巨型公司或超级大企业演变的重要时期，此时已经走向内部单位的多元化和集团化，能够更有效地进行日常产品流程的协调和未来资源的分配，从而促进了企业的低速持续成长，并造成了管理工作的职业化。此时企业会出现各种各样的问题，如增长缓慢、效益下降、成本上升、士气受到影响、官僚主义加剧等。

4. 衰退期

成熟期的企业如果未实现后期成熟化或蜕变演变，则进入衰退期。存在两种情况的衰退：一方面是受到产业寿命周期的影响，如果该产业已到了衰退期，自然影响到企业，使企业跟着衰退；另一方面可能是该企业患了衰退症。处于衰退期的企业大多是大企业，很容易患大企业病，主要表现在官职增多，官僚主义横行，妨碍联系的本位主义，企业家精神的泯灭，部门之间责任的推诿，士气低落，满足现状，应变能力下降等。

（二）爱迪思企业生命周期模型

在众多企业生命周期模型中，美国学者爱迪思提出的阶段划分最为细致，在理论界和实践界有着广泛影响。他把企业生命周期划分为 12 个阶段，分别是孕育期、婴儿期、学步期、青春期、盛年前期、盛年期、盛年后期、稳定期、贵族期、官僚化早期、官僚期、死亡期。盛年期之前是成长阶段，盛年期之后是老化阶段。下面重点介绍孕育期、婴儿期、学步期、青春期、盛年期、稳定期和官僚期。

1. 孕育期

孕育期是先于企业出现的一个阶段，即梦想阶段。没有梦想，就不会有后来的企业。此阶段的本质，就是创业者确立自己的责任，并且一直伴随着创业者经历企业的全部生命周期。这种责任的形成标志，不是公司在形式上的成立，而是创业者的创意通过了利益相关人的检验，创业者和加盟人都树立起了承担风险的责任心，风险越高，责任越大。同时，这种责任能够得到经理人、雇员、客户、供应商等利益相关者的支持。成功的企业不仅要有好的创意、市场和资金的支持，更需要那种能把自己的全部热情和精力都投入事业的人。创业者的责任心和凝聚力，决定着资源能否积聚和充分利用。

如果创业者的动机仅是为了赚钱，这种急功近利的狭隘不能支撑建立真正的企业。真正的企业，在创业阶段必须要带一点超凡脱俗的动机，如满足市场需求、创造附加价值、增添生活意义等。创业的责任承诺在后来的兑现过程中，可能产生一些不正常和病态的问题。创业者在激动状态下，会被迫或者自愿地做出一些不现实的承诺，常见的问题如慷慨地给加盟者分配股份。在梦想阶段这种股份是不确定的，后来公司有了真正价值使这种股份权益变为现实时，创业者将会备受折磨。

2. 婴儿期

婴儿期不再有浪漫和梦想，而面临着实实在在的生存问题。这一阶段能否健康成长，取决于营运资金和创业者承诺的兑现，增加销售量成为头等大事。此时的正常问题是化解产品与扩大销售的矛盾，这将会使企业筋疲力尽。羽翼未丰的企业处处都需要资金，空想清谈不再有用，需要的是行动和销售。这时候必须稳定产品，核定价格，支持销售。但此时企业管理不到位，创业者忙得只能解决最紧急的事，没有明确的制度，缺乏必要的程序，预算相当有限，不足以建立庞大的团队。创业者只能高度集权，过度承诺，安排日程过满，加班加点工作，从领导到员工都在忙，没有级别之分，没有考核。家庭式的小本经营企业都很脆弱，一不留神小问题就会变成危机，所以，全部人员都全神贯注，决策权高度集中，领导者事必躬亲，只有那种每天工作十几个小时以上而且星期天可以加班的人才能胜任。

导致婴儿期企业夭折的第一个因素就是现金流断裂，婴儿期的企业总是投资不足，为了避免耗尽企业的流动资金必须要有现实的商业计划。一旦出现把短期贷款用于长线投资、不恰当的价格打折、将股份转让给不能同舟共济的风险投资家等失误，就会严重到足以毁灭公司。导致企业夭折的第二个因素是创业者失去控制权或者丧失责任心。缺乏规章制度，为了获取现金而采取权宜之计的坏习惯，尤其是为了保障企业资金链而引进了只求快速收回投资的"狼外婆"式控股者，会让创业者渐渐丧失企业的控制权。当追求事业的热情变成了不堪重负的压力之后，特别是在外来投资者不当干预下企业背离了创业者的初衷时，创业者可能会放弃自己的责任。在婴儿期企业中，独断专行的领导风格几乎是不可避免的，这样才能适时处理危机。但这种风格如果不适当地长期持续，就会在下一个阶段阻碍企业发展。

3. 学步期

当公司运转起来，产品和服务得到市场认可的时候，企业就进入了学步期。这一阶段现金流增加，销售提高，就会出现"初生牛犊不怕虎"的自大，最常见的问题就是摊子铺得过大，任何机会都要考虑，任何好处都舍不得丢弃，卷入太多相干和不相干的生意，精力不能集中，多元化遍地开花。公司就像是一个微型的企业集团，一个小部门甚至一两个人就想要撑起一个"事业部"。创业者独断专行，虽然造就了婴儿期的成功，却隐含着学步期的管理危机。老板们沉醉于眼前的成功，相信自己的天赋，充满不成熟的疯狂想法，而那些促销的折扣与奖励，使销售直线上升却没有利润，甚至销得越多赔得越多。

尽管快速增长表面上是好的，然而让销售额直线上涨是危险的，把资金流寄托于未知的市场份额更危险。此时企业应该夯实基础，稳扎稳打，关注预算、组织结构、分工、职责、激励机制等基本制度建设，学会自律，学会放弃。但是，经营现实中这种企业常常经历一连串的决策失误，碰了钉子才会有些许清醒。所以，学步期实际上是频繁的试错阶段。

4. 青春期

青春期是摆脱创业者的影响进入经理人治理的阶段，也称为再生阶段，即脱离父母监护的独立阶段，这是一个痛苦的过程。即使创业者本人转变为职业经理人，其中的冲突、摩擦也在所难免。规章制度的建立和授权是青春期企业的必经之路。婴儿期大权独揽不存在问题，而到青春期则必须授权，就像父母对长大的孩子必须放手一样。一旦引入职业经理人，就会发生管理风格的变革和企业文化的转化。对创业者来说，婴儿期需要冒险，学步期需要远见，而青春期需要的是规范经营。职业化、减少直觉决策、驾驭机会而不是被机会驱使、创建制度、形成责任体系、改变薪酬规定等，都会成为冲突之源。创业者、创业元老与新经理矛盾冲突不断。青春期的麻烦，实质上是经营目标的转变，由盲目扩大市场份额转向明确追求利润。如果经理人与董事会结成同盟，挤走富有开拓精神却在不断破坏制度的创业者，病态的结果是企业未老先衰，有了"数字化管理"却失去了前瞻眼光，有了组织纪律性却失去了朝气活力，最终会丧失盛年期的收获而直接进入贵族期。完成青春期转变的要害，是创业者与经理人之间的理解、信任与合作。

5. 盛年期

盛年期是灵活性和控制力达到平衡状态的阶段，这是企业蒸蒸日上的时期。此时企业经过了青春期的痛苦，实现了领导机制的转变，建立了有效的管理制度体系，梦想和价值观得以实现，合适的权力结构平衡了创造力和控制力的关系。企业明白它要什么、不要什么，关注点可以兼顾顾客和雇员，销售和利润能够同时增长，它能预测到即将取得的成效。这时的企业已经成为能够共享某些功能的利润中心组合体，规模经济和显著效益可以让公司多产起来，能够分化和衍生出新的婴儿期企业，也能够扩展到新的事业领域，有了相互尊重和信任的企业文化，可以促进企业的内部整合和团结。

当然，盛年期的企业也有问题。虽然婴儿期、学步期、青春期出现过的问题，有可能在盛年期还会出现，但鼎盛状态下要想持续发展，管理人员的培训不足、训练有素的员工不够，则会上升到首要位置。此时已经进入公司发展有预见、可控制并具有资金基础的阶段，所以关键的难题是如何以高素质人员来保持兴盛状态。

6. 稳定期

稳定期是企业的转折点，虽然企业一切欣欣向荣，但是越来越循规蹈矩、安于现状、保守处事。决策的隐含准则是保护自己的利益而非公司利益。高管层虽然也能倾听建议，但却不会探索新的领域。琐细的事实、大量的数据和精密的公式在决策中"满天飞"。稳定期的表象是企业遇到了增长瓶颈，实际上是发展曲线到了顶点。公司有时也会出现新的构想，但却没有了当年的那种兴奋和刺激。典型的表现就是对财务部门的重视超过了对营销部门和研发部门的重视，对改善人际关系的兴趣超过了对冒险创新的兴趣，对昔日辉煌的津津乐道超过了对发展愿景和新战略定位的探索，在用人上更乐意用唯唯诺诺者而不愿再见到桀骜不驯者。表面上，这一阶段没有大毛病，高管层更多地会误以为这就是盛年期，但衰败的种子正在悄悄发芽。

7. 官僚期

官僚化早期和官僚期代表着公司越来越走下坡路。这个阶段的企业不再有真正的长期目标和事业追求，只是为了维持面子而热衷于短期获利和低风险目标。人们为了维护自己的利益而争斗，强调别人造成了灾难，总要有人为错误承担责任，内讧和中伤不断，大家都在争夺企业内部地盘，无人理睬客户需求，那些平时看着不顺眼的员工（正是这些人往往保存着一些创造力）就变成了牺牲品。有创造力的人，在官僚化内讧中往往不是那些擅长权位者的对手；试图推行变革、扭转官僚化趋势的人，其努力不但无济于事，而且往往会搭上自己的职业前程，最后不得不走人。官僚化的结局是企业濒临破产，靠企业自身的努力已经无力回天，到处充斥着制度、表格、程序、规章，就是看不到真正的经营活动。企业最终的命运就是走向死亡。

爱迪思对企业生命周期的概括，为研究管理打开了一个新的视窗。必须注意的是，企业所处的生命阶段，不以时间长短来确定，也不以规模大小为前提。就时间来说，有不少百年老店依然"年轻"，也有不少刚刚建立的企业已经"老态龙钟"；就规模来说，有些世界排名领先的巨型企业依然生机盎然，而有些小型企业已经被送进了"重症监护室"。判断企业年龄的尺度,是灵活性和控制力的消长情况。

(三) 新创企业成长驱动因素

企业度过创业期后,随着成品和服务逐步被市场和消费者所认可,销售收入不断增加,规模不断扩张,出现了非常强烈的成长冲动。从内部看,这一方面是因为企业追求更多的利润;另一方面是因为创业者渴望权力,促进了企业成长。从外部看,市场对产品产生需求,技术要求扩大规模,或者某项新发明创造出新市场也都可能促进企业成长。因此,企业成长的推动力量可概括为企业家的成长欲望和能力、产业与市场因素以及组织资源三个方面。

1. 企业家的成长欲望和能力

企业家具有强烈的成长欲望和对工作充满激情、勇于向环境挑战的能力以及识别和把握机会的能力。正是这些能力使企业家能够把经济资源从生产率较低、产量较小的领域转到生产率较高、产量更大的领域。这些能力是企业实现快速成长最关键和最基本的因素。在《经济发展理论》一书中,约瑟夫·熊彼特用近乎一章的篇幅来阐述创业者的特征:"创造私人王国的梦想和意愿……征服欲望:战斗的渴望、证明自己更强的渴望、成功的追求,并非局限于胜利果实,而在于成功本身……享受创造某事物或仅仅是释放自身精力和天分的乐趣"。

企业家具有强烈的成长欲望,所以在产品投入市场赢得了一定的利润后,企业家一般不以达到个人满意的生活水平和享受利润所带来的好处为目标,而是利用利润进行再投资以期成为向所在行业的大企业挑战的高速发展企业。企业通过向主要顾客销售大量产品而与顾客一起成长,通过改变顾客和产品进一步扩大销售额,及时地通过建立分支机构实现成长。在企业开拓市场的过程中,需要大量的资金,而企业家为了实现快速成长,愿意通过出售股份融资,这为进一步扩张奠定了基础。企业家的工作激情使企业家在实现企业目标时更加坚决、乐观和持之以恒,这不仅深深激发了员工的工作热情,而且使其他企业认为不能实现的事情在企业家型的小企业中得以实现。

企业家勇于向环境挑战而不是被动地适应环境,他们面对激烈动荡的环境,更加关注的是机遇而不是威胁。企业家感到有做事情的责任和主动权,企业家有责任感,不是让情况决定他们的行动,而是更多地去改变他们的情况而行动。企业家擅长识别和追求机会的能力使企业具有创新的优势,创新使企业能够赢得快速成长的机会。企业家能非常快地将识别到的机会付诸实践,企业家对其将要进入的领域非常了解,他们能够找到发展的模式,他们也有信心找到实现模式所缺的资源。从观察来看,创新的成功与资源的投入规模没有关系。通常,企业家利用最低或最有限的资源追求机会。斯迪文森(Howard H. Stevenson)认为企业家所追求到的机会超过他们所控制的有限资源的这种能力是企业家能力之一。

2. 产业与市场因素

进入威胁、替代威胁、买方竞价力、供方竞价力和行业内企业间的竞争这五种作用力共同决定产业竞争的强度以及产业利润率。企业在快速成长的最初阶段,其产品往往处于产品生命周期的导入期和成长期,进入威胁和替代威胁较小,行业中的其他小企业由于缺乏创新精神,一味地被动适应环境,信息相对闭塞,资源相对匮乏,往往对新的业务视而不见。此时，行业内部大企业总是因为市场"太小"而拒绝开发新涌现业务的产品和服务，所以，新的企业可赢得稳固的市场地位。当然，这也是中小企业之所以存在的基础之一。无疑，竞争对手较少，良好的市场情况为企业实现销售额快速增加创造了机会。新产品具有良好的吸引顾客的潜力，虽然最初顾客对新产品不了解，但企业对于区域市场比较熟悉，往往易于打开局面。在巨大的市场需求的牵引下，企业的主要任务是进行批量生产，不必投入过多的市场开发费用，产品的价格相对较高，能够获取高利润，企业自身的规模相对较小，易于实现超速成长。

3. 组织资源

在一定程度上，成长欲望的实现取决于企业所控制和能够利用的资源。在这里，组织资源被广泛定义为员工、财务资源、无形资产、厂房设备、技术能力、组织结构。组织资源决定支持组织成长的能力，如果组织不拥有支持成长战略所需的资源，即使企业家的成长欲望很高，实现的销售额也可能很低。员工、集权的组织结构、财务资源和技术资源对企业的快速成长起着积极的促进作用。例如，在财务资源方面，企业产品的销售价格相对较高，利润较高，在一定程度上能够支持成长所需的资金。此外，银行看好企业的发展前景，愿意提供贷款，具有高成长欲望的企业家愿意通过出售股份融资，赢得更多的资金，适应企业的扩张。这些资金来源能够支持企业成长所需的资金高投入。

三、新创企业容易遇到的管理问题

在企业初创阶段，往往是瞄准某一市场空白点，如果推销工作做得好，企业的成长性往往很好，投资回报率相对于其他阶段要高出许多，企业销售收入能够获得快速增长。由于已有资源不多，企业觉得承担风险的代价不大，勇于冒险，创业者充满了探索精神；创业者充满对未来的期望，往往能够容忍暂时的失误，因此这一时期的创业者对未来的期望值大于已有成就；内部结构简单，办事效率较高等，都是创业初期的典型优势。但也正因为以上优势，当企业由小到大快速成长之后，随着人员的膨胀、市场的扩展等，一些管理问题随之而来。

（一）资金不足

低估对现金和经营资金的需要是较普遍的现象，这源于创业初期创业者典型的热情心态。对于确定所要承担的义务而言，热情起到一定作用，不可或缺，而对资金需要的客观看法却与这种富有幻想的热情不相容。这种倾向实际上就是把成功的目标定得很高，而低估了对资金的需求。并且，企业的产品销量越大，出现资金不足问题的可能性就越大。一个企业的平均年销售增长若超过35%，企业的自有资金一般就不足以支撑这种增长，此时就难免遇到资金周转的困难。

为获得资金，企业常常犯一些基本的错误，如把短期贷款用于较长时间才能产生效益的投资项目；开始用折扣刺激现金流的产生，有时折扣太大以至于不足以弥补变动成本，结果是卖得越多、亏得越大；把股份转让给对"事业"毫无怜悯心的风险资本家等。

创业者应该逐渐重视企业的现金流量、贷款结构和融资成本等，必须要有符合实际的经营计划，而且要以"周"为单位来监控现金流量。记账的重点是现金流量，权责发生制会计虽有利于纳税和盈利分析，但对于及时监控企业生存却不见得有利。严格监控应收账目周转率和存货周转率也是防止经营资金不必要增加的基本手段。

（二）制度不完善

创业初期，企业要不断面对意外出现的各种问题，如顾客投诉、供货商令人不满、银行不愿贷款等。由于没有先例、规章、政策或经验可以借鉴，这就产生了企业的行动导向和机会驱动，这也意味着给规章制度和企业政策所留的空间很小。此时的企业正在试验、探寻成功的含义。一旦把成功的内涵搞清楚了，就会通过制定规章制度和政策来保证今后能取得同样的成功。这一阶段制定规章制度和政策有可能扼杀满足顾客需求的机会。但缺乏规章和政策，为了获取现金而采取权宜之计，又会使企业养成"坏习惯"。习惯成自然，而且这种习惯会持续到未来，对将来造成影响。

对初创期的企业而言，这类坏习惯的代价不高、收益不小。但随着企业员工和客户的增加，坏习惯的价值下降了，代价却直线上升。这样的例子比比皆是，如为争取到订单，企业会千方百计去满足客户的需要，但随后却可能造成创业者对企业失控。在这种情况下，签订风险很高的大宗合同之后，结果可能是巨大的损失。没有规章和政策，企业的管理就会混乱。虽然这对初创期的企业而言是正常的，但却使企业非常脆弱，易受挫折，问题常常演变成危机，这种状况把管理人员变成了消防队员。公司的管理也就只能是由危机到危机的"救火"管理。

（三）因人设岗

初创期的企业，人们所承担的责任和义务是重叠交叉的。例如，总经理可能既管采购，又管销售，还兼管设计；销售人员可能要承担一部分采购工作；会计人员有时又是办公室人员。这时的企业是围绕人来组织，而不是围绕工作本身进行组织的。企业按照缺乏规划的方式成长，只是对各种机会作出反应，而不是有计划、有组织、定位明确地去开发利用自己所创造的未来机会。

对初创期的企业而言，事事优先是正常问题，当企业不断成长，不可避免地犯了些错误之后，就逐渐学会了哪些事不能去做。这是一个不断试错的学习过程，当初创期的企业出现了大的失误，如损失了市场份额、失去了大的客户或赔了一大笔钱时，企业就被推入了下一个生命阶段。

爱迪思认为，企业初创期成就越大，自满程度越高，所出现的危机就越大，推动企业变革的作用力也就越大。此时企业终会认识到，自己需要一整套规章制度来明确该做与不该做的事情。规章制度的完善表明企业强调管理子系统的急迫性，这时企业过渡到下一个发展阶段。如果没有出现这种强调管理制度的情况，企业就会陷入被称为"创业者陷阱"或是"家族陷阱"的病态发展之中。爱迪思认为企业初创期出现的问题有些属于正常现象，随着企业的成长会慢慢解决；而有些问题则属于不正常现象，需要尽力避免。创业初期企业出现的正常与不正常现象如表12-4所示。

表 12-4　创业初期企业出现的正常与不正常现象

正常现象	不正常现象
所承担的义务没有因风险而丧失	风险使承担的义务消失殆尽
现金支出短期大于收入	现金支出长期大于收入
辛勤的工作加强了所承担的义务	所承担的义务丧失
缺乏管理深度	过早授权
缺乏制度	过早制定规章制度和工作程序
缺乏授权	创业者丧失控制权
唱"独角戏",但愿意听取不同意见	刚愎自用,不听取意见
出差错	不容忍出差错
家庭支持	缺乏家庭支持
外部支持	由于外部干预而使创业者产生疏远感

四、新创企业的风险控制与化解

创业过程需要承担一定的风险,包括负债、资源投入、新产品和新市场的引入以及关于新技术的投资。承担风险代表着把握机会。从财务角度看,可能的风险和预期报酬总是对应的,高报酬往往意味着高风险,当企业采用财务杠杆或投入资产以期获取高回报时,必须对项目的潜在风险保持高度警惕。德鲁克在《创新与企业家精神》一书中指出,成功的创业者不是盲目的风险承担者,他们采用各种方法降低风险。比如,通过调查、评估等降低不确定性,或者运用在其他领域内经过验证的方法和技术有效降低风险,加强竞争地位。

(一)新创企业成长所面临的风险

企业成长面临的风险,根源于环境的不确定性增加和复杂性增强。新创企业缺乏必要的资源、组织结构、管理和控制系统、企业文化等关键要素,随时挣扎在死亡边缘;同时新兴市场尚未形成明确的需求、稳定的供给、清晰的市场架构和制度(如渠道、产品标准、行业组织、企业边界等);新兴市场的创业活动面对双重不确定性,不仅需要考虑外部不完备的市场,还需要在高度资源约束下创办企业并确保成长。

1. 不确定性对新创企业的挑战

成熟企业采取市场细分—目标市场—市场定位模式把握机会。管理者首先需要判断潜在市场,根据目标消费者特征区分成几个独立的细分市场并确定可能的购买力,再根据自身资源情况和预期回报率判断需要进入的市场,然后设计营销战略以占领该市场中尽可能大的份额。

然而,当创业者面临来自外部难以预测的环境和内部目标模糊时,其创业过程是行动导向和互动成长的。创业者以三个初始条件为出发点:我是谁,拥有哪些特质、品位和独特能力;我了解什么,拥有哪些教育、训练、专长、经验和先前知识;我认识谁,拥有怎样的社会网络和专业网络。在此基础上,创业者判断自己能做什么,积极与熟人或偶然遇到的人互动,争取获得伙伴承诺并使资源不断扩张。最初市场是未知的,无法从市场调查开始,而是基于自己的人际网络。研究表明,大部分创业者的第一个顾客是同事或亲戚朋友。通过最初的顾客向外扩展,可能有更多顾客加入,这样逐渐显现一个局部市场。在此基础上,市场逐渐扩大,可以通过战略合作,也可以通过其他手段局部累积,最终创造出一个新市场。

传统的企业管理理论强调要开展周密的市场调查和预测,要制订合乎逻辑的、严谨的经营计划等,从某种意义上说这只适用于那些拥有确定产品和市场的大公司。80%以上的创业者没有能力也不可能这样做,他们一旦有创业想法,往往在短期内开展创业活动,他们要迅速把握机会。如果一切都论证清楚后,把资源都整合齐备了,机会也就没有了。现实世界中,风险和不确定性存在且不可避免时,创业初期的企业必须重视这种挑战。

爱文·杜迪克(Evan Dudik)认为在相对稳定的经营环境中,可持续竞争优势是可能获取的,但在动态复杂的不确定环境下,可持续竞争优势只是一种建议的理想状态,是企业非常渴望达到却极少能够实现的状态。他建议以"机会创造与利用"的概念替代可持续竞争优势的概念,这是一种组织上和心理上的应对状态,是追求成功战略假设的心理框架,是资源分配的试金石。机会创造与利用包括四个连续不断的阶段:机会创造与发现;机会识别、突破和利用;机会整合;机会分解与循环。

如果把杜迪克的机会创造与利用概念和约翰·萨瑟兰(John Sutherland)的经营环境分类结合起来,就会看到在不确定的环境中,四个阶段都有很大的变化,对企业的新事业发展以及新创企业的管理都有很好的借鉴作用,见表12-5。

表12-5 不同经营环境下的机会创造与利用

项目	确定性环境	低可变性环境	高可变性环境	不确定性环境
机会创造与发现	有唯一正确选择,采用持续竞争优势概念	战略假设具有少数几种变化	需要非常多样化的多种假设	大量的假设,检验与产品推出阶段几乎不可区分
机会识别、突破与利用	对唯一正确选择进行大量投资	以若干方法进行适度投资	巩固明显成功	迅速放弃失败的方法
机会整合	设立障碍,利用类似垄断的条件	巩固成功,但不进行长期资源投入	通过检验尽力转向低可变性,保持资产的可移动性	此阶段被精减,在利用阶段已获得收益
机会分解与循环	逐渐、系统地撤出资源,转移到相关或类似业务	当检验发现投资收益率可能下降时开始进行分解	随时迅速组织,重新部署资产	在利用阶段的顶峰开始进行分解

可见,在不确定性环境中,在初始条件和可能结果之间存在许多可能,也就是存在着无数的战略假设,因此新创企业成功的关键在于迅速放弃失败的方法,有效缩减产品开发的传统阶段,如产品的市场检验和产品推出同时进行,以有效地利用机会。在旧机会的利用顶端就开始进行另一次机会的发掘工作,而不是等到已有机会的完全发掘。

2. 企业快速成长导致复杂性

初期的企业快速成长往往给企业家在工作和家庭等多方面带来变化。对500家企业调查发现，近90%的企业家感受到快速成长所带来的变化。当被问到"出现快速成长后企业最需要什么？"时，33%的企业家回答需要更多的员工，27%回答需要更多的钱，20%回答需要更好的经营组织和内部程序，10%回答需要有经验的管理人员，7%回答需要更大的场地，3%回答需要寻求建议。总之，伴随着企业快速成长，企业家首先面对的是内外部环境的复杂性。

企业快速成长显然会使顾客和竞争对手数量增加，会吸引各种组织（包括管制机构）的注意力，同时也需要获取更多的资源。企业内部的管理工作似乎"突然间"变得多而且杂乱，起初创业者（往往也是经营者）会加大时间投入以"救火"，但终会因为精力和能力的限制而不得不在组织内部设立各种职能部门和机构。但是，企业的规模急剧扩大，短时间内无法在内部培养和选拔出职能部门所需的全部称职人员，企业不得不招聘新的员工和有经验的管理人员。部门设立了，人员到位了，却没有相应的职责分工和计划控制系统，部门间的协调和配合与"救火式"的管理方式融合在一起，增加了企业整体管理的复杂性。企业的快速成长吸引了众多的竞争对手，改变了行业内的竞争状况。行业内的大企业可以凭借资金、技术优势，并依靠其固有的销售网络等条件向成长中的中小企业发起挑战。行业内众多的小企业则会"搭便车"，对产品既不进行创新也不进行广告投入，只是一味地模仿，利用低成本和地域性销售优势抢占市场。众多竞争对手的加入使顾客及供应商有了更多的选择，提高了顾客及供应商的竞价能力，这迫使成长中的中小企业不得不调整市场战略以赢得新顾客和维持已有顾客，快速进行地域市场扩张，而地域扩张必然会受到各地文化、法律和市场环境的影响。这些情况都增加了企业活动所面临的不确定性，进而使企业面临的经营环境变得更加复杂。

环境的复杂性加大了企业的经营风险，同时对企业的经营管理工作提出一系列新的要求。首先是决策能力的提升，企业家的一项经营决策失误往往会导致整个企业经营的失败。其次是组织运作的规范性与灵活性的兼容。企业要强化基础和规范化管理，但绝不能以丧失灵活性和对环境的适应能力为代价。最后是迅速整合资源。这些都是处于成长过程的新创企业所要面临的挑战。所以，对不确定性引起的复杂性进行管理，是新创企业成长过程中面临的主要管理问题。

（二）新创企业成长的限制和障碍

从数量上看，新创企业的数量可能很多，但能够实现成长的企业却不多，其中实现快速成长的企业则更少。一个企业不可能无限制地扩张，新创企业的快速成长往往会受到内部的管理能力、市场及资金等多方面的制约。

1. 管理能力制约

彭罗斯把企业视为一种有意识地利用各种资源获利的组织过程。他认为生产性资源（包括物质资源和人）是任何企业必不可少的，但对企业至关重要的并不是这些要素本身，而是对它们的利用，亦即生产性服务。作为一种"功能"或"行动"，"服务"而非"资源"才是每个企业独特性的根源。生产性服务又有"企业家服务"和"管理服务"两个相对照的部分。前者用来发现和利用生产机会，后者用来完善和实施扩张计划。它们都是企业成长不可或缺的。不过在某种意义上，企业家服务对成长的动机和方向影响更深远，企业家管理是企业持续成长的必要条件。管理能力不足是企业成长的最大障碍，这种观点被称为"彭罗斯效应"。

企业在某个时点拥有的管理服务数量是固定的，这些管理服务一部分要用于目前企业的日常运作（不扩大规模），另一部分用于扩张性活动，比如开发新产品、开发市场。假定企业的管理队伍不变，在这种条件下，企业成长所需的新增管理服务来自两个途径：第一，随着组织结构的调整，工作程序化的增强，管理服务出现盈余，从而给企业带来持续的增长；第二，学习效应，由于管理者越来越熟悉企业的经营活动，使其可以在现有工作量的前提下，以管理服务来支撑企业成长。因此，如果管理企业当前事务所需的管理服务与企业规模成一定比例，而且企业扩张所需的管理服务与扩张规模也成一定比例，则企业只能按照这一固定比率成长，否则就会出现管理危机，影响效率。

2. 市场容量的限制

市场是企业得以生存与发展的土壤。企业家创业往往基于创新，包括向消费者推出全新的产品和服务，或对现有的产品和服务进行明显的改进。一旦企业实现了初期的快速成长，很快就会有其他企业跟进，它们或者进行简单的模仿，或者向前面创业的企业一样予以改进和创新，可以说，先进入的企业成长速度越快，跟进的企业就越多，企业家就会在更短的时间内面临激烈的竞争，信息社会和市场开放使这种规律更加明显。

众多竞争对手的加入，使顾客有更大的选择空间。随着新产品在市场经营时间的延长，顾客对产品的成本、价格及众多企业间竞争的情况将了解得越来越充分，竞价能力自然就会变得越来越强，此时的顾客往往要求较高的产品质量或索取更多的服务项目、期待更低的价格。无疑，顾客竞价力增强使成长中的企业不得不调整市场战略以赢得新顾客和维持已有顾客。

在企业自身方面，新创企业普遍是在行业内的细分市场创业与经营，随着企业规模的扩大，初期的目标市场容量将无法支撑企业快速发展，企业家必须寻求扩张。企业家一般通过地域扩张或产业延伸等途径实现扩张。企业在地域方面的扩张，往往受各地文化、法律和市场环境的影响；产业延伸则会面临多元化经营等相关的障碍。这些情况都会改变成长中的企业运作环境，使环境变得复杂而且很少能够被预测，可预见性减少，进一步导致了管理的复杂性。如果企业家不能很好地解决这些问题，市场的局限性就会变得明显，最终像一堵墙一样阻碍企业继续扩张与成长。

3. 资金的约束

企业的快速成长需要企业具备相应的资产，资产的来源主要有两种：负债和所有者权益。因为企业存在最优的负债结构，所以负债的多少取决于所有者权益的多少，进一步说，企业的增长取决于所有者权益的增长。成长的主要表现是销售额的增加，而销售额的增加又要求资产的增加，这就意味着需要更多的资金来增加资产。这样，尽管销售额的增加会为公司带来利润，但总体来看，现金流是负的问题也就随之产生。虽然公司可以通过提高财务杠杆来满足资金的需求，但一旦负债容量达到饱和，不能得到新的资金时，就会严重制约企业的成长。

4. 持续创新和战略规划能力的不足

富于创新是推动企业成长的主要动力。企业创立之后,创业者关注的核心问题是销售和生存,他们将大部分的精力和资源都投入到市场的拓展上,初期创新的推动力量会随消费者熟悉程度的增强和竞争对手模仿行为的增多而减弱,在缺乏资金、技术、人力资源和组织保证的情况下,中小企业的创新业绩会减弱,与竞争对手的模仿行为相比,由组织机制带来的改变随着企业的快速成长而显得力不从心,企业的创新机制需要从企业家个人行为转变为组织行为。

生存的压力迫使新创企业更加注重行动而非战略思考,甚至许多人认为新创企业和中小企业没有也不需要战略,事实上,缺乏战略是制约企业成长的关键因素。

5. 创业者角色转变及管理团队建设的滞后

在企业规模很小、经营业务比较简单的情况下,仅仅依靠经营者个人的努力就可以支撑起企业的运转。但是,当企业规模扩大、经营活动范围扩展、组织层次增多之后,仅仅依靠经营者个人的力量绝对不够,必须依靠企业全体员工的共同努力。因此,随着小企业的发展,适当弱化经营者在小企业经营中的决定性作用,更好地发挥集体的力量,是十分必要的。

适当弱化经营者在小企业经营中的决定性作用,并不是要降低经营者在小企业中的作用,也不是单纯要把企业经营决策权从经营者手中分散给其下属,而是要把经营者个人的贡献转化成集体的成绩,将经营者成功的经营思想转化成企业文化的一部分,将企业融入社会整体之中,使企业的发展与社会的发展同步。这样的企业才真正会具有持久的竞争力量,才会具有长期生存与发展的根基,才能摆脱小企业因规模小而产生的种种困扰。

创业元老是在企业创建初期与创业者一道打天下的群体。为了突出创业者的贡献,在报道中经常介绍和强调创业者个人的作用,使人产生创业成功往往是创业者个人功劳的错觉。事实上,大多数创业活动都是群体贡献的结果,多数创业伙伴与创业者一同创业,有时一些合作者可能并没有直接参与企业的创建与运营,他们在企业外部提供了很多的支持。

创业元老的处置问题成为我国企业家必须要面对的一道关卡。原因是多方面的,既有创业元老的观念和技能无法适应企业发展的要求,但因为占据决策岗位制约了企业人力资源建设与管理问题;也有因为在创业初期没有明确的书面合作协议,对企业成长缺乏规划,进而在扩张过程中出现了利益冲突等方面的问题;还有由创业元老组成的创业团队成员在企业发展方向及重大经营决策等方面存在严重分歧而引发的创业团队裂变问题等。

(三)成长型企业管理重心的变化

成长型企业,是指那些在一定时期具有持续挖掘未利用资源能力,不同程度地呈现整体扩张态势,未来发展预期良好的企业。在企业生命周期模型中,这些企业已经度过了为生存而战的婴儿期,处在学步期到盛年期之间。成长型企业往往拥有优质的产品或比较成熟的项目,具备较快的发展速度和很大的发展空间,对未来增量发展有着积极的预测,同时也有着宏伟的目标。但成长型企业管理系统比较薄弱,更多依靠的是老板和个人的执行力,主要靠领导的权威推动企业的运作，而不是靠机制去运作。

成长期企业与创业初期的新创企业相比，在管理上的重点相应发生变化，表现在以下几个方面。

1. 注重整合外部资源，追求外部成长

中小企业的人、财、物、资源相对匮乏，注重借助其他（既包括竞争对手也包括合作者）力量发展壮大自身，便显得更加重要。这也是快速成长企业特别擅长的策略。而通过上市获得短缺资源并迅速扩大规模是实现成长的捷径之一。

首次公开募股（Initial Public Offerings，IPO），是指企业通过证券交易所首次公开向投资者发行股票，以期募集用于企业发展资金的过程。IPO通常是企业家的梦想，标志着成功、财富和市场的认可。IPO不仅获得了公司发展所需要的大量资本，它还为企业家创造了大量财富。在资本市场发达的今天，创业者通过在国内、国外证券交易所上市，一夜之间创造了许多财富神话。如陈天桥创建的盛大网络公司在美国的纳斯达克交易所上市，黄光裕创立的国美集团在香港证券交易所上市，百度公司创始人李彦宏将百度公司成功在纳斯达克挂牌交易，都使这些创业者在短期内实现了数百亿元财富的聚集。

2. 管理好保持企业持续成长的人力资本

快速成长企业的一个共同成功要素是其强有力的人力资源管理。快速成长企业的经营者并不一定要受过高等教育，但他们要雇佣一大批有能力的下属，他们通过构建规模较大的管理团队以便让更多的人参与决策。

（1）良好的工作环境。它包括有竞争力的工资收入、利润、良好的工作条件以及保险等，因为小企业的员工需要承担企业破产的风险，企业有义务为员工解除后顾之忧。良好的工作环境还包括一些不十分明显的特征，如为员工提供明确、持续的指导，并为他们提供开展工作所必需的各种资源。

（2）成长的机会。成长的机会使员工感到安全，它的表现形式多种多样，对于不同的员工，成长机会代表着不同的事情，或者是晋升，或者是工作丰富化，但人们需要改变一个错误观念，即为员工提供稳定的工作和适度的退休金，员工就会感到安全。员工的安全感来自他们在学校或工作中掌握的各种技术与能力，公司为员工提供的学习技术和提高能力的机会越多，就越能鼓励员工去学习，同时公司为员工提供的保证未来安全的帮助也就越大。

（3）员工有机会分享公司的成功。小企业所能提供的工资水平一般比不上大企业，更为不利的是，小企业失败、兼并和被收购的风险更大。而且小企业的员工还会承担公司的一部分经营风险，一旦企业倒闭，他们的生活也就没了保证。所以，只有让员工分享企业的成功才是公平的办法。一些优秀的小企业采用利润分享计划，即让员工持股，并且可以根据需要随时兑换成现金，就是一种很好的让员工参与利润分享的办法。

3. 从创造资源到管好、用好资源

新创企业的成长是靠资源的积累实现的。但是，如果企业积累的资源未被企业占有，而是被企业中的个人（不管是创业者、高层管理者还是一般的员工）占有，都必将威胁企业的成长。

因此，需要注重从创造资源转向管理好已经创造出来的资源，从资源"开创"到资源的"开发利用"。需要采取必要的措施，管理好客户资源，管理好有形、无形资产，通过现有资源创造最大价值。

4. 形成比较固定的企业价值观和文化氛围

企业价值观是支持企业发展的灵魂，虽然是无形的，却渗透在企业发展的方方面面。大多数快速成长企业都有比较固定的企业价值观，用以支持企业的健康发展。对小企业而言，企业价值观一般是企业创建者自身价值取向的体现，这种取向直接影响着企业的发展。对成功企业的研究表明，在企业发展过程中，只有很少一部分企业从根本上改变了原有的价值取向，大部分企业的价值观变化甚微。企业价值观的固定性保证了企业发展的稳定性，也便于企业管理者与员工掌握企业发展过程中的关键点。

快速成长企业的创建者非常热爱他们自己所从事的事业，他们审时度势，制定符合社会发展的价值观念，并倾注全部心血使企业的价值观延续下去。

5. 注重用成长的方式解决成长过程中出现的问题

每个企业在成长过程中都会遇到各种各样的障碍，有的企业在障碍面前止步不前，甚至衰败了；有的企业则将阻碍变成动力，适时变革，积极应对，实现了新的发展。通过对企业实际做法的考察发现，差别在于经营者应对障碍的方式方法不同：一般中小企业经营者采取的是被动的方式，用"救火式"的方法应对发生的各种问题，结果是"按下葫芦起来瓢"，问题反而更多、更复杂；企业家则采取了另外的方法，他们注重变革和创新，用成长的方式解决成长过程中出现的问题。用成长的方式解决成长过程中出现的问题，其本质是推动并领导变革。从快速成长企业的实际经验看，企业家在以下几个方面往往表现得更为突出。

第一，注重在成长阶段主动变革。创新和变革是推动企业乃至社会发展的主要力量，但需要付出成本。企业在创业初期特别是成长阶段实施变革的成本小，因为成长性强可以为企业提供变革所需要的资源，可以吸引优秀的员工，进而减轻来自内部的变革阻力。

第二，善于把握变革的切入点。企业变革不可能一下全面展开，需要科学地把握切入点，由点到面，层层深入。太太药业公司从改变销售政策入手推进变革，海尔集团从砸冰箱树立质量意识入手等都是这种策略的成功典范。这种策略有许多好处，首先是变革的成本比较小，能够发挥探测性研究的功效。其次是见效快，变革的阻力主要是人们对未来发展的顾虑，对变革能成功的可能性持有疑虑。把握好切入点，从局部推进变革，往往可以在短期内取得效果，进而增强人们对变革的信心。最后是这种方式的变革容易被控制，不至于造成失控。

第三，重视人力资源的开发。计划变革但找不到合适的人才实施变革，是企业家在成长过程中经常面临的最大困境。注重人才积蓄，采取更为积极的人力资源政策，注重从内外部广泛挖掘人才，这对变革的成功乃至企业发展来说，是最重要的。

第四，注重系统建设。构建经营系统是企业开展日常经营管理工作的"平台"，建立一个成功企业的重要任务之一是建立辅助这些日常经营活动的体系——经营系统。弗莱姆兹这样描述经营系统：建立经营系统是为了有效地工作，一个公司不仅要从事生产或服务，而且要合理地管理基本的日常经营活动。它包括会计、制表、采购、做广告、招聘人员、培训、销售、生产、运输和相关系统。企业在创建初期容易忽略经营系统的建立和发展，但随着一个企业在规模上扩大，特别是当规模超过了其组织管理的运作能力，这些系统就会承受越来越大的压力和紧张。

6. 从过分追求速度转到突出企业的价值增加

前面已经提到，当企业过分追求速度时，往往带来的问题是销售收入增加很快，而利润却没有增加，企业的价值没有得到增值。因此，当企业成长到一定程度时，企业需要管理好价值链，需要向价值增加快的方面转移和延展，以获得最大的价值增加。正如"蓝海战略"的核心精髓价值创新，就是对所在行业所提供的传统顾客价值的一种"颠覆式"创新，通过重点打造顾客在意的价值要素，而在其他要素上提供适当价值，剔除不必要的要素，不仅能够为顾客提供卓越的价值感受，还能够使企业以低成本的方式实现获取所谓差异化和低成本的双重好处。

第五节 企业退出

新创企业的发展方向无非有两个：一个是成功，另一个是失败。据统计，全世界大学生的平均创业成功率是10%，而我国只有1%左右，换而言之，我国有99%的大学生在最后阶段遭遇了失败。面对自己所创立的企业走向失败，应当做出怎样的应对措施以最大限度地降低企业失败所带来的损失，是值得大学生创业者思考的问题。

此外，创业者退出自己创办的企业有时也并非因为失败，而是一种转移策略，因而甚至可以通过退出来获取更大利益。因此，无论是哪种情况，在创业初期，创业者就应该考虑好未来的退出机制。

一、创业退出的类型

根据创业者退出创业的原因及退出时的经营状况，可以将退出分为正常退出和非正常退出两种类型。

（一）正常退出

正常退出是指在正常经营的情况下退出，这种退出类型可能有以下几种原因。

（1）因为整个市场的变化，预测企业未来已无法持续经营而进行清算，或者是正常的经营期满，创业者认为没有必要继续经营而停业清算。

（2）由于企业发展到某个阶段，或抓住某种契机进行资产重组，或将企业兼并到另一集团性企业中，从而形成原有企业股权的变更及企业清算。这类清算和退出，是企业持续发展的良性反应。

（3）由于企业法定经营期满，必须清算原有的经济组织，进而建办新的经济组织。如非正规劳动组织的法定经营期为3年，期满后必须重新创办新的经济组织，应通过工商行政机关申办个体经营或小企业营业执照，或者创办新的非正规劳动组织。

（二）非正常退出

非正常退出类型可能有以下几种原因。

（1）由于经营不善、长期亏损而无法持续经营。

（2）由于不可抗力，如战争、天灾人祸、突发事件引起的风险。

（3）由于经营违规违法引起严重的司法诉讼危机，或因工商、税务稽查和处罚引起的危机。

（4）特许经营项目因特许授权人的欺诈行为引起加盟者的损失。

（5）特许经营因加盟者的违规经营引发整个经营项目的"一损俱损"等。

二、选择合适的退出时机

许多企业家在创业的过程中是不考虑退出的，至少在可预见的未来不考虑这个问题。实际上，在市场风云变幻的今天，风险无处不在，当创业者开始倾注心血创业的时候，就应该预设一种方式能够让自己在适当的时候全身而退。那么，如何把握退出的最佳时机呢？

（一）根据行业的发展形势选择

随着宏观经济政策的变动和国民经济的结构调整，不同的行业会面临不同的形势，有的行业可能会突然出现好时机，而有的行业可能会有障碍或危险，这些变化可以作为退出时机的选择依据。例如，近些年，国家对环境污染的治理越来越重视，高污染企业就应该考虑及时退出。

（二）根据行业竞争规律选择

不同行业的竞争规律不同。比如，医药保健、生物科技等行业的产业化过程特别是中后期需要的投资规模较大，创业者有限的投资规模很难满足其发展需要，加之这些行业进入门槛高，企业数量少，所以稍具规模的企业必然会成为众多投资机构的目标。而投资能力有限的创业者很难与上市公司和商业银行竞争，这些行业的创业者在企业成长期、成熟期考虑退出为较佳时机。

再比如，软件、通信和一般信息产业，行业进入门槛低、企业数量大，投资机构可以轻易找到满意的投资对象。处于起步阶段和成长阶段的企业，其资本需求量与创业投资的资本供给规模正好相当，这些行业的创业者在企业成长后期和成熟早期退出为较佳时机。

（三）根据企业生命周期选择

总体来说，成长期前后是企业退出的最佳时机。因为在此之前企业还需要资本注入，特别是由于其现金流量为负，而投资者不愿投资前景不定的企业，此时选择退出非常困难。之后由于企业的成长较为稳定，获取超额利润的空间已经不大，创业资本滞留就显得没有意义。因此，如果将成长后期或成熟早期的项目出让给那些抵抗风险能力较低的普通投资者，是一种比较明智的选择。

（四）根据企业的现实业绩选择

项目盈利能力是影响退出时机的一个直接因素。除了那些经营不善或出现亏损且扭亏无望的投资项目要积极准备退出外,企业还应对目前虽能维持经营,但项目盈利能力较差的项目主动考虑退出。因此,创业者应该动态地掌握企业的收益增值状况,一旦确认继续经营的边际成本大于预期的边际收益,创业者就要着手实施退出。

三、企业退出的途径

(一)销售或转移给内部人

创业者主要通过家族继承、管理层收购、员工持股计划等方式逐渐退出企业。其中,把企业的控制权交给自己的家庭成员,是当前创业者退出企业的一种非常普遍的方式。而管理层收购则是创业者将股份直接出售给可靠的管理层,使企业破产的可能性达到最小化程度。员工持股计划是将企业的股票作为奖金发给员工,创业者逐渐退出企业而不是立即退出。

(二)销售给外部人

将企业销售给外部人通常也是一种非常好的退出途径,主要方式包括转售和被收购。转售是指创业者把手中的股份卖给另外的投资者,尤其是卖给成熟后期的创业投资公司。国内不少科技公司认为,把企业以一个比较好的价格卖给跨国战略投资者是一个比上市更实际的出路,它可以增强企业的规模和范围效益。如果企业一旦被上市公司收购,还能使企业因此而"曲线上市"。

(三)公开上市或借壳上市

这种退出途径之所以对创业者有很大的吸引力,是因为通过公开上市发行股票可以获取巨额现金,创业者还可以选择境内外的中小企业板、创业板等资本市场上市。如新创企业家季琦在携程网成功上市后,离开携程创立了"如家快捷酒店",成为如家的核心创始人。而当如家的业务成熟上市前夕,季琦又成功地将 CEO 的位置传递给更善于执行的职业经理人。

(四)公司解散

公司解散是指已成立的公司基于一定的合法事由而使公司消失的法律行为。公司解散分为一般解散、强制解散和股东请求解散。作为创业者,没有人愿意解散辛苦创建的企业,但如果遇到经营不善、创业团队发生重大变动、受到市场和环境的重大不利影响而遭遇失败无法继续经营时,创业者只能选择这种方式,以便及时减少投资损失。

四、企业退出纠纷解决机制

不管是创业者基于经营业绩等战略选择的主动退出,还是由于企业经营不善或突遭变故的被动退出,都是创业者自主的经济行为。但是在企业选择退出时,可能会面临一系列的纠纷,诸如劳资纠纷、债务纠纷、资产权益分割纠纷、法律纠纷等。如何建立有效的企业退出纠纷解决机制,以减少各种纠纷所带来的责任和损失,保证企业顺利退出,成为摆在创业者面前的一大难题。针对企业退出所产生的纠纷,目前常见的解决机制主要有以下三种。

(一)协商解决

协商解决纠纷的解决机制主要是指纠纷主体双方当事人就以何种方式和内容来解决纠纷

为要点,以达成双方都能接受的协议而使纠纷得到解决。当然,这种双方协商也不排除有第三方以调解人的身份出面斡旋,但是纠纷的最终解决,仍然依靠双方主导,进而达成某种协议。

(二)调解解决

当企业因退出产生纠纷后,纠纷主体双方不愿意协商或者协商不成时,可以向有关部门申请调解。这种解决方式的主体是双方当事人的纠纷所涉及的相关行政部门或者人民法院、人民调解委员会等,即第三方调解。当调解不成或者经调解达成协议后一方反悔的,不再进行调解,可以申请进入诉讼程序。

(三)诉讼、仲裁解决

当发生的纠纷有民事责任争议,当事人双方不愿意协商调解或者协商调解不成的,可以直接向人民法院提起民事诉讼或者仲裁。这种方式是解决企业退出后各种纠纷的最终途径。这种方式的优势在于有强制性解决方法和手段公平公正。

参考文献

[1] 曹操战. 职业能力测试范本［M］. 广州：暨南大学出版社，2006.
[2] 陈岩. 大学生职业发展与就业指导［M］. 武汉：武汉理工大学出版社，2008.
[3] 时红. 大学生创业法律实务［M］. 北京：清华大学出版社，2009.
[4] 王滟. 规避创业风险有绝招［M］. 北京：中国经济出版社，2009.
[5] 谭林妃. 面试技巧与案例［M］. 北京：高等教育出版社，2009.
[6] 清渠. 大学生创业必读手册［M］. 北京：时事出版社，2009.
[7] 张卫滨. 大学生求职、考研、出国实务——大学生职业发展点睛［M］. 北京：对外经济贸易大学出版社，2009.
[8] 任宪法. 白手创业［M］. 北京：中国经济出版社，2009.
[9] 王芳. 如何签订劳动合同［M］. 北京：法律出版社，2009.
[10] 龙溪虎. 大学生站稳职场必做的60件事［M］. 北京：地震出版社，2009.
[11] 崔晓琴. 大学生职业规划与就业指导［M］. 北京：高等教育出版社，2010.
[12] 陶德胜. 大学生职业规划与就业指导教程［M］. 上海：上海交通大学出版社，2011.
[13] 谢良敏. 劳动合同全程指南：劳动合同签订、履行、解除、纠纷解决操作实务详解［M］. 北京法律出版社，2011.
[14] 李立春，丁波. 高等院校创新创业教育模式的探索［J］. 经济师，2012（7）.
[15] 余江舟. 以创新创业教育培养学生综合素质［J］. 中国高等教育，2012（3）.
[16] 徐笑君. 职业生涯规划与管理［M］. 成都：四川人民出版社，2013.
[17] 马欣川. 人才测评——基于胜任力的探索［M］. 北京：北京邮电大学出版社，2013.
[18] 孙长缨. 当代大学生就业研究［M］. 北京：高等教育出版社，2014.
[19] 张武超，职业教育与就业指导［M］. 北京：清华大学出版社，2015.
[20] 郭鹏. 大学生就业教育［M］. 北京：清华大学出版社，2016.
[21] 卿臻，罗兰芬. 大学生创新创业教育［M］. 北京：国家行政出版社，2018.
[22] 李家华. 就业基础［M］. 北京：清华大学出版社，2015.